HWR Berlin Forschung

herausgegeben von

Prof. Dr. Christoph Dörrenbächer
Prof. Dr. Marianne Egger de Campo
Prof. Dr. Olaf Resch
Prof. Dr. Peter Ries
Prof. Dr. Birgitta Sticher

Band 70

Die Reihe HWR Berlin Forschung schließt an die Reihe fhw forschung der vormaligen Fachhochschule für Wirtschaft Berlin an, aus der die Hochschule für Wirtschaft und Recht Berlin 2009 hervorgegangen ist.

Andrea-Hilla Carl | Stefanie Kunze
Yasmin Olteanu | Özlem Yıldız
Aysel Yollu-Tok [Hrsg.]

Geschlechterverhältnisse im Kontext von Unternehmen und Gesellschaft

Nomos

edition sigma

Onlineversion
Nomos eLibrary

Die Deutsche Nationalbibliothek verzeichnet diese Publikation in der Deutschen Nationalbibliografie; detaillierte bibliografische Daten sind im Internet über http://dnb.d-nb.de abrufbar.

ISBN 978-3-8487-6628-4 (Print)
ISBN 978-3-7489-0707-7 (ePDF)

edition sigma in der Nomos Verlagsgesellschaft

1. Auflage 2020

Vorwort der Herausgeberinnen

Claudia Gather, Feministin, Forscherin, Netzwerkerin und Mentorin sowie eine unermüdliche Hochschulgestalterin und Hochschullehrerin; sie hat durch ihr Schaffen, Denken und Handeln in den letzten Jahrzehnten bleibende Eindrücke hinterlassen, nicht nur in den Gender Studies in Forschung, Lehre und Praxis, sondern auch bei Menschen, die sie im Laufe der Jahre selbstverständlich, unermüdlich und umsichtig unterstützt hat. Ein Grund für uns, sie mit dieser Festschrift nicht nur für ihr wissenschaftliches Lebenswerk zu würdigen, sondern auch anlässlich ihrer Pensionierung ab April 2020 für ihre bisherigen Leistungen zu ehren.

Wir sind ehemalige und aktuelle Doktorand*innen, Mitarbeiter*innen und Kolleg*innen von Claudia Gather, die sie in unterschiedlichen Lebensphasen kennen und schätzen gelernt haben, vor allem als Stipendiatinnen des Berliner Programms zur Förderung der Chancengleichheit für Frauen in der Forschung und Lehre (BCP), das Promotionen insbesondere von Fachhochschulabsolventinnen förderte. Claudia Gather leitete das Promotionsprogramm des BCP an der Hochschule für Wirtschaft und Recht (HWR) Berlin und gründete ein Promotionskolloquium. Der Kreis der Doktorand*innen in diesem Kolloquium wuchs mit den Jahren stetig um weitere, teils nicht vom BCP geförderte Personen an. Es war Claudia Gather, die für Nachwuchswissenschaftler*innen an der HWR Berlin einen geschützten Raum geschaffen hat, der weit über die finanzielle Förderung hinausging, und die sie mit wertvoller Kritik, Ratschlägen und persönlichem Zuspruch durch die Promotionszeit begleitete.

Die Förderung von Claudia Gather reichte aber über die Phase der Promotion weit hinaus. Ebenfalls über das BCP hat sie regelmäßig Gastprofessuren am Harriet Taylor-Mill-Institut für Ökonomie und Geschlechterforschung (HTMI) der HWR Berlin, dessen Direktorin sie seit 2012 war, ausgeschrieben und entsprechende Berufungsverfahren in Gang gesetzt. Die Berufenen wurden von ihr, die selbst einmal Gastprofessorin am HTMI war, intensiv unterstützt und beraten. Aus den ehemaligen Gastprofessorinnen sind heute durchweg ordentliche Professorinnen geworden, die auch im Bereich der Gender Forschung beheimatet sind. Und nicht zu vergessen ist selbstverständlich ihr aktives Leben als erfolgreiche und sehr angesehene vor allem qualitative Forscherin, die zahlreiche Drittmittelprojekte einwerben konnte und somit zugleich vielen wissenschaftlichen Mitarbeiter*innen, den Einstieg ins wissenschaftliche Arbeiten teils direkt nach Abschluss des Studiums, teils nach Abschluss der Promotion ermöglichte. In den verschiedenen Arbeitskontexten im Umfeld von Claudia Gather wurden viele Freundschaften geschlossen und Netzwerke gebildet, die weiterhin Bestand haben.

Die Idee, anlässlich der Pensionierung von Claudia Gather eine Festschrift zu veröffentlichen, entstand schon vor Jahren – besonders im Kreis der geförderten Doktorandinnen und Doktoranden. Wer aber Claudia Gather kennt, der weiß: Es ist nicht ihre Sache, ihre Person oder ihr Wirken in den Mittelpunkt zu rücken. Eine Würdigung, die sowohl ihrer Bescheidenheit Rechnung trägt als auch gleichzeitig ihrem vielschichtigen und umfangreichen wissenschaftlichen Werk gerecht wird, bedeutet durchaus eine Quadratur des Kreises: Wir haben uns dennoch entschlossen, ihr Lebenswerk mit dieser Festschrift ausdrücklich uneingeschränkt zu ehren, und damit bewusst den kurzzeitigen Unmut der Geehrten in Kauf zu nehmen.

In diesem Sammelband werden Themen bearbeitet, die Claudia Gather immer besonders am Herzen lagen und natürlich auch noch liegen. Denn dieser Band ist nicht ausdrücklich als abschließende Würdigung gedacht, sondern vielmehr als Zwischenbilanz und Aufforderung zu weiteren Aktivitäten.

Wir freuen uns sehr, dass wir für die Festschrift nicht nur aktive oder ehemalige Stipendiatinnen bzw. Doktorand*innen gewinnen konnten, sondern auch Kolleg*innen sowie aktive und ehemalige Mitarbeiter*innen von Claudia Gather. Allen Autor*innen sei hier für ihren Einsatz und ihre Ideen herzlich gedankt. Einige Autoren und Autorinnen waren von uns ursprünglich angesprochen worden. Sie hatten auch ihre Bereitschaft zur Mitarbeit zugesagt, konnten aber aus unterschiedlichen Gründen keinen Beitrag einreichen – was sie sehr bedauern und gerne hier auch zum Ausdruck bringen möchten.

Abschließend möchten wir Claudia Gather unseren großen Dank aussprechen für so Vieles: für ihre Dynamik, ihren Ideenreichtum und ihr Augenmaß, ihren Weitblick und ihren imponierenden Wissensschatz; besonders ausdrücklich aber möchten wir uns bedanken für ihren unermüdlichen und intensiven Einsatz für die Belange aller Nachwachsenden im Wissenschaftsbetrieb, wie im Besonderen für die Belange der Promotionsstipendiatinnen der HWR Berlin.

Berlin, 20. April 2020
Andrea-Hilla Carl, Stefanie Kunze, Yasmin Olteanu,
Özlem Yıldız und Aysel Yollu-Tok

Inhalt

WÜRDIGUNG

Andrea-Hilla Carl und Aysel Yollu-Tok

Editorial
Geschlechterverhältnisse im Kontext von Staat, Markt und Gesellschaft

Wie beeinflussen herrschende Theorien auf dem Feld der Wirtschaftswissenschaft das Denken und Handeln von Staat, Markt und Gesellschaft? Welche Rolle spielt hier das Geschlecht? *Philipp Kenel* greift diese Frage in seinem einführenden Beitrag *„Interdisziplinäre feministische Impulse für eine größere Vielfalt der Perspektiven in den Wirtschaftswissenschaften"* auf, stellt die große Bandbreite der Standardökonomik dar und spiegelt sie im nächsten Schritt kritisch aus einer Geschlechterperspektive. Durch diesen geschickten Zug eröffnet *Philipp Kenel* eine Diskussion darüber, wie ein Weg für mehr Pluralismus in den Wirtschaftswissenschaften eingeschlagen werden kann. Die in *Philipp Kenels* Beitrag aufgeworfene Frage nach den feministischen Impulsen für eine größere Theorienvielfalt in der Wirtschaftswissenschaft, die er eher aus einer Vogelperspektive untersucht, wird in allen Aufsätzen dieser Festschrift zu den Themenkomplexen ARBEIT, GRÜNDUNG, MACHT und NACHHALTIGKEIT weiter verfolgt, jeweils aus sehr unterschiedlichen Perspektiven. Alle hier versammelten Aufsätze vereint außerdem, dass ihre Verfasser*innen in unterschiedlichen Arbeitszusammenhängen prägende Impulse aus der Denktradition Claudia Gathers erfuhren.

Claudia Gather begreift ARBEIT nicht nur als am Markt angebotene Arbeit, sondern auch – wie ihre zahlreichen Publikationen zeigen (eine vollständige Publikationsliste findet sich am Ende des Sammelbandes) – als unbezahlte Sorgearbeit. Die unbezahlte Sorgearbeit stellt *Irem Güney-Frahm* in ihrem Beitrag ebenfalls in den Fokus. In *„Fluch oder Segen? Mütter und die flexible Erwerbsarbeit von Zuhause – Eine kritische Auseinandersetzung aus Geschlechterperspektive"* beschäftigt sich die Autorin mit der Ort-Zeit-Flexibilisierung, die vor allem im Zuge der Digitalisierung und Flexibilisierung des Arbeitsmarktes an Bedeutung gewonnen hat. Diskutiert wird diese Arbeitsform in erster Linie als Möglichkeit zur besseren Vereinbarkeit von Erwerbs- und Sorgearbeit. *Irem Güney-Frahm* hinterfragt den Wert und Nutzen dieser flexiblen Arbeitsform für die Förderung arbeitender Mütter; das besondere Augenmerk liegt dabei auf den Folgen, welche die Arbeit im Home Office für die Geschlechtergleichheit hat, nicht nur individuell, sondern auch für Wirtschaft und Gesellschaft als Ganzes.

Die Kunst in Claudia Gathers Arbeiten, bestehende ökonomische Probleme aus einer neuen Perspektive zu analysieren, wird auch im Beitrag von *Tanja Fendel* und *Özlem Yıldız* sichtbar. Die Autorinnen thematisieren die Integration geflüchteter Frauen (in den Arbeitsmarkt) jenseits von klassischen Zugängen. Auf Basis der quantitativen IAB-BAMF-SOEP Befragung von Geflüchteten und einer qualitativen Vorstudie, werden in dem Aufsatz *„Integrationspfade geflüchteter Frauen in Arbeitsmarkt und Gesellschaft"* die Einflussfaktoren herausgearbeitet, welche die Integration von geflüchteten Frauen in Deutschland befördern oder erschweren können. Ein Hauptergebnis ist, dass soziale Netzwerke über Spracherwerb, und damit über den Eintritt in den (deutschen) Arbeitsmarkt entscheiden.

Das Thema GRÜNDUNG begleitete Claudia Gather jahrzehntelang nicht nur durch ihr großes Engagement in der WeiberWirtschaft e.V., sondern vor allem auch in ihrer angewandten Forschungsarbeit, zum Beispiel gemeinsam mit *Tanja Schmidt. Tanja Schmidt* knüpft mit ihrem Beitrag für diese Festschrift zu *„Selbständige Frauen und Unternehmerinnen in Deutschland und Berlin im Handelsregister 2019"* genau hier wieder an. Schon 2007 untersuchte sie gemeinsam mit Claudia Gather im Auftrag der Berliner Senatsverwaltung für Wirtschaft, Technologie und Frauen und dem Europäischen Sozialfonds den Anteil selbständiger Frauen in Berlin. Wie hoch inzwischen der Anteil von Frauen als Inhaberinnen bzw. als persönlich haftende Gesellschafterinnen an allen Selbständigen laut Handelsregister in Berlin ist und wie sich diese Beteiligung regional für Deutschland darstellt, wird erneut präzise analysiert. Im Ergebnis bestätigen die neuen Daten, die bekannte fortbestehende Unterrepräsentanz von unternehmerisch tätigen Frauen insgesamt. Frauen in Berlin sind allerdings im Vergleich zu Gesamtdeutschland überdurchschnittlich häufig unternehmerisch aktiv.

Stefanie Kunze lernte Claudia Gather im Nachgang zu ihrer Studie zur Messung von Geschlechterungleichheiten bei Gründungen kennen. *Stefanie Kunze* und *Mirko Bendig* setzen in ihrem Beitrag *„Missing Entrepreneurial Women? Eine Analyse zur Gender Equality im deutschen Unternehmertum"* die damalige Studie neu auf, und sie zeigen, dass sich auch hier die Ungleichheiten in den letzten zehn Jahren kaum verändert haben – weiterhin besteht großer Handlungsbedarf. Ebenfalls mit Gründungen befasst sich die Arbeit von *Yasmin Olteanu.* Sie diskutiert in *„Rather be female than green: Einflussvariablen auf das Crowdfunding von Start-ups"* so genannte Warm-Glow-Effekte. Warm-Glow-Effekt bedeutet, Investor*innen erfahren zusätzlich zum finanziellen Nutzen auch die Genugtuung, Gutes getan zu haben. *Yasmin Olteanu* zeigt mit ihren Daten, dass Warm-Glow-Effekte das Crowdfunding-Verhalten bei Start-ups positiv beeinflussen, und dies ganz besonders deutlich, wenn es sich um Gründungen durch Frauen handelt.

Schon im Titel des Beitrags „*Abseits der Vorgabe: Eigensinnige Lebensführung und selbständiger Erwerb – erste Annäherungen an ein spannungsreiches Verhältnis*" von *Lena Schürmann* werden zentrale Motive aufgegriffen, die ebenfalls Claudia Gathers wissenschaftliches Arbeiten und Denken charakterisieren: Auch Claudia Gather bewegt sich abseits der Vorgaben des wissenschaftlichen Mainstreams und verhilft damit Themen zur Sichtbarkeit, die sonst nur wenig wahrgenommen werden. *Lena Schürmann* ergründet in ihrem Beitrag das Verhältnis von eigensinniger Lebensführung und selbständigem Erwerb aus einer biographie-analytischen Perspektive. Im Mittelpunkt steht die Lebensgeschichte eines Mannes aus Ostdeutschland, der sich im Jahr der deutschen Wiedervereinigung selbständig gemacht hat. Der Text macht deutlich, dass Selbständigkeit und Unternehmertum im Falle des Scheiterns nicht nur mit ökonomischen, sondern auch mit erheblichen sozialen und persönlichen Risiken behaftet sind.

Macht ist ebenfalls eine zentrale Forschungskategorie in den Arbeiten von Claudia Gather. Der Text von *Ulrike Marx* und *Albrecht Becker* befasst sich gleichfalls mit Machtfragen, und zwar mit einer ganz besonderen Form von Mach. Die Autor*innen analysieren die Macht der Zahlen im Kontext von Gleichstellung. Der Beitrag zeigt am Beispiel der Umsetzung von Gender Budgeting in Österreich, wie Zahlen das Denken und Handeln beeinflussen. Gender Budgeting wurde in Österreich, entgegen seiner ursprünglichen Idee und Ausgestaltung, mit der so genannten wirkungsorientierten Budgetierung verbunden und mit Kennzahlen gesteuert. Die damit einhergehende Quantifizierung der gleichstellungspolitischen Agenda, also das ausschließliche Arbeiten mit Zahlen, führte, so die Autor*innen, zu einer De-Politisierung des Gender Budgeting-Ansatzes.

Die Macht der Zahlen wird mit einem ganz anderen Blick im Beitrag „*Gender im Kontext von Diversity. Eine Dimension pflegerischer Versorgung*" von *Bouchra Achoumrar* ebenfalls thematisiert. Die Autorin verfolgt die Frage, inwiefern Gender Management als Organisationsstrategie in den Einrichtungen der Altenpflege Nutzungspotenziale generieren kann. Hierfür werden Instrumente aus dem Controlling reflektiert und hinsichtlich ihrer Eignung zur Verankerung und Steuerung diversitätsbezogener Maßnahmen in den Organisationen der Altenpflege betrachtet. Mit einer intersektionalen Perspektive auf Sprache und Macht verfolgen *Thomas Afflerbach* und *Katharina Gläsener* eine weitere Frage von Machtstrukturen im Kontext von Gleichstellung. Die Autor*innen untersuchen in „*Eine intersektionale Perspektive auf Sprache und Macht in internationalen Finanzdienstleistungsunternehmen*" die Wechselwirkungen zwischen verschiedenen Diversitätskategorien und ihre Bedeutung für ungleichheitsgenerierende Prozesse und Machtdynamiken.

Claudias Gathers Arbeiten zeichnen sich auch durch einen hohen Grad der Anwendungsorientierung aus. Der Beitrag „*Maßnahmen zur Umsetzung der Geschlechtergerechtigkeit am Beispiel der Caritas als lernende Organisation*" von *Anna Kasten* und *Kerstin Raule* hat hohen Anwendungsbezug und ist das Ergebnis einer Kooperation aus Praxis und Wissenschaft. Am Beispiel des Deutschen Caritasverbandes wird aufgezeigt, wie sich Institutionen mit Geschlechterfragen im Kontext der eigenen Organisation auseinandersetzen. Die Caritas wird von den Verfasserinnen in der Analyse als lernende Organisation interpretiert, die das Ziel verfolgt, Geschlechtergerechtigkeit innerhalb der eigenen Strukturen herzustellen.

Claudia Gather untersucht in ihrer Forschung immer wieder Branchen, die eine gewisse Genderneutralität vorgeben. Sie wirft damit einen Blick in oftmals nicht kritisch reflektierte Bereiche. In dieser Denkschule ist auch das Thema NACHHALTIGKEIT anzusiedeln, das zahlreiche Fragen, auch mit Genderbezug neu aufwirft. Die Arbeit von *Katharina Gapp-Schmeling* und *Anneli Heinrich* lenkt die Aufmerksamkeit auf den Aspekt der nachhaltigen Konsumforschung und Geschlecht. Der Beitrag „*Konsumieren Frauen nachhaltiger? Der Zusammenhang von Nachhaltigkeitsbewusstsein und Gender*" zeigt, dass es sowohl im Verhalten als auch im Nachhaltigkeitsbewusstsein geschlechtsspezifische Unterschiede gibt, die mitgedacht werden sollten.

Anna Brüning-Pfeiffer beleuchtet in ihrem Beitrag „*Die Bedeutung von Gender-Achtsamkeit für eine nachhaltige Energiewirtschaft*". Sie fragt, welche Rolle Frauen in der Energiewirtschaft spielen, und stellt hierfür den aktuellen Forschungsstand zu diesem Thema dar. Dabei legt sie den Schwerpunkt auf den globalen Norden, insbesondere auf Deutschland. Sie fordert die Einführung und Anwendung der Analysekategorie der Gender-Achtsamkeit, die bisher ausschließlich im globalen Süden genutzt wird, auch für den globalen Norden einschließlich Deutschland.

Der Sammelband würdigt Claudia Gather schließlich ausdrücklich mit dem abschließenden Beitrag von *Sabine Hark* und *Friederike Maier* – beide langjährige Kolleginnen und Wegbegleiterinnen. Der Aufsatz „*Forschende Netzwerkerin – netzwerkende Forscherin*". zeigt systematisch den Anteil von Claudia Gathers Aktivitäten an der Weiterentwicklung der Gender- und Frauenforschung mit Bezug zu sehr verschiedenen Bereichen auf – wie zum Beispiel der Gründungsforschung oder der Care-Debatte. Die Autorinnen vergessen nicht, sowohl die wissenschaftliche wie natürlich auch die politisch aktive Claudia Gather in all ihrem Wirken sichtbar zu machen.

EINFÜHRUNG

Philipp Kenel

Interdisziplinäre feministische Impulse für eine größere Vielfalt der Perspektiven in den Wirtschaftswissenschaften*

Zusammenfassung

Die Theorien der Wirtschaftswissenschaften beeinflussen Entscheidungen in Regierungen, internationalen Organisationen und multinationalen Unternehmen. Doch häufig wird kritisiert, dass sich die Standardökonomik nur auf ein sehr begrenztes Repertoire von Perspektiven und Methoden stützt, was sich auch negativ auf die von ihr vorgebrachten Erkenntnisse auswirken kann. Insbesondere nach der Finanzkrise von 2008 nahm die öffentliche Kritik an dieser perspektivischen und methodischen Einseitigkeit zu und es mehrten sich Forderungen nach mehr Pluralismus (d.h. einer Vielfalt der Theorien und Methoden Raum zu geben). Der vorliegende Artikel setzt an dieser Stelle an und präsentiert ausgewählte Impulse aus der empirischen feministischen Forschung zu Geschlechterverhältnissen in Wirtschaft und Gesellschaft. Anschließend wird diskutiert, inwiefern durch solche Impulse Perspektiven für mehr Pluralismus in den Wirtschaftswissenschaften eröffnet werden können.

Interdisciplinary feminist research and its contributions to a more diverse set of perspectives in economic theory

Abstract

Economic theories greatly influence decision-making processes in governments, international organizations and multinational companies. However, mainstream economic theory is often criticised for operating with a narrowly conceived framework of perspectives and methodologies, which may lead to flawed conclusions. This criticism was prominently voiced after the financial crisis of 2008, culminating in an increased public demand for a more pluralistic approach to economic theory, i.e. that economic science should acknowledge a greater diversity of theories and methodologies. The follow-

* Ich danke Angela McRobbie, Ralf Lottmann und Roland Kenel für wertvolle Kommentare und Hinweise zu diesem Beitrag.

ing article takes this debate about pluralistic economic theory as a starting point and will then present selected aspects of empirical feminist research on gender relations in economic and social contexts. Finally, it will be discussed in which way these findings from feminist research might contribute to diversifying perspectives and methodologies towards a more pluralistic approach of economic theory.

JEL-Klassifikation: Z10

1. *Eine Wissenschaft in der Krise?*

Der Wirtschaftsnobelpreisträger Paul Krugman beklagt als einer der prominentesten internationalen Kritiker*innen, dass die Wirtschaftswissenschaften[1] in den letzten fünf Jahrzehnten sehr einseitig geworden seien. Es habe sich in der Ökonomik eine Dominanz der neoklassischen Denkschule herausgebildet, wobei die Ausrichtung der Chicagoer Schule hierbei ganz besonders prägend gewesen sei, so Krugman (z.B. 2009; 2018). Vom neoklassischen ‚Mainstream' abweichende – sogenannte ‚heterodoxe' – Denkschulen sowie Ansätze aus benachbarten wissenschaftlichen Disziplinen, etwa der Soziologie oder Geschichtswissenschaft, welche in den Ursprüngen der Ökonomik durchaus eine bedeutende Rolle gespielt hätten, seien zunehmend verschwunden (u.a. Heise & Thieme, 2015; van Treeck & Urban, 2017; Prante et al., 2019). Kritiker*innen der so genannten ‚Mainstream-Ökonomik' oder ‚Standardökonomik'[2] bemängeln, dass diese sich eben aufgrund der Dominanz der einen neoklassischen Denkschule (nur noch) an einem begrenzten Repertoire an theoretischen Perspektiven und methodischen Ansätzen orientieren würde. Graupe zufolge entwickelte sich die Wirtschaftswissenschaft auf diese Weise gar zu einer „geistigen Monokultur" (2013, S. 139).

An verschiedenen Stellen wird konstatiert, dass die Dominanz der neoklassischen Denkschule in Deutschland besonders ausgeprägt sei (Frey et al., 2007; Heise & Thieme, 2015; Ferguson, 2019). Doch auch in Deutschland

---

1 Im englischsprachigen Raum geht es in der Pluralismus-Debatte meist um ‚Economics', wobei hier die Trennung zwischen Volkswirtschaftslehre (VWL) und Betriebswirtschaftslehre (BWL) weniger ausgeprägt ist als im deutschsprachigen Raum. Für den vorliegenden Artikel werden – angelehnt an die Debatte im anglophonen Raum – die integrativeren Begriffe ‚Wirtschaftswissenschaft(en)' und ‚Ökonomik' (austauschbar) verwendet.

2 Der Begriff der ‚Standardökonomik' ist angelehnt an eine von Erlei & Haucap (2019) kuratierte Ausgabe des *List Forum für Wirtschafts- und Finanzpolitik* zur Pluralismus-Debatte (siehe z.B. Erlei & Haucap, 2019; Yollu-Tok & Rodríguez Garzón, 2019; Ott, 2019).

hat in den letzten Jahren die öffentliche Kritik an der perspektivischen Einseitigkeit in den Wirtschaftswissenschaften zugenommen, insbesondere im Zuge der Finanzkrise 2008 (u.a. Schneider & Kirchgässner, 2009; Erlei & Haucap, 2019; Horn, 2019). Auch studentischer Protest mehrte sich und mündete in neuen Zusammenschlüssen und Initiativen, die teilweise bis heute bestehen, darunter das *Netzwerk Plurale Ökonomik* im deutschsprachigen oder *Rethinking Economics* im anglophonen Raum. Parallel dazu erklommen einzelne Werke kritischer Ökonom*innen wie *Das Kapital im 21. Jahrhundert* von Thomas Piketty (2014) oder *Doughnut Economics* von Kate Raworth (2017) die Bestsellerlisten. Die Forderungen nach mehr Pluralismus und interdisziplinären Perspektiven werden häufiger und lauter, dabei ist es nicht das Ziel der Vertreter*innen einer pluralen Ausrichtung der Ökonomik, die Standardökonomik durch eine andere ökonomische Denkschule zu ersetzen, „sondern der Vielfalt ökonomischer Theorien Raum zu geben" (Petersen et al., 2019, S. XVI). Neben der sogenannten ‚orthodoxen', also der neoklassisch ausgerichteten Standardökonomik, sollen weitere, ‚heterodoxe' ökonomische Denkschulen Berücksichtigung finden und anerkannt werden.

Verschiedene Studien kommen allerdings zu dem Ergebnis, dass die gesellschaftlich geforderte Berücksichtigung von heterodoxen und interdisziplinären Ansätzen in der Ökonomik als Wissenschaft bislang noch wenig Beachtung erfährt (Heise & Thieme, 2015; Ehnts & Zeddies, 2016; Aigner et al., 2018; Bettin et al., 2019). Aigner et al. (2018) kommen in einer quantitativen und qualitativen Auswertung von einschlägigen wirtschaftswissenschaftlichen Fachzeitschriften zu dem Ergebnis, dass sich in der Ökonomik seit 2008 in Bezug auf die paradigmatische Weiterentwicklung und die Akzeptanz neuer theoretischer oder methodischer Konzepte kaum etwas verändert hat. Warum das so ist, wird u.a. in Beiträgen von Heise und Thieme (2015), Ehnts und Zeddies (2016) und Bettin et al. (2019) versucht zu erklären. So gibt es verschiedene Mechanismen im Wissenschaftsbetrieb, welche die Dominanz der neoklassischen Denkschule zementieren. Zum einen sind die Berufungsverfahren für Professor*innen relevant: Für eine Professur werden Publikationen in fachwissenschaftlichen Zeitschriften vorausgesetzt – möglichst mit hohem Impact-Faktor und vielen Zitationen. Allerdings gibt es bei solchen Veröffentlichungen Hürden für diejenigen, die interdisziplinär oder außerhalb der Standardökonomik forschen, wie Ehnts und Zeddies postulieren:

> „um dort [in den fachwissenschaftlichen Zeitschriften] zu publizieren, muss man sich an die Regeln des Mainstreams halten, d.h. die üblichen Methoden, Modelle und Annahmen verwenden. Eine Veröffentlichung von heterodoxer Forschung ist daher schwierig" (Ehnts & Zeddies, 2016, S. 773).

Als Folge werden Berufungen von Professor*innen, die sich außerhalb der Standardökonomik bewegen, unwahrscheinlich, weshalb diese oft in benachbarte Disziplinen ausweichen (müssen) (Heise & Thieme, 2015). Laut der Studie von Heise und Thieme (2015, S. 16) sind die Berufungen von heterodoxen Ökonom*innen auf Professuren an deutschen Universitäten rückläufig: So wurden in den 1970er Jahren 22 heterodoxe Ökonom*innen auf Professuren berufen, in den 1980er Jahren drei, in den 1990er Jahren zehn und in den 2000er Jahren acht Ökonom*innen (Heise & Thieme, 2015, S. 16). Ein weiterer Aspekt ist, dass wenige Forschungsmittel in heterodoxe oder interdisziplinäre Forschungsprojekte fließen, was wiederum die Einstellung von Personal und somit auch die Ausbildung des wissenschaftlichen Nachwuchses erschwert. So wurden laut der Umfrage von Heise und Thieme (2015) im Untersuchungszeitraum nur 17 Prozent der Forschungsanträge von heterodoxen Ökonom*innen bewilligt (Heise & Thieme, 2015, S. 18), während die Bewilligungsquote von Anträgen in den Geistes- und Sozialwissenschaften bei der DFG durchschnittlich ca. 28 Prozent beträgt (DFG, 2019).

Es gibt daher gerade auch für benachbarte Disziplinen der Ökonomik triftige Gründe, sich mit der aktuellen Pluralismus-Debatte in der Ökonomik zu beschäftigen: zum einen die gesellschaftliche Relevanz der Wirtschaftswissenschaften, denn ihre Ergebnisse informieren Entscheidungsträger*innen in Politik und Wirtschaft und prägen Institutionen, Regierungen und multinationale Unternehmen.[3] Wenn der Ökonomik gesellschaftlich eine so herausragende Stellung beigemessen wird, dann sollte sie das vollständige ihr zur Verfügung stehende theoretische und methodische Repertoire nutzen und auch mit anderen Disziplinen in einen Dialog treten, um möglichst realitätsnahe und wegweisende Ergebnisse zu liefern. Das gilt insbesondere für Gebiete, in denen andere Disziplinen viel beizutragen haben, wie z. B. die Arbeitsmarkt- oder Ungleichheitsforschung. Des Weiteren wird u. a. durch die Beiträge von Heise und Thieme (2015), Ehnts und Zeddies (2016), Aigner et al. (2018), Bettin et al. (2019) offenkundig, dass eine paradigmatische, theoretische und methodische Weiterentwicklung der Wirtschaftswissenschaften durch die bestehenden Mechanismen im Wissenschaftsbetrieb eher erschwert werden, da diese die Dominanz der aktuellen Denkschule erhalten und sogar noch weiter festigen.

---

3 Eindrucksvoll wurde dieser gesellschaftliche Einfluss der Ökonomik von Wirtschaftsnobelpreisträger Paul Samuelson geschildert, der sich seiner Macht als Ökonom bewusst war: „Es ist mir egal, wer die Gesetze einer Nation schreibt – solange ich ihre Volkswirtschaftslehrbücher schreiben kann!" (Samuelson o. J., zitiert in van Treeck & Urban, 2017, S. 8).

Der Blick ‚von außen' und ‚nach außen' – also auf interdisziplinäre Herangehensweisen und benachbarte wissenschaftlichen Disziplinen – könnte in dieser Situation hilfreich sein. Vor diesem Hintergrund diskutiert dieser Beitrag ausgewählte Impulse aus der empirischen feministischen Forschung zu Geschlechterverhältnissen in Wirtschaft und Gesellschaft. Der feministische Blick ist in Bezug auf die Pluralismus-Debatte deshalb besonders aufschlussreich, weil er sich theoretisch wie methodisch unterschiedlicher Ansätze verschiedener Wissenschaftsdisziplinen bedient. Im Folgenden wird zunächst die kritische feministische Auseinandersetzung mit der Standardökonomik skizziert. Anschließend erfolgt eine exemplarische Darstellung feministischer Beiträge aus der empirischen Forschung zur Selbstständigkeit in Branchen, in denen überwiegend Frauen tätig sind (Gather, 2013; Gather, 2015; Gather & Schürmann, 2013; Schürmann & Gather, 2018; McRobbie et al., 2019). Abschließend wird diskutiert, inwiefern diese Beiträge Annahmen der Standardökonomik hinterfragen oder ergänzen und damit die aktuelle Debatte über mehr Perspektivenvielfalt bereichern können.

2. *Feministische Kritik an der Standardökonomik*

Was charakterisiert eigentlich die aktuell dominierende Ausrichtung der Ökonomik, die von Kritiker*innen geläufig als Standardökonomik bezeichnet wird? Laut Ehnts und Zeddies sind dies vor allem die folgenden Grundsätze:

- „Das praktizierte Menschenbild des Homo Oeconomicus als allwissender, ‚hyper-rationaler' Eigennutzen-Maximierer,
- der methodologische Individualismus, d.h. der Fokus auf Individuen anstatt auf Gruppen oder Klassen,
- der theoretische Unterbau der Neoklassik bzw. der Neukeynesianisch-Neoklassischen Synthese,
- ein Denken in theoretischen Modellen,
- ein formal-mathematischer Ansatz und die Fokussierung auf den ökonometrischen Methodenkasten,
- die Grundannahme von Markteffizienz und Marktgleichgewichten,
- das Selbstverständnis als rein positive Wissenschaft, d.h. frei von normativen Werturteilen" (2016, S. 769).

An jedem dieser Grundsätze wird von verschiedenen Denkschulen und aus unterschiedlichen Perspektiven Kritik geübt. Bekannte Kritikpunkte sind z.B. das von der Standardökonomik zu Grunde gelegte Menschenbild, der *Homo Oeconomicus* (van Treeck, 2017) und dessen perfekte Informiertheit über alle zur Verfügung stehenden Handlungsoptionen (Graupe, 2013), sowie das Übergewicht mathematischer Methoden und Modelle (z.B. Romer, 2015). Viele der Kritikpunkte an den o.g. Grundsätzen der Standardökonomik werden auch von Feminist*innen aufgegriffen.[4] Sie werfen den Wirtschaftswissenschaften einen inhärenten Androzentrismus vor (Gather et al., 2007; Maier, 2013), welcher eine „Marginalisierung von Frauen, ihren Tätigkeiten und des Geschlechterverhältnisses“ (Gather et al., 2007, S. 183) zur Folge habe. Dieser Androzentrismus bedeute, dass ‚Männlichkeit' der ‚Weiblichkeit' übergeordnet werde – was den Grundsatz der ‚Wertfreiheit' der Ökonomik (s.o.: „das Selbstverständnis als rein positive Wissenschaft, d.h. frei von normativen Werturteilen") bereits infrage stellt. Laut Gather et al. (2007) sind es aber vor allem drei Paradigmen der (standard)ökonomischen Theorien, die aus einer feministischen Perspektive problematisch sind:

- die „ausschließlich[e] Konzentration der Ökonomie auf die Analyse von Marktprozessen“ (Gather et al., 2007, S. 184),
- die Annahme, „ökonomisches Handeln von ‚Wirtschaftssubjekten' sei unabhängig von Merkmalen wie Geschlecht, Region oder Zeit“ (ibid.) sowie
- „die Verbannung der Frauen in den Haushalt“ (ibid.) als „Anhängsel des ökonomisch aktiven Erwerbstätigen“ (ibid.).

In Anlehnung an den ersten Punkt argumentiert Knapp (2007), dass Feminist*innen „die Grundannahme von Markteffizienz und Marktgleichgewichten“ (s.o.) infrage stellen würden, insbesondere die Fähigkeit des Marktes, soziale Beziehungen über das Zusammenspiel von Angebot und Nachfrage zu steuern. So könnten etwa geschlechterbezogene Ungleichheiten auf dem Arbeitsmarkt – dass Frauen weniger Geld verdienen, ein geringeres Arbeitsvolumen aufweisen und häufiger in Teilzeit und prekären Arbeitsarrangements tätig sind – nicht ausschließlich durch die Mechanismen von Angebot und Nachfrage erklärt werden. Auf dem Arbeitsmarkt seien hingegen auch Geschlechterrollen und -stereotype von Bedeutung. Die gestiegene Erwerbstätigkeit von Frauen in den letzten 50 Jahren (z.B. in Deutschland) scheint durch die Mechanismen von Angebot und Nachfrage ebenfalls nicht hinreichend erklärt zu werden. Laut Maier (2013) würde die Standardökonomik diese Entwicklung vor allem damit erklären, dass die Gehälter der

4 Dazu sei gesagt, dass es vielfältige und heterogene feministische Perspektiven gibt (siehe z.B. Holland-Cunz, 2018) – auch Feminist*innen, die sich innerhalb der Standardökonomik bewegen (Ott, 2019). Da es in meinem Beitrag jedoch um ausgewählte feministische Denkansätze geht, erfolgt an dieser Stelle keine Übersicht unterschiedlicher feministischer Denkschulen bzw. deren Gemeinsamkeiten und Unterschiede (siehe hierfür z.B. Yollu-Tok & Rodríguez Garzón, 2019).

(Ehe-)Männer nicht mehr ausreichend wären. Im Gegenzug würden – laut Modellannahme – die (Ehe-)Frauen auch heutzutage wieder vom Arbeitsmarkt verschwinden (und womöglich zurück in den Haushalt gehen), wenn die Gehälter der (Ehe-)Männer wieder steigen würden. Für die Annahme, dass Frauen aber „erwerbstätig sein wollten oder könnten" (Maier, 2013, S. 131), wäre im Modell kein Platz.

Ein zentraler feministischer Kritikpunkt ist das bereits erwähnte Menschenbild der Standardökonomik bzw. die Auffassung des ökonomischen Wirtschaftssubjekts als *Homo Oeconomicus* (u.a. Bauhardt, 2015). Dieser sei ein „abstrakter und stilisierter ‚economic man'[,] [der] individuelle Nutzenmaximierung bzw. Gewinnmaximierung betreibt" (Gather et al., 2007, S. 184), ungeachtet jeglicher weiterer Faktoren wie der Region, des historischen Kontextes, oder eben des Geschlechts. Der *Homo Oeconomicus* hat so den Anschein eines ‚neutralen' Menschenbilds, doch er lässt Frauen unsichtbar und schreibt so einen Androzentrismus fort. Es gibt zwar auch neuere Ansätze v.a. der Verhaltensökonomik, die die Komplexität und Heterogenität menschlichen Verhaltens stärker differenzieren, wobei teilweise auch geschlechterspezifische Unterschiede thematisiert werden (Yollu-Tok & Rodríguez Garzón, 2019). Allerdings stoßen auch diese meist unter ‚Gender Economics' firmierenden Ansätze der Verhaltensökonomik auf Kritik aus feministischer Perspektive. So würden die Kategorien ‚Frau' und ‚Mann' in der Verhaltensforschung meist unkritisch vorausgesetzt und nicht als Produkte einer sozialen Konstruktion hinterfragt und geschlechtsspezifische Zuschreibungen und Stereotype nicht problematisiert (Yollu-Tok & Rodríguez Garzón, 2019). Außerdem würde durch eine solche Kategorisierung ein binäres Verständnis von Geschlecht zementiert, was zur Unsichtbarkeit von Menschen beiträgt, die sich jenseits dieser Pole identifizieren.

Nachdrückliche Kritik von feministischer Seite bezieht sich auch auf den von Gather et al. 2007 erwähnten dritten Aspekt: die geschlechterspezifische Trennung in Haus- und Erwerbsarbeit bei gleichzeitiger Fokussierung auf ‚männliche' Erwerbsarbeit. Diese geschlechtsspezifische und hierarchische Division von Arbeit in ‚weibliche' Hausarbeit und ‚männliche' Erwerbsarbeit bildet ein zentrales Anliegen von Feminist*innen und markiert laut Bauhardt den „Ausgangspunkt feministischer Analysen des Kapitalismus" (2015, S. 33). Die gesellschaftliche Arbeitsteilung – bezahlte, ‚produktive' Arbeit für Männer und unbezahlte, ‚reproduktive' Arbeit für Frauen – gehe v.a. auf die Zeit der Industrialisierung zurück und sei von der Ökonomik als Wissenschaft, deren Ursprung ebenfalls aus dieser Zeit stammt, aufgegriffen worden (u.a. Ferber & Nelson, 2003; Knapp, 2007; Bauhardt & Çağlar, 2010). Auf diese Weise würden die Wirtschaftswissenschaften einige Bereiche des gesellschaftlichen Lebens als ‚produktiv' und andere als ‚nicht-produktiv' deklarieren – Erwerbsarbeit wird zur einzig relevanten Arbeit und die mehrheitlich von Frauen geleistete Care-Arbeit wird zur ‚Nicht-Arbeit' und entzieht sich damit der Aufmerksamkeit der Ökonomik. Zudem wird der Haushalt auf diese Weise zu einem ‚blinden Fleck', so die feministische Kritik – übrigens nicht nur an der Standardökonomik, sondern z.B. auch an der Marxistischen Ökonomik. Die (Macht-)Strukturen und Dynamiken, die im als ‚nicht-produktiv' deklarierten Haushalt vorherrschen, würden dadurch irrelevant und unsichtbar. Was im Haushalt passiere, bleibe ‚privat' und für die Ökonomik uninteressant (u.a. Bauhardt, 2012). Dabei ist nach Gather (2008) ein Verständnis des Haushalts, wonach dieser lediglich ein Gegenpart zum Arbeitsmarkt sein soll, irreführend. So kann es etwa im Haushalt (im ‚Privaten') trotz steigender Gleichheit auf dem Arbeitsmarkt zu einer Beharrlichkeit oder gar einer Verstärkung der ungleichen Rollenverteilungen zwischen den Geschlechtern kommen (Gather, 2008). Gather zeigt diesen Aspekt auf einer mikrosoziologischen Ebene am Beispiel von Ehepaaren, bei denen die Ehefrauen gleich oder höher qualifizierte und entlohnte Tätigkeiten wie die Ehemänner ausüben. In der Untersuchung stellte sich heraus, dass viele der untersuchten Paare in der häuslichen Arbeitsteilung trotz einer gleichen oder höheren Position der Frau im Arbeitsleben konventionellen Mustern folgten. Ein eindrucksvolles Beispiel war z.B. eine Ingenieurin, die im Rahmen ihres Berufs gelegentlich LKWs fuhr, aber im privaten Auto lieber neben ihrem Mann (einem Schlosser) auf dem Beifahrersitz Platz nahm, da sie es ‚albern' fände, wenn der Mann auf dem Beifahrersitz säße (Gather, 2008, S. 261f.).

Angesichts der hier aufgeführten Kritik an der Reichweite und den Annahmen der Standardökonomik plädieren einige Feminist*innen dafür, diese vollständig zu überwinden (Gather et al., 2007). Die Kritik an bestehenden ökonomischen Schulen – allen voran an der Neoklassik, aber auch z.B. an der Marxistischen Ökonomik – brachte eine eigene ökonomische Denkschule hervor: die Feministische Ökonomik. Diese wurde insbesondere durch das Werk von Marianne Ferber und Julie Nelson vorangebracht sowie durch die Zusammenschlüsse *International Association for Feminist Economics* (IAFFE) und *economy, feminism and science* (efas) in Deutschland. Allerdings ist umstritten, inwiefern die Feministische Ökonomik als eine einzige oder eigene Denkschule betrachtet werden kann oder sollte. Es gibt *die* Feministische Ökonomie genauso wenig wie *den* Feminismus, wie Yollu-Tok und Rodríguez Garzón erklären:

> „Feministische Ökonomen und Ökonominnen greifen auf eine Vielzahl ökonomischer Theorien und Modelle zurück. Es finden sich unter ihnen Klassiker und Klassikerinnen, Neoklassiker und Neoklassikerinnen, Keynesianer und Keynesianerinnen sowie Marxisten und Marxistinnen. Ihre methodologische[n]

Herangehensweisen unterscheiden sich ebenso wie ihr Verständnis von Feminismus und der Kategorie Frau bzw. des Geschlechts, welches die Beschreibung und Analyse der Ökonomie grundlegend prägt" (2019, S. 727).

Ähnlich beschreibt dies Maier, wobei sie den an dieser Stelle entscheidenden Punkt hinzufügt, dass die feministische Perspektive auf die Ökonomie grundsätzlich interdisziplinär angelegt ist:

> „[E]ine oder die feministische ökonomische Theorie gibt es nicht, es gibt eine Fülle an sich ergänzenden und z.T. konkurrierenden theoretisch-paradigmatischen Ansätzen. Feministische Ökonom_innen sind dabei von den Diskussionen über feministische Theorien in anderen Fachdisziplinen inspiriert, ihre eigenen theoretischen und empirischen Analysen in einen theoretisch anders und weiter formulierten Rahmen zu stellen als es ökonomische Ansätze sonst tun" (Maier, 2013, S. 131).

Die Einbeziehung unterschiedlicher Fachdisziplinen bei ökonomischen Fragestellungen, worauf die Autorin hier verweist, möchte ich hier hervorheben. Denn mit Blick auf die Pluralismus-Debatte in der Ökonomik ist vor allem diese praktizierte Interdisziplinarität ein interessanter Aspekt der feministischen Perspektive. Feminist*innen unterschiedlicher Fachdisziplinen beschäftigen sich mit ökonomischen Fragestellungen – meist ausgehend von geschlechterbezogenen Ungleichheiten oder weitgehend unbeachteter Wirtschaftsbereiche wie sogenannte ‚Frauenberufe' oder Care-Arbeit, wie auch Gather et al. (2007) erklären:

> „es [gibt] viele Überschneidungen und kooperative Arbeitsbeziehungen zwischen Ökonominnen, Soziologinnen, Politologinnen und Juristinnen. Unter anderem ist der Themenbereich Haushaltsarbeit und ‚Care' ein Bereich, zu dem in den letzten Jahren Feministinnen aus den verschiedensten Fächern empirisch wie theoretisch gearbeitet haben" (2007, S. 185).

Inwiefern durch eine solche interdisziplinäre Auseinandersetzung oder ‚den Blick von außen' neue Impulse für eine größere Perspektiven- und Methodenvielfalt gesetzt werden, wird im Folgenden diskutiert. Dafür werden exemplarisch ausgewählte Beiträge aus der feministischen empirischen Sozialforschung zur Selbstständigkeit vorgestellt und erläutert.

3. *Ausgewählte Beiträge und Impulse aus der feministischen empirischen Sozialforschung*

Gather und Schürmann (2013; 2018)[5] haben mit einer Studie zur Selbstständigkeit in der Pflegebranche ein „frauendominierte[s] Berufsfeld" (Schürmann & Gather, 2018, S. 157) untersucht, wo 85 Prozent der Beschäftigten Frauen sind (Schürmann & Gather, 2018, S. 165). Die Pflege ist eine klassische Form der Sorgearbeit oder Care-Arbeit, welche von der Gesellschaft eher als ‚weiblich' konnotiert wird. Mit Blick auf die Standardökonomik, deren Annahmen und die an ihr geäußerte Kritik (s. o.) sind vor allem Gather und Schürmanns Erkenntnisse zu Gründungsmotivationen von Selbstständigen in der Pflege interessant. Die Autorinnen kommen hier zu einem sehr ausdifferenzierten Bild des ökonomischen Handelns der untersuchten Selbstständigen:

> „Der Schritt in die Selbstständigkeit ist teilweise durch die Hoffnung motiviert, die Beschäftigungsbedingungen – Arbeitsbedingungen, Einkommen, Arbeitszeit, Wertschätzung – zu verbessern oder auch durch das Ziel, die eigenen berufsethischen Ansprüche an eine gute Pflege umzusetzen" (Schürmann & Gather, 2018, S. 159).

Gather und Schürmann unterscheiden dabei zum einen Handlungsmotive, die sich auf Arbeitsbedingungen im erweiterten Sinne beziehen, wie etwa das Einkommen, höhere Selbstbestimmung, Anerkennungserfahrungen für die erbrachte Arbeitsleistung, eine höhere Zeitsouveränität und damit eine bessere Vereinbarkeit von Familie und Beruf und eine größere Autonomie (Schürmann & Gather, 2018, S. 171ff.). Zum anderen wird das Handeln der untersuchten ‚Wirtschaftssubjekte' vor allem davon bestimmt, dass sie ihre beruflichen und ethischen Ansprüche realisieren und über die Gestaltung der Pflege entscheiden möchten. Dies eröffnet ihnen die Möglichkeit, sich mit ihrer Erwerbstätigkeit – dem Pflegeberuf – zu identifizieren und für die zu Pflegenden eine ‚gute Pflege' leisten zu können (Schürmann & Gather, 2018, S. 178).

Die Präferenzen und damit die Handlungsmotive und -entscheidungen der einzelnen Selbstständigen weisen damit eine große Vielfalt und Heterogenität auf. Die im neoklassischen Modell des *Homo Oeconomicus* vorgesehenen Annahme von feststehenden

> „Präferenzen, die sich weder wesentlich in der Zeit ändern sollen, noch sich zwischen reichen und armen Leuten oder zwischen Personen verschiedener Ge-

5 Ergebnisse aus derselben Studie wurden in Gather und Schürmann (2013) und in Schürmann und Gather (2018) präsentiert und diskutiert.

> sellschaften und Kulturen unterscheiden“ (Becker, 1990, zitiert in Graupe, 2013, S. 150)

ist nur schwer mit einer solchen Vielfalt und Heterogenität der Handlungsmotive in Einklang zu bringen. Bemerkenswert ist in den empirischen Beiträgen von Gather und Schürmann außerdem, dass die Handlungsmotive der Selbstständigen sowohl egoistische als auch altruistische Elemente beinhalten, wodurch das „Egoismus-Axiom“ (van Treeck, 2017, S. 34) des *Homo-Oeconomicus*-Modells infrage gestellt wird.

An anderer Stelle verweist Gather auf weitere für die Standardökonomik unkonventionelle Gründungsmotive. So seien in den 1970er Jahre eine Reihe von Frauenprojekten initiiert worden, aus denen teilweise selbstverwaltete Betriebe entstanden sind:

> „Diese Frauenprojekte waren politisch motiviert, sie entstanden ‚als Praxis aus der feministischen Theorie' (…). Es ging um Gesellschaftsveränderung und die Befreiung der Frauen“ (Gather, 2013, S. 52).

Auch wenn einige der selbstverwalteten Betriebe über die Jahre verschwunden sind, was allerdings auch bei ‚konventionellen' Gründungen eher die Regel als die Ausnahme ist, so haben viele ökonomisch überlebt und halten bis heute ihre politisch-ethischen Grundätze aufrecht:

> „Die Frauenprojekte haben vielfältige Lern- und Anpassungsprozesse durchlebt. Allen Projekten, die noch existieren (und es gibt noch einige), ist gemein, dass ihr Interesse nicht der Profitrate gilt, sondern dem Gebrauchswert. Solidarität und Gerechtigkeit sind wesentliche Prinzipien des anders Wirtschaftens geblieben“ (Gather, 2013, S. 55).

Ein konkretes Beispiel für ein solches Projekt – die Gründung der Genossenschaft *WeiberWirtschaft* in Berlin – wird von Gather (2015) erläutert. Hier handelte es sich um eine Initiative aus „Utopien und feministische[n] Träumen“ (2015, S. 41), deren langfristiges Ziel es war, „feministische Geldkreisläufe“ (ibid.) zu etablieren.

Die von Gather (2013; 2015) thematisierten Gründungen bewegen sich damit außerhalb eines vom *Homo-Oeconomicus*-Modell vorgesehenen Rahmens des Möglichen aus Präferenzen und Restriktionen. Gründung bzw. Selbstständigkeit wird hier als politisches Instrument genutzt – gerade auch um bestehende Restriktionen aufzuheben. Zudem streben Gründungen wie die der *WeiberWirtschaft* eher nach einem kollektiven Nutzen (für eine Gruppe von Frauen) statt nach dem Nutzen für ein Individuum. Dies stellt z.T. einige der Grundannahmen des *Homo Oeconomicus* infrage,

> „der als rationales und eigennütziges Wesen alternative Güter beziehungsweise Handlungen gegeneinander abwägt, um seine tendenziell unendlichen Bedürfnisse mit knappen Mitteln möglichst effizient zu befriedigen" (van Treeck, 2017, S. 33).

Ein ebenfalls differenziertes und heterogenes Bild von den Handlungsmotivationen und -optionen der betrachteten ‚Wirtschaftssubjekte' zeichnen McRobbie et al. (2019) in einer Untersuchung zur Selbstständigkeit in der Modebranche.[6] Eine zentrale Erkenntnis der Studie, die in London, Berlin und Mailand durchgeführt wurde, ist dabei, dass der jeweilige regionale bzw. lokale Kontext die Handlungsentscheidungen der Modeschaffenden maßgeblich beeinflusst.

Auf Berlin bezogen beobachten McRobbie et al. (2019), dass sich weit über einzelne Betriebe hinaus eine – meist von Frauen angeführte – Branchenkultur des sozialen ‚placemaking' zu etablieren scheint. Hier entstünde eine neue Branchenlogik, welcher andere (neue) Werte und Handlungsmotivationen zugrunde liegen würden (*„a new fashion social imaginary, new ways of doing fashion"*; ibid., S. 138). Das empirisch festgestellte Handeln der Marktteilnehmer*innen folge demnach in Berlin anderen Regeln als z. B. jenes der Modeschaffenden in London oder Mailand.[7] Während in Berlin zunehmend Mode mit einer ‚sozialen Agenda' betrieben würde, insbesondere mit dem Ziel, Arbeitsmöglichkeiten für lokal ansässige und ggf. niedrig qualifizierte Frauen zu schaffen, spielten etwa in London ‚Glamour' und das Erreichen eines ‚Star-Status' eine größere Rolle. In London gebe es eine fest verankerte ‚*winner-takes-all*-Mentalität'. Der Kontrast zwischen den verschiedenen Branchenkulturen in Berlin und London zeige sich auch in den Arbeitsprozessen: in Berlin seien diese oft partizipativ – in London eher ‚top-down', hierarchisch gestaltet (McRobbie et al., 2019).

McRobbie et al. (2019, S. 137) betonen in ihrem Beitrag außerdem, dass es sich bei den von ihnen untersuchten Betrieben und Praktiken in der

6 Zwischen der Pflege- und der Modebranche gibt es deutliche Unterschiede, aber auch Ähnlichkeiten. Mode ist einerseits ein typisch kommerzieller Bereich, in dem es primär darum geht, Produkte herzustellen und zu verkaufen – während es sich bei der Pflege als ‚Dienstleistung am Menschen' um eine klassische Form der Sorgearbeit handelt. Die Pflege- und die Modebranche ähneln sich insofern, als in beiden Branchen prekäre Arbeitsbedingungen und niedrige Löhne vorherrschen (Schürmann & Gather, 2018; McRobbie et al., 2019). In den hier vorgestellten Studien wurden außerdem in beiden Branchen Kleinbetriebe untersucht, vor allem solche, die von Frauen gegründet wurden oder geleitet werden.

7 Dies sei allerdings nur aufgrund eines zum Zeitpunkt der Erhebung vergleichsweise niedrigen Mietniveaus in Berlin möglich und durch die Akquise von Unterstützungsleistungen für Projekte der Modeschaffenden z. B. aus dem *Europäischen Sozialfonds* (McRobbie et al., 2019).

kleinbetrieblichen Modebranche um einen von der Forschung vernachlässigten Bereich handle. Interessanterweise formulieren die Autor*innen dies nicht als Kritik an der (Standard-)Ökonomik – obwohl es die (feministische) Kritik an den ‚blinden Flecken' der Standardökonomik unterstreichen würde. McRobbie et al. (2019) kritisieren hingegen Geographen wie David Harvey und Jamie Peck. Auch diese würden Phänomene auf der lokalen und betrieblichen Ebene außer Acht lassen, weil sie sich ausschließlich auf Makro-Entwicklungen wie z.B. Neoliberalisierungsprozesse fixierten. Wenn alle privaten Unternehmen pauschal als ‚neoliberale' Gewinnmaximierer begriffen würden, dann blieben Initiativen (insbesondere von Frauen) unberücksichtigt, die versuchen, ökonomisches Handeln mit sozialen Verpflichtungen und nachbarschaftlichen und gemeinschaftlichen Praktiken zu vereinbaren (McRobbie et al., 2019).

4. Von anderen lernen – Perspektivenvielfalt zulassen

Die exemplarische Betrachtung von zwei Studien verdeutlicht den Aspekt der ‚blinden Flecken': dass Branchen, die mehrheitlich von Frauen bewirtschaftet werden, für die Forschung eine geringere Relevanz haben als ‚Männerdomänen' – und zwar nicht nur in der (Standard-)Ökonomik, sondern auch in anderen wissenschaftlichen Disziplinen. Gleichzeitig wird in den aufgeführten Beiträgen dargelegt, wie die empirische feministische Forschung mit dem Fokus auf das Lokale, Kleinbetriebliche, Branchenspezifische neue Erkenntnisse hervorbringen kann. Durch die Untersuchung vernachlässigter Branchen und Praktiken erweitert sich die Perspektive auf ökonomische Phänomene und die Auffassung davon, was ökonomisch relevant ist. Blinde Flecken können so minimiert werden.

Darüber hinaus werden in beiden Forschungsbeiträgen zur Selbstständigkeit betriebliche bzw. branchenspezifisch-lokale Praktiken und Handlungsmotive identifiziert, die einige Annahmen der Standardökonomik hinterfragen bzw. ergänzen können. Zwar scheint es möglich, einige der empirisch erfassten Handlungsmotive der Selbstständigen mit dem Modell des *Homo Oeconomicus* zu vereinbaren: Teilweise ist das Handeln der untersuchten ‚Wirtschaftssubjekte' auf Überlegungen zurückzuführen, die mit einer Maximierung des Einkommens oder allgemeiner des individuellen Nutzens zu erklären sind. Viele der untersuchten Handlungsmuster machen aber ein erweitertes und sehr ausdifferenziertes und heterogenes Verständnis der Präferenzen von ‚Wirtschaftssubjekten' erforderlich. Bei manchen der ermittelten Handlungsmotive oder -muster gestaltet sich eine Vereinbarkeit mit dem Modell des *Homo Oeconomicus* allerdings sehr schwierig, insbesondere bei jenen, die eine altruistische Dimention haben. Ergänzend hierzu wird durch den Beitrag von McRobbie et al. (2019) deutlich, dass unterschiedliches (ökonomisches) Handeln nicht nur von den Gründungspersonen und Entscheidungsträger*innen abhängig ist, sondern auch maßgeblich durch lokale und regionale Umstände beeinflusst werden kann. Dies legt den Schluss nahe, dass ‚Wirtschaftssubjekte' eben nicht immer und überall gleich und nach denselben feststehenden Präferenzen im Rahmen der gegebenen Restriktionen handeln.

Feministische Forschung außerhalb der Standardökonomik ist mitunter in der Lage, neue Wege zu gehen und aufzuzeigen. Über den feministischen Zugang befassen sich auch Wissenschaftler*innen benachbarter Disziplinen mit ökonomischen Themen und Fragestellungen. So können – nicht nur beschränkt auf die Care-Arbeit – neue Perspektiven auf Wirtschaftsfragen im weiteren Sinne eröffnet werden, die aus unterschiedlichen wissenschaftlichen Disziplinen schöpfen. Außerdem werden durch die interdisziplinäre und feministische Herangehensweise Fragestellungen initiiert, die alleine aus der BWL oder VWL heraus kaum möglich wären. Das macht die feministische Perspektive interessant, wenn es darum geht, der Standardökonomik neue Impulse in Richtung einer pluraleren Wissenschaft zu geben und die für die Gesellschaft und Politik so bedeutsamen Wirtschaftswissenschaften vielfältiger zu gestalten.

Dass diese potenzielle Entwicklung der Ökonomik keine Fata Morgana sein muss, zeigt der Blick auf andere wissenschaftliche Disziplinen, die durch feministische Ansätze entscheidend bereichert worden sind. So ist in der Politikwissenschaft und in der Soziologie die gesellschaftliche Kategorie Geschlecht oder Gender nicht mehr wegzudenken (z.B. Bauhardt & Çağlar, 2010; Allmendinger, 2011; Sauer, 2013; Paulitz, 2019). Feministische Perspektiven haben längst Einzug in viele Geistes- und Kulturwissenschaften gehalten und aufgrund ihrer Impulse sind neuere Disziplinen überhaupt erst entstanden – wie etwa die (Britischen) Kulturwissenschaften, geprägt vom Birminghamer *Centre for Contemporary Cultural Studies* und den dort forschenden Feminist*innen ab Mitte der 1970er. Auch die Medien- und Filmwissenschaften hätten eine ungleiche Entwicklung genommen. So ist es v.a. den Beiträgen von Feminist*innen zu verdanken, dass sich in diesen Fächern sowohl die Untersuchungsgegenstände als auch das Methodenrepertoire maßgebend erweitert haben, etwa durch die Analyse von mehrheitlich von Frauen genutzten Medien wie Seifenopern und Magazinen.

Ähnlich wie in Bezug auf ökonomische Fragestellungen waren auch die Bewegungen und Entwicklungen in anderen wissenschaftlichen Disziplinen keineswegs homogen oder zogen gebündelt an einem Strang. Sie waren über verschiedene Fächer und Denkschulen verstreut und trotzdem – oder gerade deshalb – waren sie in der Lage, wertvolle neue Impulse für theoretische und methodische Weiterentwicklungen zu geben. Solche Impulse wären in der derzeitigen Situation auch für die Ökonomik eine Bereicherung – und, wie manche argumentieren, eine dringende Notwendigkeit. Die Pluralismus-Debatte eröffnet aktuell eine Chance für eine größere Perspektiven- und Methodenvielfalt (siehe auch Bettin et al. 2019; Erlei & Haucap 2019). Horn zufolge scheint es gar an der Zeit für „ein aufkeimendes anderes Grundverständnis" (2019, S. IX) der Ökonomik, sich (wieder) eher als eine interdisziplinäre Sozialwissenschaft zu begreifen. Dies sei jedoch ein Prozess, der eben erst begonnen habe. Wie auch immer dieser Prozess verlaufen wird: Feministische Perspektiven könnten und sollten dabei eine Rolle spielen.

Literaturverzeichnis

Aigner, E., Aistleitner, M., Glötzl, F. & Kapeller, J. (2018). The focus of academic economics: before and after the crisis. *Institute for Comprehensive Analysis of the Economy*, Working Paper Series, 75.

Allmendinger, J. (2011). Geschlecht als wichtige Kategorie der Sozialstrukturanalyse. *Aus Politik und Zeitgeschichte*, 61, (37/38), 3-7.

Bauhardt, C. & Çağlar, G. (2010). Einleitung: Gender and Economics. Feministische Kritik der politischen Ökonomie. In C. Bauhardt & G. Çağlar (Hrsg.), *Gender and Economics. Feministische Kritik der Politischen Ökonomie* (S. 7-15). Wiesbaden: Springer VS.

Bauhardt, C. (2012). *Feministische Ökonomie, Ökofeminismus und Queer Ecologies – feministisch-materialistische Perspektiven auf gesellschaftliche Naturverhältnisse*. Verfügbar unter https://www.fu-berlin.de/sites/gpo/pol_theorie/Zeitgenoessische ansaetze/Bauhardtfemoekonomie/Bauhardt.pdf [12.09.19].

Bauhardt, C. (2015). Feministische Kapitalismuskritik und postkapitalistische Alternativen. *Aus Politik und Zeitgeschichte*, 65 (35/37), 32-39.

Bettin, S., Glötzl, F. & Theine, H. (2019). Strategische Perspektiven für die Zukunft des Pluralismus. In D. Petersen, D. Willers, E. Schmitt, R. Birnbaum, J. Meyerhoff, S. Gießler, & B. Roth (Hrsg.), *Perspektiven einer pluralen Ökonomik* (S. 259-280). Wiesbaden: Springer VS.

Deutsche Forschungsgemeinschaft (DFG) (2019). *Bearbeitungsdauer und Erfolgsquoten*. Verfügbar unter https://www.dfg.de/dfg_profil/zahlen_fakten/statistik/bearbeitungsdauer/index.html#anker33351144 [28.12.19].

Ehnts, D. & Zeddies, L. (2016). Die Krise der VWL und die Vision einer Pluralen Ökonomik. *Wirtschaftsdienst*, 96 (10), 769-775.

Erlei, M. & Haucap, J. (2019). Einleitung. *List Forum für Wirtschafts- und Finanzpolitik*, 44 (4), 403-405.

Ferber, M. & Nelson, J. (2003). *Feminist economics today: Beyond the economic man*. Chicago: University of Chicago Press.

Ferguson, T. (2019). Endlich „Made in Germany". In D. Petersen, D. Willers, E. Schmitt, R. Birnbaum, J. Meyerhoff, S. Gießler, & B. Roth (Hrsg.), *Perspektiven einer pluralen Ökonomik* (S. VII-VIII). Wiesbaden: Springer VS.

Frey, B., Humbert, S. & Schneider, F. (2007). Was denken deutsche Ökonomen? Eine empirische Auswertung einer Internetbefragung unter den Mitgliedern des Vereins für Socialpolitik im Sommer 2006. *Perspektiven der Wirtschaftspolitik*, 8 (4), 359-377.

Gather, C., Maier, F. & Veil, M. (2007). Thematische Einführung (Schwerpunktheft „Geschlechterverhältnisse in der Ökonomie"). *Feministische Studien*, 25 (2), 183-188.

Gather, C. (2008). Frauen das zweite Geschlecht. Der ‚Mythos' bei Simone de Beauvoir. Anknüpfungspunkte für die feministische empirische Soziologie. *Feministische Studien*, 26 (2), 252-267.

Gather, C. (2013). Unsere Luftschlösser haben U-Bahnanschluss. Anders Wirtschaften in Frauenprojekten, was ist daraus geworden? *Feministische Studien*, 31 (1), 51-57.

Gather, C. & Schürmann, L. (2013). „Jetzt reicht's. Dann machen wir eben unseren eigenen Pflegedienst auf." Selbständige in der Pflegebranche – Unternehmertum zwischen Fürsorge und Markt. *Feministische Studien*, 31 (2), 225-239.

Gather, C. (2015). „Es ist nicht zu schaffen, wir machen es trotzdem!" Bemerkungen zum Kauf und zur Finanzierung der Gewerbeimmobilie. In C. Neusüß & K. von der Bey (Hrsg.), *Unsere Luftschlösser haben U-Bahn-Anschluss* (S. 41-47). Berlin: WeiberWirschaft.

Graupe, S. (2013). Ökonomische Bildung: Die geistige Monokultur der Wirtschaftswissenschaft und ihre Alternativen. *Coincidentia: Zeitschrift für europäische Geistesgeschichte*, Beiheft 2, Bildung und fragendes Denken, 139-165.

Heise, A. & Thieme, S. (2015). *What happened to heterodox economics in Germany after the 1970s*. Zentrum für Ökonomische und Soziologische Studien Discussion Papers, 49, Zentrum für Ökonomische und Soziologische Studien, Hamburg.

Holland-Cunz, B. (2018). Was ihr zusteht: Kurze Geschichte des Feminismus. *Aus Politik und Zeitgeschichte*, 68 (17), 4-11.

Horn, G. (2019). Zehn Jahre nach der Krise. In D. Petersen, D. Willers, E. Schmitt, R. Birnbaum, J. Meyerhoff, S. Gießler, & B. Roth (Hrsg.), *Perspektiven einer pluralen Ökonomik* (S. IX-X). Wiesbaden: Springer VS.

Knapp, U. (2007). Herausforderungen für die Mainstream-Ökonomie. *Feministische Studien*, 25 (2), 271-276.

Krugman, P. (2009). How Did Economists Get It So Wrong? *The New York Times*, 2. September 2009. Verfügbar unter https://www.nytimes.com/2009/09/06/magazine/06Economic-t.html [17.09.19].

Krugman, P. (2018). What Do We Actually Know About the Economy? (Wonkish). *The New York Times*, 16. September 2018. Verfügbar unter https://www.nytimes.com/2018/09/16/opinion/what-do-we-actually-know-about-the-economy-wonkish.html [17.09.19].

Maier, F. (2013). Feministische Ökonomie ist immer auch Kritik der herrschenden Wirtschaftstheorien. *Feministische Studien*, 31 (1), 131-135.

McRobbie, A., Strutt, D. & Bandinelli, C. (2019). Feminism and the Politics of Creative Labour: Fashion Micro-enterprises in London, Berlin and Milan. *Australian Feminist Studies*, 34 (100), 131-148.

Ott, N. (2019). Feministische Ökonomik als Gegenprogramm zur Standardökonomik: Kommentar zum Beitrag von Aysel Yollu-Tok und Fabiola Rodríguez Garzón. *List Forum für Wirtschafts- und Finanzpolitik*, 44 (4), 763-766.

Paulitz, T. (2019). Feministische Soziologie, Gender Studies, Frauen-/Geschlechterforschung als Denkkollektiv: Soziologische Denkstile zu Geschlecht als sozialem Verhältnis und als soziale Kategorie. In J. Fischer & S. Moebius (Hrsg.), *Soziologische Denkschulen in der Bundesrepublik Deutschland* (S. 373-411). Wiesbaden: Springer VS.

Petersen, D., Willers, D., Schmitt, E., Birnbaum, R., Meyerhoff, J., Gießler, S. & Roth, B. (2019): Einleitung. In D. Petersen, D. Willers, E. Schmitt, R. Birnbaum, J. Meyerhoff, S. Gießler, & B. Roth (Hrsg.): *Perspektiven einer pluralen Ökonomik* (S. XV-XXVI). Wiesbaden: Springer VS.

Piketty, T. (2014). *Das Kapital im 21. Jahrhundert*. München: C.H. Beck.

Prante, F., Barmucci, A., Hein, E. & Truger, A. (2019). *Interactive Macroeconomics – A Pluralist Simulator.* Institute for International Political Economy Berlin, Working Paper No. 117/2019.

Raworth, K. (2017). *Doughnut Economics: Seven Ways to Think Like a 21st Century Economist*. London: Random House.

Romer, P. (2015). Mathiness in the Theory of Economic Growth. *American Economic Review*. Papers & Proceedings, 105 (5), 89-93.

Sauer, B. (2013). Feminismus und Politik – zu einem notwendigen und notwendig umkämpften Verhältnis. Eine politikwissenschaftliche Perspektive. *Feministische Studien*, 31 (1), 164-169.

Schneider, F. & Kirchgässner, G. (2009). Financial and world economic crisis: What did economists contribute? *Public Choice*, 140, (3/4), 319-327.

Schürmann, L. & Gather, C. (2018). Pflegearbeit im Wandel: Zur Diversität von (selbstständigen) Erwerbsformen in der Pflege. In A. Bührmann, U. Fachinger & E. Welskop-Deffaa (Hrsg.), *Hybride Erwerbsformen: Digitalisierung, Diversität und sozialpolitische Gestaltungsoptionen* (S. 157-188). Wiesbaden: Springer VS.

van Treeck, T. & Urban, J. (2017). Einleitung. In T. van Treeck & J. Urban (Hrsg), *Wirtschaft neu denken: Blinde Flecken der Lehrbuchökonomie* (2. Aufl.) (S. 8-19). Berlin: iRights.Media.

van Treeck, T. (2017). Welches Menschenbild für die ökonomische Bildung? Nicht-egoistisches Verhalten und soziale Vergleiche in der Haushaltstheorie. In T. van Treeck & J. Urban (Hrsg), *Wirtschaft neu denken: Blinde Flecken der Lehrbuchökonomie* (2. Aufl.) (S. 32-43). Berlin: iRights.Media.

Yollu-Tok, A. & Rodríguez Garzón, F. (2019). Feministische Ökonomik als Gegenprogramm zur Standardökonomik. *List Forum für Wirtschafts- und Finanzpolitik*, 44 (4), 725-762.

ARBEIT

Irem Güney-Frahm

Fluch oder Segen? Mütter und die flexible Erwerbsarbeit von Zuhause – Eine kritische Auseinandersetzung aus Geschlechterperspektive

Zusammenfassung
Dieser Beitrag beschäftigt sich mit der flexiblen Erwerbsarbeit von zu Hause aus. Möglich gemacht durch die modernen Informations- und Kommunikationstechnologien spricht die Arbeitsform des Home Office in erster Linie Frauen und in besonderem Maße Mütter an. Der Aufsatz hinterfragt den Wert und Nutzen dieser flexiblen Arbeitsform für die Förderung erwerbstätiger Mütter und für die Geschlechtergleichheit. Somit liegt das besondere Augenmerk auf den Folgen des Home Office für die Geschlechtergleichheit, nicht nur für einzelne Frauen, sondern für Wirtschaft und Gesellschaft als Ganzes.

Curse or Blessing? Mothers and flexible work from home – A critical analysis from a gender perspective
Abstract
This contribution deals with flexible work from home. Made possible by modern information and communication technologies, this type of work primarily addresses women and especially mothers. This chapter questions how valuable and useful this flexible form of labour is in supporting working mothers and promoting gender equality. Thus, a special emphasis is placed on the consequences that working in a home office has not only for each individual woman but also for the economy and society as a whole.

JEL-Klassifikation: J12, J13, E20, E29.

Dieser Beitrag wurde vor dem Ausbruch der Corona-Pandemie verfasst. Die Pandemie hat verdeutlicht, dass Home Office auch eine Klassenfrage ist und für jede Arbeitnehmerin und jeden Arbeitnehmer ein Rechtsanspruch auf Home Office bestehen sollte. Das bedeutet auch, dass es sowohl weiterer Forschung als auch politischer Massnahmen bedarf, um Home Office gendergerecht zu gestalten.

1. *Einleitung*

Möglich gemacht durch die modernen Informations- und Kommunikationstechnologien spricht die Arbeitsform des Home Office in erster Linie Frauen und in besonderem Maße Mütter an. Dieser Aufsatz hinterfragt den Wert und den Nutzen dieser flexiblen Arbeitsform zur Förderung der Teilnahme von Frauen am Arbeitsmarkt und der Geschlechtergleichheit. Besonderes Augenmerk liegt auf den Folgen des Home Office für die Geschlechtergleichheit, nicht nur für die einzelnen Frauen, sondern auch für Wirtschaft und Gesellschaft als Ganzes.

2. *Frauen und Work Life Balance – Ein feministisches Anliegen oder ein neoliberales Motto*

Home Office, das heißt die Möglichkeit von zu Hause aus einer Erwerbsarbeit nachzugehen, ist, wie Hilbrecht et al. (2008, 2013) verdeutlichen, eine Frage von Work Life Balance. Das Konzept der Work Life Balance richtet sich vor allem an arbeitende Frauen, insbesondere Mütter, die oft nicht nur im produktiven, sondern auch im reproduktiven Bereich eine Arbeitslast schultern (z.B. Hilbrecht et al., 2008, 2013). Somit ist das Konzept Work Life Balance nicht von der seit den 1970er Jahren deutlich zunehmenden Arbeitsmarktteilnahme von Frauen, d.h. von der „Feminisierung der Arbeit“ (z.B. Kabeer, 2008, S. 35-43) zu trennen, was jedoch nicht eine Befreiung der Frauen von ihren Tätigkeiten in anderen Bereichen bedeutete (Wichterich, 2003; ILO, 2016; Moser, 1989; Becker-Schmidt, 2003; Cagatay, 1998). Für die Politik und auch die feministische Wissenschaft ergibt sich die Frage, ob und wie erwerbstätige Frauen unterstützt werden können, beispielsweise mit Betreuungsoptionen für ihre Kinder.

Allerdings sollten sich die Feministinnen heutzutage auch mit der Annäherung zwischen Feminismus und neoliberalem Gedankengut beschäftigen (z.B. Schieder, 2014; Calkin, 2015). Eines der Probleme im neoliberalen Gedankengut ist, dass Frauen de facto als Individuen mit schier unendlichen Zeitreserven angesehen werden (siehe z.B. Wichterich, 2003). Mit Blick auf den neoliberalen Zeitgeist müssen daher die Maßnahmen, die mit dem Schlagwort „Work Life Balance“ angepriesen werden, kritisch hinterfragt werden (Fleetwood, 2007). Die heutige postfordistische Arbeitswelt ist zusehends durch eine „Subjektivierung der Arbeit“ (Nickel, Hüning & Frey 2008) gekennzeichnet, die für die Arbeitnehmer*innen zu unsicheren Beschäftigungsverhältnissen führt (Nickel, Hüning & Frey 2008, S. 135). Deswegen ist die Frage „why work-life balance now?“ angemessen (Fleetwood,

2007). Die Verbreitung des Work Life Balance-Diskurses – so u.a. Gregory und Milner (2009, S. 1) – findet statt vor dem Hintergrund einer Überalterung der Gesellschaft in den Industrieländern, die mit einer Care-Krise und Sorgen um ein nachhaltiges Wirtschaftswachstum einhergehen. Die Diskussion um die Arbeitsmarktbeteiligung von Frauen und Müttern steht in enger Verbindung mit diesen Entwicklungen (Gregory & Milner 2009; s.a. Baines & Gelder 2003, S. 224-225).

Angesichts der Tatsache, dass reproduktive und Care-Arbeit immer noch zum größten Teil von Frauen geleistet werden, kommt der Verdacht auf, dass die weibliche Arbeitskraft durch die flexiblen Arbeitsbedingungen für andere soziale Ziele instrumentalisiert wird (siehe auch z.B. Fleetwood, 2007; Hilbrecht et al., 2008, 2013; Sullivan & Lewis 2001; Wichterich 2003).

Ein entscheidendes Mittel der heutigen Work Life Balance-Politiken ist, wie eingangs erwähnt, die im Home Office. Vor allem für Mütter wird diese Arbeitsform im gesellschaftlichen Diskurs als eine große Chance dargestellt (siehe auch z.B. Baines & Gelder 2003, S. 223; Fulton, 2000, S. 268). Entweder bieten die Arbeitgeber*innen diese Möglichkeit an oder selbstständige Unternehmer*innen wählen das eigene Heim als Arbeitsort. Im Folgenden erfolgt zunächst eine Darstellung der Literatur zum Heim als Arbeitsort. Anschliessend wird Home Office aus einer Geschlechterperspektive mit Hilfe von primären und sekundären Daten kritisch diskutiert.

3. *Das Heim als Arbeitsort*

Die Erwerbsarbeit von zu Hause aus beziehungsweise das Heim als Arbeitsort wird in der Literatur erstens im Rahmen von Geringverdiener*innen thematisiert; das heißt in Bezug auf Hausangestellte, Putzkräfte, Betreuungspersonen für Kinder, Ältere oder Kranke, die im Haushalt anderer Menschen arbeiten und in manchen Fällen auch dort wohnen. Angesichts der Vertiefung der globalen Care-Krise wird den Themen Hausarbeit, Care-Arbeit und Hausangestellte sowie Global Care Chains zusehends Aufmerksamkeit geschenkt (z.B. Gather, Geissler & Rerrich [Hrsg], 2002; Lyberaki, 2011; ILO, 2019). Ein weiteres Gebiet, in dem die bezahlte Arbeit von zu Hause aus seit Jahrzehnten im Fokus steht, ist die Erwerbstätigkeit von Frauen in Entwicklungsländern. Diese marginalisierte Form von Erwerbsarbeit ist meist schlecht bezahlt, bekommt wenig Respekt und wird nicht als Arbeit geschätzt – auch von den Arbeitnehmerinnen selbst nicht, die z.B. ihren Lohn nur als Zuverdienst sehen (Güney-Frahm, 2014; s.a. Mies, 2008, 2012 [1982]; Erman, Kalaycıoğlu & Rittersberger-Tılıç, 2002; White, 1991, 2004).

In Industrieländern wie Deutschland wird die bezahlte Arbeit in den Privathaushalten vor allem von Frauen erledigt (Gather et al., 2005; Gather et al., 2002 [Hrsg]; Gather, 2002). Darüber hinaus schreiben Frauen in den Industrieländern dieser Art von Arbeit oft selbst nur einen geringen Wert zu. So illustriert z.B. Gather: „Einige Frauen schämen sich dafur, putzen zu gehen und manche verschweigen es" (Gather, 2002, S. 590).

Ein entscheidender Aspekt dieser Tätigkeiten von Geringverdienerinnen ist, dass ihre Arbeit wenig Qualifikationen erfordert, auf bereits beherrschte Fähigkeiten setzt und auf internalisierten Geschlechterrollen beruht (Güney-Frahm, 2014; Yunus & Jolis 2007). Die bezahlte Arbeit dieser Frauen ist de facto eine Fortführung ihrer unbezahlten Reproduktionsarbeit und resultiert daher in der Reproduktion und Verfestigung patriarchaler Wertvorstellungen (z.B. Güney-Frahm, 2014; Erman et al., 2002; White, 1991, 2004; Mies, 2012 [1982]). Mit anderen Worten, sowohl in Entwicklungsländern als auch in der entwickelten Welt ist das Heim als Arbeitsort bzw. die Privatsphäre, die als „typisch-weibliche" Sphäre wahrgenommen wird, eine Herausforderung für die Forschung und auch für die Arbeitkräfte (s.a. Punpuing, 2007, S. 33; Osnowitz, 2005; Gather et al., 2002 [Hrsg]), und zwar unabhängig davon, ob die Wohnung der Arbeitnehmerin selbst oder der Arbeitgeber*in gehört.

Interessant ist daher, dass trotz dieser Erkenntnisse heutzutage auch den qualifizierteren weiblichen Arbeitskräften das Heim als Arbeitsort als eine Option, die vor allem die Vereinbarkeit von Beruf und Familie ermöglicht, präsentiert wird. Sieht man sich an, wie sich der Komplex Home Office und Work Life Balance in der deutschen gesellschaftlichen und politischen Wirklichkeit abbildet, ist die Einschätzung der Politik zum Arbeiten im Home Office überwiegend positiv und optimistisch. Die Sozialdemokratische Partei Deutschlands (SPD) zum Beispiel versucht, per Gesetz das Recht auf Home Office einzuführen (FAZ, 26 Februar 2019). Das Bundesministerium für Familie, Senioren, Frauen und Jugend (2016) vertritt auf der Basis einer Umfrage die Meinung: „Arbeiten im Home Office bringt Vereinbarkeit von Familie und Beruf voran". Von den Befürworter*innen von Home Ofice wird auch problematisiert, dass Home Office in Deutschland nicht richtig genutzt werde und der Anteil der Arbeitskräfte, die auf diese Möglichkeit zurückgreifen, bei nur 12 mProzent liegt, obwohl dieser Anteil 40 Prozent betragen könnte (Brenke, 2016; s.a. BMFSFJ, 2016; FAZ, 26 Februar 2019).

Der mediale Diskurs in Deutschland scheint dagegen uneinig zu sein. Niemetz (2019) schreibt für das Magazin *Fokus*, dass der Zeitgewinn durch den fehlenden Arbeitsweg ein Vorteil ist, während der fehlende Kontakt zu den Kolleg*innen und damit die Isolation nachteilig seien (s.a. Hill, Ferris & Märtinson, 2003, S. 224). Das Magazin *Gründer* (2019) hingegen listet die fehlende soziale Kontrolle als Vorteil, genau wie die Vereinbarkeit von Beruf und Familie für Mütter mit kleinen Kindern, die keinen Kita-Platz finden konnten. Andererseits wird auch von *Gründer* betont, dass es für die Karriere wichtig sei, sich im Büro sehen zu lassen.

Die internationale akademische Literatur zum Home Office ist sowohl für Männer als auch für Frauen ebenfalls gespalten (z. B. Johnson, Andrey & Shaw, 2007; Hill et al., 2003; Fan Ng, 2010; Hilbrecht et al.,2008, 2013). Zum einen wird argumentiert, dass Home Office in der Tat die Vereinbarkeit von Familie und Beruf sowohl für die Angestellten einer Firma als auch für die Selbstständigen ermögliche (z. B. Madsen 2003; Loscocco & Smith-Hunter, 2004). Ein interessanter Befund aus Deutschland beispielsweise ist, dass Home Office nicht nur für Eltern relevant ist; demnach gehe es für die Telearbeiter*innen auch um die „zeitliche Autonomie" (Brenke, 2016, S. 95). Entscheidend sei in anderen Worten „nicht allein die Vereinbarkeit von Beruf und Familie, denn Singles möchten ähnlich häufig zu Hause arbeiten wie Alleinerziehende" (Brenke, 2016, S. 95). Dennoch findet Brenke (2016) heraus, dass die Arbeitszeiten im Home Office insgesamt länger sind.

Van der Lippe und Lippényi (2018) sind andererseits der Meinung, dass die empirischen Beweise nicht ausreichten, um daraus zu schließen, dass die Arbeit von zu Hause aus den Konflikt zwischen Privatsphäre und Arbeitssphäre verringert. Auch Salaff (2008) steht kritisch zur Telearbeit, die sie zum Teil als einen Ausbeutungsmechanismus bewertet, an dem nicht nur das Ende der räumlichen Trennung der einzelnen Dimensionen des Lebens (s. a. Fulton, 2000, Haddon, 1998; Johnson et al., 2007; Osnowitz, 2005; Sullivan & Lewis, 2001; Fonner & Stache, 2012) problematisch ist und die Beschäftigten herausfordert. Salaff zufolge eignen sich die Angestellten die profitorientierte Perspektive der Firma an und re-definieren ihr Familienleben entlang der Prioritäten der Firma (Salaff, 2008, S. 491).

Es bedarf aus einer Geschlechterperspektive einer deutlich kritischeren Auseinandersetzung mit dem Konzept und der Praxis des Home Office. Vor allem die Gründe für die Wahl der Home Office-Option sind vergeschlechtlicht, so u. a. Sullivan und Lewis (2001): Es sind überwiegend Frauen, die diese Möglichkeit wählen, oft um die Betreuung der Kinder zu regeln (s. a. Wheatley, 2012; Baines & Gelder, 2003; Haddon, 1998, S. 3-4; Fulton, 2000). Hilbrecht et al. (2008, 2013) sowie Osnowitz (2005) sehen andererseits genau darin eine Stärkung der patriarchalen Geschlechterbilder. Auch wenn Frauen und Mütter Home Office als eine Chance für die Vereinbarkeit von Familie und Beruf sehen, fehle es dabei oft an der Hinterfragung der existierenden Strukturen, die auf der ungleichen Arbeitsverteilung im Haushalt basieren sowie auf dem Bild, dass Frauen die Hauptverantwortlichen für die Fürsorgearbeit seien (Hilbrecht et al., 2008; s. a. Hilbrecht et al., 2013; Osnowitz, 2005). Vor diesem Hintergrund wird im folgenden Abschnitt das Thema Home Office für hochqualifizierte Mütter mit Hilfe von Primärdaten aus Interviews und Sekundärliteratur diskutiert. Im letzten Abschnitt folgen schließlich Empfehlungen für die Politik auf der Basis dieser Diskussion.

4. Mütter im Home Office

In diesem Abschnitt wird das Thema Home Office aus einer kritischen Perspektive diskutiert, wobei die theoretische Perspektive und die Kriterien, die für diese Diskussion eingesetzt werden, aus eigenen vorhergehenden Arbeiten stammen, die sich mit entwicklungspolitischen und sozialpolitischen Massnahmen zur Förderung der Erwerbsarbeit von Frauen befassen (z.B. Güney-Frahm, 2014, 2018). Theoretisch verbinden diese Kriterien zwei Ansätze, wovon der erste sich auf die Subjektperspektive und der zweite sich auf die feministische Perspektive der Forschenden konzentriert: Zum einen sollte eine sozialpolitische Maßnahme aus der Perspektive der Zielgruppe ihr eigenes Leben verbessern. Dieser Standpunkt ist philosophisch vom Capability Ansatz Amartya Sens inspiriert. Demnach sollte Entwicklung jedem Menschen, das Leben ermöglichen, das dieser Mensch entlang seiner eigenen Wertvorstellungen führen möchte (Sen, 2001; s.a. Keleher, 2007). Im Original heißt es: „Attention is thus paid particularly to the expansion of the 'capabilities' of persons to lead the kind of lives they value – and have reason to value“ (Sen, 2001, S. 18). Um auf diese Ebene einzugehen, werden hier sowohl die primären Daten aus den Interviews[8] als auch die Erkenntnisse aus der Literatur verwendet. Für diesen Beitrag wurden acht hochqualifizierte Mütter kontaktiert, die im Home Office arbeiten oder gearbeitet haben. Alle sind zwischen 35 und 40 Jahren alt. Eine lebt in den USA, eine in Dubai, eine in der Schweiz und eine in Deutschland. Die restlichen vier leben in der Türkei. Mit Ausnahme der einen Mutter in Deutschland und zwei Müttern aus der Türkei, die selbständig sind, sind alle bei internationalen Arbeitgeber*innen angestellt.

Zum anderen sollten die sozialpolitischen Maßnahmen aus einer kritischen feministischen Perspektive hinterfragt werden. Unter anderem können die eigenen Wertvorstellungen eines Individuums auch von internalisierten Machtstrukturen und Geschlechterbildern herrühren (z.B. Rowlands, 1997, S. 13; Kabeer, 1999, 2000). Diese Kriterien können ebenso fallspezifisch bestimmt werden. Die feministischen Kriterien, die hier angewen-

8 Die Interviews wurden als Teil eines weiterführenden Forschungsprojekts über die Mütter der oberen Mittelschicht in der Türkei durchgeführt. Die Fragen waren im Vorfeld bestimmt, die Antworten von sieben Müttern wurden von mir übersetzt, die achte Befragung war auf Deutsch. Anmerkung: Kindergärten in der Türkei nehmen in der Regel Kinder ab dem vollendeten dritten Lebensjahr auf.

det werden, um die möglichen Risiken des Arbeitens im Home Office darzulegen, sind

i) die Sichtbarkeit der Frauen im öffentlichen Leben und
ii) die Qualität der Erwerbsarbeit[9].

Dabei geht die Analyse der Qualität der Erwerbsarbeit auf folgende Fragen ein:

- ob Frauen der Erwerbsarbeit in Form einer marginalisierten Arbeit auf dem Arbeitsmarkt nachgehen;
- ob die Frauen selbst ihrer Arbeit den entsprechenden Wert zuschreiben;
- ob die Arbeit finanziell nachhaltig ist;
- ob die Arbeit die generelle Arbeitslast der Frauen erhöht; und schließlich,
- ob die Erwerbsarbeit andere Menschen u. a. die Mitglieder in der Familie der Frauen benachteiligt.

Beispielsweise könnte die Zeitarmut der erwerbstätigen Mutter eine Arbeitslast für ihre eigene Mutter, d. h. die Großmutter bedeuten, der Aufgaben wie Kinderbetreuung und Hausarbeit übertragen werden (Güney-Frahm, 2014).

Aus der Subjektperspektive zeigen die Befunde aus den für diesen Beitrag geführten Gesprächen mit hochqualifizierten Müttern, die in internationalen Firmen arbeiten, dass sie die Möglichkeit von Home Office ungern in Anspruch nehmen. Diese Mütter sind trotz der signifikanten Hilfe, die sie für die Hausarbeit und Kinderbetreuung bekommen, der Meinung, dass Home Office eine schlechte Idee sei bzw. nur unter bestimmten Bedingungen funktionieren könne. „Es ist nicht möglich mit einem Kind von zu Hause aus zu arbeiten", teilt die eine Interviewpartnerin mit. Ihre zweijährige Tochter, die ausschließlich zu Hause betreut wird, komme in erster Linie zu ihr, auch wenn andere vertraute Betreuungspersonen wie die Haushaltshilfe, die Großmutter, aber auch der Vater vor Ort sind. Vor allem nach einem langen Arbeitstag, was praktisch jeder Tag sei, oder einer Dienstreise,

9 Auch die ökologischen Auswirkungen sollten ein essenzieller Bestandteil einer feministischen Bewertung einer sozialpolitischen Intervention sein (Güney-Frahm, 2014). Allerdings kann darauf hier nicht eingegangen werden. Bei der Entwicklung dieser Kriterien, die im Rahmen von früheren eigenen Arbeiten (zunächst in Güney-Frahm 2014) vorgeschlagen worden sind, wurden die eigenen empirischen Erkenntnisse sowie Sekundärliteratur mit einbezogen (z. B. Buvinic, 1983; Elson, 1994, 1995; Wichterich, 2003; Schürmann & Correll, 2012).

nach der das Kind die Mutter besonders vermisst hat, sei es kaum möglich, etwas anderes zu Hause zu machen als sich um das Kind zu kümmern:

> "Neulich kam ich von einer Dienstreise direkt nach Hause statt ins Büro zu fahren. Meine Tochter hing wortwörtlich an meinem Rockzipfel. Währenddessen musste ich zu einem Conference Call, was ich in einem anderen Zimmer erledigen wollte. Mitten dabei kam meine Tochter heulend ins Zimmer und die Gesprächspartner auf der anderen Seite waren schockiert. Ich glaube, Home Office ergibt nur Sinn, wenn das Kind in der Kita oder ein sehr kleines Baby ist, das eher schläft."

Zudem wird das Thema „schlechtes Gewissen“ von zwei Müttern erwähnt, die sich dafür schuldig fühlen (s.a. Hilbrecht et al., 2008), wenn sie zu Hause versteckt arbeiten, während ihre Tochter von der Haushaltshilfe oder der Großmutter betreut wird.

Eine weitere Interviewpartnerin mit einem dreijährigen Sohn, der in den Kindergarten geht, teilt mit, dass sie sich zu Hause von „den Dynamiken im Haushalt nicht entfernen kann, sei es, wenn was zum Essen gekauft oder gekocht werden soll, oder etwas, was für das Kind noch besorgt werden sollte“. Sie fügt hinzu:

> "Home Office ist nur hilfreich, wenn man das Kind in einen Kindergarten in der Nähe bringt und dann zurück nach Hause kommt. Sonst ist es nur eine weitere Last für die Mütter. Ich nehme es nicht in Anspruch, so lange ich es nicht wirklich muss."

Eine weitere vierte hochqualifizierte Mutter mit zwei Kindern (4 Jahre und 10 Monate alt) meint:

> "Wenn du zu Hause arbeitest, sieht der Rest der Familie nicht, dass du arbeitest. Dann erwarten sie alles, was sie von einer nicht arbeitenden Mutter erwarten würden: Geschirr, Essen, Wäsche. Auch wenn es eine Haushaltshilfe gibt, musst du ihr sagen, was gekocht oder gewaschen wird. Die Koordination und Verwaltung liegen immer auf den Schultern der Mutter. Eigentlich ist es immer so, auch wenn du im Büro arbeitest."

Diese Erkenntnisse sind im Einklang mit den weiteren Befunden aus der Literatur, wie etwa, dass die Frauen in der Pause Hausarbeit machen (z.B. Hilbrecht et al. 2008, S. 472) beziehungsweise dass vor allem Frauen bewusst versuchen, während ihrer Pause nicht von der Hausarbeit oder anderen Aufgaben für die Familie abgelenkt zu werden (Fulton, 2000, S. 273-274).

Außerdem sind die Mütter der Meinung, dass es ihnen guttut, sich unter anderen Menschen zu befinden, einen Kaffee zu trinken, gemeinsam zu Mittag zu essen und sich schicker anzuziehen. In den Worten einer Mutter:

„Unabhängig davon wie sich die Technologie entwickelt, nichts ersetzt eine reelle, soziale Kommunikation von Angesicht zu Angesicht".

Home Office würden sie ab und zu mal in Anspruch nehmen, wobei das entscheidende Motiv für alle Mütter ist, durch den entfallenden Weg zur Arbeit Zeit zu sparen. Eine ideale Konstellation wäre nach der Meinung von zwei Müttern, ein bis zwei Tage die Woche von zu Hause aus zu arbeiten. Einer dieser Mütter zufolge kann man zu Hause sogar effizienter arbeiten, da es weniger Ablenkung als im Büro gibt, vorausgesetzt man arbeitet isoliert von den anderen Personen im Haus und es gibt zu Hause keine Probleme. Sie fügt hinzu:

> "Arbeitet man effizient, hat man auch Zeit für die Aufgaben zu Hause. Dann fühlt man sich auch besser. Wenn du dich besser fühlst, arbeitest du wiederum effizienter. Es ist auch anstrengend, im Büro mit dem Kopf nicht ganz da zu sein und an die Familienangelegenheiten zu denken."

Eine selbstständige Mutter hat größtenteils den gleichen Standpunkt wie die festangestellten Mütter. Sie hat zwei Kinder, ein Sohn geht in die Grundschule, der jüngere Sohn drei Mal pro Woche in eine Halbtagskinderbetreuung. Sie bekommt Hilfe von einer Haushaltshilfe sowie von beiden Großmüttern. Dennoch ist sie der Meinung:

> "Wenn die Kinder zu Hause sind, ist Home Office nur ein Minus. Während sie in der Schule sind, kann ich dadurch an Weg sparen. Aber dennoch ertappe ich mich manchmal dabei, mich mit Sachen für den Haushalt zu beschäftigen. Ich bevorzuge es daher in einem Café zu arbeiten."

Insgesamt zeigen diese Passagen, dass aus der Perspektive der arbeitenden Mütter selbst andere Faktoren eine enorme Rolle dabei spielen, ob Home Office ihr Leben verbessern kann. Bevor man sich also für Home Office entscheidet, sollte man sich diesen Erfahrungen zufolge überlegen, ob man signifikant an dem Weg zur Arbeit spart, ob es andere Betreuungspersonen und Personen für die Führung des Haushalts gibt, ob das Kind zum Kindergarten geht und ob der Kindergarten in der Nähe ist. Auch ist das Alter des Kindes entscheidend (s.a. z.B. Osnowitz, 2005). Betonenswert ist, dass alle diese Mütter, die bisher zu Wort gekommen sind, eine Haushaltshilfe haben, die bei ihnen wohnt, und auch Hilfe von ihren eigenen Müttern bekommen; etwas, das in Deutschland auch in der oberen Mittelschicht eher die Ausnahme bildet.

Eine Mutter meinte zum Beispiel, ohne diese Hilfe könne sie sich nicht vorstellen, zu Hause zu arbeiten:

> "Wenn man immer wieder die Waschmaschine ausräumen oder den Esstisch frei kriegen muss, um den Computer darauf zu stellen sowie das Zimmer ein wenig

aufräumen muss, weil der Anblick der Unordnung durch Spielzeuge es erschwert zu arbeiten, kann man natürlich nicht arbeiten."

Diese Anmerkung ist im Einklang mit dem Befund aus Grossbritannien, dass Frauen, die sich keine Kinderbetreuung für ihre kleinen Kinder leisten können, entweder abends oder am Wochenende arbeiten (Haddon, 1998, S. 5). So bemerkt eine selbstständige Mutter aus Deutschland mit zwei Kindern:

> "Die Kinder zur Kita und Schule bringen, Termine absprechen, dann zwischen den Telefonaten die Wäsche aufhängen, weil gerade die Sonne scheint und wieder so ein Berg auf mich wartet, und die Putzfee im Urlaub ist ... Die Frauen, die Mütter sind Multitasker. Das ist die Theorie. In der Praxis sind wir eher Multifunktionsroboter. Atemlos, wenn man eigentlich eine Atempause braucht. Die Pinnwand mit den Terminen ist in unserer Familie zum Big Brother avanciert. Ohne sie geht gar nichts mehr im Alltag. "Ballettsack am Montag", "Geigennoten am Dienstag", und "Wasserflasche nicht vergessen!" – solche Parolen hängen an den Wänden und an der Eingangstür wie ein Damoklesschwert. Wenn die Mama gerade nicht Home Office macht, dann fällt unser Haushalt zusammen wie ein Kartenhaus."

Aus den bisherigen Passagen wird deutlich, dass adäquate Arbeitsbedingungen für die Arbeit im Home Office essenziell sind (z.B. Fan Ng, 2010; WeiberWirtschaft, 2019). Wie Baines und Gelder (2003) zeigen, bedeutet Home Office oft auch, sich Platz in ohnehin kleinen Wohnungen schaffen zu müssen.

Nimmt man die dargestellten Interviewpassagen entlang der feministischen Kriterien unter die Lupe, stellt sich zunächst heraus, dass Home Office nicht unbedingt die traditionellen Geschlechterbilder herausfordert. Auch wenn es auf den ersten Blick darum geht, die Erwerbsarbeit der Frauen zu fördern, bleiben die Frauen dabei eher in der Privatsphäre, wodurch ihre öffentliche Sichtbarkeit abnimmt und sie sich wieder in der „typisch-weiblichen Sphäre“ befinden, in der die Reproduktionsarbeit stattfindet. In den Worten der befragten Mütter geht es deswegen auch darum, „unter Menschen zu sein“. Aus dieser Perspektive kann es in der Tat sinnvoller sein, in einem Cafe zu arbeiten oder auf die Co-Working Optionen zurückzugreifen. Wie beispielsweise Osnowitz (2005) argumentiert, wird es immer noch als normaler angesehen, dass Frauen von zu Hause aus arbeiten. Die räumliche Trennung zwischen Erwerbsarbeit und Privatsphäre ist in der Hinsicht wichtig, dass es die Sichtbarkeit der Frauen im öffentlichen Leben fördert. Osnowitz befindet ebenfalls, dass „cultural constructions of home and work perpetuate gender difference, despite blurred temporal boundaries or individual choices“ (Osnowitz, 2005,S. 100).

Werden die einzelnen Punkte hinsichtlich der „Qualität der Erwerbsarbeit" berücksichtigt, ist die Mehrheit der Interviewpartnerinnen fest angestellt. Damit ist für den Großteil der hier zu Wort gekommenen Mütter die finanzielle Sicherung gewährleistet. Dahingegen ist es für die selbstständigen Frauen essenziell, so viele Kund*innen wie möglich zu gewinnen, was jedoch nur möglich ist, wenn sie ungestört arbeiten und mit den Kund*innen in Kontakt bleiben können. Loscocco und Smith-Hunter (2004) behaupten z. B., dass Unternehmerinnen, die im Home Office arbeiten, zwar zufriedener in Bezug auf die Vereinbarkeit von Familie und Beruf, aber ökonomisch nicht auf dem Niveau der Unternehmerinnen waren, die nicht von zu Hause aus arbeiteten. So ziehen sie die Schlussfolgerung: „home-based ownership may be a good option only for women who do not have strong financial needs" (Loscocco & Smith-Hunter 2004, S. 164).

Hinsichtlich des Wertes des Verdienstes, sehen die interviewten Frauen ihren Verdienst als echte Leistung und nicht bloß als Zuverdienst zum Haushaltseinkommen des Ehemannes. Dennoch kann dies auch daran liegen, dass diese Mütter in meinem Sample in der reproduktiven Sphäre Hilfe von den Haushaltshilfen oder ihren eigenen Müttern bekommen. Nach der Studie von Sullivan und Lewis hingegen sehen die von ihnen interviewten Mütter ihr Einkommen als weniger wichtig an als das ihrer Männer: „These women say they 'choose' to look after their children themselves and do not see themselves as co-breadwinners" (Sullivan & Lewis 2001, S. 138).

Berücksichtigt man die Kriterien in Bezug auf das Geschlechterbild der Frau als Fürsorgerin mit flexibel einsetzbarer Arbeitskraft und unbegrenzter Zeit, liegt der Gedanke nah, dass das Werben für Home Office als einer Lösung für arbeitende Mütter, nicht darauf zielt die klassische Arbeitsteilung zwischen den Geschlechtern zu verändern. Frauen bleiben weiterhin als Hauptverantwortliche für die Arbeit im reproduktiven Bereich zuständig. Die Interviewpassagen verdeutlichen auch, wie diese Aufgabenverteilung internalisiert werden kann. Die Frauen können sich kaum davon freimachen, sich um den Haushalt und die Bedürfnisse der Kinder zu kümmern, sobald sie zu Hause sind. In den Worten von Hilbrecht et al. (2013, S. 141) „telework facilitates intensive motherhood practices, which further restrict women's leisure opportunities".

Empirisch bedeutet dies auch, dass es weiterer Untersuchungen und dabei internationaler Vergleiche bedarf, wie viele der hochqualifizierten Männer, die Home Office in Anspruch nehmen, sich währenddessen Gedanken darüber machen, was gekocht oder noch für das Kind besorgt werden muss. Nach Hilbrecht et al. (2013, S. 140) war es kaum zu beobachten, dass die Väter ihre Arbeitszeit auf den Abend oder das Wochenende verlegten, um sich um die Kinder zu kümmern (vgl. auch Fulton, 2000). Dazu gibt es auch zwei Anmerkungen aus den von mir geführten Interviews.

Eine Mutter von zwei Kindern berichtet über ihren Mann, dass er zwar auch von zu Hause aus arbeiten kann, aber lieber ins Café ginge, um nicht gestört zu werden. Auch hielte sie es für sehr unwahrscheinlich, dass er sich an einem Home Office Tag Gedanken über Familienangelegenheiten machen würde:

> "Er kümmert sich zwar mehr als viele Männer um die Kinder, interessiert sich zum Beispiel dafür, was in der Schule passiert ist. Allerdings heißt `quality time` sich zusammen eine Dokumentation im Fernsehen anzuschauen. Oder es gibt schon vorgekochtes Essen zu Hause, sei es Gemüse oder Fleisch, was man nur warm machen und auf den Teller packen muss. Stattdessen fällt es ihm leichter, ins Restaurant zu gehen und eine Pizza für die Kinder zu bestellen. An der Routine, die von Medikamenten einzureichen bis für die Kinder Kleider zu kaufen reicht, nimmt er nicht teil. "

Ähnlich eine weitere Mutter:

> "Wenn er zu Hause arbeitet, denkt er natürlich nicht an die Angelegenheiten der Familie und des Haushalts. Er zieht sich zurück ins Arbeitszimmer und kann sich isolieren. Vielleicht sind die anderen Männer nicht so. Am Ende trägt mein Mann auch Ohrenstöpsel um besser zu schlafen. Wobei um fair zu sein, sollte ich zugeben: gestern Nacht hat er mir geholfen, als eines unserer Kinder krank wurde."

Genau diese ungerechte Verteilung der Hausarbeit (s.a. ILO, 2016: 19-21; Wheatley, 2012) inklusive der sprachlichen Darstellung, dass Männer eher „helfen", während die Frauen die hauptsächliche Fürsorgearbeit übernehmen, wird von Feministinnen seit Jahrzehnten und nicht nur in Bezug auf Home Office thematisiert (s.a. Hilbrecht et al., 2008, S. 470; Sullivan & Lewis 2001).

Schließlich gibt es das Kriterium, ob die Erwerbsarbeit der Frauen andere Menschen wie die Familienmitglieder der Frauen benachteiligt. Die meisten arbeitenden Mütter in diesem Sample können bzw. müssen sich entweder auf ihre eigene Mutter oder auf eine Haushaltshilfe verlassen, was eine erhöhte Arbeitslast für diese Frauen. Auch an die Perspektive der Kinder sollte gedacht werden. Baines und Gelder (2003) untersuchen z.B. die Erwerbsarbeit von zu Hause im Fall von Selbstständigen und stellen fest, dass die Kinder dadurch die Chance haben, die Arbeitswelt näher zu betrachten (Baines & Gelder 2003, S. 233). Haddon meint sogar, dass die Familienmitglieder inklusive der älteren Kinder bei der Arbeit mithelfen könnten (Haddon, 1998, S. 7-8). Andererseits ist es wichtig anzumerken, dass eine derartige Hilfe nur ab einem bestimmten Alter der Kinder möglich ist.

5. Schlussfolgerungen und Ausblick

Dieser Beitrag hat sich mit dem Potenzial von Home Office hinsichtlich der Unterstützung der erwerbstätigen Mütter und der Förderung der Geschlechtergleichheit beschäftigt

Aus den Interviews, die für diesen Beitrag geführt wurden, und aus den bisherigen Erkenntnissen aus dem internationalen Forschungsfeld lassen sich wichtige Erkenntnisse ziehen. Demnach kann Home Office nur unter bestimmten Bedingungen einzelne Frauen bei der Vereinbarkeit von Beruf und Familie unterstützen und die Geschlechtergleichheit auf gesellschaftlicher Ebene voranbringen.

Was die Interviews besonders verdeutlichen, ist die Rolle der weiteren Unterstützung im reproduktiven Bereich. Ohne größere Unterstützung der Mütter im reproduktiven Bereich, vor allem bei der Kinderbetreuung und der Hausarbeit, kann Home Office keine eigenständige Lösung sein – weder für eine bessere Work Life Balance aus einer neoliberalen Perspektive noch für einen Fortschritt hinsichtlich der Geschlechtergleichheit aus einer feministischen Perspektive. Weltweit nimmt daher die Anzahl der Haushaltshilfen zu, die oft Migrantinnen[10] sind. Mit anderen Worten, Haushaltshilfen, deren Situation selbst eine Untersuchung wert ist, sind ein Schlüsselfaktor für die Erwerbsarbeit hochqualifizierter Mütter. Aus einer feministischen Perspektive, die auch die Ungleichheit unter Frauen berücksichtigt, entsteht somit ein weiteres Problem. Auf der anderen Seite kann die Durchführung von Erwerbsarbeit im eigenen Heim für viele Mütter ohne diese Hilfe zu Zeitdruck, Stress und gesundheitlichen Problemen führen.

Kindergärten sind daher auf globaler Ebene eine essenzielle und wichtige Lösung für die Kinderbetreuung. Es soll dabei auch nicht nur um die Anzahl der Kindergärten gehen; der Betreuungsschlüssel, die Qualität des Personals sowie deren adäquate Bezahlung und die Nähe zur Wohnung sind entscheidende Faktoren für die Unterstützung der arbeitenden Mütter.

Auf jeden Fall bedarf es weiterer empirischer Untersuchungen mit gezielter Samplingstrategie und Vergleichen zwischen den Heimarbeiterinnen auf internationaler Ebene; Angestellte vs. Selbstständige, Geringverdienende vs. Gutverdienende, Hochqualifizierte vs. Arbeitskräfte mit niedrigem Bildungsniveau. Vor allem der tägliche Ablauf und die geschlechterbezogenen Unterschiede von internationalen Fällen sind noch detaillierter zu untersuchen.

---

10 Auch in meinem Sample waren sie Migrantinnen.

Ein weiterer Punkt, auf den im Rahmen dieses Beitrags einzugehen nicht möglich war, ist, dass die Verbreitung des Work Life Balance-Diskurses im neoliberalen Zeitalter parallel zur Verbreitung der Erziehungsratschläge wie „intensive mothering" stattfindet, die de facto ausschließlich die Rolle der Mütter in der Kindererziehung betonen (Hilbrecht et al., 2008, 2013). Kaum überraschend ist daher das Schuldgefühl der interviewten Mütter aus der Mittelschicht, die den gegenwärtigen entwicklungspsychologischen Ratschlägen folgen (s.a. Hilbrecht et al., 2008). Für die zukünftige Forschung wäre es daher wichtig, die Rolle dieser Ratschläge vor diesem Hintergrund kritisch zu hinterfragen.

Die Befunde zeigen zudem, dass ein Sinneswandel auf gesellschaftlicher Ebene notwendig ist und zwar weltweit. Anzumerken ist, dass die Ehemänner der interviewten Frauen ebenfalls zur besser ausgebildeten Mittelschicht und Oberschicht gehören und dennoch die patriarchalen Bilder selbst internalisiert haben. Die Einbeziehung der Väter in die Kindererziehung von Anfang an und die gleiche Verteilung der Hausarbeit würden nicht nur die Geschlechterungleichheit verändern, sondern auch einen Kontext schaffen, in dem Maßnahmen wie Home Office sinnvolle Lösungen sein können. Für diesen Sinneswandel sind allerdings nicht nur die Individuen verantwortlich. Sowohl der Staat mit Interventionen wie Elternzeit für Väter als auch die Arbeitgeber*innen sollten daran teilnehmen und die entsprechende Arbeitskultur unterstützen. In vielen Ländern, inklusive Deutschland, wo auch Väter Elternzeit nehmen können, ist die Anzahl der Väter, die diese Option in Anspruch nehmen, immer noch nicht auf dem gewünschten Niveau. Schließlich sollten die Arbeitskräfte, die von zu Hause aus arbeiten, bei der Gestaltung des Home Office unterstützt werden. Mit anderen Worten, es gibt viel zu tun.

Literaturverzeichnis

Baines, S. & Gelder, U. (2003). What is family friendly about the workplace in the home? The case of self-employed parents and their children, *New Technology, Work and Employment*, 18(3), 223-234.

Becker-Schmidt, R. (2003). Zur doppelten Vergesellschaftung von Frauen. Soziologische Grundlegung, empirische Rekonstruktion. *Gender Politik Online*, Juli 2003. Verfügbar unter: https://www.fu-berlin.de/sites/gpo/soz_eth/Geschlecht_als_Kategorie/Die_doppelte_Vergesellschaftung_von_Frauen/becker_schmidt_ohne.pdf (Letzter Zugriff: 20.9.2019).

Brenke, K. (2016). Home Office: Möglichkeiten werden bei weitem nicht ausgeschöpft, *DIW Wochenbericht 5/2016*, Berlin: Deutsches Institut für Wirtschaft,95-105.Verfügbar unter: https://www.diw.de/documents/publikationen/73/diw_01.c.526036.de/16-5.pdf (Letzter Zugriff: 20.9.2019).

BMFSFJ, Bundesministerium für Familie, Senioren, Frauen und Jugend (2016). *Arbeiten im Home-Office bringt Vereinbarkeit von Familie und Beruf voran*, 20.5.2016, Verfügbar unter:

https://www.bmfsfj.de/bmfsfj/aktuelles/alle-meldungen/arbeiten-im-home-office-bringt-vereinbarkeit-von-familie-und-beruf-voran/75932 [Letzter Zugriff: 10.9.2019].

Buvinić, M. (1983). Women's Issues in Third World Poverty: A Policy Analysis. In. Buvinić, M.,Lycette, M. A.& P. W. McGreevey, (Hrsg.): *Women and Poverty in the Third World. (The Johns Hopkins studies in development).* Baltimore/London: The Johns Hopkins University Press, 14-31.

Cagatay, N. (1998). *Gender and Poverty.* United Nations Development Programme Social Development and Poverty Elimination Division Working Paper Series WP5, Verfügbar unter: https://www.undp.org/content/dam/aplaws/publication/en/publications/poverty-reduction/poverty-website/gender-and-poverty/GenderandPoverty.pdf [Letzter Zugriff: 20.9.2019]

Calkin, S. (2015). Feminism, interrupted? Gender and development in the era of `Smart Economics', *Progress in development studies,* 15(4), 295-307.

Elson, D. (1994). Structural Adjustment With Gender Awareness?, *Indian Journal of Gender Studies,* 1(2). 149-167.

Elson, D. (1995). Gender Awareness in Modeling Structural Adjustment, *World Development,* 23(11), 1851-1868.

Erman, T., Kalaycıoğlu, S. & Rittersberger-Tılıç, H. (2002). Money-Earning Activities and Empowerment Experiences of Rural Migrant Women in the City: The Case of Turkey, *Women's Studies International Forum,* 25(4), 395-410.

Fan Ng, C. (2010). Teleworker's home office: an extension of corporate office?, *Facilities,* 28(3/4), 137-155.

FAZ, Frankfurter Allgemeine Zeitung (2019). *Heimarbeit : Arbeitsministerium treibt Homeoffice-Gesetz voran*, 26.2.2019, Verfügbar unter: https://www.faz.net/aktuell/beruf-chance/beruf/arbeitsministerium-treibt-homeoffice-gesetz-voran-16060723.html [Letzter Zugriff: 24.9.2019].

Fleetwood, S. (2007). Why work-life balance now?, *The International Journal of Human Resource Management,* 18(3), 387-400.

Fonner, K. L. & Stache, L. C. (2012). All in a day's work, at home: teleworkers' management of micro role transitions and the work–home boundary, *New Technology, Work and Employment,* 27(3), 242-257.

Fulton, C. (2000). My Home Workplace is My Castle. Functioning in the Home Environment. In: Balka, E.&R. Smith, (Hrsg): *Women, Work and Computerization: Charting a Course to the Future,* Dordrecht: Springer,268-275.Verfügbar unter: https://www.researchgate.net/publication/221266659_My_Home_Workplace_is_My_Castle [Letzter Zugriff: 23.9.2019].

Gather, C. (2002). "Aus meiner Familie weiß niemand, dass ich putzen gehe“ Informelle Erwerbsarbeit in Privathaushalten, *PROKLA. Zeitschrift für Kritische Sozialwissenschaft,* 32(4), 577-597.

Gather, C., Geissler, B. & Rerrich, M. S. [Hrsg] (2002). *Weltmarkt Privathaushalt. Bezahlte Hausarbeit im globalen Wandel.* Münster: Westfälisches Dampfboot.

Gather, C., Gerhard, U., Schroth, H & Schürmann, L. (2005). *Vergeben und Vergessen? Gebäudereinigung im Spannungsfeld zwischen kommunalen Diensten und Privatisierung*. Hamburg: VSA. Verfügbar unter: https://www.harriet-taylor-mill.de/index.php/de/publikationen/e-books?start=1 [Letzter Zugriff: 20.9.2019].

Güney-Frahm, I. (2014). *Arbeitende Hausfrauen auf der Suche nach dem besseren Leben. Frauenempowerment durch Mikrokreditvergabe in der Türkei*. (Dissertation zur Erlangung des Doktorgrades an der Humboldt Universität zu Berlin).

Güney-Frahm, I. (2018). A new era for women? Some Reflections on Blind Spots of ICT-based Development Projects for Women's Entrepreneurship and Empowerment, *Journal of Gender, Technology and Development*, 22(2), 130-144.

Gregory, A. & Milner, S. (2009). Editorial: Work–life Balance: A Matter of Choice?, *Gender, Work & Organization*, 16(1), 1-13.

Gründer, (2019). *Home-Office versus Bürojob – Vor- und Nachteile im Überblick*, 5.2.2019. Verfügbar unter: https://www.gruender.de/home-office-vor-und-nachteile/ [Letzter Zugriff: 14.9.2019].

Haddon, L. (1998). The experience of teleworking: a view from the home, InJackson, P. J. & van der Wielen, J. M. (Hrsg.): *Teleworking: New International Perspectives From Telecommuting to the Virtual Organisation*. Routledge: London, 136-143, Verfügbar unter: http://eprints.lse.ac.uk/67970/1/Haddon_The_experience_of_teleworking.pdf [Letzter Zugriff: 20.9.2019].

Hilbrecht, M., Shaw, S. M., Johnson, L. C. & Andrey, J. (2008). 'I'm Home for the Kids': Contradictory Implications for Work–Life Balance of Teleworking Mothers, *Gender, Work & Organization*, 15(5), 454-476.

Hilbrecht, M., Shaw, S. M., Johnson, L. C. & Andrey, J. (2013). Remixing work, family and leisure. *New Technology, Work and Employment*, 28(2), 130-144.

Hill, J. E., Ferris, M. & Märtinson, V. (2003):. Does it matter where you work? A comparison of how three work venues (traditional office, virtual office, and home office) influence aspects of work and personal/family life, *Journal of Vocational Behavior*, 63(2), 220-241.

ILO, International Labour Organisation. (2016). *Women at Work. Trends*. Genf: International Labour Office. Verfügbar unter: https://www.ilo.org/wcmsp5/groups/public/---dgreports/---dcomm/---publ/documents/publication/wcms_457317.pdf [Letzter Zugriff: 20.9.2019]

ILO. (2019). *Domestic Workers*. Verfügbar unter: https://www.ilo.org/global/topics/care-economy/domestic-workers/lang--en/index.htm [Letzter Zugriff: 24.9.2019].

Johnson, L. C., Andrey, J. & Shaw, S. M. (2007). Mr. Dithers Comes to Dinner: Telework and the merging of women's work and home domains in Canada, *Gender, Place & Culture*, 14(2), 141-161.

Kabeer, N. (1999). Resources, Agency, Achievements: Reflections on the Measurement of Women's Empowerment, *Development and Change*, 30(3), 435-464.

Kabeer, N. (2000). *The Power to Choose. Bangladeshi Women and Labour Market Decisions in London and Dhaka*. London/New York: Verso.

Kabeer, N. (2008). *Mainstreaming Gender in Social Protection for the Informal Economy*. (*New Gender Mainstreaming Series on Development Issues*), London: Commonwealth Secretariat.

Keleher, L.W. (2007). Empowerment and International Development. (Dissertation zur Erlangung des Doktorgrades an der University of Maryland). Verfügbar unter: http://hdl.handle.net/1903/7584([Letzter Zugriff: 24.9.2019]

Loscocco, K. & Smith-Hunter, A. (2004).Women home-based business owners: insights from comparative analyses, *Women in Management Review*, 19(3), 164-173.

Lyberaki, A. (2011). Migrant Women, Care Work, and Women's Employment in Greece, *Feminist Economics*, 17(3), 103-131.

Madsen, S. R. (2003). The effects of home-based teleworking on work-family conflict, *Human Resource Development Quarterly*, 14(1), 35-58.

Mies, M. (2008). Hausfrauisierung, Globalisierung, Subsistenzperspektive, In. Knapp, G.-A &Wetterer, A. (Hrsg.): *Soziale Verortung der Geschlechter. Gesellschaftstheorie und feministische Kritik.* (*Forum Frauenforschung: Schriftenreihe der Sektion Frauenforschung in der Deutschen Gesellschaft für Soziologie Band 13*). 3. Auflage. Münster: Westfälisches Dampfboot, 157-187.

Mies, M. (2012). *The Lace Makers of Narsapur. Indian Housewives Produce for the World Market.* North Melbourne: Spinifex. (Original: 1982).

Moser, C. N. (1989).Gender planning in the third world: Meeting practical and strategic gender needs, *World Development,* 17(11), 1799-1825.

Nickel, H. M., Hüning, H. & Frey, M. (2008). *Subjektivierung, Verunsicherung, Eigensinn. Auf der Suche nach Gestaltungspotenzialen für eine neue Arbeits- und Geschlechterpolitik*. Berlin: edition sigma.

Niemetz, K. (2019). HomeOffice: Vorteile und Nachteile im Überblick, In *Fokus Online*, 1.3.2019, Verfügbar unter: https://praxistipps.focus.de/homeoffice-vorteile-und-nachteile-im-ueberblick_101351_[Letzter Zugriff: 14.9.2019].

Osnowitz, D. (2005). Managing Time in Domestic Space: Home-Based Contractors and Household Work, *Gender and Society*, 19(1), 83-103.

Punpuing, S. (2007). Female Migration in Thailand: a study of migrant domestic workers, In United Nations Economic and Social Commission For Asia And The Pacific (Hrsg.): *Perspectives on Gender and Migration* (From the Regional Seminar on Strengthening the Capacity of National Machineries for Gender Equality to Shape Migration Policies and Protect Migrant Women, Bangkok, 22-24 November 2006), New York: United Nations, 22- 47.

Rowlands, J. (1997). *Questioning Empowerment. Working with Women in Honduras.* Oxford: Oxfam.

Salaff, J. W. (2008).Where Home is the Office: The New form of Flexible Work, InWellman, B. & C. Haythornthwaite (Hrsg.): *The Internet in Everyday Life*, Oxford: Blackwell, 464-495. Verfügbar unter: https://www.researchgate.net/publication/241136370_Where_Home_is_the_Office_The_New_Form_of_Flexible_Work_1 [Letzter Zugriff: 24.9.2019]

Schieder, C. S. (2014). Womenomics vs. Women: Neoliberal Cooptation of Feminism in Japan, *Meiji Journal of Political Science and Economics,* 3, 53-60.

Schürmann, L. & Correll, L. (2012). Zwischen sozialer Inklusion und Individualisierung von Risiken – Mikrokredite auf dem geschlechterpolitischen Prüfstand. In: Kurz-Scherf, I. & A, Scheele(Hrsg.): *Macht oder ökonomisches Gesetz? Zum Zusammenhang von Krise und Geschlecht.* (*Band 16 Arbeit-Demokratie-Geschlecht*). Münster: Westfälisches Dampfboot, 260-275.

Sen, A. (2001). *Development as Freedom*. (Taschenbuch.) Oxford u.a.: Oxford University Press.

Sullivan, C. & Lewis, S. (2001). Home-based Telework, Gender, and the Synchronization of Work and Family: Perspectives of Teleworkers and their Co-residents, *Gender, Work & Organization*, 8(2), 123-145.

van der Lippe, T. und Lippényi, Z. (2018). Beyond Formal Access: Organizational Context, Working From Home, and Work–Family Conflict of Men and Women in European Workplaces, *Social Indicators Research* (Online seit 5.10. 2018). https://doi.org/10.1007/s11205-018-1993-1

Weiber Wirtschaft EG (2019). Home Page, https://weiberwirtschaft.de/home/ [Letzter Zugriff: 24.9.2019].

Wheatley, D. (2012). Home-based teleworkers. *New Technology, Work and Employment*, 27(3), 224-241.

White, J. (1991). Women and work in Istanbul: linking the urban poor to the world market, *Middle East Report*, 173, 18-22.

White J. B. (2004): *Money makes us relatives. Women's labor in urban Turkey*. 2. Auflage. New York/London: Routledge.

Wichterich, C. (2003): *Femme global. Globalisierung ist nicht geschlechtsneutral. (AttacBasisTexte 7)*. Hamburg: VSA

Yunus, M.& Jolis, A. (2007): *Für eine Welt ohne Armut. Die Autobiographie des Friedensnobelpreisträgers*. 2. Auflage. Bergisch Gladbach: Bastei Lübbe, (Original: 1997).

Tanja Fendel und Özlem Yıldız

Integrationspfade geflüchteter Frauen in Arbeitsmarkt und Gesellschaft

Zusammenfassung

Im Jahr 2016 erreichte die Zahl der geflüchteten Menschen in Deutschland seinen Höhepunkt. Seitdem sind die Zahlen zurückgegangen und die Struktur der Gruppe hat sich geändert. Vor allem kommen im Rahmen des Familiennachzugs immer mehr Frauen aus den Krisengebieten. Auf Basis der quantitativen IAB-BAMF-SOEP Befragung von Geflüchteten und einer qualitativen Vorstudie, wurden die Einflussfaktoren, die die Integration von geflüchteten Frauen in Deutschland befördern oder erschweren analysiert. Die Ergebnisse zeigen u.a., dass geflüchtete Frauen weniger über Netzwerke außerhalb des Haushalts verfügen, die für den Spracherwerb und den Eintritt in die Erwerbstätigkeit von hoher Relevanz sind.

Integration paths of refugee women in the labor market and society

Abstract

In 2016, the number of refugees in Germany reached its peak. Since then, the numbers have declined and the structure of the group of refugees has changed. As part of family reunification more and more women come from the crisis areas. The results of this study are based on the quantitative IAB-BAMF-SOEP survey of refugees and a qualitative preliminary study. The aim of the study is to analyze the determinants that promote or complicate the integration of refugee women in Germany. The findings show that refugee women have fewer networks outside the household, which are highly relevant for language acquisition and employment.

JEL-Klassifikation: F22; J16; J22

1. Einleitung

Während alleinstehende junge Männer das Bild der in den letzten Jahren nach Deutschland gekommenen geflüchteten Menschen prägen, stellen Frauen auch durch den Familiennachzug eine immer relevanter werdende Gruppe unter geflüchteten Menschen dar. Gemäß Bundesamt für Migration und Flüchtlinge (BAMF, 2019) wurden 43,5 Prozent der zwischen Januar und Dezember 2019 gestellten Asylanträge von Frauen gestellt.

Ein zentrales Ziel Deutschlands ist die Integration der geflüchteten Frauen und Männer. Neben der strukturellen Integration in Arbeitsmarkt und Bildung, sind die Einbettung in (soziale) Netzwerke (im Sinne von Granovetter, 1985) und der Erwerb des damit einhergehenden sozialen Kapitals (im Sinne von Bourdieu, 1983; Coleman, 1988), die zentralen Voraussetzungen einer gelungenen Integration. Zum einen stehen sie in engem Zusammenhang mit dem psychischen und physischen Wohlbefinden. Zum anderen existieren hohe Interdependenzen zwischen dem sozialen Kapital und der Arbeitsmarktintegration. Nach den Ergebnissen dieser Arbeit haben geflüchtete Menschen, die arbeiten dichtere soziale Netzwerke. Aber genauso wirken soziale Kontakte unterstützend beim Einstieg in die erste Beschäftigung. Geschlechtervergleichende Auswertungen weisen in beiden Bereichen auf höhere Barrieren für Frauen hin.

In der vorliegenden Studie analysieren wir die Einflussfaktoren, die die Integration von geflüchteten Frauen in Deutschland befördern oder erschweren. Die Auswertungen basieren auf der quantitativen IAB-BAMF-SOEP Befragung 2016 und 2017 von Geflüchteten mit 6.694 Befragten sowie einer qualitativen Vorstudie aus 2016, aus der wir sechs Interviews mit geflüchteten Frauen berücksichtigten.

2. Die hohe Relevanz von Netzwerken auch für die – durch eine schwierigere Ausgangslage gekennzeichnete – Integration von Geflüchteten

Bei Analysen zur Arbeitsmarktintegration geflüchteter Frauen, muss berücksichtigt werden, dass die Flucht eine spezielle Form der Migration darstellt. Im Vergleich zur Integration von Migrant*innen, die zu Erwerbszwecken zugezogen sind, gestaltet sich die Integration für geflüchtete Menschen schwieriger. Geflüchtete, die unfreiwillig und meist ungeplant ihre Herkunftsländer verlassen mussten, verfügen seltener über Sprach- und allgemeine Kenntnisse des Ziellandes oder über bereits existierende Netzwerke.

Teilweise haben sie posttraumatische Belastungsstörungen, die die baldige Integration erschweren (Elbert et al., 2017). Auch kann erwartet werden, dass eine unerwartete Flucht mit geringeren finanziellen Mitteln und damit höheren Barrieren der Integration einhergeht als eine geplante Migration zu Erwerbszwecken.

Schließlich existieren für Geflüchtete hohe institutionelle Restriktionen beim Zugang zum Arbeitsmarkt. So können sie erst drei Monate nach dem Zuzug eine Beschäftigung aufnehmen und während des gesamten Asylverfahrens ist der Arbeitsmarktzugang beschränkt (Brücker et al., 2017a). Brücker et al. (2017b) zeigen, dass nur ein geringer Teil der Geflüchteten über berufliche oder Hochschulabschlüsse verfügt. Die aggregierten Daten, aber auch individuelle Befragungsergebnisse zeigen, dass Krieg und Verfolgung starke Auswirkungen auf das Bildungsniveau hatten. So ist das Bildungsniveau besonders niedrig, bei Menschen, die aus Herkunftsländern stammen, in denen teilweise schon seit Generationen Krieg und Verfolgung herrschen. Zudem kennen die meisten Herkunftsländer der Geflüchteten keine mit Deutschland vergleichbaren Systeme der Berufsausbildung. Viele Berufe werden ohne formelle Berufsausbildung ausgeübt (Brücker et al., 2017b). Handwerksberufe dürfen in Deutschland ohne eine Berufsausbildung kaum ausgeübt werden, und die Selbständigkeit als Erwerbsform bleibt verwehrt, wenn kein Meisterbrief vorliegt (Yıldız 2017; 2019). Insgesamt dürften viele Geflüchtete über in Deutschland verwertbare Fähigkeiten verfügen, die sich nicht in zertifizierten Abschlüssen niederschlagen (Brücker et al., 2017b). Mit Blick auf die Bildung zeigen verschiedene Studien, dass das Bildungsniveau unter geflüchteten Frauen geringfügig niedriger ausfällt als unter geflüchteten Männern. Unterschiede bei der Berufserfahrung sind dagegen ausgeprägter (Brücker et al., 2016; 2019; Fendel, 2019). Geflüchtete sind häufig durch patriarchal strukturierte Herkunftsgesellschaften geprägt (vgl. z.B. Binder & Tošić, 2005; Krause, 2017). Diese zeichnen sich dadurch aus, dass für Frauen nach Abschluss einer Ausbildung in der Regel die Familiengründung an erster Stelle steht und die Versorgung von Kindern schließt nicht selten die Erwerbstätigkeit aus.

Nicht nur existieren für geflüchtete Frauen bei der Integration höhere Barrieren als für andere Migrant*innengruppen. Auch der Vergleich zu geflüchteten Männern weist auf größere Herausforderungen für geflüchtete Frauen, die sehr viel häufiger mit Partner und Kindern nach Deutschland migriert sind. Fendel (2019) zeigt, dass Geschlechterunterschiede bei der Teilnahme an Integrationsmaßnahmen und dem Bildungserwerb für Frauen und Männer mit Kindern sehr viel höher ausfallen als bei kinderlosen Frauen und Männern. Während für Männer kurz nach der Migration die Erwerbstätigkeit an erster Stelle steht, wollen Frauen die mit Partner und Kindern zugezogen sind in der Regel erst alles andere für die Familie regeln (Woellert et al., 2016) und übernehmen für gewöhnlich einen größeren Anteil an Hausarbeit und Kinderbetreuung.

Ähnlich verhält es sich bei den Frauen der Mehrheitsgesellschaft, die die Familien- und Haushaltsarbeit größtenteils übernehmen und dadurch weniger für ihren Erwerb tätig sein können (Hoff et al., 2007; Brush et al., 2009; Brush et al., 2014). So ist dieses Phänomen unabhängig von Flucht, Migration und geographischer Lage. Auf Basis des Sozioökonomischen Panels (SOEP) kann jedoch gezeigt werden, dass Geschlechterunterschiede in der Erwerbstätigkeit für in den letzten Jahren nach Deutschland gekommene Geflüchtete sehr viel höher ausfallen als für Personen ohne Fluchthintergrund. So scheinen genderspezifische und hier insbesondere familienbedingte Faktoren für geflüchtete Frauen sehr viel höhere Arbeitsmarktbarrieren darzustellen als für Frauen der Mehrheitsgesellschaft.

Die Integration von Migrant*innen wird in der Literatur als mehrdimensionaler Prozess analysiert. Zurückgehend auf Esser (1980; 2000; 2006) nennt Kalter (2008) erstens die kognitiv-kulturellen Dimension, die den Erwerb von Wissen und Fertigkeiten betrifft. Die strukturelle Dimension betrifft zweitens die Positionierung innerhalb gesellschaftlicher Teilsysteme u.a. im Bildungssystem und auf dem Arbeitsmarkt. Die soziale Dimension betrifft drittens die Beziehungsmuster zwischen den Akteur*innen. Die emotionale Integration viertens schließlich, meint die Identifikation mit der Aufnahmegesellschaft und die Übernahme bestimmter Werthaltungen und genereller Orientierungen, und wird als Kern einer erfolgreichen und nachhaltigen gesellschaftlichen Integration betrachtet, die durch die drei anderen Dimensionen bedingt ist. Die drei vorgelagerten Dimensionen stellen hierbei keine isolierten Faktoren dar. Vielmehr stellen die Beziehungsmuster einen zentralen unterstützenden, wenn nicht vorraussetzenden Faktor für den Erwerb von gastlandspezifischem Wissen sowie einer erfolgreichen Positionierung in Bildung und den Arbeitsmarkt dar.

So wird für die Integration in das Aufnahmeland ein Netzwerk bzw. werden Kontakte benötigt, die den Eintritt in den Arbeitsmarkt und in die Gesellschaft begünstigen. Die Netzwerktheorie von Granovetter stellt hierfür die Basis. Granovetter (1973) beschreibt in seiner Theorie, dass je unterschiedlicher Personen, in ihrer Erfahrung, Bildung, in ihrem Wissen und in ihren Netzwerken zueinander sind, und je weniger die Häufigkeit ihrer Begegnungen sind, desto mehr unterschiedliche Informationen können durch diese ausgetauscht werden, die von gegenseitigem Nutzen sein können. Er nennt diese „schwache Verbindungen", sprich „weak ties". Umgekehrt verhält es sich bei „starken Verbindungen", d.h. je ähnlicher sich Personen (in ihrer Erfahrung, Bildung, in ihrem Wissen und in ihren Netzwerken) sind, und je öfter sie sich begegnen, desto häufiger haben sie dieselben Informationen, so dass sie im Hinblick auf neue Ideen, Perspektiven und Lösungswege weniger voneinander profitieren können. Diese „starken Verbindungen" nennt Granovetter „strong ties". So eröffnen starke Netzwerkverbindungen geringere Chancen und Möglichkeiten als schwache Netzwerkverbindungen:

> „[...] weak ties, often denounced as generative of alienation are here seen as indispensable to individuals opportunities and to their integration into communities; strong ties, breeding local cohesion, lead to overall fragmentation." (Granovetter, 1973, S. 1378)

„Weak ties" erlauben es, Brücken zu weniger bekannten, unbeständigen Netzwerken zu schlagen, und ermöglichen so einen Informationsfluss, der für die Person zu sozialem oder Humankapital werden kann. „Strong ties" wiederum sorgen durch ihr geschlossenes Wesen in sozialen Beziehungen für Vertrauen, Sicherheit und Regeln, bringen jedoch in bekannten und engen Strukturen keine Neuerungen in das Netzwerk. Aus beiden Netzwerken erwächst das Sozialkapital, welches wiederum alle Ressourcen beinhaltet, die durch die Zugehörigkeit zu einer Gruppe entstehen (Bourdieu, 1983). Diese können nach Coleman (1988) Prozesse im Arbeitsleben, wie die Integration in den Arbeitsmarkt, erleichtern (Coleman, 1988).

Was bedeuten diese Theorien für die Integration geflüchteter Frauen? Je mehr schwache Verbindungen die Frauen aufbauen können, d.h. je mehr Kontakte zur Mehrheitsgesellschaft geschaffen werden, desto mehr soziales Kapital (d.h. Ressourcen) kann angereichert werden, dass den Einstieg in den Arbeitsmarkt oder in das Bildungssystem erleichtert. Zudem kann der Spracherwerb unterstützt werden.

Somit kommt unter den Netzwerken, die für die Integration unabdingbar sind, und hier insbesondere den „weak ties" eine Schlüsselrolle zu. Dieses Thema soll in der vorliegenden empirischen Studie nun genauer betrachtet werden.

3. Die IAB-BAMF-SOEP Befragung Geflüchteter in Deutschland

Die Datengrundlage des Beitrags bildet die vom Institut für Arbeitsmarkt und Berufsforschung (IAB) in Kooperation mit dem Forschungszentrum des Bundesamtes für Migration und Flüchtlinge (BAMF-FZ) und dem Sozioökonomischen Panel (SOEP) am Deutschen Institut für Wirtschaftsforschung Berlin (DIW) durgeführte IAB-BAMF-SOEP Befragung Geflüchteter in Deutschland. Hierbei handelt es sich um eine seit 2016 durchgeführte Längsschnittstudie. Die gewichteten Auswertungen sind repräsentativ für die in Deutschland lebenden geflüchteten Menschen, die zwischen 2013 und 2016 eingereist sind. Der Schwerpunkt der Stichprobe liegt damit auf der jüngeren Fluchtmigration. In persönlichen, computergestützten Interviews werden geflüchtete Menschen zu ihren Migrations-, Bildungs- und Erwerbsbiografien und zu Fluchtursachen befragt. Zudem existieren Fragen zu Persönlichkeitsmerkmalen, Einstellungen, Gesundheit und dem subjektiven Wohlbefinden (für weitere Informationen siehe https://fdz.iab.de/de/FDZ_Individual_Data/iab-bamf-soep.aspx). Der quantitativen Befragung vorgeschaltet war eine in 2016 durchgeführte qualitative Befragung von 123 Geflüchteten, die zwischen Mai 2013 und Dezember 2015 eingereist sind. Leitfadengestützt wurden sie unter anderem zu ihrer Biografie, Erfahrungen auf der Flucht und ihrer Situation in Deutschland interviewt. Die Befunde im Folgenden basieren auf diesen beiden Befragungen. Die quantitativen deskriptiven Ergebnisse beziehen sich auf die Angaben aus 2017, in der das Stichprobensample 5.119 Personen umfasst, von denen knapp 40 Prozent Frauen sind. Für die multivariate Analyse werden Angaben aus 2016 und 2017 mit insgesamt 4.894 Personen verwendet. Die qualitativen Befunde beziehen sich auf Interviews aus 2016 mit sechs geflüchteten Frauen, deren Charakteristika in Tabelle 1 dargestellt sind.

Tabelle 1: Struktur Interviewpartnerinnen

Alter	Abschluss/ Beruf	Kinder	Familienstand	Herkunftsland
23	Kein Abschluss	1 + schwanger	verheiratet	Irak
25	Medizinstudentin	0	ledig	Syrien
25	Kein Abschluss	0	verheiratet	Eritrea
37	Kein Abschluss	2	geschieden	Gambia
38	Lehrerin	2	geschieden	Syrien
40	Lehrerin	2	geschieden	Syrien

Quelle: IAB-BAMF-SOEP Befragung Geflüchteter, qualitative Vorstudie 2016.

4. Zentrale Determinanten der Erwerbstätigkeit geflüchteter Frauen

Das Ergebnisskapiel ist in vier Abschnitte gegliedert, die die wesentlichen Einflussfaktoren der Integration geflüchteter Frauen darstellen. Wie im zweiten Abschnitt diskutiert, stellen Netzwerke einen zentralen unterstützenden, wenn nicht vorraussetzenden Faktoren für die weiteren Dimensionen der Integration dar. Dieser Argumentation folgend beginnen wir mit der Analyse von Netzwerken geflüchteter Frauen, gehen der Frage nach inwieweit diese für die Arbeitsmarktintegration relevant sind, warum auch der Bildungserwerb für Geflüchtete von hoher Relevanz ist, und diskutieren abschließend – um Lösungsansätze anzubieten – den Einfluss institutioneller Reglementierungen.

4.1. Netzwerke geflüchteter Frauen

Deskriptive Analysen auf Basis der IAB-BAMF-SOEP Befragung zeigen, dass geflüchtete Frauen seltener Kontakt (mindestens einmal pro Woche) zu „weak ties“ haben, d.h. zu Deutschen, Personen aus demselben Herkunftsland oder anderen Ländern außerhalb des Haushalts als geflüchtete Männer (vgl. Abbildung 1).

Abbildung 1: Einmal pro Woche oder häufiger Zeit mit Personen aus unterschiedlichen Herkunftsgruppen, nach Geschlecht. Personenanteile in Prozent.

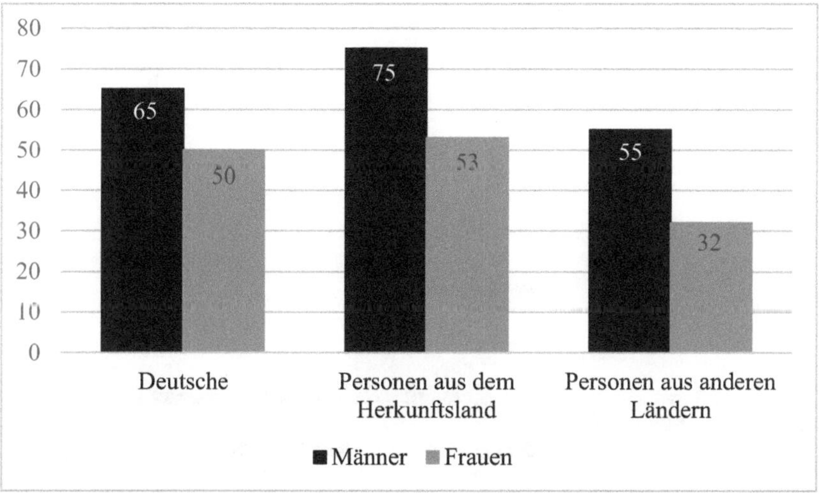

Quelle: IAB-BAMF-SOEP Befragung Geflüchteter, 2017, gewichtete Daten

Im Rahmen einer multivariaten Analyse haben wir untersucht, ob eine Korrelation zwischen Kontaktdichte und Geschlecht weiterhin besteht, wenn zentrale Faktoren konstant gehalten werden, wenn also z.B. Frauen und

Männer die gleichen Voraussetzungen hätten (u.a. in Bildung, Alter, Erwerbserfahrung und Aufenthaltsdauer). Als zu erklärende Variable wurde hier auf die Frage zurückgegriffen, wie viele neue Kontakte die Befragten seit Ankunft in Deutschland gefunden haben.

Eine solche Analyse veranschaulicht ob Geschlechterunterschiede vor allem auf Grund von Unterschieden in beobachtbaren Faktoren existieren, beispielsweise eine höhere Kontaktdichte von Männern durch eine höhere Aufenthaltsdauer erklärt werden kann und ob der Koeffizient für die Variable „Frau" durch das Hinzufügen wesentlicher anderer Determinanten insignifikant wird. In den Schätzmodellen wurden zusätzlich für folgende Variabeln kontrolliert: Kinder im Haushalt, Zuzugskonstellation, Netzwerk beim Zuzug, Ausbildungsabschlüsse beim Zuzug, Gesundheitszustand, Alter, Alter zum Quadrat, Jahre seit Ankunft, Erwerbstätigkeit vor dem Zuzug, Stand des Asylantrags, Herkunftsländergruppe, deutsche Bundesländer, ob die Person einen Sprach- oder Integrationskurs oder eine andere integrationsbezogene Maßnahme der Bundesagentur für Arbeit (BA) oder des BAMFs besucht hat und ob sie derzeit in einer Gemeinschafts- oder Privatunterkunft wohnt. Die Schätzungen linearer OLS Regressionen erfolgten auf Basis der IAB-BAMF-SOEP-Befragung Geflüchteter in 2016 und 2017. Kausale Aussagen sind im Rahmen dieser Analyse nur beschränkt möglich, da für unbeobachtbare Heterogenität und simultane Beziehungen zwischen den erklärenden und den zu erklärenden Variablen nicht kontrolliert wurde.

Abbildung 2: Multivariate Analyse zu den Determinanten der Anzahl neuer Kontakte

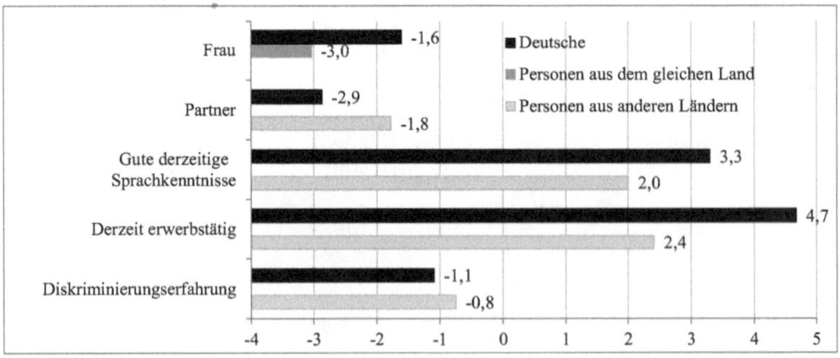

Quelle: IAB-BAMF-SOEP Befragung Geflüchteter, 2016-2017

Anmerkung: In der Darstellung werden nur ausgewählte statistisch signifikante Effekte ($p<0.1$) abgebildet.

Die Schätzergebnisse (vgl. Abbildung 2) bestätigen, dass Frauen auch unter Kontrolle zahlreicher Faktoren durchschnittlich zwei deutsche Kontakte weniger und drei Kontakte weniger zu Personen aus dem gleichen Land gefunden haben als Männer.

In den qualitativen Interviews konstatieren geflüchtete Frauen, dass sich keine Möglichkeit bietet Deutsche kennenzulernen, da sie außerhalb des Sprachkurses, den sie besuchen, nicht wissen welche Aktivitäten zum Kennenlernen führen. Die Sprachkurse stellen eine Möglichkeit des Deutscherwerbs dar, führen ihrer Meinung nach jedoch nur zum Kennenlernen von Personen aus der eigenen Herkunftsgruppe, was den Erwerb deutscher Sprachkenntnisse nicht unterstützt, da sie untereinander arabisch sprechen.

> "Wir wollen schon Kontakt, nur hat sich noch nichts ergeben, es ist auch langweilig für die Deutschen, sich mit uns zu unterhalten, wegen der Sprache auch, die wir noch nicht so gut können." (Syrien, 23 Jahre alt)

> „Wir sind alle Syrer und die Frau sagt wir sollen Deutsch miteinander sprechen, wir versuchen es, aber wir schaffen es nicht so lange Deutsch zu sprechen, es sind zu viele Leute, wenn ich mit Deutschen sprechen könnte wäre es für uns besser." (Syrien, 23 Jahre alt)

Die deutsche Sprache kann auch zu Hause kaum geübt werden.

> „Deutsch, aber das Problem, wenn du daheim bist und arabischen TV schaust und mit den Kindern arabisch sprichst und keinen Kontakt mit Deutschen hast, ist das ein Problem. Das ist das Problem. Das ist eine Katastrophe." (Syrien, 40 Jahre alt).

Auch für die Verstetigung der Sprachkenntnisse fehlt geflüchteten Frauen der Kontakt zu Deutschen.

> „Ja. Im März habe ich B1 gemacht, es gibt keine Übungen mit den Deutschen, wir können nicht üben." (Syrien, 39 Jahre alt)

Die empirischen Befunde belegen die Wechselwirkungen zwischen Sprachkenntnissen und dem Kontakt zu Personen außerhalb des Haushalts. So haben Geflüchtete bei (sehr) guten selbsteingeschätzten Sprachkenntnissen durchschnittlich zwei Kontakte mehr zu Deutschen gefunden als Personen mit mittelmäßig bis schlechten Kenntnissen (vgl. Abbildung 2). Diese Korrelation zeigt sich auch für Frauen und für den Indikator des regelmäßigen Kontaktes, wie die deskriptive Analyse in der folgenden Abbildung 3 veranschaulicht. Während 45 Prozent der Frauen, die ihre Deutschsprachkenntnisse als mittelmäßig bis schlecht bewerten, regelmäßigen Kontakt zu Deutschen haben, sind es 72 Prozent der Frauen, die ihre Kenntnisse als gut bis sehr gut bewerten. Hierbei muss berücksichtigt werden, dass deutsche Sprachkenntnisse nicht nur den Kontakt zu Deutschen oder Personen aus anderen Ländern erleichtert, sondern der Kontakt auch zu verbesserten Kenntnissen der deutschen Sprache führt.

Abbildung 3: Einmal pro Woche oder häufiger Zeit mit Personen aus unterschiedlichen Herkunftsgruppen, nach Sprachkenntnissen, nur Frauen. Personenanteile in Prozent.

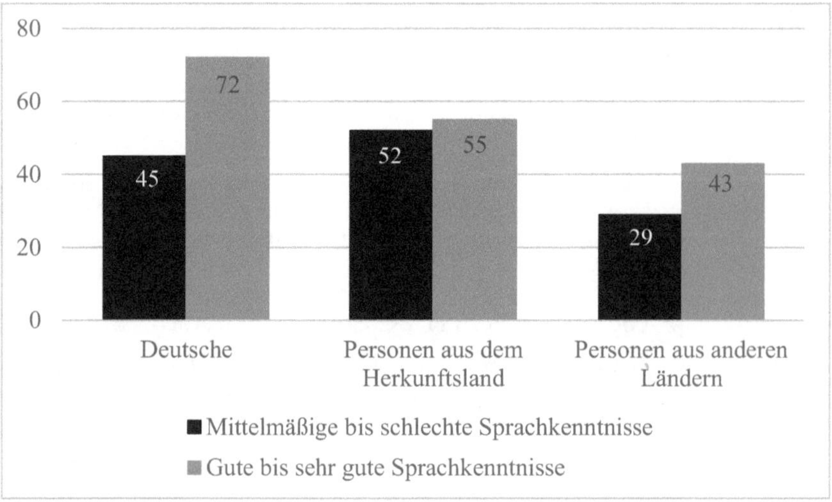

Quelle: IAB-BAMF-SOEP Befragung Geflüchteter, 2017, gewichtete Daten

Die multivariaten Ergebnisse zeigen zudem, dass Geflüchtete mit einer Diskriminierungserfahrung signifikant einen Kontakt weniger gefunden haben als Personen ohne eine solche Erfahrung, nicht nur zu Deutschen, sondern auch zu Personen aus anderen Ländern (vgl. Abbildung 2). Insgesamt haben sich 37 Prozent der Geflüchteten mindestens einmal seit dem Zuzug nach Deutschland benachteiligt gefühlt. Frauen haben hier mit 34 Prozent eine geringfügig (signifikant) niedrigere Wahrscheinlichkeit benachteiligt worden zu sein als Männer mit 39 Prozent. In den qualitativen Interviews beschreiben die Interviewten anschaulich wie sie eine solche Erfahrung erlebt haben.

„[Eine andere Frau] bat die erste Frau mir den Platz freizumachen, damit ich mich dort mit meinem Baby hinsetzen kann. Aber die Frau weigerte sich aufzustehen." (Gambia, 37 Jahre alt)

„Wenn man Leuten begegnet die schauen weg oder schauen böse oder wenn man Hallo sagt wird man vollkommen ignoriert. Diese Art." (Eritrea, 25 Jahre alt)

4.2. Arbeitsmarktintegration geflüchteter Frauen

Schließlich zeigt sich in Abbildung 2 auch eine hohe Relevanz der Erwerbstätigkeit auf die Anzahl neuer Kontakte seit dem Zuzug. So haben Erwerbstätige durchschnittlich fünf deutsche Kontakte mehr gefunden als nicht erwerbstätige Personen. Des Weiteren variieren die Anteile erwerbstätiger geflüchteter Frauen (Vollzeit, Teilzeitbeschäftigte sowie im Rahmen eines Praktikums, einer Ausbildung oder geringfügig Beschäftigte) stark nach den (selbsteingeschätzten) Deutschsprachkenntnissen. Frauen mit guten bis sehr gut eingeschätzten Sprachkenntnissen sind zu 11 Prozent beschäftigt, während es unter Frauen mit durchschnittlichen Sprachkenntnissen nur 4 Prozent und unter Frauen mit schlechten bis gar keinen Kenntnissen 3 Prozent sind. Bei einem solchen Vergleich muss erneut als wechselseitige Korrelation berücksichtigt werden, dass der tägliche Kontakt zu deutschen Arbeitskolleg*innen auch die Deutschsprachkenntnisse beeinflusst.

„Wenn ich arbeite, kann ich auch besser [die Sprache] lernen" (Syrien, 40 Jahre alt).

In den Befragungen äußern die geflüchteten Frauen neben ihrer hohen Motivation Deutsch zu lernen den großen Wunsch am Arbeitsmarkt zu partizipieren.

„Wenn man arbeitet ist die Arbeit ein Antrieb für das eigene Leben. Wenn man arbeitet, hat man seine Kultur. Man kann sich selbst ausdrücken. Das ist für jeden wichtig im Leben. Nicht nur die Männer, auch die Frauen, für jeden. Das ist wichtig." (Syrien, 40 Jahre alt).

80 Prozent der noch nicht erwerbstätigen Frauen haben angegeben vielleicht oder sicher arbeiten zu wollen (vgl. Abbildung 4). Der Anteil ist sogar höher als bei den noch nicht erwerbstätigen Männern mit 68 Prozent, wobei zum Zeitpunkt der Befragung in 2017 bereits 29 Prozent der Männer im Vergleich zu nur 5 Prozent der Frauen erwerbstätig sind. Auch vor dem Zuzug haben sehr viel mehr Männer (78 Prozent) als Frauen (39 Prozent) Erwerbserfahrung gesammelt, wodurch der hohen Erwerbsmotivation der Frauen noch mehr Gewicht zukommt.

Abbildung 4: Bildungs- und Erwerbsmotivation. Personenanteile in Prozent.

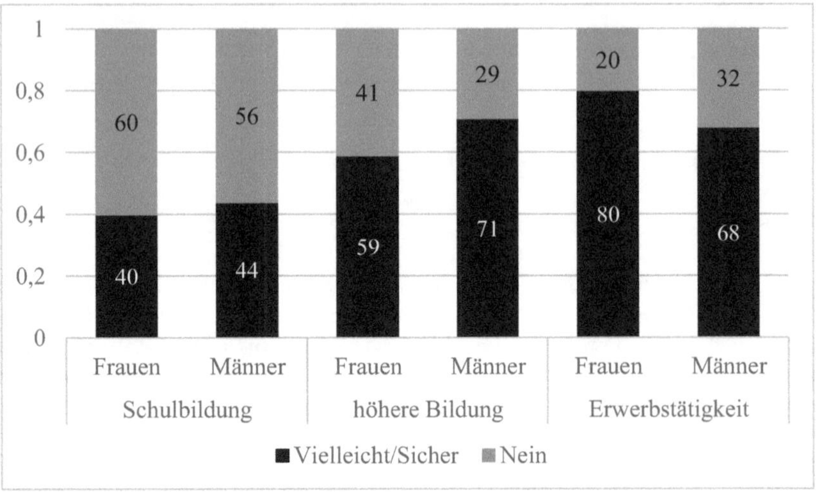

Quelle: IAB-BAMF-SOEP Befragung Geflüchteter, 2017, gewichtete Daten

4.3. Aus- und Weiterbildung von geflüchteten Frauen

Wie im zweiten Abschnitt bereits angesprochen wurde, existieren gravierende Unterschiede zwischen dem deutschen und den Bildungssystemen der Herkunftsländer der Geflüchteten. Viele handwerkliche, technische und kaufmännische Berufe werden in den Herkunftsländern ohne formelle Ausbildung ausgeübt, sodass geflüchtete Menschen häufig über in Deutschland verwertbare berufliche Fähigkeiten verfügen, ohne diese formal nachweisen zu können (Brücker et al., 2017b). Im Gegensatz dazu zeichnet sich das deutsche Bildungssystem durch starke formale Strukuren aus. Fuchs et al. (2018) zeigen, dass Geringqualifizierte in Deutschland deutlich größere Schwierigkeiten haben eine Beschäftigung zu finden als Personen die über einen Ausbildungs- oder Hochschulabschluss verfügen. 2018 lag die Arbeitslosenquote der Personen ohne Berufsabschluss bei knapp 20 Prozent. Unter den in den letzten Jahren nach Deutschland gekommenen Geflüchteten ist das Bildungsniveau deutlich niedriger als unter anderen Zuwanderungsgruppen. 44 Prozent der geflüchteten Frauen und 35 Prozent der geflüchteten Männer haben keine Schule besucht bzw. hier keinen Abschluss erworben und 81 Prozent der Frauen und 74 Prozent der Männer haben keinen abgeschlossenen Berufs- oder Hochschulabschluss. Im Hinblick auf die, für die Arbeitsmarktintegration in Deutschland zentrale Voraussetzung von Bildungsabschlüssen, sind Investitionen in inlandspezifisches Humankapitel für die geflüchteten Männer und Frauen gleichermaßen von hoher Relevanz. Wie Abbildung 4 des Weiteren zeigt, können sich 40 bzw. 59 Prozent der Frauen vorstellen, noch einen Schulabschluss bzw. höheren Bildungsabschluss zu erwerben.

4.4. Institutionelle Reglementierungen

Die qualitativen Interviews haben des Weiteren gezeigt, dass die Frauen dieser Studie das stark formalisierte deutsche Arbeits- und Bildungssystem schlecht nachvollziehen können. Dies erschwert den Frauen den Weg in die Erwerbstätigkeit und somit auch zu Kontakten. Dabei hat das Jobcenter als Erst-Anlaufstelle eine besondere Rolle. Die Frauen fühlen sich teilweise den Mitarbeiter*innen von Jobcentern ausgeliefert. Dies kann sich unter anderem negativ auf die Inanspruchnahme von Förderangeboten oder auch allgemein auf die individuellen Bemühungen hinsichtlich der Arbeitsmarktintegration auswirken.

> „Wenn ich zwölf Jahre als Lehrerin gearbeitet habe, warum sollte ich eine Lehrerausbildung machen müssen? [...] die sagen mir, ich muss eine Ausbildung machen. Drei Jahre lang? Um zu lernen, wie ich Kinder unterrichte?“ (Syrien, 40 Jahre alt).

> „Sie wollen, dass wir Arbeit finden, aber ich habe zwei Kinder, ich kann nicht abends in einem Restaurant arbeiten. Der erste im Jobcenter meinte, ich könne in ein türkisches Restaurant gehen. Aber türkisch, die sprechen Türkisch, nicht Arabisch, das ist eine andere Sprache, die spreche ich nicht. Oh, Gott.“ (Syrien, 40 Jahre alt).

Es werden aber auch positive Erfahrungen geschildert.

> „Jobcenter. Der Sachbearbeiter im Jobcenter, der hat uns auch geholfen, wir hatten den Wunsch schnell einen Sprachkurs zu haben, nach 20 Tagen haben wir ein Angebot für einen Kurs bekommen.“ (Syrien, 23 Jahre alt)

Insbesondere für reglementierte Berufe kommt zudem der Anerkennung von ausländischen Abschlüssen eine hohe Relevanz zu. In den qualitativen Interviews beschreiben die Frauen, dass die Studiengänge nicht im selben Muster aufgebaut sind, so dass ein Vergleich zwischen den Ländern kaum möglich ist. Die Deutschkenntnisse fallen stark ins Gewicht, wenn ergänzende Prüfungen zu den bisherigen Leistungen absolviert werden müssen. Das führt dann dazu, dass der eigene Beruf fast gar nicht ausgeführt werden kann, wenn die deutsche Sprache als besonders schwer empfunden wird.

> „Wir müssen eine Prüfung an der Universität machen und dann wird entschieden in welchem Semester wir weitermachen können, die Semester werden nicht voll anerkannt. Wir müssen einen Eignungstest machen an der Universität, da waren wir noch nicht, es kann sein, dass wir auf 2 Semester zurückgestuft werden." (Syrien, 23 Jahre alt)

5. Zentrale Stellschrauben der Integration geflüchteter Frauen

Ziel dieses Beitrags war es, die Einflussfaktoren der Integration geflüchteter Frauen in den Arbeitsmarkt und die Gesellschaft darzustellen und diese als Barrieren und/oderPotenziale zu identifizieren.

1. Es fehlen Kontakte außerhalb des Haushaltes

Geflüchteten Frauen fehlen „schwache" Verbindungen, die ihnen im Sinne von Granovetter (1973) Informationen zur Verfügung stellen und aus denen soziales Kapital im Sinne von Bourdieu (1983) und Coleman (1988) erwachsen könnte. Somit fehlen ihnen wichtige Informationen und Gatekeeper, die ihnen den Zugang in Arbeit und Gesellschaft erleichtern. Frauen sind im Vergleich zu männlichen Geflüchteten häufiger mit der Familie geflohen und leben in Deutschland häufiger mit Partner und Kind im Haushalt. Die Familie kann ihnen Sicherheit und emotionale Stabilität gewährleisten; aus diesem Grund wird der Familienzuzug durch das Grundgesetz geschützt. Jedoch führen diese „starken" Verbindungen nicht selten dazu, dass die Frauen weniger Personen außerhalb des Haushaltes kennenlernen. Die multivariate Analyse zeigt, dass geflüchtete Frauen auch bei gleichen Voraussetzungen (u.a. hinsichtlich Bildung, Erwerbserfahrung, Alter oder Aufenthaltsdauer) weniger neue Kontakte finden als Männer.

2. Verzögerung des Spracherwerbs

Die geringere Ausprägung ‚schwacher Netzwerke', verzögert den für alle Bereiche der Integration essentiellen deutschen Spracherwerb. Die Frauen zeigen eine hohe Motivation Deutsch zu lernen, auch um am Arbeitsmarkt partizipieren zu können. Jedoch konstatieren sie, dass ihnen für den deutschen Spracherwerb deutschsprachige Menschen fehlen mit denen sie „üben" können. Mehr noch: die Sprachkurse sind meist homogen, so dass sie immer wieder in ihre Herkunftssprache zurückkehren. Erschwerend kommt hinzu, dass im häuslichen Umfeld, mit den ‚starken Verbindungen' wieder die Herkunftssprache gesprochen wird.

3. Mehr gegenseitiges Verständnis zwischen Jobcenter und geflüchteten Frauen

Geflüchtete Frauen nehmen das Jobcenter als reglementierende Behörde ernst, so dass sie die Maßnahmen und Angebote wahrnehmen und als Möglichkeit zur Sprachförderung und für das Erhalten von Jobangeboten sehen. Jobcenter können daher durch ihre Maßnahmen Frauen explizit fördern, andere Institutionen empfehlen und hinzuziehen, die den geflüchteten Frauen andere Perspektiven aufzeigen. So existiert auch eine Vielzahl anderer Behörden oder Stellen wie Vereine etc. die geflüchtete Frauen zur Unterstützung aufsuchen können.

Jedoch fühlen sich die geflüchteten Frauen teilweise durch die angebotenen Jobs des Jobcenters dequalifiziert. Mehr Aufklärungsarbeit über das stark formalisierte deutsche Bildungssystem wäre hier von hoher Relevanz. Weiterhin sollten die Frauen durch Institutionen ermutigt werden außerhalb von Frauenbranchen Perspektiven zu suchen. Abschließend sollten Frauen bei der Anerkennung existierender Bildungsabschlüsse sowie beim nachholenden Bildungserwerb unterstützt werden, so dass die hohe Motivation der Frauen ungebrochen bleibt.

Die multivariate Analyse zeigt, dass strukturelle Faktoren wie Sprachkenntnisse und Erwerbstätigkeit für die soziale Vernetzung stark ins Gewicht fallen. Aufgrund familiärer Pflichten existieren für Frauen einerseits zwar durchschnittlich höhere Barrieren bei der Integration in Arbeitsmarkt und Gesellschaft als für Männer. Institutionell können aber Bedingungen geschaffen werden, die explizit geflüchtete Frauen fördern und ihnen den Zugang zu Sprache, Bildung und Erwerbstätigkeit ermöglichen.

Literaturverzeichnis

Binder, S. & Tošić, J. (2005). Refugees as a Particular Form of Transnational Migrations and Social Transformations: Socioanthropological and Gender Aspects. *Current Sociology*, 53(4), 607–624.

Bourdieu, P. (1983). Ökonomisches Kapital, kulturelles Kapital, soziales Kapital. In R. Kreckel (Hrsg.), *Soziale Ungleichheiten, Soziale Welt* (S. 183-198). Sonderband 2, Göttingen: Schwartz.

Brush, C. G., De Bruin, A. & Welter, F. (2009). A gender-aware framework for women's entrepreneurship. *International Journal of Gender and Entrepreneurship*, 1(1), 8-24.

Brush, C. G., De Bruin, A. & Welter, F. (2014). Auf dem Weg zu genderspezifischen Modellen in der Gründungsforschung. In C. Gather, I. Biermann, L. Schürmann, S. Ulbricht, H. Zipprian (Hrsg.), *Die Vielfalt der Selbständigkeit. Sozialwissenschaftliche Beiträge zu einer Erwerbsform im Wandel* (S. 37-48). HWR Berlin Forschung 58/59, Berlin: Edition Sigma.

Brücker, H., Rother, N. & Schupp, J. (Hrsg.) (2016). *IAB-BAMF-SOEP-Befragung von Geflüchteten. Überblick und erste Ergebnisse*. IAB-Forschungsbericht 14.

Brücker, H., Hauptmann, A., Sirries, S. & Vallizadeh, E. (2017a). Fluchtmigration nach Deutschland. In J. Möller & U. Walwei (Hrsg.), *Arbeitsmarkt kompakt. Analysen, Daten, Fakten* (S. 134-135). IAB-Bibliothek, 363, Bielefeld: Bertelsmann.

Brücker, H., Seibert, H. & Wapler, R. (2017b). Fluchtmigration nach Deutschland. In J. Möller, U. Walwei (Hrsg.), *Arbeitsmarkt kompakt, Analysen, Daten, Fakten*. Bielefeld: Bertelsmann.

Brücker, H., Croisier, J., Kosyakova, Y., Kröger, H., Pietrantuono, G., Rother, N. & Schupp, J. (2019). *Zweite Welle der IAB-BAMF-SOEP-Befragung: Geflüchtete machen Fortschritte bei Sprache und Beschäftigung. IAB-Kurzbericht*, 03/2019.

BAMF (2019). Bundesamt für Migration und Flüchtlinge: Bundesamt in Zahlen 2019. Verfügbar unter https://www.bamf.de/SharedDocs/Anlagen/DE/Statistik/AsylinZahlen/aktuelle-zahlen-dezember-2019.pdf?__blob=publicationFile&v=3 [22.1.2020].

Coleman, J. S. (1988). Social capital in the creation of human capital. *American Journal of Sociology*, Vol. 94, 95-120.

Elbert, T., Wilker, S., Schauer, M. & Neuner, F. (2017). Dissemination psychotherapeutischer Module für traumatisierte Geflüchtete. *Der Nervenarzt*, 88(1), 26–33.

Esser, H. (1980). *Aspekte der Wanderungssoziologie*. Darmstadt & Neuwied: Luchterhand.

Esser, H. (2000). Soziologie. Spezielle Grundlagen. Band 2: *Die Konstruktion der Gesellschaft*, Frankfurt a. M.: Campus.

Esser, H. (2006). *Sprache und Integration*. Frankfurt a. M, New York: Campus.

Fendel, T. (2019). Die Arbeitsmarktintegration geflüchteter Frauen. *WISO direkt*, 2019,02, Bonn, 4.

FDZ (2019). Das Forschungsdatenzentrum der Bundesagentur für Arbeit im Institut für Arbeitsmarkt- und Berufsforschung.

Verfügbar unter https://fdz.iab.de/de/FDZ_Individual_Data/iab-bamf-soep.aspx, [22.1.2020].

Fuchs, J., Kubis, A. & Schneider, L. (2018). Die deutsche Wirtschaft braucht künftig mehr Fachkräfte aus Drittstaaten. *IAB-Forum*, 17.5.2018, o.Sz.

Granovetter, M. S. (1973). The strength of weak ties. *American. Journal of Sociology*, 78(6), 1360-1380.

Granovetter, M. (1985). Economic action and social structure. The problem of embeddedness. *American Journal of Sociology*, 91(3), 481-510.

Hoff, E.-H., Dettmer, S., Grate, S., Hohner, H.-U. & Olos, L. (2007). Berufsverläufe und Lebensgestaltung: Differenzierung und Angleichung von Frauen und Männern in zwei hoch qualifizierten Berufen. In R. Gildemeister & A. Wetterer (Hrsg.), *Erosion oder Reproduktion geschlechtlicher Differenzierungen? Widersprüchliche Entwicklungen in professionalisierten Berufsfeldern und Organisationen*. Münster: Westfälisches Dampfboot.

Kalter, F. (2008). Einleitung. Stand, Herausfordungen und Perspektiven der empirischen Migrationsforschung. *Kölner Zeitschrift für Soziologie und Sozialpsychologie*, Sonderheft 48. Migration und Integration, 11-36.

Krause, U. (2017). Die Flüchtling – der Flüchtling als Frau. Genderreflexiver Zugang. In C. Ghaderi & T. Eppenstein (Hrsg.), *Flüchtlinge: Multiperspektivische Zugänge* (S. 79–93), Wiesbaden: Springer VS.

Woellert, F., Sievert, S., Neubecker, N. & Klingholz, R. (2016). *An die Arbeit: Wie lokale Initiativen zur Integration von Flüchtlingen in den Arbeitsmarkt beitragen können*. Discussion Paper 19, Berlin-Institut für Bevölkerung und Entwicklung, Berlin.

Yıldız, Ö. (2017). *Migrantisch, weiblich, prekär?: Über prekäre Selbständigkeiten in der Berliner Friseurbranche*. Bielefeld: transcript Verlag.

Yıldız, Ö. (2019). Erfolgreich in einer prekären Branche? Über die Arbeit im Friseurhandwerk. In A. David, M. Evans, I. Hamburg, J. Terstriep (Hrsg.), *Migration und Arbeit. Herausforderungen, Problemlagen und Gestaltungsinstrumente*. Opladen: Verlag Barbara Budrich.

GRÜNDUNG

Tanja Schmidt

Wir sind Unternehmerin in Berlin! Selbständige Frauen und Unternehmerinnen in Deutschland und Berlin im Handelsregister 2019

Zusammenfassung
In diesem Beitrag werden Fragen von Claudia Gather, die sie bereits 2008 stellte, nochmals aufgegriffen und erstmals mit den offenen Handelsregisterdaten für Deutschland und Berlin auf Ebene kleinerer regionaler Einheiten untersucht. Dabei wird gefragt, wie hoch jeweils der Anteil von Frauen als Inhaberinnen bzw. als persönlich haftende Gesellschafterinnen an allen Selbständigen des Handelsregisters ist und wie sich diese Beteiligung regional für Deutschland und auf Ebene der Bezirke für Berlin darstellt. Weiterhin wird untersucht, wie sich die geschlechtsspezifischen Eigentumsverhältnisse von Unternehmen und die damit verbundene Verteilung der Geschäftsführung zwischen Frauen und Männern von Kapital- und Personengesellschaften für Deutschland und Berlin, darstellen. Im Ergebnis bestätigen diese Daten, die bekannte Unterrepräsentanz von unternehmerisch tätigen Frauen im Handelsregister insgesamt. Allerdings sind Frauen in Berlin, im Vergleich zu Deutschland gesamt, überdurchschnittlich häufig unternehmerisch (im Handelsregister) aktiv.

We are female entrepreneurs in Berlin! Self-employed women and entrepreneurs in Germany and Berlin in the commercial register 2019
Abstract
In this article, questions posed by Claudia Gather in 2008 are taken up again and examined for the first time with the open commercial register data for Germany and Berlin at the level of smaller regional units. The questions addressed here are how high the proportion of women as owners or as personally liable partners is among all self-employed persons in the commercial register and how this participation is represented regionally for Germany and at district level for Berlin. Furthermore, the study examines the gender-specific ownership structure of companies and the associated distribution of management between women and men in corporations and other private companies in Germany and Berlin. The results confirm the well-known un-

der-representation of women entrepreneurs in the commercial register overall. In Berlin, however, compared to Germany as a whole, women are disproportionately active in business (in the commercial register).

JEL-Klassifikation: Y

1. Einleitung

Mit diesem Beitrag führe ich eine Arbeit fort, die Claudia Gather seit vielen Jahren am Herzen liegt und mit der wir uns auch gemeinsam beschäftigt haben. Es geht um die Anzahl und die regionale Verteilung von selbständigen Frauen und Unternehmerinnen mit persönlicher Haftung in Deutschland und Berlin.

Im Jahre 2008 haben wir unter der Leitung von Claudia Gather (Gather et al., 2008) verschiedene Datenquellen analysiert und konnten zeigen, wie viele Frauen in Berlin selbständig sind und in welchen Unternehmensformen sie persönlich haftend oder als Gesellschafterinnen tätig sind. Dabei konnten wir insbesondere für Kapitalgesellschaften in Berlin erste Erkenntnisse sammeln, wie sich die geschlechtsspezifische Zusammensetzung von Geschäftsführungen in Abhängigkeit von der jeweiligen geschlechtsspezifischen Zusammensetzung der Gesellschafter*innen darstellt. Ein wichtiger Befund war, dass die Beteiligung von Frauen am Unternehmenskapital auch mit einer stärkeren Beteiligung von Frauen in der Geschäftsführung einhergeht.

Dieser Befund stützte sich hauptsächlich auf Daten des Mikrozensus 2005 und auf nur einen sehr eingeschränkten Umfang der Daten des Handelsregisters B für Berlin. Zwischenzeitlich ist es möglich, die Daten des Handelsregisters für Deutschland als „open data“ kostenlos zu nutzen. Für diesen Beitrag nutze ich diese Daten, um an die Ergebnisse von 2008 anzuknüpfen.

Dazu werde ich im Folgenden kurz den Forschungsstand zur empirischen Evidenz von Selbständigkeit von Frauen und Unternehmerinnen in Deutschland sowie regionale Analysen dazu vorstellen. Danach werde ich die verwendeten Daten und die getroffenen Abgrenzungen genauer erläutern und dann die Ergebnisse aus dem Handelsregister A und B für Deutschland und Berlin vorstellen. Schließlich werde ich die wichtigsten Erkenntnisse zusammenfassen und auf noch weiteren Forschungsbedarf hinweisen.

2. Forschungsstand und Fragestellung

Nach verschiedenen Studien liegt der Anteil von Frauen in Selbständigkeit oder als Unternehmerin im Jahr 2017 bei 34 Prozent von allen Selbständigen (beispielsweise Bundesagentur für Arbeit, 2019). Dieser Anteil ist seit 2015 gestiegen (bga, 2015).

Der Anteil selbständiger Frauen ohne Beschäftigte, also Soloselbständige, lag 2013 bei 38,1 Prozent an allen Selbständigen ohne Beschäftigte (bga, 2015).

Zudem, so zeigt eine neuere Veröffentlichung von Gruber (2019) auf Basis des Mikrozensus, hat die „Hybrid-Selbständigkeit", also die Kombination von selbständiger Tätigkeit mit sozialversicherungspflichtiger Tätigkeit, zugenommen. Dabei hat, im Zeitverlauf betrachtet, der Anteil von Frauen sowohl in hybrider-Soloselbständigkeit als auch in hybrider Selbständigkeit mit Beschäftigten stärker zugenommen als bei Männern.

Auf der Unternehmensebene lag laut Mikrozensus 2013 der Anteil selbständiger Frauen mit Beschäftigten an allen Selbständigen für Deutschland bei 24,6 Prozent (bga, 2015). Auf Basis des KfW-Mittelstandspanels lag der Anteil von Inhaberinnen geführten Unternehmen in Deutschland im Jahr 2013 bei 19,4 Prozent (Schwartz, 2015; bga, 2015). Darin sind jedoch nur die Hauptinhaberinnen erfasst.

Regionale Analysen wie beispielsweise von der bga (2015) weisen für Berlin (36,6%) und Hamburg (37,2%) die höchsten Anteile von selbständigen Frauen an allen Selbständigen aus.

Analysen zur Zusammensetzung der Beteiligung von Frauen und Männern an Unternehmen und an der Geschäftsführung wurden für Berlin bisher nur von Gather et al. (2008) durchgeführt. Dabei wurde anhand verschiedener Datenquellen gezeigt, wie schwierig es ist, die tatsächliche Anzahl von Unternehmen mit Frauen als tätige Inhaberinnen in Berlin zu bestimmen. Für Personengesellschaften, welche im Handelsregister A eingetragen sind, waren im Jahr 2007 in Berlin Frauen an 26,6 Prozent der Personengesellschaften beteiligt (Gather et al., 2008). Zur Beteiligung von Frauen an Kapitalgesellschaften lagen Daten nur auf Basis einer begrenzten Anzahl von Fällen des Handelsregisters B für Berlin vor. Demnach waren Frauen nur in 11,4 Prozent der Kapitalgesellschaften alleinige Gesellschafterinnen. Bei Betrachtung aller Gesellschaften, in denen Frauen beteiligt sind, waren das 19,4 Prozent. Aus Sicht der Frauen, heißt das, dass Frauen an 30,8 Prozent der Kapitalgesellschaften beteiligt waren und damit zu einem höhren Anteil als an Personengesellschaften. Zudem zeigten Analysen zur Beteiligung und zur Geschäftsführung, dass es bei Kapitalgesellschaften einen deutlichen gender gap gab: Die Wahrscheinlichkeit, dass Frauen Geschäftsführerinnen in einer Kapitalgesellschaft sind, war nicht proportional zu ihrer Beteiligung, sie lag jedoch höher, wenn Frauen beteiligt waren. Waren nur Männer Gesellschafter, lag auch die Geschäftsführung fast ausschließlich (zu 97%) in ihrer Hand, waren hingegen nur Frauen an der Gesellschaft beteiligt, lag die Geschäftsführung dennoch in 21 Prozent ausschließlich in Männerhand. Bei Gesellschaften an denen beide Geschlechter beteiligt sind, waren jedoch in knapp 57 Prozent der Fälle nur Männer Gesellschafter. Positiv formulierten Gather et al. (2008): *„Die Beteiligung von Frauen in der Geschäftsführung steigt, sobald Frauen am Kapital einer Gesellschaft beteiligt sind."* (Gather et al., 2008, S. 62f). Welche Auswirkungen eine zunehmende Beteiligung von Frauen im Unternehmen auf das Unternehmen haben könnte, könnte auf Basis einer Untersuchung für DAX-Unternehmen vermutet werden. Denn nach der Studie „Frauen in Führungspositionen. Auswirkungen auf den Unternehmenserfolg" des Bundesministeriums für Familie, Senioren, Frauen und Jugend (BMFSFJ) aus dem Jahre 2011 zeigt sich, dass DAX-Unternehmen mit Frauen in Führungspositionen und mit einem hohen Anteil von Frauen unter den Beschäftigten einen sicheren signifikant positiven Erfolg des Unternehmens begründen.

Regionale Analysen zu Gründungen liegen nur wenige vor. So fokussierten Bergmann et al. (2002) eher auf die Gründungsbedingungen wie die Verfügbarkeit von Kapital in verschiedenen Regionen und zeigten, dass Frauen in den Regionen mit guten Kapitalbedingungen, wie beispielsweise Köln, nur weit unterdurchschnittlich gründeten. Brixy et al. (2016) konnten nachweisen, dass Unternehmensgründungen vor allem in den Regionen stattfinden, die weniger stark vom demografischen Wandel betroffen sind. Dementsprechend ist der Anteil von Unternehmensgründungen in Westdeutschland höher als in Ostdeutschland. Auch Metzger (2019) zeigte auf Basis des KfW Gründungsmonitors Unterschiede zwischen den Bundesländern auf. So verdeutlicht er beispielsweise, dass in Schleswig-Holstein vor allem Männer an Unternehmensgründungen beteiligt sind und in Baden-Württemberg überdurchschnittlich viele Frauen gründen.

Insgesamt betrachtet gibt es also nur wenige Informationen über die Beteiligung von Frauen an Unternehmen und zur geschlechtsspezifischen Zusammensetzung von Inhabenden und der damit einhergehenden Besetzung der Geschäftsführung. Und zudem finden sich weder für diese Zusammensetzungen noch für selbständige Frauen in Personen- oder Kapitalgesellschaften insgesamt, aktuelle regionale Analysen bzw. Analysen für Berlin.

Dieser Beitrag will diese Lücke schließen: Erstmals wird auf Basis der offenen Handelsregister-Daten für Berlin und für Deutschland eine regional differenzierte Untersuchung der geschlechtsspezifischen Eigentumsverhältnisse von Unternehmen und der Verteilung der Geschäftsführung von Kapital- und Personengesellschaften, des Handelsregisters A und B, durchgeführt.

Dazu wird geprüft, ob und inwiefern sich die 2008 gefundenen Tendenzen, dass „Männer in reinen Männergesellschaften immer die Geschäftsführung innehaben, während das bei reinen Frauengesellschaften lange nicht der Fall ist" (Gather et al., 2008, S. 6) auch im Jahre 2019 für Berlin und für Deutschland zu finden sind. Inwiefern diese Zusammensetzungen dann Einfluss auf den Geschäftserfolg haben, kann mit den vorliegenden Daten leider nicht geprüft, jedoch interpretativ in Zusammenhang gebracht werden.

3. Daten

3.1 Open-Data

Für die Analysen und die Darstellung werden verschiedene Datenquellen zusammengeführt. Diese sind die Open-Data des Handelsregisters, eine Datenbank mit Vornamen und Zuordnung zu einem Geschlecht und die öffentlich verfügbaren Shape-Files von www.suche-postleitzahl.org sowie die Shape-Files der Berliner Bezirke von www.openstreetmap.de.

Von den Open-Data des Handelsregisters (1) werden nur die Abteilung A und Abteilung B ohne Vereinsregister, Genossenschaftsregister und Partnerschaftsregister verwendet. Diese Daten stehen unter www.offeneregister.de zur Verfügung. Sie werden von der „open knowledge foundation" www.okfn.de verfügbar gemacht.

Zur Bestimmung des Geschlechts für die im Register eingetragenen Personen wird auf die öffentlich verfügbare Datenbank (2) von Matthias Winkelmann (https://raw.githubusercontent.com/MatthiasWinkelmann/firstname-database/master/firstnames.csv) zurückgegriffen. Diese beinhaltet die Zuordnung von 46.444 nationalen und internationalen Vornamen zu jeweils einem Geschlecht. Winkelmann hat seine Liste auf Basis einer vom Computermagazin c't (Michael, 2017) vorgelegten Liste mit Vornamen und Zuordnungen zu Gender, weiterführt.

Zur geografischen Darstellung für Deutschland und Berlin werden (3) aus dem Handelsregister extrahierte Informationen auf die Shape-Files von www.suche-postleitzahl.org und www.geofabrik.de, welche auf Daten von www.openstreetmap.de beruhen, angewendet.

Alle Datenquellen mussten umfassend bereinigt und für die Analysen vorbereitet werden.

Die Ausgangsdatei des Handelsregisters wurde für die vorliegende Analyse zum Stichtag 15. August 2019 gezogen und liegt für HRA und HRB zusammen im Personenformat vor. Dabei fehlen jedoch einige Informationen, wie beispielsweise die Informationen über die Höhe der Kapitaleinlagen oder auch explizite Branchenangaben. Zudem sind viele Personen enthalten, die kein aktives Personal mehr sind, oder als „Liquidator“ im Unternehmen aktiv waren.

Zunächst wurden alle „Liquidatoren“ entfernt und aus den verbliebenen Personendaten anhand der HRA- und HRB-Nummer die Betriebe rekonstruiert und deren gemeldetes Personal zusammengeführt. Das heißt, es wurden Eintragungen des Partnerschaftsregisters, des Genossenschaftsregisters sowie Vereinsregisters, welche auch (teilweise) enthalten waren, entfernt. Von den Übrigen wurde dann nur das Personal im Datensatz belassen, welches a) noch nicht entlassen war, für das b) gültige Informationen zum Vornamen vorlagen und c) deren Position entweder persönlich haftende*r Gesellschafter*in oder Inhaber*in oder Geschäftsführer*in war. Es wurden nur Unternehmen des HRA und HRB berücksichtigt. Damit sind weder Partnerschaftsgesellschaften noch freiberuflich Tätige berücksichtigt. Soloselbständige werden nur, soweit sie als einzelne Kauffrau oder Kaufmann eingetragen sind, berücksichtigt.

Zusätzlich wurde die Anzahl der persönlich haftenden Gesellschafter*innen je Unternehmen auf 30[11] begrenzt. Dazu wurden nur die jeweils neuesten Eintragungen von Personen behalten. Zur Ortsbestimmung wurde von jedem Unternehmen die Postleitzahl der Firmenadresse und nicht des zuständigen Amtsgerichts verwendet. Fehlende Postleitzahlen wurden anhand der Adressen und der Registrierbehörde rekonstruiert. Allerdings konnten nicht alle Unternehmen ergänzt werden. Außerdem wurde die Rechtsform des Unternehmens anhand des Firmennamens rekonstruiert. Dabei wurden auch eine Reihe von internationalen Rechtsformen, wie z. B. die englische „Ltd.“ oder die französische „SARL“, beides Kapitalgesellschaften, in deutsche Zuordnungen überführt.

Auf die übrig gebliebenen Personen mit gültigen Vornamen wurde die Datenbank mit Vornamen und Zuordnungen zu Geschlecht angewendet. Diese Datenbank umfasst nationale und eindeutig geschlechtsspezifische internationale Vornamen. Leider fehlt darin die Zuordnung von Doppelvornamen, wie beispielsweise „Claudia Johanna“. Daher wurde eine manuelle

11 Nach Recherche aller Gesellschafter*innen einiger zufällig ausgewählter Unternehmen zeigte sich, dass nur selten tatsächlich mehr als 30 Personen aktuell Gesellschafter*innen waren. Daher wurde der Wert 30 als Grenze festgelegt.

Korrektur der häufigsten Doppelvornamen und der Zuordnung zu Geschlecht noch nachträglich vorgenommen.

Schließlich wurden sog. Shape-Files, welche die Längen- und Breitengrade von Orten und Gebieten beinhalten, zur geographischen Darstellung der Ergebnisse verwendet. Shape-Files werden ebenfalls als Open-Data kostenlos zur Verfügung gestellt. Um diese Dateien zur Abbildung von Informationen auf der 2-stelligen Postleitzahlenebene für Deutschland und auf der Bezirksebene für Berlin verwenden zu können, mussten die Postleitzahlen einerseits auf 2-Stellen für Deutschland und andererseits auf Bezirksebene für Berlin angepasst werden.

3.2 Zum Handelsregister

In der Abteilung A des Handelsregisters sind Einzelkaufleute und Personengesellschaften eingetragen. Die beteiligten haftenden Gesellschafter*innen können entweder natürliche Personen oder wiederum Gesellschaften sein, welche jedoch mit ihrem gesamten Vermögen haften. Die vorliegenden Daten werden auf eingetragene Kaufleute (EK), Offene Handelsgesellschaft (OHG), Kommanditgesellschaft (KG) und die GmbH & Co KG beschränkt. Gesellschafter*innen dieser Gesellschaften haften mir ihrem gesamten Vermögen, eine Stammkapitaleinlage ist nicht zwingend nötig.

In der Abteilung B des Handelsregisters sind ausschließlich Kapitalgesellschaften enthalten. Gesellschafter*innen können ihrerseits selbst Gesellschaften oder auch natürliche Personen sein. Die Gesellschafter*innen haften daher nur in der Höhe ihrer Kapitaleinlagen, welche bei der GmbH mindestens 25.000 € und bei der AG mindestens 50.000 € betragen. Die vorliegenden Daten beinhalten GmbHs und AGs.

4. Große regionale Unterschiede (Handelsregister A)

4.1 Frauen sind eher Inhaberinnen in Berlin (Personenebene, HRA, Deutschland und Berlin)

Insgesamt kommen 73.094 Männer und 18.766 selbständige Frauen des Handelsregisters A zur Auswertung.[12] Dabei handelt es sich zum größeren Teil um Inhaber*innen der Unternehmungen.

12 Die Begrenzung der Zahl ist auf fehlende Informationen des Geschlechts auf Basis der Vornamen sowie auf fehlende Informationen zur Postleitzahl zurückzuführen.

*Tabelle 1: Inhaber*innen und persönlich haftende Gesellschafter*innen im HRA 2019*

	Inhaber*in		pers. haft. Gesellschafter*in		Gesamt	
	Deutschland	Berlin	Deutschland	Berlin	Deutschland	Berlin
	Männer		Männer		Männer	
N	43.920	1.471	29.174	1.459	73.094	2.930
%	60,1	50,2	39,9	49,8	100	100
%	78,5	73,5	81,3	79,7	79,6	76,4
	Frauen		Frauen		Frauen	
N	12.046	531	6.720	372	18.766	903
%	64,2	58,8	35,8	41,2	100	100
%	21,5	26,5	18,7	20,3	20,4	23,6
	gesamt		gesamt		gesamt	
N	55.966	2.002	35.894	1.831	91.860	3.833
%	60,9	52,2	39,1	47,8	100	100
%	100	100	100	100	100	100

Quelle: www.offeneregister.de, HRA, eigene Berechnungen

Insgesamt sind Frauen unter den Selbständigen des HRA, in der Minderheit (20,4% in Deutschland, 23,6% in Berlin), und der hier im HRA vorzufindende Anteil liegt sogar etwas niedriger als in den übrigen oben dargestellten Datenquellen. Weiter zeigt sich, dass Frauen häufiger Inhaberinnen (21,5% in Deutschland, 26,5% in Berlin) als persönlich haftende Gesellschafterinnen (18,7% in Deutschland, 20,3% in Berlin) sind. Bei den Männern ist dieses Verhältnis umgekehrt. Die Daten bestätigen auch einen im Vergleich zu Gesamtdeutschland (20,4%) überdurchschnittlich hohen Anteil (23,6%) von selbständigen Frauen in Berlin.

Die folgende Grafik zeigt die Verteilung der Unternehmen nach der Zusammensetzung der persönlich haftenden Inhaber*innen bzw. der Gesellschafter*innen nach Geschlecht:

*Abbildung 1: Persönlich haftende Unternehmer*innen nach Zusammensetzung der Unternehmung nach persönlich haftenden Inhaber*innen bzw. Gesellschafter*innen im Handelsregister A nach Geschlecht, Deutschland.*

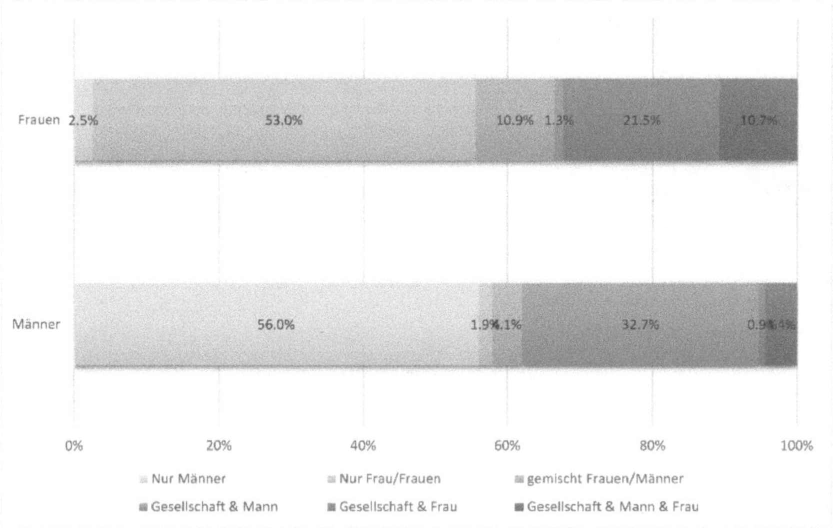

Quelle: www.offeneregister.de, HRA, eigene Berechnungen; Lesehilfe: 56% der selbständigen Männer, die im HRA registriert sind, sind in Unternehmen, deren persönlich haftende Gesellschafter ausschließlich Männer sind.

Demnach sind Frauen und Männer jeweils eher „unter sich“, d. h. über die Hälfte (53%) der persönlich haftenden Frauen und 56 Prozent der Männer sind in Unternehmen, die nur aus persönlich haftenden Frauen bzw. Männern bestehen. Nur selbständige Frauen des HRA scheinen etwas offener für Unternehmen mit einer Gesellschaft sowie mit Männern zu sein (10,7%) als Männer, die in nur zu 4,4 Prozent diese Konstellation haben. Zudem zeigen die Analysen, dass Frauen durchschnittlich etwas kürzer, also 6,8 Jahre, und Männer 6,9 Jahre (Gesamt-Mittelwert: 6,9 Jahre) in ihrer jeweiligen Inhaber*innen-Position sind.

In Berlin sieht die Verteilung folgendermaßen aus:

*Abbildung 2: Berlin: Persönlich haftende Unternehmer*innen nach Zusammensetzung der Unternehmung nach persönlich haftenden Inhaber*innen bzw. Gesellschafter*innen im Handelsregister A nach Geschlecht*

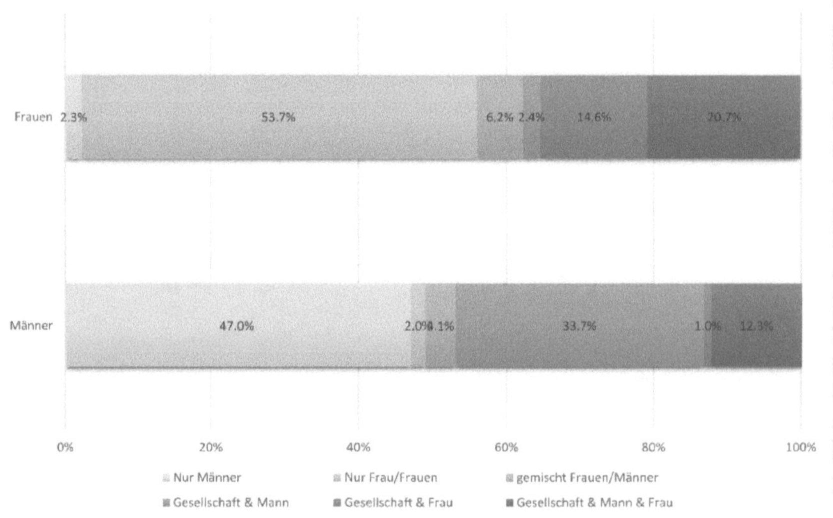

Quelle: www.offeneregister.de, HRA, eigene Berechnungen

Hier ist jeweils ein größerer Anteil von Frauen und Männern in der gemischten Konstellation zu finden: 12,3 Prozent der selbständigen Männer und 20,7 Prozent der selbständigen Frauen in Berlin sind in einem Unternehmen beschäftigt, deren persönlich haftende Gesellschafter*innen bzw. Inhaber*innen eine Gesellschaft, mindestens ein Mann und mindestens eine Frau sind. Das heißt, dass sich in Berlin Frauen und Männer in ihrer unternehmerischen Tätigkeit stärker vermischen als im übrigen Deutschland. Jedoch sind Frauen in Berlin kürzer, nämlich nur 6,5 Jahre in diesen Positionen, während Männer länger, nämlich 6,8 Jahre in diesen Positionen tätig sind.

Da Berlin als sozial gemischte, offene und tolerante Stadt gilt, könnte es sein, dass sich diese Offenheit auch auf die Konstellation der persönlich haftenden Gesellschafter*innen und Inhaber*innen in den Unternehmungen niederschlägt. Zudem könnte es auch sein, dass vor allem die selbständigen Frauen, die Studien zum besseren Unternehmenserfolg von gemischten und frauendominierten Unternehmesführungen (vgl. BMFSJ, 2011) oder aber auch insbesondere die Studien von Claudia Gather kennen und dementsprechend handeln. Dieser Zusammenhang ist jedoch nicht empirisch belegbar.

Die folgende Karte zeigt, wie sich Frauen in persönlich haftenden Positionen regional über Deutschland verteilen.[13]

*Abbildung 3: Anteil von Frauen als persönlich haftende Inhaberinnen bzw. Gesellschafterinnen an allen persönlich haftenden Inhaber*innen im HRA, im jeweiligen PLZ-Gebiet (2-Steller)*

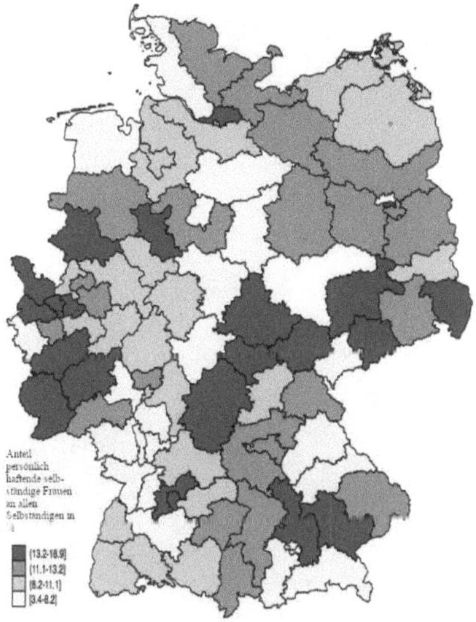

Quelle: www.offeneregister.de, HRA, eigene Berechnungen; auf Basis zweistelliger Postleitzahlen, also Postleitregionen. Für die bessere Lesbarkeit wurde hier keine Beschriftung eingefügt. Die Zuordnung zu den Gebieten kann anhand der beschrifteten Karte im Anhang vorgenommen werden. Je dunkler die Felder, desto größer ist der Anteil von persönlich haftenden selbständigen Frauen an allen Selbständigen desselben Gebietes, entsprechend der Legende.[4]

13 Im Anhang findet sich eine Karte für Deutschland und eine für Berlin, die mit Ortsangaben beschriftet sind und zur Orientierung auf den Landkarten herangezogen werden können.

Insgesamt sind höchstens knapp 20 Prozent Frauen als persönlich haftende Inhaberinnen bzw. Gesellschafterinnen im HRA in Deutschland zu finden. Dabei lässt sich jedoch keine klare Systematik einer regionalen Verteilung, wie von Metzger (2019) beschrieben, erkennen. Insbesondere der von Metzger konstatierte höhere Anteil von Frauengründungen in Baden-Württemberg ist hier nicht in Form von Frauenunternehmen wiederzufinden.

*Abbildung 4: Anteil von persönlich haftenden Frauen bzw. Gesellschafterinnen an allen persönlich haftenden Inhaber*innen des jeweiligen Bezirks in Berlin, HRA*

Quelle: www.offeneregister.de, HRA, eigene Berechnungen; auf Basis Berliner Bezirke. Für die bessere Lesbarkeit wurde hier keine Beschriftung eingefügt. Die Zuordnung zu den Gebieten kann anhand der beschrifteten Karte im Anhang vorgenommen werden. Je dunkler die Felder, desto größer ist der Anteil von persönlich haftenden selbständigen Frauen an allen Selbständigen.

14 Die Landkarten wurden für Deutschland mit dem Statistikprogramm stata und für Berlin mit dem Programm R (Kahle & Wickham, 2013) erstellt.

In Berlin selbst finden sich für einige Postleitzahlengebiete höchste Anteile, z. B. 25 Prozent in einem Postleitzahlengebiet (5-Steller) in Lichtenberg, für andere weniger hohe, z. B. 0,4 Prozent in einem Postleitzahlengebiet (5-Steller) in Mitte. Wie oben erläutert, wird nun kurz ein Blick darauf geworfen, wie sich diese Frauenunternehmen in Berlin verteilen.

Auf Bezirksebene nivelliert sich die Verteilung der selbständigen Frauen des HRA (auf Personenebene) wiederum etwas. Die Karte zeigt, dass der Anteil der selbständigen Frauen zwischen neun Prozent in Marzahn-Hellersdorf und höheren Anteilen in den äußeren, eher westlichen, Bezirken variiert. Demnach liegt der Anteil in Spandau bei etwas über 16 Prozent, in Zehlendorf bei etwa 14 Prozent und in Treptow und Neukölln bei etwa 13 Prozent. Ebenso ist in Friedrichshain-Kreuzberg, einem eher „kreativen Bezirk", noch ein höherer Anteil von knapp 15 Prozent von selbständigen Frauen an allen Selbständigen zu finden. Zur Klärung der Unterschiede zwischen den Bezirken sind weitere Daten auf Bezirksebene, wie beispielsweise der Förderstruktur für selbständige Frauen oder ähnlichem zu prüfen.

Betrachtet man nun den Anteil der Frauen, welche in Unternehmen deren persönlich haftende Inhaber*innen eine Gesellschaft, ein Mann und eine Frau sind, zeigt sich folgendes:

Abbildung 5 zeigt, dass der in der vorherigen Abbildung 4 dargestellte höhere Anteil von selbständigen Frauen in Spandau sich nicht in einem höheren Anteil von Frauen in „gemischten Unternehmen" widerspiegelt. Andererseits liegt der Anteil der selbständigen Frauen in „gemischten Unternehmen" in Zehlendorf bei knapp 20 Prozent und in Friedrichshain-Kreuzberg bei etwa 15 Prozent und bestätigt damit vielleicht, dass vor allem in Friedrichshain-Kreuzberg, dem „Kreativ-Bezirk" die selbständigen Frauen auch überwiegend integrativ, zusammen mit einem Mann bzw. Männern, selbständig sind. Auch in Treptow und Neukölln entsprechen die Anteile der selbständigen Frauen in „gemischten Unternehmen" mit etwa 15 Prozent dem Anteil der selbständigen Frauen insgesamt (vgl. Abbildung 4) in diesen Bezirken. In Pankow sind etwa 12 Prozent von allen Selbständigen im HRA Frauen (vgl. Abbildung 4). Vergleicht man diesen Anteil jedoch mit dem Anteil von Frauen in „gemischten Unternehmen" (Abbildung 5), so sind in Pankow nur etwa zehn Prozent der selbständigen Frauen des HRA in gemischten Unternehmen tätig.

Um diese Befunde fundierter und detaillierter begründen zu können, sollten in weiterer Forschung diese Bezirke und die Strukturen, welche selbständige Tätigkeit von Frauenunternehmen unterstützen, wie beispielsweise bezirkspezifische Förderprogramme, Zugang zu Kapital oder die Höhe der gewerblichen Mietkosten oder unterstützende Strukturen wie Kinderbetreuungsangebote näher betrachtet werden.

*Abbildung 5: Anteil von selbständigen Frauen in Unternehmen mit einer Gesellschaft, einem Mann und einer Frau als persönlich haftende Inhaberinnen bzw. Gesellschafterinnen an allen persönlich haftenden Inhaber*innen dieses Berliner Bezirks im HRA*

Quelle: www.offeneregister.de, HRA, eigene Berechnungen; auf Basis der Bezirke. Für die bessere Lesbarkeit wurde hier keine Beschriftung eingefügt. Die Zuordnung zu den Gebieten kann anhand der beschrifteten Karte in Anhang vorgenommen werden.

Im nächsten Abschnitt werden die Unternehmen der persönlich haftenden Gesellschafterinnen und Gesellschafter im Handelsregister A betrachtet:

4.2 Gemischte und reine Frauenunternehmen überdurchschnittlich häufig in Berlin (Unternehmensebene, HRA, Deutschland und Berlin)

Auf der Unternehmensebene kommen wesentlich mehr Unternehmen (N= 193.305) in die Analyse als Personen, denn alle Unternehmen, denen keine Person als Inhaber*in oder persönlich haftende Gesellschafter*in zugeordnet werden konnte, werden hier als Unternehmen mit Beteiligung einer Gesellschaft betrachtet. Diese Beteiligungsform kommt für die Rechtsformen der KG, der OHG und der GmbH & Co KG in Frage. Allerdings ist es nicht möglich diese haftenden Gesellschaften weiter zu verfolgen und das Geschlecht der möglicherweise darin haftenden Gesellschafter*innen zu bestimmen. Insgesamt verteilen sich die Unternehmenstypen auf Deutschland und Berlin folgendermaßen.

*Tabelle 2: Unternehmenstypen des HRA nach Geschlecht der persönlich haftenden Gesellschafter*innen*

	Deutschland (ohne B)	Berlin	Deutschland (gesamt)
	Anteil in %		
Eine Gesellschaft	56,0	60,0	56,2
Nur Mann/ Männer	20,4	16,9	20,2
Nur Frau/ Frauen	6,5	7,3	6,5
gemischt Frauen/Männer	1,4	1,1	1,4
Gesellschaft & Mann	11,8	9,2	11,7
Gesellschaft & Frau	2,8	2,3	2,8
Gesellschaft & Mann & Frau	1,2	3,2	1,3

Quelle: www.offeneregister.de, HRA, eigene Berechnungen

Auf Unternehmensebene im HRA bestätigt sich das Bild aus der Analyse auf Personenebene (vgl. Abbildung 1): Insgesamt sind auch im HRA über 50 Prozent der Unternehmen im Besitz von anderen Gesellschaften, beispielsweise ist eine GmbH Miteigentümerin an einem Unternehmen im HRA. Bei den übrigen Unternehmen ist jeweils mindestens eine natürliche Person, also eine Frau oder ein Mann beteiligt. Diese Unternehmen befinden sich mehrheitlich in Hand von ausschließlich einem Mann bzw. Männern (20,2%), in Berlin ist dieser Anteil unterdurchschnittlich (16,9%). Im Gegensatz dazu sind reine Frauenunternehmen sowie gemischte Unternehmensformen mit Gesellschaft (9,3%), Mann und Frau (13%) in Berlin überdurchschnittlich vertreten.

Im Folgenden werden nun Kapitalgesellschaften der Abteilung B des Handelsregisters, näher betrachtet.

5. Kapital in Frauenhand führt zu stärkerer Beteiligung von Frauen in Geschäftsführung (HRB, Deutschland und Berlin)

Im Handelsregister Abteilung B sind nach vorliegender Datenquelle im August 2019 1.069.589 Kapitalgesellschaften eingetragen (vgl. Tabelle 3). Bei diesen Gesellschaften sind in Deutschland zu 24,6 Prozent wiederum Gesellschaften Gesellschafter*innen. In Berlin sind dies 15,2 Prozent. Leider ist in den verfügbaren Daten sehr häufig die persönlich haftende Person (Frau oder Mann) als Geschäftsführung geführt und damit die Unterscheidung zwischen persönlich haftenden geschäftsführenden Gesellschafter*innen und nicht persönlich haftenden Geschäftsführer*innen nicht zuverlässig möglich. Daher wurden für alle Unternehmen, die erste (also zeitlich am längsten im Unternehmen) geschäftsführende Person als geschäftsführende Gesellschafter*in codiert und dann zur „Gesellschaft & Mann oder Frau" definiert. Dadurch werden auch Kapitalgesellschaften, deren Gesellschafterinnen eigentlich ausschließlich Frauen sind, in die Gruppe „Gesellschaft & Frau" überführt und diese Gruppe damit etwas überschätzt, was leider auch den Vergleich mit anderen Datenquellen erschwert.[15]

*Tabelle 3: Gesellschafter*innen von Kapitalgesellschaften im HRB, Deutschland und Berlin, 2019*

	Berlin		Deutschland gesamt	
	N	Anteil in %	N	Anteil in %
eine Gesellschaft	11.719	15,2	262.742	24,6
Gesellschaft & Mann	49.060	63,7	610.066	57,0
Gesellschaft & Frau	13.537	17,6	162.363	15,2
Gesellschaft & Mann & Frau	2.665	3,5	34.427	3,2
Total	76.981	100	1.069.598	100

Quelle: www.offeneregister.de, HRB, eigene Berechnungen

15 Da diese Daten erstmals zur Auswertung kommen, wurde diese Entscheidung aus pragmatischen Gründen getroffen.

Unter Berücksichtigung der o. g. Einschränkung und der nötigen Recodierungen zeigt sich im Vergleich zu den Ergebnissen von Gather et al. (2008): Der Anteil von Gesellschaften als Gesellschafter*innen mit 15,2 Prozent ist in Berlin wesentlich niedriger im Vergleich zu den (unvollständigen) Daten aus dem HRB 2007 und liegt auch 2019 weit unterdurchschnittlich (24,6%). Daher ist zu vermuten, dass die Auswertungen von 2007, die auf Basis von nur 2.088 willkürlich ausgewählten Unternehmen des HRB (Gather et al., 2008) durchgeführt wurden, die Anteile stark überschätzt haben, denn es handelte sich dabei um nicht zufällig ausgewählte Unternehmen. Zudem war kein Hochrechnungsfaktor verfügbar. Vergleicht man andererseits die Summe der Anteile von Frauen von 2007 (zusammen 7,9%) für Berlin, dann liegt der Anteil von Gesellschaften & Frauen 2019 mit 17,6 Prozent weit darüber und auch überdurchschnittlich hoch im Vergleich zu Deutschland. Demnach unterstützen auch die Daten des HRB, dass Frauen in Berlin zu höheren Anteilen als Unternehmerin selbständig tätig sind im Vergleich zu Deutschland und dies möglicherweise aufgrund der „toleranteren und offeneren Kultur" in Berlin. Zu prüfen wäre diese Verteilung jedoch auch anhand weiterer struktureller Daten wie beispielsweise von Förderstrukturen in Berlin im Vergleich zu anderen Gebieten in Deutschland.

Folgende Tabelle zeigt die Verteilung von Geschlecht der Geschäftsführung je nach Gesellschaftstyp in 2019:

Tabelle 4: Geschlecht der Geschäftsführung nach Gesellschaftstyp im HRB für Deutschland und Berlin, Anteile in %

Deutschland gesamt	Zusammensetzung der Geschäftsführung		
	mehr Frauen	mehr Männer	paritätisch
Gesellschaft & Mann	3,8	46,7	4,6
Gesellschaft & Frau	64,3	28,7	49,6
Gesellschaft & Mann & Frau	31,9	24,6	45,8
Berlin			
	mehr Frauen	mehr Männer	paritätisch
Gesellschaft & Mann	3,0	45,2	3,5
Gesellschaft & Frau	60,4	29,4	49,4
Gesellschaft & Mann & Frau	36,5	25,4	47,1

Quelle: www.offeneregister.de, HRB, eigene Berechnungen

Demnach haben Unternehmen, deren Gesellschafter*innen auch Frauen sind, insgesamt häufiger mehr Frauen als Geschäftsführerinnen eingesetzt als Unternehmen mit männlichen Gesellschaftern. Zudem sind Unternehmen, deren Gesellschafter*innen entweder nur Frauen oder Frauen und Männer sind, eher auch paritätisch in der Geschäftsführung besetzt, als bei reinen „Männerunternehmen". Dies bestätigt die Befunde aus 2007 (Gather et al., 2008).

Für die folgenden Darstellungen des Anteils der Unternehmen mit überwiegend Frauen als Geschäftsführerinnen werden nur Gesellschaften ausgewählt, deren Gesellschafterinnen Gesellschaften und Frauen sind.

Abbildung 6: Anteil von Unternehmen (HRB), deren Gesellschafterinnen und Geschäftsführerinnen nur Frauen sind, an allen Unternehmen des HRB des jeweiligen PLZ-Gebietes (2-Steller)

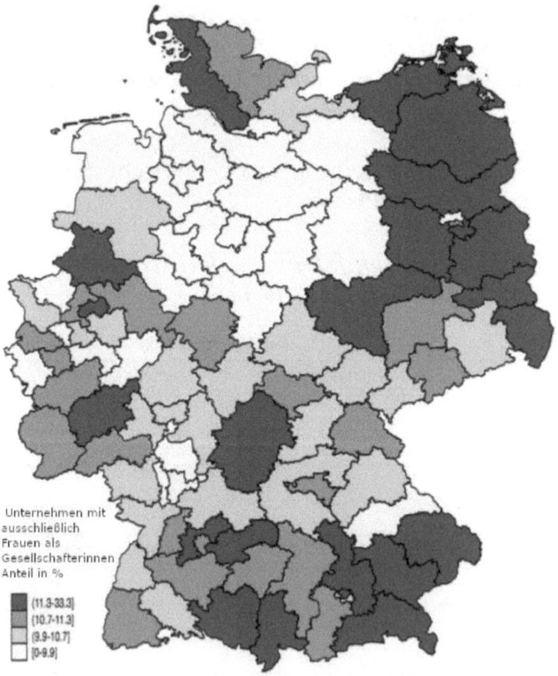

Quelle: www.offeneregister.de, HRB, eigene Berechnungen

Demnach ist zu erkennen, dass vor allem in Brandenburg, Mecklenburg-Vorpommern, in Teilen von Sachsen und Sachsen-Anhalt, also im nördlichen Ostdeutschland, aber auch in Schleswig-Holstein und im Süden von Bayern und Baden-Württemberg der Anteil von Frauenunternehmen mit Frauen als Geschäftsführerinnen jeweils am höchsten ist. Für Berlin findet sich auch hier wiederum kein eindeutiges Bild und wird in folgender Ansicht differenzierter dargestellt:

Abbildung 7: Anteil von Unternehmen (HRB), deren Gesellschafterinnen und Geschäftsführerinnen nur Frauen sind, an allen Unternehmen des HRB nach Bezirken in Berlin

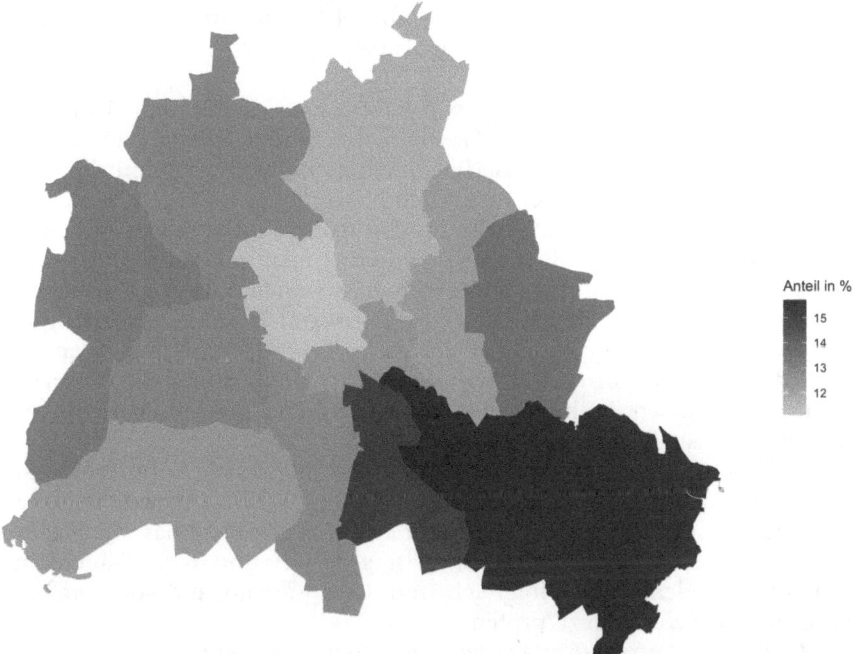

Quelle: www.offeneregister.de, HRB, eigene Berechnungen

Demnach zeigen sich auch regionale Differenzierungen zwischen 11 Prozent und knapp 16 Prozent nach den Bezirken in Berlin. Das heißt, dass Kapitalgesellschaften, welche reine Frauenunternehmen mit weiblicher Geschäftsführung sind, zu höheren Anteilen in Treptow-Köpenick (16%) und Neukölln mit 14,5 Prozent zu finden sind. Insgesamt scheint vor allem Treptow-Köpenick ein sehr guter Bezirk für selbständige Frauen, insbesondere für solche mit Beteiligung als Gesellschafterinnen zu sein. Mit weiteren Daten auf Bezirksebene ist zu prüfen, inwiefern dies mit unterschiedlichen Strukturen in den Bezirken zusammenhängt.

6. Zusammenfassung und weiterer Forschungsbedarf

Insgesamt sind Frauen, wie bekannt, zu einem niedrigeren Anteil als Männer in registrierten Unternehmen des Handelsregisters aktiv. Dies gilt für die Abteilung A und B im Handelsregister. Im Handelsregister A sind sie eher (auch soloselbständige) Inhaberinnen als persönlich haftende Gesellschafterinnen.

Alles in allem sind Frauen jedoch häufiger in „gemischten“ Unternehmen, also Unternehmen, deren Gesellschafter*innen Frauen und Männer sind, aktiv als Männer. Und in Berlin sind Frauen überdurchschnittlich häufig selbständig und überdurchschnittlich häufig in „gemischten“ Unternehmen aktiv. Zudem sind, wie bereits aus den früheren Analysen zu erkennen war, mehr Männer Geschäftsführer in Unternehmen in Frauenhand als umgekehrt. Das heißt zusammengenommen, dass Frauen offener und integrativer agieren, aber auch, dass Kapital in Frauenhand zu stärkerer Beteiligung von Frauen führt. Dies entspricht leider immer noch den Befunden von 2007, dass „Männer in reinen Männergesellschaften immer die Geschäftsführung innehaben, während das bei reinen Frauengesellschaften lange nicht der Fall ist“ (Gather et al., 2008, S. 6).

Auf Basis des eingangs dargestellten Forschungsstandes zum Erfolg von Unternehmen mit Frauen in höchsten Führungspositionen in DAX-Unternehmen, ist mit diesen Ergebnissen aber auch zu vermuten, dass die hier beschriebenen Unternehmen des Handelsregisters A und B in Frauenhand ebenfalls vergleichsweise erfolgreich sind. Dies wäre anhand von detaillierten Unternehmensdaten zu prüfen.

Bei näherer Betrachtung kleinerer regionaler Einheiten, wie der 2-stelligen Postleitzahlen für Deutschland oder der Bezirke von Berlin wird jedoch deutlich, dass sich die Gebiete stark ausdifferenzieren, und keine eindeutigen Muster, im Anteil von selbständigen Frauen an allen Selbständigen bzw. in den Frauenunternehmen mit weiblicher Geschäftsführung der jeweiligen Region erkennen lassen. Einzig ein erhöhter Anteil von Frauenunternehmen mit weiblicher Geschäftsführung in Ostdeutschland lässt möglicherweise auf ostdeutsche Biographien zurückschließen.

Diese Differenzen sind anhand weiterer Informationen über die Unternehmen, wie z. B. der Branchen, aber auch unter Berücksichtigung anderer strukturell relevanter Indikatoren auf regionaler Ebene, wie z. B. der Kosten für gewerbliche Mieten, der Verfügbarkeit von Kapital aber auch von Angeboten zur Kinderbetreuung zu überprüfen.

Literaturverzeichnis

Bergmann, Heiko; Japsen, Andrea & Tamasy, Christine (2002). *Regionaler Entrepreneurship Monitor (REM). Gründungsaktivitäten und Rahmenbedingungen in zehn deutschen Regionen, 2002*. Verfügbar unter: https://www.wigeo.uni-hannover.de/fileadmin/wigeo/Geographie/Forschung/Wirtschaftsgeographie/Forschungsprojekte/abgeschlossene/REM_2001/rem2001.pdf [22.1.2020].

Brixy Udo; Schrüfer, Lisa; Sternberg Rolf & von Bloh, Johannes (2016). *Unternehmensgründungen in einer alternden Gesellschaft: Ungenutzte Potenziale bei Frauen und Älteren*. IAB-Kurzbericht Nr. 27.

Bundesagentur für Arbeit (2019). *Blickpunkt Arbeitsmarkt –Die Arbeitsmarktsituation von Frauen und Männern 2018*, Nürnberg.

Bundesministerium für Familie, Senioren, Frauen und Jugend (2011). *Frauen in Führungspositionen. Auswirkungen auf den Unternehmenserfolg*. Verfügbar unter: https://www.bmfsfj.de/blob/93882/c676a251ed4c36d34d640a50905cb11e/frauen-in-fuehrunspositionen-langfassung-data.pdf [27.12.2019].

bga (2015). *Gründerinnen und Unternehmerinnen in Deutschland.* Daten und Fakten IV. Nr. 39.

Gather, Claudia; Schmidt, Tanja; Schulze, Eva & Wascher; Eva (2008). *Selbständige Frauen in Berlin – Erste Ergebnisse aus verschiedenen Datenquellen im Vergleich*, Discussion Paper des Harriet Taylor Mill-Instituts für Ökonomie und Geschlechterforschung

Gruber, Julia (2019). Hybride Erwerbsformen. Geschlechter- und branchenspezifische Unterschiede. *Ökonomische Trends*, 99 (7), 516-518.

Kahle, David & Wickham, Hadley (2013). ggmap: Spatial Visualization with ggplot2. *The R Journal*, 5(1), 144-161.

Metzger, Georg (2019). *Gründungstätigkeit in Deutschland stabilisiert sich 2018 auf niedrigem Niveau*. KfW Research, Volkswirtschaft Kompakt.

Michael, Jörg (2017). 40 000 Namen. Anredebestimmung anhand des Vornamens. *C't, 17*(07), S. 182.

Schwartz, Michael (2015). *Wie weiblich ist der Mittelstand? Frauen als Unternehmenslenker*. KFW Research, Fokus Volkswirtschaft, Nr. 101.

Anhang

Deutschlandkarte – Postleitzahlenregionen

Berlinkarte – Bezirke

Stefanie Kunze und Mirko Bendig

Missing Entrepreneurial Women? Eine Analyse zur Gender Equality im deutschen Unternehmertum

Zusammenfassung
Im vorliegenden Beitrag wird das Umfeld, in dem Unternehmerinnen im Jahr 2019 ein Unternehmen in Deutschland gründen und führen, beleuchtet. Überdies wird die aktuelle Situation mit der Situation von vor mehr als einer Dekade verglichen mit dem Ziel, Veränderungen im Zeitablauf sichtbar zu machen. Im Ergebnis wird so zum einen der Status Quo aufgezeigt. Darüber hinaus wird sichtbar, was sich in einzelnen Felder getan hat, sowie warum und in welchen Bereichen weiterhin Handlungsbedarf besteht, um dem Ziel Gender Equality im Bereich Unternehmertum und Unternehmensgründungen näher zu kommen.

Missing Entrepreneurial Women? An analysis of gender equality in German entrepreneurship

Abstract
In this article, the authors examine the environment in which female entrepreneurs found and run a company in Germany in 2019. Moreover, the current situation is compared with the situation of more than a decade ago in order to point out changes over time. As a result, the status quo is shown on the one hand. On the other hand, it will be revealed what has happened in individual determining factors during the past years, why it has happened and in which areas there is still need for further action to reach the goal of gender equality in entrepreneurship.

JEL-Klassifikation: J16.

1. Einleitung

Hintergrund und Ziel der Studie

2007 wurden im Rahmen des von der Generaldirektion Beschäftigung, Soziales und Chancengleichheit der Europäischen Union finanzierten transnationalen Projekts „Fostering Gender Equality: Meeting the entrepreneurship and microfinance challenge" in acht europäischen Ländern[16] das Geschäftsumfeld für Unternehmerinnen und Unternehmensgründerinnen analysiert und bewertet. Herzstück der Analyse war damals eine eigens dafür entwickelte Scorecard[17], die auf Basis von quantitativen und qualitativen Daten eine Vergleichbarkeit zwischen den einzelnen Ländern ermöglichte. Die Ergebnisse wurden in einem transnationalen Bericht und einer transnationalen Scorecard (siehe Abbildung 1) zusammengefasst (Lahn, Hayen, Unterberg, Lämmermann, Underwood & Guichandut, 2007b).

Die Basis für diesen transnationalen Bericht bildeten Länderberichte. Lahn, Hayen, Unterberg, Lämmermann, Underwood und Guichandut erstellten 2007 den Länderbericht für Deutschland. Dieser präsentierte das deutsche Scorecard-Diagramm und erläuterte und begründete die Ergebnisse, hob Beispiele für bewährte Verfahren hervor und bot kurze Fallstudien zu innovativen Initiativen im Bereich Gender Equality[18] im Unternehmertum.

Im Ergebnis wurde 2007 festgestellt, dass das allgemeine Umfeld für unternehmerisches Handeln in Deutschland im direkten Vergleich mit den anderen sieben europäischen Ländern (siehe hierzu auch Abbildung 1) bestenfalls durchschnittlich war (Lahn, Hayen & Unterberg, 2007a, S. 37). Gleichwohl war Bewegung erkennbar, da das Thema Unternehmertum und Unternehmensgründungen in den Jahren davor auf nationaler und regionaler Ebene mehr Beachtung gefunden hatte.

16 Belgien, Frankreich, Deutschland, Ungarn, Norwegen, Spanien, Slowakei und Großbritannien.

17 Die Scorecard-Methodik wird eingehend im Kapitel Methodik erläutert. Eine detaillierte Liste der Dimensionen und Indikatoren der Scorecard findet sich im Anhang.

18 Gender Equality (deutsch: Gleichstellung der Geschlechter) bezieht sich auf das grundlegende Recht auf Gleichberechtigungen und gleiche Chancen für Angehörige beider Geschlechter in rechtlichen, sozialen oder gesellschaftlichen Belangen. Chancengleichheit wiederum beschreibt einen Ansatz, der den gleichen Zugang zu einem Bereich oder zu Leistungen ermöglichen soll, wobei der Schwerpunkt häufig auf Mitgliedern sozialer Gruppen liegt, die zu einem bestimmten Zeitpunkt unter Diskriminierung gelitten haben könnten. Gleichstellungspolitiken, die geschlechtsneutral sind, können versehentlich Ungleichheiten aufrechterhalten.

Abbildung 1: Transnationale Scorecard Ergebnisse 2007

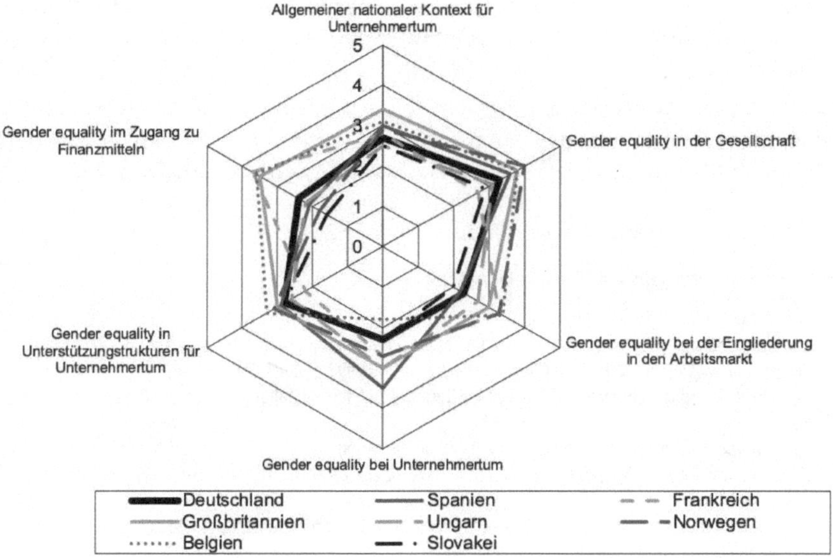

Quelle: Lahn, Hayen, Unterberg, Lämmermann, Underwood & Guichandut (2007b), eigene Übersetzung, eigene Hervorhebung für Deutschland

Illustriert werden kann das an folgendem konkreten Ergebnis von damals:

- Auf nationaler Ebene hatten die EU-Aktivitäten zur Gender Equality auf dem Arbeitsmarkt[19]die Aktivitäten deutscher politischer Entscheidungsträger spürbar angeheizt. Insbesondere die Bedingungen für eine bessere Vereinbarkeit von Beruf und Familie wurden damals öffentlich disku-

19 Der Europäische Rat hatte auf seiner Tagung 2006 den „Europäischen Pakt für die Gleichstellung der Geschlechter" (European Pact for Gender Equality) beschlossen (European Commission, 2006). Der Pakt trat erstmals im Jahr 2006 in Kraft und betont, wie wichtig es ist, das ungenutzte Potenzial von Frauen auf dem Arbeitsmarkt zu nutzen.
Bereits 2002 hatte der Europäische Rat auf seiner Tagung in Barcelona beschlossen, dass die Mitgliedstaaten Hemmnisse für die Erwerbsbeteiligung von Frauen beseitigen sollten indem die Kinderbetreuung von Kleinkindern weiter ausbaut werden sollte. Das Ziel war, dass bis 2010 Betreuungsplätze für mindestens 90 Prozent der Kinder im Alter zwischen drei Jahren und dem vorgeschriebenen Schulalter sowie für mindestens 33 Prozent der Kinder unter drei Jahren geschaffen werden (European Commission, 2002).

tiert[20], da Kinderbetreuungseinrichtungen für Kleinkinder insbesondere in den westlichen Bundesländern nicht in angemessenem Umfang verfügbar waren. Für Familien, in denen ein Elternteil oder beide Elternteile erwerbstätig sein wollten oder mussten, war die Situation nicht tragbar.

Aus den Ergebnissen der Studie wurden Handlungsempfehlungen für die vier Felder Politik, Praxis, Finanzanbieter und Wissenschaft formuliert (siehe nachfolgende Tabelle) (Lahn, Hayen & Unterberg, 2007a, S. 7).

Tabelle 1: Handlungsempfehlungen aus dem Jahr 2007

Staatliche Stellen und politische Entscheidungsträger

- Schaffung besserer Bedingungen für die Vereinbarkeit von Familie und Beruf
- Förderung des Gender Mainstreaming in der Gesellschaft und auf dem Arbeitsmarkt
- Einführung politischer Maßnahmen für mehr Gender Equality bei den Löhnen
- Berücksichtigung geschlechtsspezifischer Bedürfnisse bei der Gestaltung von Unterstützungsprogrammen
- Förderung der Vernetzung mit erfolgreichen Geschäftsfrauen
- Unterstützung für alle Menschen, die sich aus Inaktivität selbständig machen, zur Verfügung stellen
- Durchsetzung einer systematischen Datenerfassung
- Anreize für geschlechtsspezifische Qualitätsstandards in Einrichtungen setzen, die bei der Existenzgründung Hilfestellung leisten

Praktiker:

- Entwicklung und Implementierung von Qualitätsstandards für die Bereitstellung von Existenzgründungsunterstützung
- Erhöhung der Sichtbarkeit von Frauen in der deutschen Wirtschaft

Finanzinstitutionen

- regelmäßige Sammlung geschlechtsaggregierte Daten
- Ermöglichung des Zugangs zu geschlechtsspezifischen statistischen Daten
- Berücksichtigung der geschlechtsspezifischen Bedürfnisse bei der Gestaltung finanzieller Maßnahmen

Wissenschaft und Forschung:

- Betreiben von noch systematischerer Forschung zum weiblichen Unternehmertum
- Betreiben konsequenter Forschung in Bezug auf die Finanzierung von Unternehmerinnen

20 Am 1. Januar 2007 trat das Bundeselterngeld- und Elternzeitgesetzes (BEEG) in Kraft (Bundestag 5.12.2006). Damit wurde das Erziehungsgeld und die Erziehungszeit durch das Elterngeld und die Elternzeit abgelöst. Anders als das vormalige Erziehungsgeld ist das Elterngeld eine Einkommensersatzleistung, indem es das Erwerbseinkommen eines Elternteils, auf das zu Gunsten der Kindesbetreuung verzichtet wird, zu einem bestimmten Teil ersetzt.

Die Ergebnisse der damaligen Studien fanden sowohl auf nationaler als auch auf europäischer Ebene einige Beachtung (European Microfinance Network 13.12.2007).

Nach nunmehr mehr als einer Dekade ist es an der Zeit zu analysieren, wie sich die Situation über die Jahre entwickelt hat. Ziel dieser Studie ist daher, das Umfeld, in dem Unternehmerinnen im Jahr 2019 ein Unternehmen gründen und führen, zu analysieren und zu bewerten.

Zu diesem Zweck wurde die damalige Scorecard aktualisiert. Sie bildet die Grundlage für einen Vergleich zwischen 2007 und heute. Im Ergebnis sollen die folgenden Fragen beantwortet werden:

- Wie sieht das Umfeld aus, in dem Unternehmerinnen im Jahr 2019 in Deutschland ein Unternehmen gründen (wollen) bzw. führen?
- Was hat sich im Vergleich zu 2007 in den einzelnen Feldern getan?
- Inwieweit wurden die Handlungsempfehlungen aus dem Jahr 2007 aufgegriffen und umgesetzt?
- Was ist offen geblieben?

Im folgenden Abschnitt wird die Scorecard-Methodik näher erläutert. Neben der allgemeinen Darstellung wird auf notwendige Anpassungen in der aktuellen Analyse näher eingegangen. Nach einem Kurzüberblick: Deutschland in Zahlen im dritten Teil, konzentriert sich der vierte Teil auf die Ergebnisse der Scorecard-Analyse. Der Beitrag endet mit einem Fazit.

2. Methodik

Die Scorecard

Die Untersuchungsmethode der Studie basiert auf einem mehrdimensionalen Scorecard-Tool, welches im Rahmen der 2007 durchgeführten, EU-finanzierten, transnationale Studie „Fostering Gender Equality: Meeting the entrepreneurship and microfinance challenge“ entwickelt wurde (Lahn, Hayen, Unterberg, Lämmermann, Underwood & Guichandut, 2007b). Die Hauptvorteile eines solchen Tools wurden bereits damals herausgearbeitet und sind:

1) die Kombination einer gründlichen Analyse des nationalen Umfelds für Gender Equality im Unternehmertum mit der Produktion klarer und leicht lesbarer Ergebnisse,

2) der Aufbau einer transparenten Grundlage für den Vergleich verschiedener nationaler Situationen im Zeitablauf,[21]
3) die Möglichkeit, nationale Stärken und Schwächen als Ausgangspunkt für politische Empfehlungen zu identifizieren, die auf gegenseitigem Lernen beruhen.

Mit Hilfe der Scorecard kann somit das Umfeld, in dem Unternehmerinnen ein Unternehmen gründen und führen, analysiert und bewertet werden. Die Basis hierfür bildet eine umfangreiche Literaturrecherche, Expert*inneninterviews und der Rückgriff auf Erfahrungen von Praktiker*innen auf dem Gebiet. Die in der Scorecard gebündelten Informationen zum Umfeld für Unternehmerinnen werden anhand der folgenden fünf Dimensionen abgebildet und bewertet:

a) Allgemeiner nationaler Kontext für Unternehmertum und Unternehmensgründungen
b) Gender Equality in der Gesellschaft
c) Gender Equality bei der Eingliederung in den Arbeitsmarkt und Brücken zur Selbständigkeit
d) Gender Equality in Unternehmertum und Selbstständigkeit
e) Gender Equality in Unterstützungsstrukturen für Unternehmertum und Unternehmensgründungen

Diese Dimensionen wurden als Schlüsselfaktoren für die Selbstständigkeit und das Unternehmertum von Frauen identifiziert. Jede Dimension wurde in gleichgewichtete Subdimensionen unterteilt, die sich mit spezifischen und weiter ausdifferenzierten Aspekten der Situation in Deutschland befassen.[22]

Zur Analyse und Bewertung der Gender Equality wurden bereits 2007 für jede dieser Subdimension Indikatoren und Bewertungstabellen ermittelt. Eine Skala von eins bis fünf wurde verwendet, um jeden Indikator zu bewerten. Eine Fünf zeigt komplette Gender Equality bzw. die beste Unterstützung für das Erreichen von Gender Equality bei den gegebenen Aspekten an, während eine Eins ein sehr hohes Maß an Geschlechterungleichheit oder hohe Hürden für das Erreichen der Gender Equality anzeigt. Soweit möglich fußen die einzelnen Bewertungen auf den bereits 2007 verwandten quantifizierbaren Indikatoren und vergleichbaren Daten, die von der Weltbank im Rahmen der „Doing Business – Measuring Business Regulations"

21 Insbesondere dieser Vorteil wird im Rahmen des vorliegenden Beitrags genutzt.

22 Ein ausführliche Liste der Dimensionen und Indikatoren der Scorecard findet sich im Anhang.

Erhebungen (World Bank, 2019; 2020), Eurostat-Daten aus dem „Labour Force Survey" (Eurostat, 2018/2019), der Flash Eurobarometer Erhebungen zu Entrepreneurship (Europäische Kommission, 2012), dem Global Entrepreneurship Monitor (GEM Consortium, 2017; 2018; 2019; Sternberg, Brixy & Hundt, 2007; Sternberg, Wallisch, Gorynia-Pfeffer, Bloh & Baharian, 2019) sowie nationale Datenquellen (Statistisches Bundesamt, 2018) verfügbar sind.[23]

Einige der Indikatoren basieren auf Expertinneninterviews. Diese Interviews wurden mit zwei bereits 2007 verwendeten, standardisierten Fragebögen durchgeführt.[24] Die Expertinneninterviews enthielten zusätzlich einen offenen Teil, um qualitative Einschätzungen der Expertinnen zu den Entwicklungen und den Ergebnissen von 2007 im Vergleich zur heutigen Situation zu erhalten.

Nach der Erhebung nationaler Daten und Expertinneneinschätzungen wurden die Ergebnisse in der Scorecard abgebildet. Die Ergebnisse werden in einem Radardiagramm angezeigt, welches die Dimensionen mit ihren Ausprägungen für heute im Vergleich zu den Ergebnissen von 2007 zeigt.[25]

Anpassungen in der aktuellen Analyse und Umgang mit fehlenden Daten

In der aktualisierten Fassung der Scorecard wurden folgende Anpassungen vorgenommen:

- Streichung von Dimension F: Gender Equality beim Zugang zu Finanzmitteln,
- Neutralisierung von nicht-recherchierbaren Daten.

Diese Anpassungen werden in der Folge kurz erläutert.

Streichung von Dimension F

Die Scorecard 2007 bestand – anders als in der hier vorliegenden Studie – aus insgesamt sechs Dimensionen. Die sechste Dimension F beleuchtete Gender Equality beim Zugang zu Finanzmitteln. Dabei fokussierte sich die

23 Alle im Rahmen der Scorecard verwendeten Einzelquellen werden im Literaturverzeichnis/gesonderten Quellenverzeichnis am Ende des Beitrags aufgeführt.

24 Die Liste der Befragten und die verwendeten Expertinnenfragebögen finden sich im Anhang.

25 Eine Auflistung der Dimensionen mit ihren Subdimensionen und Indikatoren sowie den Expertinnenfragebögen findet sich im Anhang.

Dimension F auf den Zugang zu Mikrofinanzierung. Der Ursprung der Mikrofinanzierung findet sich in den Schwellenländern. Nach ihrer erfolgreichen Entwicklung in diesen Ländern wurden in den 2000er Jahren verstärkt Anstrengungen übernommen, das Konzept Mikrofinanzierung auf den europäischen und deutschen Kontext zu übertragen (Lahn, 2005). Großen Auftrieb bekam das Thema weltweit und auch in Deutschland mit der Auszeichnung von Muhammed Yunus, einem der Wegbereiter von Mikrofinanzierung, mit dem Friedensnobelpreis 2006. Dieser damalige Zeitgeist spiegelt sich auch in der Studie aus 2007 wider, welche Mikrofinanzierung sogar prominent im Titel aufgriff. Gleichwohl konnte sich Mikrofinanzierung in Deutschland bis zum heutigen Tage nicht flächendeckend durchsetzen.[26] Eine Reaktivierung des Themas im Rahmen dieser Studie erscheint daher nicht sinnvoll, was zu einer Streichung der Dimension F führte.

Der Zugang zu Finanzmitteln wird in der vorliegenden Studie durchaus als wichtiger Aspekt in der Betrachtung des Umfeldes von Unternehmensgründungen angesehen. Hierzu wäre jedoch eine umfassende Anpassung der Indikatoren der Dimension F notwendig, was zum einen keine Vergleichbarkeit mit den Daten aus 2007 ermöglicht hätte und zum anderen den Rahmen dieser Arbeit gesprengt hätte. Für die Zukunft ist eine Anpassung der Indikatoren und damit Re-Inklusion der Dimension F wünschenswert.

Neutralisierung von nicht-recherchierbaren Indikatoren

Die Scorecard von 2007 basiert auf insgesamt 59 Einzelindikatoren[27]. Erklärtes Ziel dieser Studie war eine hohe Vergleichbarkeit mit den Ergebnissen der Studie von 2007 herzustellen. Von daher wurden neben den identischen

---

26 2010 wurde zwar der Mikrokreditfonds Deutschland (Fondsvolumen 100 Mio. EUR, 1. Förderperiode bis 2015) unter der Federführung des Bundesministeriums für Arbeit und Soziales (BMAS) aufgelegt. Mit ihm sollte ein deutschlandweites Mikrokreditangebot aufgebaut werden. Zwischenzeitlich waren auch bis zu 64 Mikrofinanzinstitute in Deutschland aktiv tätig (Indaro Mikrofinanz 4.12.19). Jedoch ist deren Anzahl nach einem anfänglichen Hype in der 1. Förderperiode bis 2015 auf aktuell nur noch 14 Mikrofinanzinstitutionen, die noch beim BMAS gelistet sind, geschrumpft (Bundesministerium für Arbeit und Soziales 4.12.19). Zahlen über die tatsächliche aktuelle Mikrokreditvergabe konnten im Rahmen dieser Studie nicht recherchiert werden.

27 Sieben davon entfallen auf die gestrichene Dimension F. Im Zuge der Streichung von Dimension F musste eine Neutralisierung der insgesamt vier Indikatoren aus Subdimension A.6 Zugang zu Finanzmitteln innerhalb der Dimension A: Allgemeiner Kontext für Unternehmertum und Unternehmensgründungen in Deutschland erfolgen. Eine vollständige Liste der Dimensionen und Indikatoren der Scorecard befindet sich im Anhang.

Indikatoren auch die damals verwendeten Datenquellen und Bewertungsskalen herangezogen. In drei Fällen konnten jedoch keine aktuellen, vergleichbaren Daten recherchiert werden.[28] Um im Gesamtergebnis eine möglichst hohe Vergleichbarkeit zwischen den Ergebnissen von 2007 und 2019 zu gewährleisten, wurden in diesen Fällen die Einzelindikatoren von uns *neutralisiert*. Hierbei wurden diesen Indikatoren fiktiv die gleichen Bewertungen wie 2007 zugeordnet, so dass es nicht zu einer Verzerrung der aggregierten Ergebnisse kommt.

3. Kurzüberblick: Deutschland in Zahlen

Wirtschaftliche Eckdaten zur Gender Equality in Deutschland

Die folgenden Eckdaten zur deutschen Wirtschaft und zur Gender Equality in wirtschaftlicher Hinsicht geben einen schnellen Überblick über die Situation in Deutschland. Die Ungleichheit der Einkommensverteilung in Deutschland, gemessen am Gini-Koeffizienten, zeigt sich im Vergleich zur Vorstudie kaum verändert. Die auffälligsten geschlechtsspezifischen Unterschiede beziehen sich weiterhin auf das Armutsrisiko und das vom Global Entrepreneurship Monitor (GEM) gemessene Niveau der unternehmerischen Tätigkeit. In Bezug auf die Stärkung der Geschlechter in der Gesellschaft und die politische Vertretung lag Deutschland europaweit über dem Durchschnitt, es besteht jedoch hier weiter Aufholpotential.

28 Dies betrifft die Einzelindikatoren A.4.3 Easyness of Hiring and Firing, C.3.1 Gender Equality in receivement of welfare benefits und D.2.2 Gender Equality in size of entrepreneurial projects. Eine vollständige Liste der Dimensionen und Indikatoren der Scorecard befindet sich im Anhang.

Tabelle 2: Eckdaten für Deutschland

	Studie 2007[29]	Studie 2019[30]
BIP Wachstum 2006/2018 (Eurostat, 2018)	2,8%	1,4%
Gini Koeffizient – Maß zur Ungleichheit in der Einkommensverteilung 2005/2016 (OECD.Stat, 2019)	0,28	0,29
Erwerbslosenrate von Männern und Frauen 2006/Oktober 2019 (Statistisches Bundesamt, 2019)	Männer 7,7%	Männer 3,5%
	Frauen 9,2%	Frauen 2,6%
Armutsrisiko von Männern und Frauen 2003/2018 (Eurostat, 2019a)	Männer 12%	Männer 15,2%
	Frauen 16%	Frauen 16,8%
Niveaus der unternehmerischen Tätigkeit 2006/2018 (GEM Consortium, 2018; 2019)	4,21%	5,0%
Niveaus der unternehmerischen Tätigkeit von Männern und Frauen 2006/2018 (GEM Consortium, 2018; 2019)	Männer 5,79%	Männer 6,57%
	Frauen 2,58 %	Frauen 3,29%
Gender Empowerment Measure / Gender Development Index 2006/2017 (United Nations Development Program, 2019)	9	5
Vertretung von Frauen in nationalen gesetzgebenden Institutionen 2006/2018: EU-25 Rang für 2006, EU-28 Rang für 2018 (Eurostat, 2019c)	8	11

Entwicklung des Frauenanteils bei Beschäftigung und Selbständigkeit

Die Erwerbsquote[31] der Frauen in Deutschland lag im Jahr 2018 bei 75 Prozent (Männer: 83%) (2007: Frauen 67%). Diese hat sich nicht nur positiv entwickelt, sondern liegt auch deutlich über dem EU-Durchschnitt (2017: 66%) (Eurostat 2018/2019). Dabei sind im EU-Vergleich (2017: 31%) über-

29 Die Daten in der Spalte 2007 wurden übernommen aus Lahn, Hayen und Unterberg 2007a.

30 Die Quellen für die Daten in dieser Spalte werden in der ersten Spalte mitaufgeführt.

31 Erwerbsquote ist der Anteil der Erwerbspersonen (Erwerbstätige und Erwerbslose) einer Altersgruppe (18 bis 64 Jahre alt) an der entsprechenden Bevölkerung der gleichen Altersgruppe.

proportional viele Frauen in Deutschland teilzeitbeschäftigt (2017: 47%).[32] Für Selbstständige zeigt sich hier dagegen keine vergleichbare positive Entwicklung. Im Jahr 2018 waren lediglich 33,2 Prozent unter allen Selbständigen in Deutschland Frauen (2003: 30%) (Eurostat, 2018/2019). Dies zeigt einen leicht positiven Trend. Beim Thema Selbständigkeit gilt aber weiterhin, dass Deutschland weit entfernt von einer gleichverteilten Selbständigkeitsquote ist.

4. Scorecard-Ergebnisse: Ein Vergleich zwischen 2007 und 2019

Finales Scoring 2007 und 2019

Abbildung 2 zeigt die nationalen Scorecard-Ergebnisse für Deutschland für das Jahr 2007 und 2019. Das Radardiagramm besteht aus den fünf Dimensionen, die als Schlüsselbereiche, welche Gender Equality im Unternehmertum und bei Unternehmensgründung beeinflussen, identifiziert wurden. Jede Dimension erhielt eine Bewertung von eins (niedrigste Bewertung möglich) bis fünf (höchste Bewertung möglich).

Abbildung 2: Nationale Scorecard-Ergebnisse für Deutschland 2007 und 2019

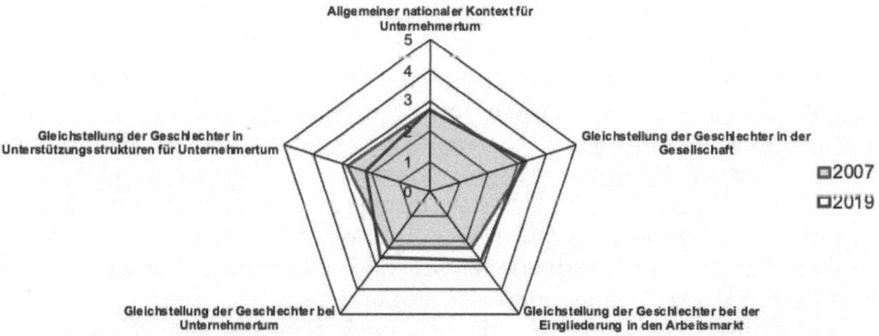

Quelle: eigene Darstellung

32 Durch den EU-Beitritt Kroatiens (zum 1.7.2013) ist die Vergleichbarkeit der Zahlen von 2018 und 2007 nicht vollständig gegeben. Aufgrund der Bevölkerungsgröße Kroatiens im Vergleich zur Gesamtbevölkerung in der EU wird der Einfluss jedoch als gering eingeschätzt.

Wie aus Abbildung 2 hervorgeht, haben sich die einzelnen Werte nur wenig verändert. Im Durchschnitt wird immer noch eine mittlere Bewertung von weniger als 3 erzielt. Bedeutende positive Veränderungen gab es in den beiden Dimensionen Gender Equality bei Unternehmertum sowie Gender Equality bei der Eingliederung in den Arbeitsmarkt. Dies ist erfreulich, da bereits 2007 festgestellt wurde, dass in diesen Bereichen noch ein großes Verbesserungspotenzial besteht (Lahn, Hayen & Unterberg, 2007a, S. 14). Die stärkste Veränderung mit einer Verschlechterung um 0,6 in der Gesamtwertung gab es in der Dimension Gender Equality in Unterstützungsstrukturen für Unternehmertum. Dies geht einher mit einer allgemeinen Verschlechterung der Werte in diesem Bereich. Die höchste Bewertung wird weiterhin im Bereich Gender Equality in der Gesellschaft gemessen.

In den folgenden Kapiteln wird den Veränderungen detaillierter auf den Grund gegangen.

Dimension A: Allgemeiner Kontext für Unternehmertum

Dimension A zum allgemeinen Kontext für Unternehmertum unterscheidet sich von den anderen vier Dimensionen, da sie sich nicht explizit auf geschlechtsspezifische Aspekte konzentriert, sondern den allgemeinen Rahmen für Unternehmertum und Unternehmensgründungen bewertet. Hauptgrund für die Einbeziehung einer solchen Dimension war die Überlegung, dass nur bei Kenntnis der allgemeinen Rahmenbedingungen Rückschlüsse auf geschlechtsspezifische Fragestellungen gezogen werden können. Die Dimension inkludiert daher eine Bewertung der unternehmerischen Möglichkeiten, der unternehmerischen Befähigung, der unternehmerischen Kultur, der politischen Anreize für unternehmerisches Handeln und Unterstützung von Unternehmensgründungen aus der Erwerbslosigkeit.

Die dieser Dimension zugewiesene Punktzahl für Deutschland hat sich insgesamt nicht verändert und liegt weiterhin bei 2,7. Dieser Wert ist jedoch irreführend und zeigt nicht die bestehenden Verschiebungen, sowohl positiver als auch negativer Natur innerhalb der Dimension.

Zum Positiven verändert hat sich die Bewertung der *unternehmerischen Möglichkeiten* und der *unternehmerischen Kultur*. Verschlechtert hingegen haben sich die Werte für *unternehmerische Befähigungen* und die *Unterstützung von Unternehmensgründungen aus der Erwerbslosigkeit*.

Unternehmerische Möglichkeiten

Die allgemeine wirtschaftliche Lage beeinflusst die Möglichkeiten unternehmerischer Tätigkeit und diese allgemeine Lage war in der letzten Dekade in Deutschland ausgesprochen gut. Das zeigt sich unter anderem in den makroökonomischen Zahlen. Das BIP pro Kopf, das reale Nettoeinkommen pro Kopf und die Beschäftigungszahlen liegen deutlich über dem OECD-Durchschnitt (OECDiLibrary, 2019). Zudem fällt die GEM-Einschätzung der Marktchancen in Deutschland aktuell deutlich besser aus als 2007 (GEM Consortium, 2018; 2019). Dies führt dazu, dass die unternehmerischen Möglichkeiten 2019 (3,3) deutlich positiver bewertet werden (2007: 2,7).

Unternehmerische Befähigung

Eine große Schwäche Deutschlands bei diesem Thema, wie auch bereits in der Vorstudie, ist die unternehmerische Bildung in den Schulen. Hier hat sich der Indikator um einen Punkt verbessert, trotzdem wird hier weiter Potential verschenkt (GEM Consortium, 2018; 2019). Zum Teil wird das durch entsprechende Bildungsvorhaben an Hochschulen und Universitäten zu einem späteren Zeitpunkt in der Bildung angegangen und kompensiert. Es ist aber davon auszugehen, dass Deutschland durch diesen Mangel an den Schulen unternehmerisches Potential verschenkt.

Die öffentliche Förderung von Unternehmertum und auch die öffentliche Förderinfrastruktur in Deutschland galt lange Zeit in Europa als Vorbild. Dies zeigte sich auch in einem sehr positiven Ranking 2006 (Sternberg, Brixy & Hundt, 2007). Für die öffentliche Förderung gilt das im Vergleich mit anderen Ländern weiterhin, aber nicht für die Infrastruktur (GEM Consortium, 2018; 2019). Der absolute Wert ist auch hier weiterhin gut und hat sich positiv entwickelt. Im Vergleichsranking zu anderen Ländern ist dieser Wert aber stark abgefallen (GEM Consortium, 2018; 2019), so dass diese Subdimension schwächer als angenommen ausfällt. Dies lässt sich daraus erklären, dass andere Länder einen starken Aufholprozess hinter sich haben und Deutschland im Ranking überholt haben.

Die Verankerung der Förderung unternehmerischer Tätigkeit ist weitgehend in lokalen und regionalen Initiativen verankert, spiegelt sich aber in keinem nationalen, ganzheitlichen Plan oder keiner nationalen, ganzheitlichen Initiative wider.

Unternehmerische Kultur

Die unternehmerische Kultur in Deutschland wurde 2007 sehr schwach bewertet (1,5). Der aktuelle Wert hat sich zwar deutlich verbessert, ist mit 2,1 gleichwohl immer noch denkbar niedrig. Wie bereits erwähnt, sind unternehmerische Themen an Schulen weiterhin wenig präsent. Diese Defizite in der unternehmerischen Bildung hängen stark mit der generell unterentwickelten unternehmerischen Kultur zusammen. Hinzu kommt ein kulturell stark ausgeprägtes Risikovermeidungsverhalten, welches sich im Vergleich zu 2007 zwar verbessert hat (Europäische Kommission, 2012), jedoch immer noch ein Hindernis darstellt, ein Unternehmen überhaupt zu gründen.

Unterstützung von Unternehmensgründungen aus der Erwerbslosigkeit

Die Zahl der Unternehmensgründungen aus der Erwerbslosigkeit fällt 2019 deutlich geringer aus im Vergleich zur Vorstudie (Bundesagentur für Arbeit, 2018). Dies hängt vor allem mit der guten wirtschaftlichen Gesamtlage der letzten Jahre zusammen. Gründungen aus der Inaktivität spielen im Gegensatz zu 2007 aktuell damals eine untergeordnete Rolle. Die Anzahl der Notgründungen hat sich signifikant reduziert. Aufgrund der guten Arbeitsmarktlage wird eine Vermittlung in abhängige Beschäftigung von den Arbeitsagenturen präferiert. Das dies politisch so gewollt ist, zeigt sich an der Novellierung des Gründungszuschusses Ende 2011, welche auch mit dem politischen Ziel erfolgte, erhebliche Mittel in diesem Bereich einzusparen. Im Zuge der Novellierung wurde diese staatliche Transferleistung zur Förderung einer Existenzgründung von einer teilweisen Pflichtleistung, auf die der Arbeitslose einen erworbenen Anspruch hat, in eine vollständige Ermessensleistung umgewandelt. Zudem wurde die Restanspruchsdauer auf Arbeitslosengeld der Antragsteller von bisher 90 Tagen auf 150 Tagen erhöht bei gleichzeitiger Absenkung der Förderhöhe durch den Tausch der Dauer der Förderphasen[33] (Evers & Schleinkofer, 2015, S. 9). Von daher spielt die Unterstützung von Unternehmensgründungen aus der Erwerbslosigkeit mittlerweile eine untergeordnete Rolle.

33 Die erste Förderphase, welche Arbeitslosengeld plus Pauschale zur sozialen Absicherung in Höhe von 300 € beinhaltet, wurde von neun auf sechs Monate gekürzt. Die zweite Förderphase, bestehend aus einer Pauschale zur sozialen Absicherung in Höhe von 300 €, wurde von sechs auf neun Monate verlängert. Die Gesamtförderdauer liegt weiterhin bei 15 Monaten.

Politischen Anreize für unternehmerisches Handeln

Nur eine sehr geringfügige positive Veränderung gab es bei den politischen Anreizen für unternehmerisches Handeln[34][35]. Diese basiert auf einem verbesserten internationalen Ranking für die deutschen Insolvenzbestimmungen. Diese wurden mit dem Gesetz zur weiteren Erleichterung der Sanierung von Unternehmen ("ESUG"), welches 2012 umfangreiche Änderungen mit Auswirkungen für die Restrukturierung und Insolvenz von Unternehmen einführte, aus Sicht von Betroffenen verbessert (Nienerza, 2012).

Zusammenfassend spiegelt sich in den Einzelergebnissen der Dimension wider, dass die allgemeine wirtschaftliche Lage in den letzten Jahren in Deutschland sehr gut war. Die Erwerbsquote lag 2018 deutlich über der Erwerbsquote von 2007. Dies geht einher mit einer Verringerung der Notgründungen, welche häufig aus Erwerbslosigkeit ohne Alternative auf abhängige Beschäftigung gestartet werden. Zudem – und im Gleichklang mit der allgemein guten wirtschaftlichen Lage der letzten Jahre – wurden die politischen Anstrengungen zur Förderung von Gründungen aus Erwerbslosigkeit, wie das Beispiel des Gründungszuschusses zeigt, zurückgefahren. Von daher ist das im Vergleich zu 2007 unveränderte Gesamtergebnis vor allem der Tatsache geschuldet, dass sich Änderungen innerhalb der Subdimensionen gegenseitig aufwiegen.

Dimension B: Gender Equality in der Gesellschaft

Die Dimension Gender Equality in der Gesellschaft befasst sich mit der allgemeinen Frage der politischen und gesellschaftlichen Gender Equality in Deutschland. Sie basiert auf einer Bewertung von Gender Equality als politisches Thema und sozioökonomische Gender Equality in der Gesellschaft. Die dieser Dimension zugewiesene Punktzahl beträgt 3,2 und hat sich im Vergleich (2007: 3,3) wenig geändert.

34 Gemessen durch Indikatoren zum Verwaltungsaufwand, zu den Steuerbestimmungen, der Steuerbelastung und zum Insolvenzrecht (World Bank, 2019; 2020).

35 2007 wurden hier ebenfalls Daten der Weltbank zu Regelungen für die Beschäftigung von Mitarbeitern (Index on regulation on hiring and firing) herangezogen. Diese sind in der damaligen Form nicht mehr verfügbar. Vergleichbar wäre der aktuelle Employing Workers Indicator. Ein transnationales Ranking erfolgt bei diesem Indikator derzeit nicht durch die Weltbank. Aus diesem Grund wurde der ursprüngliche Indikator neutralisiert.

Gender Equality als politisches Thema

Laut Expertinnenbefragung steht Gender Equality als solche weiterhin auf der nationalen politischen Agenda. Gleichwohl gibt es auch heute nur wenige Politikmaßnahmen mit quantifizierter Zielorientierung. Quotenregelungen wie die seit 2015 vorgegebene 30-Prozent-Quote für Aufsichtsräte von börsennotierten und voll mitbestimmungspflichtigen Unternehmen (mit mehr als 2000 Mitarbeitern) (Reuters, 2015) oder die am 31. Januar 2019 vom Landtag Brandenburg beschlossene gesetzliche Frauenquote von 50 Prozent für Wahllisten ab dem Jahr 2020 (Betschka, 2019) sind immer noch die absolute Ausnahme.

Auf lokaler Ebene wird nach Ansicht der befragten Expertinnen Gender Equality und insbesondere Gender Equality im Bereich des Unternehmertums in den lokalen Entwicklungsstrategien weiterhin nicht vorrangig behandelt.

Sozioökonomische Gender Equality in der Gesellschaft

Auch im Bereich der sozioökonomischen Gender Equality in der Gesellschaft, gemessen durch Indikatoren zum Armutsrisiko[36] und Gender Empowerment[37] im Vergleich, hat sich der Wert von 3,5 nicht verändert und bleibt auf einem im internationalen Vergleich hohen Niveau.

Dimension C: Gender Equality bei der Inklusion in den Arbeitsmarkt und staatliche Unterstützung für den Schritt in die Selbständigkeit

Dimension C umfasst Aspekte der allgemeinen Integration von Frauen in den Arbeitsmarkt, einschließlich Gender Equality bei der Teilhabe am Arbeitsmarkt und der sozialen Infrastruktur für Gender Equality zur Eingliederung in den Arbeitsmarkt. Darüber hinaus befasst sich eine weitere Subdimension mit der Gleichstellung von Frauen und Männern in der Unterstützung von Unternehmensgründungen aus der Erwerbslosigkeit. Deutschland erhielt 2007 in dieser Dimension eine Gesamtnote von 2,3, die zweitniedrigste aller untersuchten Länder. Seitdem hat sich einiges getan, so dass der aktuelle Wert bei 2,8 liegt.

36 Wie in der Vorstudie, wird hier das Armutsrisiko anhand von Eurostat-Daten bewertet.

37 Gemessen durch den international anerkannten und erhobenen Gender Inequality Measure der UNDP.

Soziale Infrastruktur für Gender Equality zur Eingliederung in den Arbeitsmarkt

Die Verbesserung in dieser Subdimension ist vor allem auf das verstärkte politische Engagement beim Ausbau der sozialen Infrastruktur für Gender Equality bei der Eingliederung in den Arbeitsmarkt zurückzuführen. Innerhalb der letzten Dekade wurde verstärkt Anstrengungen für den Ausbau von Kinderbetreuungsplätzen unternommen. Das zeigt sich in der verbesserten Betreuungsquote der 0-3-jährigen Kinder, die mittlerweile bei 34,3 Prozent liegt. 2005 lag sie deutschlandweit noch bei sieben Prozent. So hat sich die vormals sehr große Kluft zwischen den Geschlechtern in der Wirkung von familiären Verpflichtungen auf die Erwerbstätigkeit etwas verringert (Europäische Kommission, 2017).

Wie die Daten zeigen, besteht ein enger Zusammenhang zwischen Kinderbetreuungsmöglichkeiten und der Erwerbstätigkeit von Müttern – unabhängig davon, ob diese abhängig beschäftigt oder selbstständig sind. Wie wichtig eine lückenlose Betreuung für (potentielle) Unternehmerinnen ist, zeigen Beiträge wie die von Oleynik-Weber und Terberl (2017), welche Kinder sogar als positive Einflussgröße auf weibliche Gründungen identifizieren. Viele Frauen gründen gerade, weil sie Kinder haben und die Selbständigkeit ihnen den Wiedereinstieg in den Beruf und/oder mehr Flexibilität und damit eine bessere Vereinbarkeit von Familie und Beruf ermöglicht.[38]

Gender Equality bei der Teilhabe am Arbeitsmarkt

Die Beteiligung von Frauen am deutschen Arbeitsmarkt ist bei weitem nicht gleich der von Männern. Dass sich die Punktzahl von 2,0 auf 2,7 erhöhte, ist allein auf die im Vergleich zu 2007 deutlich gestiegene durchschnittliche Erwerbsquote von Frauen im Verhältnis zur Erwerbsquote von Männern zurück zu führen (Statistisches Bundesamt, 2018). Der Anteil der als unfreiwillig eingestuften Teilzeitbeschäftigung ist unverändert hoch (Europäische Kommission, 2017).

Das geschlechtsspezifische Lohngefälle in Deutschland ist nach wie vor unverändert hoch. Der durchschnittliche Bruttostundenlohn von Frauen liegt aktuell um 21 Prozent. unter dem von Männern (Eurostat, 2019b). Dies bedeutet es ist keine wirkliche Verbesserung in der letzten Dekade eingetreten, denn im Jahr 2005 lag diese Zahl bei 22 Prozent.

---

38 Metzger (2017) zeigt, dass Unternehmensgründungen durch Gründerinnen mit minderjährigen Kindern im Haushalt (so genannte Mompreneurs) im Jahr 2016 einem Anteil von 16 Prozent an allen Gründungen hatten. Gleichzeitig waren vier von zehn Gründerinnen Mompreneurs.

Gender Equality in der Unterstützung von Unternehmensgründungen aus der Erwerbslosigkeit

Mit 2,6 (2007: 3,3) ist der Wert für die Gleichstellung von Frauen und Männern in der Unterstützung von Unternehmensgründungen aus der Erwerbslosigkeit gesunken. Dies ist im Einklang mit dem allgemein gesunkenen Engagement in diesem Bereich (siehe Dimension A). Damit einhergehend hat sich der Anteil an Gründungen aus der Arbeitslosigkeit mehr als halbiert (Bundesagentur für Arbeit, 2018). Zu erwähnen ist an dieser Stelle, dass bei den Gründungen von Männern der Rückgang jedoch weniger stark war als bei den Frauen.

Dimension D: Gender Equality bei Unternehmertum und Selbstständigkeit

Die Dimension D befasst sich mit der Gender Equality bei den Themen Entrepreneurship und Unternehmertum sowie Unterschieden bei unternehmerischen Charakteristika und Kultur. Der Dimensionswert hat sich leicht von 2,3 auf 2,5 erhöht.

Gender Equality bei der Selbständigkeit

Zur Vorstudie haben sich die Selbständigkeitsquoten im Jahr 2018 unwesentlich verändert. Es sind fast doppelt so viele Männer (12,02%) wie Frauen (6,83%) in Deutschland selbständig tätig (Eurostat, 2018/2019). Auch bei Messgrößen des Global Entrepreneurship Monitors zeigt sich ein stagnierendes Bild der Selbständigkeit bei Frauen. Die TEA[39]-Quote 2018 unter Männer lag bei 6,57 Prozent, bei Frauen bei lediglich 3,29 Prozent (GEM Consortium, 2018; 2019). Im Vergleich zu den im GEM-Report enthaltenen einkommensstarken Ländern landet Deutschland bei den Frauen damit auf Rang 29 (GEM Consortium, 2018; 2019). Wichtig ist hierbei die Feststellung, dass die Quoten im Jahr 2008 fast gleichauf waren. Hier scheint es seitdem wieder eine Rückentwicklung zu geben. Ein ähnliches Bild zeigen die Quoten bei den bereits etablierten Unternehmern und Unternehmerinnen.

39 TEA – Total Entrepreneurial Activity.

Gender Equality bei unternehmerischen Charakteristika

In dieser Subdimension ist der Wert von 2,0 auf 3,0 für Deutschland gestiegen. Dies ist alleinig darauf zurückzuführen, dass sich das Verhältnis von Chancen- und Notwendigkeitsgründungen der Frauen im Vergleich zu dem Wert der Männer verbessert hat. Hier zeigt sich erstmalig ein identischer Wert zwischen den Geschlechtern (GEM Consortium, 2017). Die Frage ist, auf was lässt sich diese Entwicklung zurückführen? Eine Entwicklung, die sich auswirkt, ist der geschlechtsunabhängige Rückgang der Notwendigkeitsgründungen. Die Bedeutung dieser Gründungsmotivation ist erheblich gesunken, was das Verhältnis zu Chancengründungen an sich beeinflusst. Dies allein erklärt aber nicht die Gleichstellung.

Der zweite Indikator dieser Subdimension zur Gender Equality in der Größe der unternehmerischen Projekte wurde aufgrund eines Mangels an vergleichbaren Daten[40] neutralisiert. Andere Studien zeigen aber weiterhin einen erheblichen Unterschied bei den Größen der von Frauen gegründeten Unternehmen, die erheblich weniger Mitarbeiter*innen als von Männern gegründeten Unternehmen beschäftigen (Kay & Günterberg, 2019).

Gender Equality in der unternehmerischen Kultur

Der Score hat sich bei dieser Subdimension von 2,2 auf 1,6 laut Expertinnenbefragung verschlechtert. Es ist davon auszugehen, dass dies auch im Vergleich zu anderen europäischen Ländern zutrifft.

Die Medienpräsenz von Unternehmerinnen und Gründerinnen hat sich laut Expertinnen nicht verbessert und stagniert auf einem niedrigen Niveau. Obwohl Medienformate gerade zum Thema Start-Ups auf dem Vormarsch sind, wird die Medienlandschaft weiterhin von männlichen Vorbildern dominiert. Dies trifft vor allem auch auf die bei diesen Formaten sehr stark im Fokus stehenden Digitalunternehmen zu, die mehrheitlich einen Männerüberschuss in den Gründungs- und Managementteams vorweisen. Hier wird das typische klassische Unternehmerbild gezeichnet: Mann bzw. Männer in Vollzeit.

Zusätzlich macht sich hier die geringere Bedeutung der Notwendigkeitsgründungen bemerkbar. Laut Expertinnen werden Frauen (sowie auch Männer, wie sich ebenfalls in der insgesamt gesunkenen Gründungsquote Deutschlands zeigt) bei Arbeitslosigkeit verstärkt zu einer abhängigen Be-

40 Die in der Vorstudie verwendeten Eurostat Daten werden nicht mehr in derselben Weise ausgewiesen.

schäftigung als zu einer Selbständigkeit beraten. Auch dies führt zu keiner stärkeren Rolle und Verbreitung entsprechender weiblicher Vorbilder, die aber für gerade gründungsferne Zielgruppen eine hohe Bedeutung haben.

Dimension E: Gender Equality in Strukturen zur Unterstützung unternehmerischer Aktivität

Die Dimension E befasst sich mit der Gender Equality bei der Unterstützung unternehmerischer Aktivität und möglichen lokalen Unterstützungsangeboten. Der Score der Dimension E hat sich gegenüber 2007 für das Jahr 2018 von 2,8 auf 2,2 wesentlich verschlechtert. Diese Einschätzung der Unterstützung(sprogramme) unternehmerischer Aktivitäten fußt auf den Ergebnissen der Expertinnenbefragung.

Gender Equality bei der Unterstützung unternehmerischer Aktivität

Unternehmerische und selbständige Tätigkeit von Frauen werden weitgehend spezifische Charakteristika zugesprochen (Peters & Haschka-Helmer, 2013; Gross, 2016). Dies erfordert zielgruppenspezifische Unterstützungsprogramme. Laut den Expertinnen hat sich gerade die Situation in Deutschland, zum einen in Bezug auf diesen zielgruppenspezifischen Zuschnitt von allgemeinen Unterstützungsleistungen (wie z.B. Gründungsberatung), zum anderen auch was das Angebot spezifischer (nur auf die Zielgruppe Frauen) ausgerichtete Programme erheblich verschlechtert.

Auch bei den zwei Einzelindikatoren zu den geschlechtsspezifischen Forschungsaktivitäten in diesem Bereich stellen die Expertinnen eine Verschlechterung im Vergleich zur Vorstudie fest. Beides führt dazu, dass sich der Score (aktuell: 2,1) im Vergleich zur Vorstudie (2007: 2,9) deutlich verschlechtert hat. Dies impliziert ein gesunkenes Interesse an der Zielgruppe Frauen bei unternehmerischen Tätigkeiten insgesamt – von der Politik, den Unterstützungsinstitutionen sowie in der Forschung.

Lokale Unterstützungsprogramme

Auch diese Subdimension hat sich laut Expertinnen leicht verschlechtert (von 2,6 auf 2,3). Das Ergebnis ist darauf zurückzuführen, dass die lokalen Programme weniger als vorher die zielgruppenspezifischen Bedürfnisse und Anforderung von Gründerinnen und Unternehmerinnen adressieren und dass laut Expertinnen insgesamt weniger Programme nur für Frauen vorhanden bzw. aktiv sind. Diese sind aber für eine Gleichstellung laut Expertinnen unbedingt notwendig. Es gilt weiterhin, dass die meisten Unterstützungsprogramme den männlichen Vollzeitgründer als Adressat bzw. bei der Konzipierung vor Augen haben.

Hingegen hat sich die Verbreitung und Reichweite von unternehmerischen Netzwerken, oftmals selbstorganisiert und lokal verankert, für Frauen laut Expertinnen verbessert. Gerade in großen Städten in Deutschland gibt es aktive Netzwerke, wie z.B. die bundesweite Gründerinnenagentur (bga), die eine positive Resonanz verzeichnen.

5. Fazit und Ausblick

Im vorliegenden Beitrag wurde das Umfeld, in dem Unternehmerinnen im Jahr 2019 ein Unternehmen in Deutschland gründen und führen, beleuchtet. Darüber hinaus wurde die aktuelle Situation mit der Situation von vor mehr als einer Dekade verglichen mit dem Ziel, Veränderungen im Zeitablauf sichtbar zu machen. Im Ergebnis sollen hier die eingangs aufgeworfenen Fragen beantwortet werden:

- Wie sieht das Umfeld aus, in dem Unternehmerinnen im Jahr 2019 in Deutschland ein Unternehmen gründen (wollen) bzw. führen?
- Was hat sich im Vergleich zu 2007 in den einzelnen Feldern getan und warum?
- Inwieweit wurden die Handlungsempfehlungen aus dem Jahr 2007 aufgegriffen und umgesetzt?
- Was ist offen geblieben?

Das Umfeld, in dem Unternehmerinnen im Jahr 2019 ein Unternehmen gründen und führen, wird maßgeblich vom Kontext, in dem im Allgemeinen Unternehmen in Deutschland gegründet und geführt werden, bestimmt. Dieser hat sich bezogen auf die makroökonomischen Wirtschaftsdaten der letzten Jahre sehr gut entwickelt. Daher – und in Folge der Einschränkung entsprechender darauf fokussierter Fördermaßnahmen – werden heutzutage deutlich weniger Unternehmen aus der Not heraus gegründet. Vielmehr wird mit der Gründung die Möglichkeit, Marktchancen zu nutzen gesehen und verwirklicht. Bei Frauen ist letztere Motivation zur Gründung deutlich ausgeprägter als bei Männern. Auch die unternehmerische Kultur unseres Landes ist nicht mehr so restriktiv geprägt wie noch vor mehr als zehn Jahren. Gleichwohl hinkt sie im internationalen Vergleich hinterher. Das Ausschöpfen brachliegender Potenziale im Bildungsbereich ist in geringem Maße erkennbar, bleibt jedoch vielfach noch hinter dem eigentlich Möglichen zurück.

Wird konkret die Situation von Frauen betrachtet so zeigt sich ein differenziertes Ergebnis. Die Gleichstellung von Frauen in der Gesellschaft ist im Vergleich zu 2007 weitgehend konstant geblieben. Verbessert hat sich die Situation mit Blick auf die Eingliederung in den Arbeitsmarkt. Ausschlaggebend hierfür ist der politisch forcierte Ausbau von Kinderbetreuungsmöglichkeiten. Damit wurde eine zentrale Handlungsempfehlung von damals angegangen. Gleichwohl ist in diesem Bereich das Ende der Fahnenstange noch nicht erreicht. Hier sind noch weitere Anstrengungen in den kommenden Jahren gefragt. Da Frauen auch im Jahr 2019 noch immer die Hauptlast bei der Familiensorge tragen, wirkt ein solcher Ausbau zwar direkt und positiv auf die Erwerbsquote von Frauen[41], gleichwohl verbleibt ein Ungleichgewicht zu Lasten von Frauen. Das zeigt sich in den Daten zur unfreiwilligen Teilzeitbeschäftigung und bei den Unterschieden in der Entlohnung. In diesen beiden für Frauen sehr wichtigen Bereichen hat sich in den letzten Jahren kaum etwas getan. So stagniert beispielsweise das geschlechtsspezifische Lohngefälle auf einem auch international unbefriedigend hohen Niveau. Bereits 2007 wurden Politikmaßnahmen für mehr Gender Equality in der Bezahlung gefordert. Passiert ist hier wenig.

Bezogen auf Unternehmertum und Selbständigkeit stagnieren die Zahlen ebenfalls. Bei Männern ist die Selbständigkeitsquote weiterhin fast doppelt so hoch wie bei Frauen. Wichtig ist hierbei die Feststellung, dass die Quoten im Jahr 2008 fast gleichauf waren. Hier scheint es seitdem wieder eine Rückentwicklung zu geben. Ein ähnliches Bild zeigen die Quoten bei den bereits etablierten Unternehmern und Unternehmerinnen. Zudem gibt es weiterhin einen erheblichen Unterschied bei den Größen der von Frauen gegründeten Unternehmen, die erheblich weniger Mitarbeiter*innen als von Männern gegründete Unternehmen beschäftigen (Kay & Günterberg, 2019).

Um hier für mehr Gender Equality zu sorgen, wurde in der Vorstudie empfohlen, die Wahrnehmung von Frauen im deutschen Wirtschaftsleben zu erhöhen und die Vernetzung mit erfolgreichen Geschäftsfrauen zu för-

---

41 Dies gilt gleichermaßen für die abhängige als auch selbständige Erwerbstätigkeit von Frauen. Bezogen auf letztere wirken Kinder sogar positiv auf die Gründungswahrscheinlichkeit von Frauen. Die Selbständigkeit stellt in diesen Fällen für viele Frauen eine Möglichkeit dar, den Wiedereinstieg ins Berufsleben nach Familiengründung hinzubekommen oder durch mehr Flexibilität die Vereinbarkeitsproblematik besser zu meistern. Metzger (2017) zeigt, dass Unternehmensgründungen durch Mompreneurs im Jahr 2016 einem Anteil von 16 Prozent an allen Gründungen entsprechen sowie vier von zehn Gründerinnen Mompreneurs waren. Initiativen wie Mompreneurs (www.mompreneurs.de) widmen sich in der Praxis dieser Thematik.

dern. Gleichwohl sind Unternehmerinnen und Gründerinnen in den Medien heutzutage weiterhin unterpräsentiert. Hier wird noch immer das klassische Unternehmerbild gezeichnet: Mann bzw. Männer in Vollzeit.

Positiver zeigt sich das Bild bei der Verbreitung und Reichweite von unternehmerischen Netzwerken für Frauen. Es gibt sie, oftmals selbstorganisiert und lokal verankert, und ihre Präsenz hat sich laut Expertinnen insbesondere in den Ballungsräumen verbessert.

Bei der Betrachtung der Strukturen zur Unterstützung unternehmerischer Aktivität zeigt sich sowohl allgemein als auch für Frauen eine deutliche Verschlechterung im Vergleich zur Vorstudie. Letzteres gilt sowohl für den zielgruppenspezifischen Zuschnitt von allgemeinen Unterstützungsleistungen (wie z. B. Gründungsberatung), als auch für das Angebot spezifischer, nur auf die Zielgruppe Frauen ausgerichteter Programme. Ebenso lassen sich Verschlechterungen bei den geschlechtsspezifischen Forschungsaktivitäten zu Unternehmertum im Vergleich zur Vorstudie feststellen. Dies ist umso bedauerlicher, da bereits damals der Ausbau und die Systematisierung der Forschung zu weiblichem Unternehmertum gefordert wurde. Forschungsaktivitäten die Gender Equality bei Unternehmensgründungen und im Unternehmertum behandeln bleiben weiterhin punktuell. Veröffentlichungen erscheinen nur in unregelmäßigen Abständen, wie z. B. beim GEM Gender Report oder genderspezifische Daten werden – obwohl erhoben – nicht in den jährlichen Berichten ausgewiesen, wie z. B. beim Gründungsmonitor der KfW.

Das Fazit dieser Studie fällt daher ernüchternd aus. In weiten Teilen lassen sich keine bzw. nur leichte Veränderungen für das Umfeld, in dem Unternehmerinnen im Jahr 2019 ein Unternehmen in Deutschland gründen und führen, feststellen. Positiv heraus sticht vor allem der Ausbau von Kinderbetreuungsmöglichkeiten in den letzten Jahren, welcher die dauerhafte Teilhabe von Frauen mit familiären Verpflichtungen am Berufsleben vielfach erst ermöglicht. Auf der anderen Seite konnte gezeigt werden, dass viele der 2007 formulierten Handlungsempfehlungen innerhalb der letzten

Dekade nicht bzw. nicht ausreichend angegangen wurden. Sie bleiben somit weiterhin offen. Für die Zukunft gibt es noch viel zu tun.

6. Anhang

Liste der Dimensionen und Indikatoren der Scorecard

Tabelle 3: Liste der in der Scorecard verwendeten Dimensionen und Indikatoren[27]

Dimension: **A. General national context for entrepreneurship**

A.1 Entrepreneurial Opportunities	
A.1.1 General business conditions	GDP growth / GDP per capita / employment rate / per capita real income
A.1.2 Entry barriers 1	Worldbank Doing Business Index on Starting a Business
A.1.3 Entry barriers 2	Average registration time needed to start a sole trader business
A.1.4 Market Opportunities	GEM[28]-Index: How accessible are the national markets for new enterprises?
A.2 Entrepreneurial abilities (Public support at national and local level)	
A.2.1 Entrepreneurial Education	GEM-Index: Quality of entrepreneurial education
A.2.2 National Policy Support for Entrepreneurship	GEM-Index: National Policy Support for entrepreneurship
A.2.3 National Public Support Structure	GEM-Index: National Public Support Structure
A.2.4 Support for Entrepreneurship in local/regional development	Is fostering of (micro-) entrepreneurship a priority in strategies on local/regional development? (*Expert Evaluation)*
A.3 Entreprise culture	
A.3.1 Entrepreneurship in elementary schools	Inclusion of Entrepreneurship as topic in curricula of elementary schools (Expert Evaluation)
A.3.2 Impact of risk avoidance on Entrepreneurship	Result in Flash Eurobarometer No. 354 Question 18: "If you were to set up a business today, which are the two risks you would be most afraid of? "
A.3.3 Entrepreneurial norms and values	GEM-Expert-Index on entrepreneurial norms and values

A.4 Policy Incentives for entrepreneurship	
A.4.1 Administrative burdens	Worldbank Doing Business Index on administrative burdens
A.4.2 Tax regulation	Worldbank Doing business Index on tax regulation
A.4.3 Easiness of hiring and firing	Worldbank Doing Business Index on regulation of hiring and firing (neutralised – comparable data with a country ranking do not exist anymore)
A.4.4 Generosity of bankruptcy legislation	Worldbank Doing Business Index on Regulation of bankruptcy
A.4.5 Taxes/Regulative burdens	GEM-Expert-Index
A.5 Welfare bridge	
A.5.1 Inclusiveness of income support programmes for self-employment of people coming from outside the labour market	Who are the beneficiaries of income support schemes for self-employment out of economic inactivity? (based on official public data of the "Bundesagentur für Arbeit" 2018)
A.5.2 Non-financial support measures for self-employment of people coming from outside the labour market	Non-financial support measures (training, BDS) available for people outside the labour market becoming self-employed (Expert evaluation)
A.5.3 Movement into self-employment	Share of economic inactive (registered unemployed, social welfare recipients) becoming self-employed (based on official public data of the "Bundesagentur für Arbeit" 2018)
A.5.4 Self-employment vs. Wage Employment	Promotion of self-employment as an alternative to wage employment at job centres (Expert evaluation)
A.6 Access to finance	
A.6.1 Access to bank loans	Result in Flash Eurobarometer No. 174/184 Question 14 (neutralised)
A.6.2 Use of public subsidies	Result in Flash Eurobarometer No. 174/184 Question 4 (neutralised)
A.6.3 Access to microcredit	Number of microfinance institutions (banks and/or non-banks using the market approach to tackle financial exclusion) active with 20+ loans per year (neutralised)
	Total number of micro loans disbursed by all active microfinance institutions. Per year and per 1.000.000 inhabitants (neutralised)
A.6.4 Access to start-up finance in general	GEM-Expert-Index on access to finance (neutralised)

42 Die transnationale Studie aus dem Jahr 2007 war auf Englisch. Obwohl der hier vorliegende Beitrag in deutscher Sprache verfasst ist, haben wir in der Datenerhebung die englischsprachige Scorecard, wie sie hier aufgeführt wird, verwandt.

43 GEM – Global Entrepreneurship Monitor.

Dimension: **B Gender equality in society**

B.1 Gender equality as a policy issue	
B.1.1 Gender equality as a national policy issue	Position of gender equality on national governmental agenda (Expert evaluation)
B.1.2 Sustainability of policy measures on gender equality	Active policy measures? Quantified goals? (Expert evaluation)
B.1.3 Gender equality as an issue of local development	Is Gender equality an important issue in local development strategies? (Expert evaluation)
B.2 Socio-economic gender equality in society	
B.2.1 Gender equality in socio-economic risks	Gender gap in risk of poverty (Eurostat, 2019a)
B.2.2 Gender empowerment in society	Value of UNDP Gender Empowerment Measure (United Nations Development Program, 2019)

Dimension: **C Gender equality in labour market inclusion and welfare bridge into self-employment**

C.1 Gender equality in participation in the labour market	
C.1.1 Gender equality in economic activity	Female Economic Activity rate (as % of male rate) (Statistisches Bundesamt, 2018)
C.1.2 Gender equality in income	Gender pay gap (Eurostat, 2019b)
C.1.3 Gender equality in atypical work	Gender gap in part-time employment (OECDiLibrary, 2019; Europäische Kommission, 2017)
C.2 Social infrastructure for gender equality in labour market inclusion	
C.2.1 Gender equality in impact of family duties	Gender gap in employment impact of parenthood (Eurostat, 2018/2019)
C.2.2 Public provision of childcare	Childcare coverage rate 0-3 years (Statistisches Bundesamt, 2019)
C.2.3 General social infrastructure for gender equality in the labour market	Are there sufficient social services available so that women can continue to work even after they start a family? (Expert evaluation)
C.3 Gender equality in welfare bridge	
C.3.1 Gender equality in receipt of welfare benefits	Gender gap in share of population of working age that receives welfare benefits (neutralised)
C.3.2 Gender equality in movement into self-employment	Gender gap in share of self-employment out of economic inactivity (registered unemployed/welfare recipients) (official public data of "Bundesagentur für Arbeit" 2018)
C.3.3 Gender equality in design of income support programmes	If income support programmes are available, how integral are the needs of men and women in their design? (Expert evaluation)

Dimension: **D Gender equality in entrepreneurship and self-employment**

D.1 Gender equality in self-employment	
D.1.1 Gender equality in total self-employment	Gender gap in ratio of self-employment versus total employment (Eurostat 2018/2019, Labour Force Survey)
D.1.2 Gender equality in start-up activity	Gender gap in Early Stage Entrepreneurial Activity (GEM Measure)
D.1.3 Gender equality in established business owners	Gender gap in Established Business Owners (GEM Measure)
D.2 Gender equality in entrepreneurial characteristics	
D.2.1 Gender equality in entrepreneurial motivation	Gender gap in the ratio of Opportunity to Necessity Early Stage Entrepreneurship (GEM-Measure)
D.2.2 Gender equality in size of entrepreneurial projects	Gender gaps in average size of businesses (employees/turnover) (neutralised)
D.3 Gender equality in entrepreneurial culture	
D.3.1 Gender equality in media representation of entrepreneurship	How present are successful female entrepreneurs in the media compared to male ones? (Expert evaluation)
D.3.2 Gender equality in the entrepreneurial role model	How accepted is self-employment of women in the society? (Expert evaluation)

Dimension: **E Gender equality in support structures for entrepreneurship**

E.1 Entrepreneurship promotion activities aim for gender equality in entrepreneurship	
E.1.1 Design of Entrepreneurship promotional activities	How widespread is the consideration of the specific needs of women and men in the design of promotional activities for entrepreneurship? (Expert evaluation)
E.1.2 Specific promotional activities aimed at women	Are specific promotional activities aimed at women in place when deemed necessary or needed for achieving gender equality in entrepreneurship? (Expert evaluation)
E.1.3 Research activity on the gender aspects of entrepreneurship	Is there a systematic and regular research activity on gender aspects of entrepreneurship? (Expert evaluation)
E.1.4 Impact of gender research on support structure policy and practice	Are gender research results used to influence and improve policy and practice of the support structure for entrepreneurship (Expert evaluation)

E.2 Local support measures aim for gender equality in entrepreneurship	
E.2.1 Design of BDS activities	How many BDS activities are designed with the specific needs of women and men in mind? (Expert evaluation)
E.2.2 Specific BDS activities for women	Are specific BDS activities for women in place when deemed necessary or needed for achieving gender equality in entrepreneurship? (Expert evaluation)
E.2.3 Local networking of female entrepreneurs	Existence and density of programmes that foster local networking between established and potential women entrepreneurs (Expert evaluation)

Dimension: **F Gender equality in access to finance**

F.1 Start-up resources	
F.1.1 Gender equality in personal funding of start-up	Gender gap in businesses started with own funds (neutralised)
F.1.2 Gender equality in overall start-up resources	Gender gap in overall start-up resources of businesses in the service sector (neutralised)
F.2 Access to finance	
F.2.1 Gender equality in access to bank loans	Gender gap in use of bank loans vs. share of women-led enterprises (neutralised)
F.2.2 Gender equality in access to public loan schemes	Gender gap in use of public loan schemes vs. share of woman-led enterprises (neutralised)
F.3 Access to microfinance	
F.3.1 Gender equality in access to microcredit	Gender gap in use of microcredit vs. share of woman-led enterprises (neutralised)
F.3.2 Targeting of gender-specific needs in microfinance	Existence of microfinance schemes targeting gender-specific needs (neutralised)

Liste der befragten Expertinnen

Die Expertinneninterviews wurden zwischen dem 10. und 25. November 2019 durchgeführt. Hierzu wurden die zwei bereits 2007 verwandten Fragebögen[44] zum einen an alle Expert*innen, die bereits 2007 partizipiert hatten, und zum anderen an weitere Expertinnen versandt, die aus Wissenschaft, Praxis und Behören stammten und über eine anerkannte Expertise auf dem Gebiet der Gleichstellung der Geschlechter im Bereich Unterneh-

44 Die detaillierten Fragebögen werden im Anhang Verwendete Expertinnenfragebögen Liste der Dimensionen und Indikatoren der Scorecard aufgeführt.

mertum verfügten. Darüber hinaus wurden den Expert*innen, die bereits 2007 teilgenommen hatten, noch einmal die damaligen Handlungsempfehlungen mit der Bitte um eine kurze Einschätzung zugesandt, inwieweit diese in den vergangenen Jahren umgesetzt wurden.

Die folgenden Expertinnen haben den Fragebogen ausgefüllt[45]:

- Claudia Große-Leege, Geschäftsführerin des Verbandes deutscher Unternehmerinnen – VdU
- Dr. Rosemarie Kay, Institut für Mittelstandsforschung (IfM), Bonn.
- Iris Kronenbitter, Leitung der bundesweiten Gründerinnenagentur (bga) und Projektleiterin im Ministerium für Wirtschaft, Arbeit und Wohnungsbau Baden-Württemberg
- Tanja Lenke, Bloggerin, Gründungsberaterin und Gründerin des Netzwerks She-preneur.de
- Jutta Overmann, Projektleiterin der Gründerinnenzentrale, Dipl.-Betriebswirtin, Beraterin, Trainerin und Coach sowie Lehrbeauftragte und Dozentin an Hochschulen
- Christiane Stapp-Osterod, Vorstand von Jumpp Frauenbetriebe e.V.

Verwendete Expertinnenfragebögen

Die folgenden zwei Fragebögen, Fragebogen 1 mit Informationsfragen und Fragebogen 2 mit Einschätzungsfragen, wurden sowohl 2007 als auch 2019 zur Datenerhebung verwandt. Die Angaben in der ersten Spalte korrespondieren mit den dazugehörigen Einzelindikatoren, so wie sie in Tabelle 3: Liste der in der Scorecard verwendeten Dimensionen und Indikatoren im Anhang unter Liste der Dimensionen und Indikatoren der Scorecard aufgeführt werden.

45 Unterstrichene Expertinnen haben bereits 2007 an der Befragung teilgenommen.

Tabelle 4: Fragebogen 1 – Informationsfragen

Frage und Antwortoptionen
A.2.4: Ist die Förderung von neuen Unternehmen und Unternehmertum in Deutschland eine Priorität in Strategien der lokalen Entwicklung? - Unternehmertum ist ein Schwerpunkt aller Strategien lokaler Entwicklung - Unternehmertum spielt in einigen Strategien lokaler Entwicklung eine Rolle - Unternehmertum spielt in Strategien lokaler Entwicklung keine Rolle
A.3.1.: Kommen Kinder in Deutschland bereits in der Grundschule in Kontakt mit unternehmerischen Themen (Grundsätze der Marktwirtschaft/ Förderung) - Unternehmerische Themen sind in allen Lehrplänen für Grundschulen verankert - Nur in manchen Bundesländern - Kein Kontakt
A.5.2.: Wie flächendeckend sind in Deutschland nicht-finanzielle Unterstützungsangebote (Training, Beratung, etc) für Existenzgründung aus der Inaktivität (Arbeitslosigkeit, Sozialgeldbezug) verfügbar? - Flächendeckend in ausreichendem Maße vorhanden - Nur in einigen Regionen/Großstädten in ausreichendem Maße vorhanden - Nirgendwo in ausreichendem Maße vorhanden
B.1.1.: Wie hoch ist in Deutschland geschlechtliche Gleichberechtigung (GG) auf der (nationalen) politischen Agenda positioniert? - GG ist eine Priorität in meherern Politikbereichen - GG ist in einem Politikbereich Priorität und wird in anderen thematisiert - GG wird in mehreren Politikbereichen thematisiert - GG wird lediglich in einem Politikbereich thematisiert - GG wird überhaupt nicht thematisiert
B.1.2.: Wird in Deutschland das Ziel der GG in aktive Politikmaßnahmen mit klaren, quantifizierten Zielvorgaben umgesetzt oder dominieren Absichtserklärungen und die rein gesetzliche Gleichstellung? - Aktive Politikmaßnahmen mit quantifizierter Zielorientierung - Aktive Politikmaßnahmen aber ohne quantifizierte Zielorientierung - Keine aktiven Politikmaßnahmen
B.1.3.: Ist in Deutschland GG im Unternehmertum ein zentrales Element von politischen Strategien der lokalen Entwicklung? - Zentral in allen Strategien lokaler Entwicklung - Zentral in einigen und thematisert in den meisten Strategien lokaler Entwicklung - Thematisiert in den meisten Strategien lokaler Entwicklung - Thematisiert in einigen Strategien lokaler Entwicklung - Wird in Strategien lokaler Entwicklung nicht thematisiert
E.1.3.: Wir regelmäßig und systematisch wird in Deutschland Forschung zum Thema GG in Unternehmertum und Existenzgründung betrieben? Und wie verfügbar sind nach Geschlecht disagreggierte Statistiken zum Thema Existenzgründung und Unternehmertum? - Systematische Forschung und umfassende Verfügbarkeit von statistischen Daten - Systematische Forschung bei eingeschränkter Datenlage - Forschung findet relativ regelmäßig statt, aber nicht auf systematischer Basis - Nur vereinzelte Forschungsbeiträge - Keine Forschung zu diesem Thema
E.2.3.: Wie verbreitet sind in Deutschland Initiativen, die die Bildung und Entwicklung von lokalen Netzwerken zwischen bestehenden Unternehmerinnen und Gründerinnen fördern? - Flächendeckend verbreitet - Relativ weit verbreitet - Eingeschränkte Verbreitung (Ballungsräume, Großstädte) - Nur eins bis zwei solcher Programme bekannt - Keine solche Programme

Tabelle 5: Fragebogen 2 – Einschätzungsfragen

Bitte bewerten Sie die folgenden Aussagen nach der folgenden Skala:

- Vollkommen falsch (1)
- Teilweise falsch (2)
- Weder wahr noch falsch (3)
- Teilweise wahr (4)
- Vollkommen wahr (5)
- Weiß ich nicht (WN)
- Nicht anwendbar (NA)

A.5.4.:

In Deutschland empfehlen die Arbeitsagenturen in allen angebrachten Fällen die Selbstständigkeit als gleichwertige Alternative zur abhängigen Beschäftigung.

C.2.3.:

Deutschland verfügt über eine ausreichende soziale Infrastruktur, so dass Frauen weiterhin arbeiten können, auch wenn sie eine Familie gegründet haben

C.3.3.:

In Deutschland sind die Ansprüche auf Überbrückungsleistungen für Existenzgründungen aus der Inaktivität so gestaltet, dass sie männliche und weibliche

Existenzgründer in gleichem Ausmaß unterstützen. (Höhe und Dauer der Unterstützung)

D.3.1.: In Deutschland sind erfolgreiche weibliche Unternehmer genauso präsent in den Medien wie männliche Unternehmer

D.3.2.: In Deutschland ist die Gründung eines Unternehmens eine gesellschaftlich akzeptierte Form der Erwerbstätigkeit für Frauen

Literaturverzeichnis

Betschka, J. (2019): Das bedeutet die Frauenquote im Landtag. *Berliner Morgenpost*, 31.1.2019. Online verfügbar unter https://www.morgenpost.de/berlin/article216338975/Fragen-und-Antworten-zur-Frauenquote-im-Landtag.html, zuletzt geprüft am 5.12.2019.

Bundesagentur für Arbeit (Hrsg.). (2018). Frauen und Männer – Deutschland, West/Ost, Länder und Kreise (Jahreszahlen) – Dezember 2018. Online verfügbar unter https://statistik.ar beitsagentur.de/nn_32022/SiteGlobals/Forms/Rubrikensuche/Rubrikensuche_Form.html?view=processForm&resourceId=210368&input_=&pageLocale=de&topicId=217956&year_month=201812&year_month.GROUP=1&search=Suchen, zuletzt geprüft am 5.12.2019.

Bundesministerium für Arbeit und Soziales (Hrsg.). (4.12.19). Mikrofinanzinstitute. Online verfügbar unter https://www.bmas.de/DE/Themen/Arbeitsmarkt/Arbeitsfoerderung/Mikrokredit/Mikrofinanzinstitute/mikrofinanzinstitute.html, zuletzt geprüft am 4.12.19.

Bundestag (5.12.2006). Gesetz zum Elterngeld und zur Elternzeit (Bundeselterngeld- und Elternzeitgesetz), BEEG. Fundstelle: Jahrgang 2006, ausgegeben zu Bonn am 11. D. In: Bundesgesetzblatt. Online verfügbar unter https://www.bgbl.de/xaver/bgbl/start.xav?startbk=Bundesanzeiger_BGBl&jumpTo=bgbl106s2748.pdf#__bgbl__%2F%2F*%5B%40attr_id%3D%27bgbl106s2748.pdf%27%5D__1575495568181, zuletzt geprüft am 5.12.2019.

Europäische Kommission (Hrsg.). (2012). Entrepreneurship in the EU and beyond. Flash Eurobarometer No. 354. Report.

Europäische Kommission (Hrsg.). (2017). Woman in the Labour Market. European Semester Thematic Factsheet.

European Commission (Hrsg.). (2002). European Council, Barcelona, Presidency Conclusions. Online verfügbar unter https://ec.europa.eu/invest-in-research/pdf/download_en/barcelona_european_council.pdf, zuletzt geprüft am 5.12.2019.

European Commission (Hrsg.). (2006). European Council Brussels, Presidency Conclusions. Online verfügbar unter https://data.consilium.europa.eu/doc/document/ST-7775-2006-INIT/en/pdf, zuletzt geprüft am 5.12.2019.

European Microfinance Network (13.12.2007). Madrid Conference. "Fostering Gender Equality: Meeting the Entrepreneurship and Microfinance Challenge". Madrid.

Eurostat (Hrsg.). (2018/2019). European Union Labour Force Survey – Eurostat. Online verfügbar unter https://ec.europa.eu/eurostat/web/microdata/european-union-labour-force-survey, zuletzt geprüft am 4.12.2019.

Eurostat (Hrsg.). (2018). National accounts and GDP – Statistics Explained. Online verfügbar unter https://ec.europa.eu/eurostat/statistics-explained/index.php/National_accounts_and_GDP#Developments_for_GDP_in_the_EU-28:_growth_since_2013, zuletzt geprüft am 4.12.2019.

Eurostat (Hrsg.). (2019a). At-risk-of-poverty rate by poverty threshold, age and sex – EU-SILC and ECHP surveys – Eurostat. Online verfügbar unter https://ec.europa.eu/eurostat/en/web/products-datasets/-/ILC_LI02, zuletzt geprüft am 4.12.2019.

Eurostat (Hrsg.). (2019b). Gender pay gap in unadjusted form. Online verfügbar unter https://ec.europa.eu/eurostat/databrowser/view/sdg_05_20/default/table?lang=en,%20destatis.de, zuletzt aktualisiert am 17.7.2019, zuletzt geprüft am 5.12.2019.

Eurostat (2019c). Seats held by women in national parliaments and governments. Online verfügbar unter https://ec.europa.eu/eurostat/tgm/table.do?tab=table&init=1&plugin=1&pcode=sdg_05_50&language=en&tableSelection=2, zuletzt geprüft am 6.12.2019.

Evers, K.; Schleinkofer, M. (2015). *Der Gründungszuschuss vor und nach der Reform. Same same, but different: Ein Vergleich der Teilnehmerstrukturen*. Forschungsbericht 5. IAB Nürnberg.

GEM Consortium (Hrsg.). (2017). Global Entrepreneurship Monitor. Women's Entrepreneurship 2016/2017 Report. Global Report.

GEM Consortium (Hrsg.). (2018). Global Entrepreneurship Monitor. Global Report 2017/2018.

GEM Consortium (Hrsg.). (2019). Global Entrepreneurship Monitor 2018/2019 Global Report.

Gross, W. (2016). Frauen gründen anders. In W. Gross (Hrsg.), *Erfolgreich selbständig. Gründung und Führung einer psychologischen Praxis* (S. 211-214). Berlin, Heidelberg: Springer.

Indaro Mikrofinanz (4.12.19). Mikrofinanzierung in Deutschland. Hintergründe. Online verfügbar unter https://www.indaro-mikrofinanz.de/blog/mikrokredit-ursprung-und-entstehung-in-deutschland/), zuletzt geprüft am 4.12.19.

Kay, R.; Günterberg, B. (2019). Existenzgründungen von Frauen – aktuelle Entwicklungen. Daten und Fakten 24, Institut für Mittelstandsforschung Bonn.

Lahn, S. (2005). Microlending in Germany. A Case Study on DMI. Masterarbeit. FHTW, Berlin. Online verfügbar unter http://www.emnconference.org/archives/data/file/222.pdf, zuletzt geprüft am 5.12.2019.

Lahn, S.; Hayen, D.; Unterberg, M. (2007a). *Fostering Gender Equality. Meeting the entrepreneurship and microfinance challenge. National Report Germany.* Hamburg: Evers & Jung..

Lahn, S.; Hayen, D.; Unterberg, M.; Lämmermann, S.; Underwood, T.; Guichandut, P. (2007b). *Fostering Gender Equality. Meeting the entrepreneurship & microfinance challenge. European Report.* Hamburg, Paris: Evers & Jung; European Microfinance Networt.

Metzger, G. (2017). Gründen mit Kindern: Mompreneurs bringen Familie und Beruf unter einen Hut. KfW Research: Fokus Volkswirtschaft, 184.

Nienerza, M. (2012). Grundlegende Reform des deutschen Insolvenzrechts in 2012 durch das ESUG | GÖRG. GÖRG Partnerschaft von Rechtsanwälten mbB. Köln. Online verfügbar unter https://www.goerg.de/de/aktuelles/veroeffentlichungen/02-02-2012/grundlegende-reform-des-deutschen-insolvenzrechts-in-2012-durch-das-esug, zuletzt geprüft am 5.12.2019.

OECD.Stat (Hrsg.). (2019). Income Distribution Database by country. Country Data Germany. Online verfügbar unter https://stats.oecd.org/index.aspx?queryid=66670, zuletzt geprüft am 4.12.2019.

OECDiLibrary (Hrsg.). (2019). Country statistical profile: Germany 2019/3. Online verfügbar unter https://www.oecd-ilibrary.org/economics/country-statistical-profile-germany-2019-3_g2g9e4e0-en;jsessionid=Avl6GMijqfSJwZF8Q1vkMaPe.ip-10-240-5-181, zuletzt geprüft am 5.12.2019.

Oleynik-Weber, R.; Terberl, S. (2017). Frauen gründen anders. Unternehmerinnen zwischen High-Tech-Nerds, Risikobereitschaft und Kinderbetreuung. In M. Koreube (Hrsg.). *Wissenschaftlerinnen-Rundbrief.* Berlin, S. 17–19.

Peters, A.; Haschka-Helmer, R. (2013). Gründen Frauen anders? Junge Gründerinnen in der Internetwirtschaft auf dem Vormarsch. In B. Kampmann, B. Keller, M. Knippelmeyer & F. Wagner (Hrsg.), *Die Frauen und das Netz. Angebote und Nutzung aus Genderperspektive* (S. 175-190). Wiesbaden: Gabler Verlag.

Reuters (Hrsg.). (2015). Mehr Frauen in Führungsetagen – Bundestag beschließt Quote. Online verfügbar unter https://de.reuters.com/article/deutschland-frauenquote-bundestag-idDEKBN0M20XI20150306, zuletzt geprüft am 5.12.2019.

Statistisches Bundesamt (Hrsg.). (2018). Erwerbstätigenquoten 1991 bis 2018. Online verfügbar unter https://www.destatis.de/DE/Themen/Arbeit/Arbeitsmarkt/Erwerbstaetigkeit/_inhalt.html, zuletzt geprüft am 4.12.2019.

Statistisches Bundesamt (Hrsg.). (2019). Deutschland mit zweitniedrigster Erwerbslosenquote der EU. Online verfügbar unter https://www.destatis.de/Europa/DE/Thema/Bevoelkerung-Arbeit-Soziales/Arbeitsmarkt/EUArbeitsmarktKrise.html, zuletzt geprüft am 6.12.2019.

Sternberg, R.; Brixy, U.; Hundt, C. (2007). Global Entrepreneurship Monitor: Unternehmensgründungen im weltweiten Vergleich. Länderbericht 2006. Leibniz Universität Hannover; Institut für Arbeitsmarkt- und Berufsforschung (IAB). Hannover/ Nürnberg.

Sternberg, R.; Wallisch, M.; Gorynia-Pfeffer, N.; Bloh, J. von; Baharian, A. (2019). Global Entrepreneurship Monitor 2018/2019 – Unternehmensgründungen im weltweiten Vergleich – Länderbericht Deutschland 2018/19. RKW Rationalisierungs- und Innovationszentrum der Deutschen Wirtschaft e. V. Online verfügbar unter https://www.rkw-kompetenzzentrum.de/gruendung/studie/global-entrepreneurship-monitor-20182019/, zuletzt geprüft am 4.12.2019.

United Nations Development Program (Hrsg.). (2019). Human Development Reports. Gender Development Index (GDI). Online verfügbar unter http://hdr.undp.org/en/indicators/137906, zuletzt geprüft am 5.12.2019.

World Bank (Hrsg.). (2019). Doing Business 2019. Training for Reform. Washington DC (A World Bank Group Flagship Report, 16th Edition). Online verfügbar unter https://www.doingbusiness.org/content/dam/doingBusiness/media/Annual-Reports/English/DB2019-report_web-version.pdf, zuletzt geprüft am 5.12.2019.

World Bank (Hrsg.). (2020). Doing Business 2020. Comparing Business Regulation in 190 Economies. Washington DC. Online verfügbar unter https://openknowledge.worldbank.org/bitstream/handle/10986/32436/9781464814402.pdf, zuletzt geprüft am 5.12.2019.

Yasmin Olteanu

Rather be female than green: Einflussvariablen auf das Crowdfunding von Start-ups

Zusammenfassung

Der „Warm-Glow" eines Start-ups kann Einfluss auf das Crowdfunding haben. Die vorliegende Studie bestätigt diese Hypothese für die Geschlechterzusammensetzung des Gründungsteams: Rein weibliche Gründungsteams haben eine 2,7 Mal höhere Chance, sich bereits durch die Crowd finanziert zu haben als rein männliche Gründungsteams. Für die Wirkungsorientierung des Start-ups wird die Hypothese des Warm-Glow jedoch abgelehnt. Für die quantitative Analyse wurde die in Deutschland umfassendste Befragung von Gründerinnen und Gründern herangezogen: der Datensatz des Deutschen Startup Monitors mit Antworten von 1.550 Start-ups.

Rather be female than green: Variables of influence on the crowdfunding of start-ups

Abstract

The "warm glow" of a start-up can have an effect on crowdfunding. The presented study confirms this hypothesis for the gender composition of the start-up team: female start-up teams have 2.7-fold higher odds of having financed themselves with the crowd than male start-up teams. For the impact orientation of the start-up, however, the warm glow hypothesis is rejected. For the quantitative analysis, the most comprehensive survey of founders in Germany was used: the data set of the German Startup Monitor including answers from 1,550 start-ups.

JEL-Klassifizierung: G41, M13

1. Einleitung

Crowdfunding hebt sich von traditionellen Formen der Gründungs- und Wachstumsfinanzierung unter anderem durch die divergente Motivation der Crowdfunding-Investor*innen ab (Li, Chen, Kotha, & Fisher, 2017; Allison, Davis, Short, & Webb, 2015). Damit weichen Investitionsentscheidungen auf Crowdfunding-Plattformen häufig von klassischen Investor*innen ab. Unter anderem wird die stärkere altruistische Orientierung dieser Investor*innen als Erklärung für dieses Phänomen herangezogen (Allison et al., 2015). Erste empirische Forschung hat diesbezüglich einen Warm-Glow-Effekt identifiziert, der Investor*innen zusätzlich zum finanziellen Nutzen die Genugtuung bringt, Gutes getan zu haben (Allison, McKenny, & Short, 2013). Danach liegt die Vermutung nahe, dass Projekte von Initiatoren, die zum Beispiel aufgrund ihres Geschlechts oder der Zugehörigkeit zu einer Minderheit benachteiligt sind, überproportional häufig erfolgreiche Crowdfunding-Runden abschließen. Zudem kann angenommen werden, dass auch in jene Projekte vorzugsweise investiert wird, die Lösungsansätze zu sozialen oder ökologischen Herausforderungen bieten (Allison et al., 2015). Die vorliegende Studie untersucht diese Annahmen beispielhaft anhand eines Datensatzes über deutsche Start-ups. Als Stellvertretung für eine in der Gründungs-und Wachstumsfinanzierung benachteiligte Gruppe werden Gründerinnen gewählt, die im Vergleich zu Gründern erhebliche Benachteiligung erfahren (Eddleston, Ladge, Mitteness, & Balachandra, 2016; Bigelow, Lundmark, McLean Parks, & Wuebker, 2014; Becker-Blease & Sohl, 2007; Fay & Williams, 1993; Buttner & Rosen, 1988). Start-ups, die eine Umweltorientierung in ihrem Geschäftsmodell tragen, werden als Vertretung für Projekte mit positiver ökologischer oder gesellschaftlicher Wirkung herangezogen.

2. Theorie, Literaturanalyse und Hypothesen

2.1 Die Warm-Glow-Theorie

Im Gegensatz zu den Annahmen der gängigen Wirtschaftstheorien, verhalten sich Menschen nicht immer ausschließlich egoistisch. In vielen Situationen zeigen sie ganz im Gegenteil ein pro-soziales Verhalten. Dies wird vor allem in der Forschung zu öffentlichen Gütern sichtbar: Während die Standardtheorie annimmt, dass der Homo Oeconomicus aufgrund des öffentlichen Zugangs zu diesen Gütern zum häufigen Trittbrettfahren neigt, zeigt sich in empirischen Studien, dass dies weit seltener der Fall ist als gedacht. So zahlen zum Beispiel weit mehr Menschen freiwillig Steuern (Andreoni, Erard, & Feinstein, 1998), gehen zur Wahl (Mueller, 2003) oder setzen sich gegen die übermäßige Nutzung öffentlicher Güter ein (Ostrom, 1990), als es rein egoistische Motive vermuten lassen würden. Auch die Entwicklung und Bereitstellung von open-source Software lässt sich nicht durch eine von reinem Selbstinteresse geleitete Entscheidungsfindung erklären (Osterloh, Rota, & Kuster, 2003). Desgleichen wurde festgestellt, dass manche Akteure Entscheidungen, die ihnen einen Vorteil, einem anderen jedoch einen Nachteil verschafft hätten, bewusst nicht verfolgen (Henrich et al., 2001; Bohnet & Frey, 1997). In der Volkswirtschaftslehre werden diese Abweichungen vom rein eigennützigen Verhalten des Homo Oeconomicus mit altruistischen Motiven erklärt: Soziale Präferenzen für das direkte Umfeld oder Verhandlungspartner mit altruistischer Persönlichkeit oder solchen Absichten können somit die Nutzenfunktion und damit die Ausgestaltung des angestrebten Maximalnutzens beeinflussen (Fehr & Schmidt, 2006).

Die Warm-Glow-Theorie (Andreoni, 1990) führt ein zusätzliches Element in die Nutzenfunktion eines Geldgebenden ein: Die Genugtuung, Gutes getan zu haben (Allison et al., 2013). Sie verbindet damit das altruistische Handeln mit einer (egoistischen) Nutzenmaximierung. Die Gegenleistungen, die alle Geldgebenden für ihre Investition oder Spende erwarten, können demnach in zwei Kategorien eingeteilt werden: *extrinsische* (z.B. zukünftige Geldflüsse) und *intrinsische* (z.B. psychologischer Mehrwert) (Andreoni, 1990). Hierbei werden die Entscheidungen schwerpunktmäßig extrinsisch motivierter Geldgebender vorwiegend durch die erwarteten *äußeren* Konsequenzen getrieben. Hierzu gehören Geldflüsse oder verbales Lob. Vorwiegend *intrinsisch* motivierte Geldgebende treffen ihre Entscheidungen hingegen eher für eine Unternehmung, die sie als sinnvoll erachten und deren Unterstützung ihnen Genugtuung oder Erfüllung bereitet (Gagné & Deci, 2005).

2.2 *Crowdfunding als Finanzierungsinstrument*

Crowdfunding ist ein vergleichsweise junges Finanzierungsinstrument, das es ermöglicht, Kapital von einer großen, multiplexen Gruppe individueller Investor*innen aufzunehmen (Short, Ketchen, McKenny, Allison, & Ireland, 2017; Schwienbacher & Larralde, 2010). Kapitalgebende können über ein Onlineportal kleine Geldbeträge in die dort vorgestellten und gelisteten Projekte investieren (Mollick, 2014). Die Herangehensweise ist dabei heterogen: Vier verschiedene Kategorien können unterschieden werden. Auf der einen Seite stehen jene Projekte, die ihren Unterstützenden finanzielle Renditen bieten. Hierzu gehören bezinste Kredite oder Eigenkapitalaufnahme. Auf der anderen Seite stehen diejenigen Projekte, die nicht-monetäre Gegenleistungen (wie zum Beispiel das Pilotprodukt) anbieten, sowie rein spendenbasierte (Kuppuswamy & Bayus, 2015).

Für den Erfolg eines Projekts hat die Crowdfunding-Forschung eine Reihe von entscheidenden Faktoren identifiziert, darunter die Größe des Netzwerks der Entrepreneur*innen, der Standort des Projekts und das Setzen von Qualitätssignalen (Mollick, 2014). Auch ein gutes Narrativ mit einer Verbindung zwischen Text, Ton- und Videomaterial (Ciuchta, Letwin, Stevenson, & McMahon, 2016) und eine energische Kommunikation von Leidenschaft (Davis, Hmieleski, Webb, & Coombs, 2017; Li et al., 2017) erhöhen die Wahrscheinlichkeit, eine Investition erfolgreich abzuschließen.

Studien zu Crowdfunding-Investor*innen kommen zu dem Schluss, dass eine größere altruistische Motivation vorliegt als bei Investor*innen in andere Finanzierungsinstrumente (Allison et al., 2015). Crowdfunding-Investor*innen finanzieren Projekte daher häufig, um die Gründer*innen zu unterstützen. Zudem versprechen sie sich Vorteile im Hinblick auf einen frühen Zugriff auf neu entwickelte Produkte (Li et al., 2017). Im Gegensatz zu professionellen, handelt es sich bei Crowdfunding-Investor*innen meist um Amateur*innen mit moderaten Geldmitteln und eingeschränktem Wissen in Bezug auf formelle Investitionsentscheidungen (Li et al., 2017; Mollick, 2014). Innerhalb der Crowdfunding-Projekte wurde zudem trotz der digitalen Natur des Finanzierungsinstruments die Präsenz eines Gemeinschaftsgefühls festgestellt, zwischen den individuellen Investor*innen sowie mit den Gründer*innen. Je stärker dieses ausgeprägt ist, desto erfolgreicher entwickeln sich weitere Finanzierungsrunden (Butticè, Colombo, & Wright, 2017).

Die oben eingeführte Warm-Glow-Theorie kann auf Crowdfunding-Investor*innen übertragen wird, die altruistischer motiviert sind als andere Investor*innen (Allison et al., 2015) und kleine Geldmengen in konkrete Projekte investieren. Die Erklärungskraft der Warm-Glow-Theorie für Geldflüsse von der Crowd in prosoziale Vorhaben wurde im Kontext von *spenden*-basiertem Crowdfunding bestätigt (Cecere, Le Guel, & Rochelandet, 2017). Für *kredit- und investitions*-basiertes Crowdfunding liegen nach Wissen der Autorin bisher keine empirischen Studien vor.

2.3 Geschlechterverhältnisse in der Gründungs- und Wachstumsfinanzierung

Zahlreiche Studien im Bereich Gründungs- und Wachstumsfinanzierung zeigen, dass Gründerinnen im Vergleich zu Gründern Benachteiligungen ausgesetzt sind. Die Wahrscheinlichkeit, Bankdarlehen (Eddleston et al.,

2016; Fay & Williams, 1993; Buttner & Rosen, 1988), außerbörsliches Eigenkapital (Becker-Blease & Sohl, 2007) oder Investitionen von institutionellen Kapitalmarktteilnehmenden (Bigelow et al., 2014) zu erhalten, ist deutlich geringer. Zusätzlich fordern Investor*innen vergleichsweise größere Eigentumsübertragungen (Becker-Blease & Sohl, 2007). Die zugrunde liegenden Gründe werden in der Forschung unter verschiedenen Gesichtspunkten und mit unterschiedlichen theoretischen Ansätzen untersucht (Johnson, Stevenson, & Letwin, 2018; Kanze, Huang, Conley, & Higgins, 2018; Hechavarría et al., 2017). Zwei Erklärungsansätze bilden den Hauptstrom der wissenschaftlichen Zugänge.

In einem Hauptstrang fokussieren sich Studien auf die strukturellen Unterschiede zwischen den Gründungen von Frauen und Männern, die einen Rückschluss auf den identifizierten Gender-Bias zulassen (Ahl, 2006; Coleman, 2000; Fabowale, Orser, & Riding, 1995). Die Unterschiede beziehen sich sowohl auf grundlegende Faktoren im Bereich der Nachfrage als auch auf solche, die das Angebot betreffen. Gründerinnen tendieren dazu, mit weniger Kapital zu gründen und in den darauffolgenden Jahren mit signifikant weniger Fremd- und Eigenkapital zu planen (Gather, Schmidt, Ulbricht, & Tchouvakhina, 2014; Coleman & Robb, 2009). Sie fragen im Vergleich weniger und niedrigere Kredite oder Investitionen nach als Gründer (Gather et al., 2014). Weiblich-gegründete Unternehmen tendieren auch dazu, kleiner und weniger profitabel zu sein; und sie wachsen langsamer als ihre männlich-gegründeten Pendants (Gather, Schürmann, & Trenkmann, 2017; Gather, Schmidt, & Ulbricht, 2010; Henrekson & Du Rietz, 1999; Rosa & Hamilton, 1994; Kalleberg & Leicht, 1991). Diese Faktoren haben Einfluss auf das Angebot, da die Attraktivität einer Investition für Investor*innen und Banken vergleichsweise niedriger ist (Fabowale et al., 1995).

Der andere wissenschaftlich-richtungsweisende Zugang zur Erforschung des Phänomens *Gender-Bias* in der Gründungs- und Wachstumsfinanzierung untersucht die Haltung und Einstellungen der Investor*innen und Gründer*innen. Die ersten Studien in diesem Bereich identifizierten eine Diskrepanz zwischen den Wesensmerkmalen, die Frauen zugesprochen und jenen, die mit erfolgreichen Entrepreneur*innen verknüpft werden (Buttner & Rosen, 1988). Andere ergänzten diese Ergebnisse, indem sie vor allem die unterschiedliche Einschätzung der Kompetenz von Gründerinnen und Gründern feststellen (Carter, Gartner, Shaver, & Gatewood, 2003; Eagly & Karau, 2002). Ergebnisse zur Interaktion mit potentiellen Investor*innen, die sich bei Gründerinnen vor allem auf die Prävention des Scheiterns, bei Gründern dagegen zum Großteil auf Potenziale und Wachstumsaussichten fokussiert, unterstreichen diese Erkenntnisse (Kanze et al., 2018). Zusätzlich erwarten Investor*innen von Gründerinnen eine höhere Qualifikation als von

Gründern (Fay & Williams, 1993). Viele Studien raten Entrepreneurinnen daher, ihre femininen Merkmale und Eigenschaften in den Hintergrund zu stellen, um die Wahrscheinlichkeit einer Finanzierung zu erhöhen (Buttner & Rosen, 1988).

Mit dem Aufkommen neuer Finanzierungsformen wird der beschriebene klassische Gender-Bias jedoch in Frage gestellt: Empirische Studienergebnisse deuten darauf hin, dass Gründerinnen hier gerade *aufgrund* existierender gesellschaftlicher geschlechtsbasierter Vorurteile sogar Vorteile bei der Gründungs- und Wachstumsfinanzierung haben können. Diese Finanzierungsformen sind beispielsweise die Mikrofinanz, Peer-to-Peer Innovationen und das Crowdfunding (Bruton, Khavul, Siegel, & Wright, 2015).

Vor allem erste Studienergebnisse zu Geschlechterverhältnissen im *Crowdfunding* deuten darauf hin, dass Gründerinnen hier im Gegensatz zu anderen Finanzierungsformen gegenüber ihren männlichen Pendants einen Vorteil genießen (Greenberg & Mollick, 2017; Pope & Snyder, 2011). Zur Erklärung finden sich zwei unterschiedliche theoretische Ansätze.

Der erste beruht auf der Annahme, dass sich im Crowdfunding sowohl auf der Investor*innen, als auch auf der Gründer*innenseite mehr Frauen finden als in anderen Finanzierungsmärkten. Aufgrund von Ähnlichkeitsattraktion und der Tendenz von unterrepräsentierten Gruppen zur Unterstützung anderer unterrepräsentierten Gruppen, wird erwartet, dass Investorinnen überproportional häufig Gründerinnen unterstützen (Greenberg & Mollick, 2017). Dieses Argument wird jedoch von einer Studie infrage gestellt, die auch unter den Investor*innen auf Crowdfunding-Plattformen eine männliche Mehrheit findet und zudem dokumentiert, dass Investorinnen im Gegenteil mehrheitlich männliche Entrepreneure unterstützen (Marom, Robb, & Sade, 2014). Sozioökonomische Faktoren haben daher vermutlich nur eine begrenzte Erklärungskraft für den Vorteil von Gründerinnen auf Crowdfunding-Plattformen.

Der andere theoretische Ansatz zur Erklärung dieses Unterschieds bedient sich der Warm-Glow Theorie (Andreoni, 1990). Die vorliegende Studie folgt dem zweiten dieser theoretischen Ansätze und betrachtet daher im Folgenden den Effekt des Warm-Glow auf die Crowfunding-Finanzierung.

2.4 Grüne Start-ups und ihre Gründungs- und Wachstumsfinanzierung

Grüne Start-ups sind junge innovative Wachstumsunternehmen, die mit ihren Produkten und Dienstleistungen überdies einen Beitrag zu einer Green Economy leisten (Bergset & Fichter, 2015). Sie sind damit High Potentials in Bezug auf eine Vielzahl wirtschaftlicher Kennzahlen, wie zum Beispiel die Schaffung von Arbeitsplätzen. Zusätzlich streben sie jedoch auch die Schaffung von ökologischem und/oder gesellschaftlichem Mehrwert an (Hockerts & Wüstenhagen, 2010). Im Vergleich zu etablierten innovativen Unternehmen, sind es vor allem Start-ups, die radikale Innovationen auf den Markt bringen (Fichter & Clausen, 2016). Im Rahmen der Transformation hin zu einem nachhaltigen Wirtschaftssystem, kommt ihnen dadurch eine Schlüsselrolle zu.

Aspekte der Gründungs- und Wachstumsfinanzierung von grünen Start-ups wurden bisher nur unzureichend untersucht. Die wenigen existierenden empirischen Studien identifizieren eine Diskrepanz zwischen der Finanzierungssituation grüner Start-ups und jener anderer junger Unternehmen: Grüne Start-ups berichten häufiger von Schwierigkeiten mit der Kapitalbeschaffung (Fichter & Olteanu, 2019; Bergset, Darrall, & Fichter, 2017; Bocken, 2015). Sie arbeiten entsprechend mit einer andersartigen Kapitalstruktur und einer niedrigeren Fremdkapitalquote (Siqueira, Guenster, Vanacker, & Crucke, 2018).

Zum Einfluss der Umweltorientierung von Start-ups auf den Erfolg von *Crowdfunding*-Runden existieren desgleichen nur wenige Studien, und diese kommen zu uneinheitlichen Ergebnissen: In zwei Studien korreliert die soziale oder Umweltorientierung positiv mit dem Fundingerfolg (Vismara, 2018; Calic, 2017), zwei weitere finden keine signifikante Korrelation (Lagazio & Querci, 2018; Hörisch, 2015). Die Rolle des Geschlechts der Gründer*innen auf den Erfolg von Crowdfunding-Runden grüner Start-ups wurde in diesen Studien nicht untersucht.

2.5 Entwicklung der Hypothesen

Die Warm-Glow-Theorie geht davon aus, dass Geldgebende prosoziale Entscheidungen treffen, weil sie sich aus der Tatsache Gutes getan zu haben einen psychologischen Mehrwert erhoffen. Die individuelle Maximierung der Nutzengleichung führt solange zu prosozialen Entscheidungen, wie dieser intrinsische Mehrwert die extrinsischen Leistungen anderer potentieller Geldanlagen übertrifft.

Eine Investition in ein von Frauen gegründetes Start-up könnte aufgrund des oben beschriebenen Gender-Bias in der Gründungs- und Wachstumsfinanzierung als größerer Nutzen wahrgenommen werden als eine Investition in ein anderes Start-up, und dem Investierenden folglich ein vergleichsweise besseres Gefühl geben (Johnson et al., 2018). Es kann daher davon ausgegangen werden, dass sich Gründerinnen unter Annahme der Konstanz struktureller Faktoren wie beispielsweise Wachstum oder Profitabilität erfolgreicher durch Crowfunding finanzieren. Folgende Hypothese wird formuliert:

*H1: Unter Annahme der Konstanz anderer struktureller Faktoren, finanzieren sich Start-ups mit weiblichen Gründer*innen/Gründer*innenteams häufiger durch Crowdfunding als andere Start-ups.*

Die Warm-Glow-Theorie kann auch auf den Crowdfundingerfolg von grünen Start-ups angewendet werden: Die positive gesellschaftliche oder ökologische Wirkung des Start-ups könnte von Investor*innen als psychologischer Mehrwert angesehen werden. Folglich wird die Annahme getroffen, dass grüne Start-ups häufiger Crowdfunding-Runden abschließen als andere Start-ups. Die sich daraus ableitende zweite Hypothese in dieser Studie lautet daher:

H2: Unter Annahme der Konstanz anderer struktureller Faktoren, korreliert der Grad des Beitrags zur Green Economy eines Start-ups positiv mit erfolgtem Crowdfunding.

3. Methode und Daten

Um die entwickelten Hypothesen zu testen wird ein quantitatives Forschungsdesign gewählt. Die relevante Grundgesamtheit für diese Untersuchung sind aufgrund der Datenverfügbarkeit und des Forschungsinteresses alle im Jahr 2018 in Deutschland ansässigen Start-ups. Ein Start-up wird definiert als "jung, innovativ und wachstumsorientiert" (Dee, Gill, Weinberg, & McTavish, 2015, S. 8). Der Definition des Deutschen Startup Verbandes folgend, umfasst diese Definition alle jungen innovativen Wachstumsunternehmen bis zum Alter von zehn Jahren (Kollmann, Hensellek, Jung, & Kleine-Stegemann, 2018). Belastbare Zahlen über die Bestandsgröße aller Start-ups in Deutschland im Rahmen dieser Definition liegen derzeit nicht vor. Der Green Startup Monitor 2018 schätzt allerdings, dass im Jahr 2018 rund 23.700 Start-ups alle drei Einschlusskriterien erfüllten: Innovationskraft, Wachstumsorientierung und ein Alter unter 10 Jahren (Fichter & Olteanu, 2019). Als Stichprobe wird die Datenbank des Deutschen Startup Monitors herangezogen. Sie stellt die in Deutschland umfassendste Befragung unter Gründer*innen dar. Die Daten werden jährlich vom Bundesverband Deutsche Startups e.V. durch einen Online-Fragebogen erhoben, der über verschiedene relevante Netzwerkpartner*innen (z. B. Business Angels, Venture-Capital-Investor*innen, Akzeleratoren, Inkubatoren und Gründungsförderzentren) gestreut. Die Daten für 2018 wurden im Zeitraum vom 14.05.-17.6.2018 erhoben und beinhalten Antworten von 1.550 Gründer*innen von Start-ups mit (geplantem) Wachstum und hoher Innovationskraft im Alter von 0 bis 10 Jahren. Da die beschriebene Stichprobenziehung nicht zufällig ist, ist die Verallgemeinerbarkeit der aus dieser Stichprobe stammenden Ergebnisse und damit ihre externe Validität begrenzt. Angesichts der Stichprobengröße können sie dennoch als wichtige Momentaufnahme angesehen werden. Eine Ableitung der Kausalität aus der Theorie und früherer Studienergebnisse soll die interne Validität sichern. Externe Reliabilität kann nur für die Konsistenz zwischen den Teilnehmer*innen aufgrund des gleichbleibenden Online-Fragebogens angenommen werden. Der Studienaufbau ermöglicht keine Test-Retest-Methode. Es können somit keine Annahmen über die Stabilität der Ergebnisse über die Zeit getroffen werden.

Zur Überprüfung der Hypothesen werden drei Variablen herangezogen: die binäre abhängige Variable „*Erfolgtes Crowdfunding*" stützt sich auf die Antwort "Crowdfunding/Crowdinvesting" auf die Frage: „Mit welchen Kapitalquellen wurde Dein Startup bis heute finanziert?" (Mehrfachantwort). Die Variable steht damit für jene Start-ups, die in der Vergangenheit Kapital von der Crowd aufnehmen wollten, die Kampagne durchgeführt und erfolgreich abgeschlossen haben. Die kategoriale unabhängige Variable „*Geschlechterzusammensetzung Gründungsteam*" fußt auf den demografischen Angaben zu den jeweiligen Gründungsteams der teilnehmenden Start-ups. Aus den Angaben werden drei Kategorien gebildet: Rein weibliche, rein männliche und gemischtgeschlechtliche Gründungsteams. Die zweite, ordinale, unabhängige Variable „*Zuordnung zur Green Economy*" schließlich, basiert auf der Antwort auf die Aussage: „Unsere Produkte/Dienstleistungen lassen sich der Green Economy zuordnen, weil sie gezielt einen Beitrag zum Umwelt-, Klima- und Ressourcenschutz leisten.". Die Zustimmung zu dieser Aussage wurde auf einer 5-Punkt Likert-Skala erfasst (von „Ich stimme voll und ganz zu" bis „Ich stimme überhaupt nicht zu".).

Tabelle 1 gibt einen Überblick über die Verteilungen innerhalb der drei Variablen. Lediglich drei Prozent der 1.260 Start-ups (38 junge Unternehmen), die die relevante Frage beantwortet haben, haben sich bereits durch Crowdfunding finanziert. Dieses Finanzierungsinstrument ist unter den deutschen jungen innovativen Wachstumsunternehmen also (noch) eine Randerscheinung. Unter den betrachteten Gründungsteams sind rein weibliche Teams mit nur knapp zehn Prozent (152 von 1.550 Teams) stark unterrepräsentiert. 20 Prozent (306) der Gründungsteams sind gemischtgeschlechtlich besetzt. Die überwiegende Mehrheit der Teams besteht damit aus nur männlichen Teammitgliedern: 70 Prozent, also 1.092 der untersuchten Gründungsteams sind rein männlich besetzt. Einer Einordnung zur Green Economy stimmen 50 Prozent der Start-ups in der Stichprobe (überhaupt) nicht zu. Dagegen stimmen 33 Prozent der Aussage zu (oder voll und ganz zu), dass ihre Produkte und Dienstleistungen einen Beitrag zur Green Economy leisten. Dies entspricht 442 jungen Unternehmen.

Tabelle 1: Verteilung der abhängigen und unabhängigen Variablen über die Stichprobe

Variable	Ausprägung	Anzahl	Anzahl als Spalten %
Erfolgtes Crowdfunding	nein	1.222	97%
	ja	38	3%
	Gesamt	**1260**	**100%**
Geschlechter-zusammensetzung Gründungsteam	rein weibliche Teams	152	10%
	rein männliche Teams	1.092	70%
	gemischtgeschlechtliche Teams	306	20%
	Gesamt	**1.550**	**100%**
Zuordnung zur Green Economy	stimme überhaupt nicht zu	403	30%
	stimme nicht zu	264	20%
	neutral	239	18%
	stimme zu	224	17%
	stimme voll und ganz zu	218	16%
	Gesamt	**1.348**	**100%**

Die entwickelten Hypothesen werden in einem ersten Schritt bivariat überprüft. Anschließend wird eine Regressionsgleichung entwickelt. Diese hat zum Ziel, strukturelle Unterschiede, die über die untersuchten Variablen hinausgehen, zu kontrollieren und die Interrelation der untersuchten Variablen offenzulegen.

4. Resultate

Die statistische Überprüfung der entwickelten Hypothesen führt zur Bestätigung von Hypothese 1: Die Geschlechterzusammensetzung des Gründungsteam korreliert signifikant mit der Erfahrung, durch Crowdfunding Kapital aufgenommen zu haben (X2 (2, N=1.260) =7,021; p=0,030). Rein weibliche Gründungsteams erhalten dreimal häufiger als rein männliche Gründungsteams eine Finanzierung von der Crowd; gemischtgeschlechtliche Gründungsteams doppelt so häufig wie rein männliche Teams. Abbildung 1 stellt diese Korrelation dar. Hypothese 2 wird dagegen nicht bestätigt. Der Grad der Zuordnung zur Green Economy korreliert also *nicht* signifikant mit bereits erfolgreich durchgeführtem Crowdfunding (p=0,237).

Abbildung 1: Die Korrelation zwischen der Geschlechterzusammensetzung des Gründungsteams und erfolgtem Crowdfunding

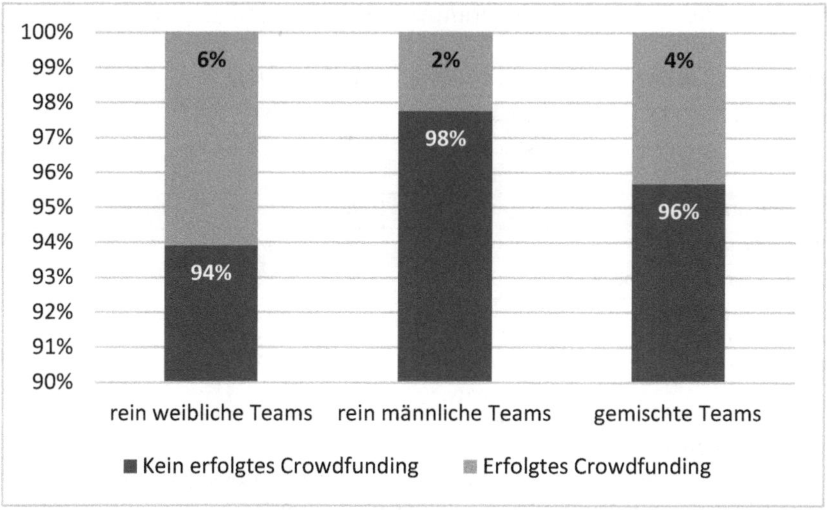

Für das logistische Regressionsmodel werden zusätzlich zu den bereits eingeführten unabhangigen Variablen zwei Kontrollvariablen einbezogen. Durch die Einbeziehung sollen mögliche Verzerrungen in der Analyse vermieden werden, die auf die oben skizzierten *strukturellen* Unterschiede zwischen den jungen Unternehmen von Gründerinnen und Gründern (z. B. weniger Wachstum, weniger Profitäbilität) zurückzuführen sind. Es handelt sich um Näherungswerte für die Wachstumsstrategie und die Profitorientierung, und damit um die auf einer 6-Punkt Likert-Skala (sehr wichtig – sehr unwichtig) erfassten Antworten zu den beiden Fragen: „Welche Unternehmensstrategien sind für Dein Startup aktuell wichtig? Schnelles Wachstum" und „Welche Unternehmensstrategien sind für Dein Startup aktuell wichtig? Profitabilität". Es liegen für 1.218 Fälle Daten für die zwei unabhängigen Variablen, die zwei Kontrollvariablen und die abhängige Variable vor. Das binär logistische Regressionsmodell wird in zwei Blöcken mit jeweils einem Schritt unter Verwendung der Einschlussmethode und basierend auf dem Wahrscheinlichkeitsverhältnis erstellt. Der Waldtest wird zur Berechnung der Signifikanz verwendet. Eine Chi-Quadrat-Verteilung erlaubt jedoch eine Interpretation in Übereinstimmung mit anderen Chi-Quadrat-Tests. Die Signifikanz des Gesamtmodells wird mittels eines Omnibus-Tests (p=0,049) geschätzt und bestätigt. Ein Hosmer und Lemeshow Anpassungsgüte-Test (Hosmer & Lemeshow, 1980) bestätigt die statistische Relevanz der Differenz zwischen dem Null- und dem entwickelten Modell (p=0,493). Tabelle 2 stellt die in die Gleichung aufgenommenen Variablen dar.

Tabelle 2: Logistische Regression: Variablen in der Gleichung

Variable	Regressionskoeffizient	Standardfehler	Wald	df	Sig.	Exp(B)
Wachstumsstrategie	-0,054	0,126	0,182	1	0,669	0,948
Profitorientierung	-0,093	0,144	0,420	1	0,517	0,911
Zuordnung zur Green Economy	0,204	0,114	3,181	1	0,075	1,226
Rein männliche Teams			5,551	2	0,062	
Rein weibliche Teams	0,986	0,458	4,630	1	**0,031**	**2,682**
Gemischte Teams	0,604	0,385	2,460	1	**0,117**	**1,829**
Konstante	-2,661	0,908	8,581	1	0,003	0,070

Bei Berücksichtigung der Signifikanzen kann mithilfe des Regressionsmodells nur für *ein* Verhältnis der Zufall nicht ausgeschlossen werden: Im Vergleich zu den Chancen rein männlicher Gründungsteams und unter Annahme der Konstanz aller anderer Variablen, sind die Chancen sich bereits erfolgreich durch Crowdfunding finanziert zu haben für rein weibliche Gründungsteams 2,7 Mal höher (p=0,031). Die Chancen gemischtgeschlechtlicher Teams sind im Vergleich zu jenen der rein männlichen Teams noch 1,8 Mal höher. Dieses Verhältnis ist statistisch jedoch nicht signifikant (p=0,117). Die Regressionsgleichung kommt also zu dem Ergebnis, dass die Chance für erfolgreiches Crowdfunding unter Konstanz aller anderen Variablen für rein weibliche Gründungsteams statistisch signifikant höher ist. Damit werden die bivariaten Ergebnisse bestätigt: Die Geschlechterzusammensetzung des Gründungsteams hat signifikanten Einfluss auf erfolgtes Crowdfunding. Die Zuordnung zur Green Economy nicht.

Die Vorhersagekraft des Modells wird mit Nagelkerkes R^2 getestet (Nagelkerke, 1991): Die Variablen „Geschlechterzusammensetzung Gründungsteam“ und „Zuordnung zur Green Economy“ erklären 3,1 Prozent der Variation der abhängigen Variablen. Mit den Kontrollvariablen erhöht sich die Erklärkraft des Modells nur geringfügig auf 3,3 Prozent. Dieser Prozentwert erscheint niedrig, reflektiert aber die Ergebnisse anderer Studien zu Finanzierungsentscheidungen: eine niedrige Erklärkraft einzelner unabhängiger Variablen. Die Geschlechterzusammensetzung des Gründungsteams ist damit eine Variable unter vielen, kann aber unter Umständen, die noch näher untersucht werden müssen, einen entscheidenden Einfluss haben.

Zusammenfassend wird Hypothese 1 (*Weibliche Gründungsteams finanzieren sich häufiger durch Crowdfunding*) sowohl bivariat als auch im Zusammenspiel mit den Kontrollvariablen bestätigt. Hypothese 2 (*Der Grad des Beitrags zur Green Economy korreliert positiv mit Crowdfunding*) wird abgelehnt.

5. Diskussion

Eine der zwei aufgestellten Hypothesen wird klar bestätigt: Weibliche Gründungsteams schließen häufiger erfolgreich Crowdfunding-Runden ab. Dieses Ergebnis bestätigt vorherige empirische Erbgebnisse (Greenberg & Mollick, 2017; Pope & Snyder, 2011) und unterstützt die theoretische Annahme, dass der Warm-Glow, der von einer Investition in ein von einer benachteiligten Gruppe gegründetes Start-up ausgeht, stark genug ist, um die Nutzengleichung der Investor*innen zu beeinflussen.

Die Hypothese, dass auch grüne Start-ups häufiger von Crowdfunding profitieren, hat sich in dieser Studie nicht bestätigt. Da die wenige Empirie, die sich zu diesem Thema findet, zu uneinheitlichen Ergebnissen kommt, kann dieses Resultat als Unterstützung derjenigen Studien angesehen werden, die keine signifikante Korrelation identifzieren (Lagazio & Querci, 2018; Hörisch, 2015). Der Warm-Glow jener Start-ups, die Lösungen für gesellschaftliche oder ökologische Herausforderungen anbieten, ist also entweder nicht ausreichend stark oder wird durch andere noch zu identifizierende Faktoren gehemmt.

Die Studie legt eine Reihe weiterer Untersuchungen nahe. Hierzu gehören ergänzende qualitative Analysen der Entscheidungsfaktoren für oder gegen Warm-Glow-Investitionen, sowie die Erforschung der Rolle weiterer entscheidender Faktoren aufseiten der Start-ups und Gründungsteams (wie zum Beispiel Kommunikations- und und Netzwerkverhalten).

Die praktische Relevanz dieser Ergebnisse betrifft vor allem Gründerinnen von Start-ups, die sich in einer Finanzierungsphase befinden, und das unterstützende Ökosystem: Während Gründerinnen in der traditionellen Gründungs- und Wachstumsfinanzierung weitgehend Vorurteilen und weiteren Nachteilen ausgesetzt sind, können sie im Bereich Crowdfunding auf Vorteile bauen: Eine Investition von Zeit und Ressourcen führt hier überproportional häufig zu einem Finanzierungserfolg.

Literaturverzeichnis

Ahl, H. (2006). Why Research on Women Entrepreneurs Needs New Directions. *Entrepreneurship Theory and Practice, 30*(5), 595–621.

Allison, T. H., Davis, B. C., Short, J. C., & Webb, J. W. (2015). Crowdfunding in a Prosocial Microlending Environment: Examining the Role of Intrinsic Versus Extrinsic Cues. *Entrepreneurship Theory and Practice, 39*(1), 53–73.

Allison, T. H., McKenny, A. F., & Short, J. C. (2013). The effect of entrepreneurial rhetoric on microlending investment: An examination of the warm-glow effect. *Journal of Business Venturing, 28*(6), 690–707.

Andreoni, J. (1990). Impure Altruism and Donations to Public Goods: A Theory of Warm-Glow Giving. *The Economic Journal, 100*(401), 464.

Andreoni, J., Erard, B., & Feinstein, J. (1998). Tax Compliance. *Journal of Economic Literature, 36*(2), 818–860.

Becker-Blease, J. R., & Sohl, J. E. (2007). Do women-owned businesses have equal access to angel capital? *Journal of Business Venturing, 22*(4), 503–521.

Bergset, L., Darrall, A., & Fichter, K. (2017, Juni 18). *The financing of sustainable entrepreneurship – a survey of green start-ups in Germany*. Gehalten auf der XXVIII ISPIM Innovation Conference – Composing the Innovation Symphony, Vienna, Austria.

Bergset, L., & Fichter, K. (2015). Green start-ups – a new typology for sustainable entrepreneurship and innovation research. *Journal of Innovation Management, 3*(3), 118–144.

Bigelow, L., Lundmark, L., McLean Parks, J., & Wuebker, R. (2014). Skirting the Issues: Experimental Evidence of Gender Bias in IPO Prospectus Evaluations. *Journal of Management, 40*(6), 1732–1759.

Bocken, N. M. P. (2015). Sustainable venture capital – catalyst for sustainable start-up success? *Journal of Cleaner Production, 108*, 647–658.

Bohnet, I., & Frey, B. S. (1997). Rent Leaving. *Journal of Institutional and Theoretical Economics (JITE) / Zeitschrift für die gesamte Staatswissenschaft, 153*(4), 711–721.

Bruton, G., Khavul, S., Siegel, D., & Wright, M. (2015). New Financial Alternatives in Seeding Entrepreneurship: Microfinance, Crowdfunding, and Peer-to-Peer Innovations. *Entrepreneurship Theory and Practice, 39*(1), 9–26.

Butticè, V., Colombo, M. G., & Wright, M. (2017). Serial Crowdfunding, Social Capital, and Project Success. *Entrepreneurship Theory and Practice, 41*(2), 183–207.

Buttner, E. H., & Rosen, B. (1988). Bank loan officers' perceptions of the characteristics of men, women, and successful entrepreneurs. *Journal of Business Venturing, 3*(3), 249–258.

Calic, G. (2017). The Sustainability Advantage: The Positive Effect of a Sustainability Orientation on Online Funding Success. *Rutgers Business Review, 2*(1), 128–135.

Carter, N. M., Gartner, W. B., Shaver, K. G., & Gatewood, E. J. (2003). The career reasons of nascent entrepreneurs. *Journal of Business Venturing, 18*(1), 13–39.

Cecere, G., Le Guel, F., & Rochelandet, F. (2017). Crowdfunding and social influence: An empirical investigation. *Applied Economics*, *49*(57), 5802–5813.

Ciuchta, M. P., Letwin, C., Stevenson, R. M., & McMahon, S. R. (2016). Regulatory Focus and Information Cues in a Crowdfunding Context: REGULATORY FOCUS AND INFORMATION CUES. *Applied Psychology*, *65*(3), 490–514.

Coleman, S. (2000). Access to capital and terms of credit: A comparison of men- and women-owned small businesses. *Journal of Small Business Management*, *38*(3), 37–52.

Coleman, S., & Robb, A. (2009). A comparison of new firm financing by gender: Evidence from the Kauffman Firm Survey data. *Small Business Economics*, *33*(4), 397–411.

Davis, B. C., Hmieleski, K. M., Webb, J. W., & Coombs, J. E. (2017). Funders' positive affective reactions to entrepreneurs' crowdfunding pitches: The influence of perceived product creativity and entrepreneurial passion. *Journal of Business Venturing*, *32*(1), 90–106.

Dee, N., Gill, D., Weinberg, C., & McTavish, S. (2015). *Start-up Support Programmes: What's the difference?* London: NESTA.

Eagly, A. H., & Karau, S. J. (2002). Role congruity theory of prejudice toward female leaders. *Psychological Review*, *109*(3), 573–598.

Eddleston, K. A., Ladge, J. J., Mitteness, C., & Balachandra, L. (2016). Do You See What I See? Signaling Effects of Gender and Firm Characteristics on Financing Entrepreneurial Ventures. *Entrepreneurship Theory and Practice*, *40*(3), 489–514.

Fabowale, L., Orser, B., & Riding, A. (1995). Gender, Structural Factors, and Credit Terms between Canadian Small Businesses and Financial Institutions. *Entrepreneurship Theory and Practice*, *19*(4), 41–65.

Fay, M., & Williams, L. (1993). Gender bias and the availability of business loans. *Journal of Business Venturing*, *8*(4), 363–376.

Fehr, E., & Schmidt, K. M. (2006). The Economics of Fairness, Reciprocity and Altruism – Experimental Evidence and New Theories. In *Handbook of the Economics of Giving, Altruism and Reciprocity* (Bd. 1, S. 615–691).

Fichter, K., & Clausen, J. (2016). Diffusion Dynamics of Sustainable Innovation—Insights on Diffusion Patterns Based on the Analysis of 100 Sustainable Product and Service Innovations. *Journal of Innovation Management*, *4*(2), 30–67.

Fichter, K., & Olteanu, Y. (2019). *Green Startup Monitor 2018*. Berlin: Borderstep Institut und Bundesverband Deutsche Startups.

Gagné, M., & Deci, E. L. (2005). Self-determination theory and work motivation. *Journal of Organizational Behavior*, *26*(4), 331–362.

Gather, C., Schmidt, T., & Ulbricht, S. (2010). Der Gender Income Gap bei den Selbstständigen – Empirische Befunde. In A. D. Bührmann & H. J. Pongratz (Hrsg.), *Prekäres Unternehmertum* (S. 85–110).

Gather, C., Schmidt, T., Ulbricht, S., & Tchouvakhina, M. (2014). „Bloß keine Schulden!". Finanzierungsverhalten von Gründerinnen und Gründern. In C. Gather, I. Biermann, L. Schürmann, S. Ulbricht, & H. Zipprian (Hrsg.), *Die Vielfalt der Selbständigkeit* (S. 135–162).

Gather, C., Schürmann, L., & Trenkmann, J. (2017). *(Solo)-Selbstständigkeit als gleichstellungspolitische Herausforderung*. Institut für Sozialarbeit und Sozialpädagogik e.V. / Harriet Taylor Mill-Institut der HWR Berlin.

Greenberg, J., & Mollick, E. (2017). Activist Choice Homophily and the Crowdfunding of Female Founders. *Administrative Science Quarterly*, *62*(2), 341–374.

Hechavarría, D. M., Terjesen, S. A., Ingram, A. E., Renko, M., Justo, R., & Elam, A. (2017). Taking care of business: The impact of culture and gender on entrepreneurs' blended value creation goals. *Small Business Economics*, *48*(1), 225–257.

Henrekson, M., & Du Rietz, A. (1999). Testing the Female Underperformance Hypothesis. *Small Business Economics*, *14*(1), 1–10.

Henrich, J., Boyd, R., Bowles, S., Camerer, C., Fehr, E., Gintis, H., & McElreath, R. (2001). In Search of Homo Economicus: Behavioral Experiments in 15 Small-Scale Societies. *American Economic Review*, *91*(2), 73–78.

Hockerts, K., & Wüstenhagen, R. (2010). Greening Goliaths versus emerging Davids—Theorizing about the role of incumbents and new entrants in sustainable entrepreneurship. *Journal of Business Venturing*, *25*(5), 481–492.

Hörisch, J. (2015). Crowdfunding for environmental ventures: An empirical analysis of the influence of environmental orientation on the success of crowdfunding initiatives. *Journal of Cleaner Production*, *107*, 636–645.

Hosmer, D. W., & Lemeshow, S. (1980). Goodness of fit tests for the multiple logistic regression model. *Communications in Statistics – Theory and Methods*, *9*(10), 1043–1069.

Johnson, M. A., Stevenson, R. M., & Letwin, C. R. (2018). A woman's place is in the… startup! Crowdfunder judgments, implicit bias, and the stereotype content model. *Journal of Business Venturing*, *33*(6), 813–

Kalleberg, A. L., & Leicht, K. T. (1991). Gender and Organizational Performance: Determinants of Small Business Survival and Success. *Academy of Management Journal*, *34*(1), 136–161.

Kanze, D., Huang, L., Conley, M. A., & Higgins, E. T. (2018). We Ask Men to Win and Women Not to Lose: Closing the Gender Gap in Startup Funding. *Academy of Management Journal*, *61*(2), 586–614.

Kollmann, T., Hensellek, S., Jung, P. B., & Kleine-Stegemann, L. (2018). *Deutscher Startup Monitor 2018*. Berlin: Bundesverband Deutsche Startups

Kuppuswamy, V., & Bayus, B. L. (2015). Crowdfunding Creative Ideas: The Dynamics of Project Backers in Kickstarter. *SSRN Electronic Journal*.

Lagazio, C., & Querci, F. (2018). Exploring the multi-sided nature of crowdfunding campaign success. *Journal of Business Research*, *90*, 318–324.

Li, J. (Jason), Chen, X.-P., Kotha, S., & Fisher, G. (2017). Catching fire and spreading it: A glimpse into displayed entrepreneurial passion in crowdfunding campaigns. *Journal of Applied Psychology*, *102*(7), 1075–1090.

Marom, D., Robb, A., & Sade, O. (2014). Gender Dynamics in Crowdfunding (Kickstarter): Evidence on Entrepreneurs, Investors, Deals and Taste Based Discrimination. *SSRN Electronic Journal*.

Mollick, E. (2014). The dynamics of crowdfunding: An exploratory study. *Journal of Business Venturing*, *29*(1), 1–16.

Mueller, D. C. (2003). *Public choice III*. Cambridge ; New York: Cambridge University Press.

Nagelkerke, N. J. D. (1991). A note on a general definition of the coefficient of determination. *Biometrika*, *78*(3), 691–692.

Osterloh, M., Rota, S., & Kuster, B. (2003). Trust and Commerce in Open Source—A Contradiction? In O. Petrovic, M. Ksela, M. Fallenböck, & C. Kittl (Hrsg.), *Trust in the Network Economy* (Bd. 2, S. 129–141).

Ostrom, E. (1990). *Governing the commons: The evolution of institutions for collective action*. Cambridge ; New York: Cambridge University Press.

Pope, D. G., & Snyder, J. R. (2011). What's in a Picture? Evidence of Discrimination from Prosper.com. *Journal of Human Resources*, *46*(1), 53–92.

Rosa, P., & Hamilton, D. (1994). Gender and Ownership in UK Small Firms. *Entrepreneurship Theory and Practice*, *18*(3), 11–27. 2

Schwienbacher, A., & Larralde, B. (2010). Crowdfunding of Small Entrepreneurial Ventures. *SSRN Electronic Journal*.

Short, J. C., Ketchen, D. J., McKenny, A. F., Allison, T. H., & Ireland, R. D. (2017). Research on Crowdfunding: Reviewing the (Very Recent) Past and Celebrating the Present. *Entrepreneurship Theory and Practice*, *41*(2), 149–160.

Siqueira, A. C. O., Guenster, N., Vanacker, T., & Crucke, S. (2018). A longitudinal comparison of capital structure between young for-profit social and commercial enterprises. *Journal of Business Venturing*, *33*(2), 225–240.

Vismara, S. (2018). Information Cascades among Investors in Equity Crowdfunding. *Entrepreneurship Theory and Practice*, *42*(3), 467–497.

Lena Schürmann

Abseits der Vorgabe: Eigensinnige Lebensführung und selbständiger Erwerb – erste Annäherungen an ein spannungsreiches Verhältnis

Zusammenfassung

Der Artikel ergründet das Verhältnis von eigensinniger Lebensführung und selbständigem Erwerb aus einer biographieanalytischen Perspektive. Im Mittelpunkt steht die Lebensgeschichte eines ostdeutschen Mannes, der sich 1990, im Jahr der deutschen Wiedervereinigung selbständig gemacht hat. Es wird gezeigt, wie das biographische Motiv nach einem Leben abseits der Vorgabe, das hier in der Auseinandersetzung mit der auf Konformität angelegten DDR-Gesellschaft seinen Ausgangspunkt nimmt, in eine Existenzgründung mündet, die eine selbstbestimmte Partizipation an der neuen Marktgesellschaft realisieren soll. Die Selbständigkeit währt jedoch nicht lange, das Unternehmen geht insolvent. Der Text macht deutlich, dass Selbständigkeit und Unternehmertum im Falle ihres Scheiterns nicht nur mit ökonomischen, sondern auch mit weitreichenden sozialen Risiken behaftet sind.

Away from the guidelines: non-conforming lifestyle and entrepreneurship – first approximations to a tense relationship

Abstract

The article explores the relationship between non-conformist living and entrepreneurship from a biographical-analytical perspective. It focuses on the life story of an East German man who set up his own business in 1990, the year of the German Reunification. It is shown how the biographical motive for a life outside of the norm, which here takes its starting point in the confrontation with the conformist society of the GDR, leads to a business start-up. However, the intended individualistic participation in the new market society does not last long, the company goes bankrupt. It becomes clear that self-employment and entrepreneur-ship, if they fail, are not only subject to economic but also to social risks.

JEL-Klassifikation: –

1. Wandel von Arbeit und Märkten: Einleitung und Forschungsperspektive auf Selbständigkeit

In den letzten Jahrzehnten ist es zu einem deutlichen Anstieg der Selbständigkeit in Deutschland gekommen. Knapp vier Millionen Erwerbstätige arbeiten gegenwärtig auf eigene Rechnung und ohne die für die abhängige Beschäftigung typische Einbindung in die paritätisch finanzierte Sozialversicherung (Maier & Ivanov, 2018, S. 13). Teils, weil sie selbst Arbeitgeber*innen sind, teils, weil sie zu der großen Gruppe der Solo-Selbstständigen gehören, den Selbständigen ohne Beschäftigten, welche meist ohne nennenswertes Betriebskapitel die eigene Arbeitskraft direkt am Markt, d.h. gegenüber wechselnden Auftraggeber*innen vermarkten. Ob Wissensdienstleister*in, Fahrradkurier*in oder Paketbot*innen – wird das Spektrum der Erwerbstätigkeiten betrachtet, in denen selbständig Erwerbstätige anzutreffen sind, so wird deutlich, dass dieses Erwerbsmerkmal nicht mehr länger eine privilegierte Position bezeichnet[46], sondern sich vermehrt abseits der geschützten Anbietermonopole wiederfindet, wie sie das Handwerk oder die verkammerten Professionen als Branchen mit einem regulierten Marktzugang und Vergütungsordnungen lange Zeit darstellten.

Im sozialwissenschaftlichen Diskurs wird diese Entwicklung zumeist als Bestandteil einer Dynamik der Flexibilisierung und Prekarisierung der Erwerbsarbeit und als Anzeichen für einen Wandel der Märkte betrachtet (u. a. Bührmann & Pongratz, 2010; Gather et al., 2014). Als Triebkräfte dieser Entwicklung werden einerseits Politiken der Deregulierung von Märkten und der Entsicherung der Erwerbsarbeit angesehen, etwa die sogenannte Liberalisierung der Handwerksordnung oder, auch typisch für den neoliberalen Umbau der Gesellschaft, die Prozesse der Vermarktlichung und Privatisierung vormals öffentlicher Dienstleistungen wie Post, Bahn, Grünpflege etc. (u.a. Nickel, 2007; Gather, Gerhard, Schürmann & Schroth, 2005; Mayer-Ahuja, 2003; Flecker, Schultheis & Vogel, 2014). In Folge von Stellenabbau und betrieblicher Reorganisation kommt es zur Auftragsvergabe oder zu verschiedenen, projektförmig gestalteten Kooperationsmodellen zwischen öffentlichen und privaten Einrichtungen mitsamt sich anschließenden Ketten von Einzelauftragnehmer*innen (vgl. Betzelt, 2006; Manske, 2018). Innerhalb der jeweils betroffenen Branchen entstehen mit dem Auftauchen der neuen Selbständigen neue Wettbewerbsstrukturen, die mit neuen Risikolagen für die hier Erwerbstätigen, in Abhängigkeit zu den jeweils existie-

46 Es sollte nicht übersehen werden, dass die prekäre Selbständigkeit in historischer Perspektive immer auch Bestand hatte. (Schmidt, 2014).

renden Branchenregulierungen und Kräfteverhältnissen auf den Märkten, einhergehen.

Begleitet ist diese Entwicklung, infolge derer es auf der Ebene der Erwerbsstruktur zu einer Verengung der Möglichkeiten stabiler Erwerbsteilhabe kommt, von veränderten betrieblichen Leistungspolitiken (Menz, Nies & Sauer, 2019). Der organisationsseitig angestoßene Übergang zur „marktzentrierten Produktionsweise“ (Menz et al., 2019, S. 181) bleibt jedoch nicht auf die Organisation des Arbeitsprozesses beschränkt: Im Kontext veränderter Arbeitsmarkt- und Wohlfahrtspolitiken wird der Zwang zur Anpassung an Markterfordernisse, Flexibilitätsimperative und zur marktkonformen Selbstgestaltung überall dort erlebt, wo die Kontingenz gesellschaftlicher Arbeits- und Aufstiegsbedingungen erfahrbar wird (u.a. Castel & Dörre, 2009; Grimm, Hirseland & Vogel, 2013; Schütt, 2014; Traue, Hirseland, Herma, Pfahl & Schürmann, 2019). Maßgeblichen Anteil an der Rückkehr bzw. neuen Allgegenwärtigkeit der Unsicherheit (Bourdieu, 1998) hatten die sogenannten Hartz-Reformen, die neben einem Abbau sozialer Rechte eine Veränderung der wohlfahrtsstaatlichen Steuerungslogik umfassten: an die Stelle des vormals auf Kompensation der mit Erwerbstätigkeit in der Marktwirtschaft verbundenen Risiken ausgerichteten Hilfesystems ist eine „Erziehungsagentur“ (Lessenich, 2012) getreten, die den „Übergang von der Staatsversorgung zur Selbstsorge, von der öffentlichen zur privaten Sicherheitsverantwortung, vom kollektiven zum individuellen Risikomanagement“ (Lessenich, 2009, S. 163) forciert. Die damit verbundenen und geforderten Ansprüche an Eigenverantwortung knüpfen diskursiv an das kulturelle Ideal von Individualität und Selbstverantwortung an (Reckwitz, 2017), überdecken jedoch nur fadenscheinig die gesellschaftliche Dimension von Prekarisierung und Unsicherheit: die Verschiebung des Kräfteverhältnisses zwischen Arbeit und Kapital (Bourdieu, 1998).

Dies legt es nahe, die Zuwachsraten bei den Selbständigen als Seismograph für die gesellschaftlichen Entwicklungsdynamiken im oben beschriebenen Sinne zu deuten, also als Inbegriff „entsicherter“ Verhältnisse (Hark & Völker, 2010, S. 28) und als Ausdruck von in Eigenaktivität umgelenkter Angst vor dem sozialen Absturz. Diese Lesart, die vor allem die vom Wandel der Arbeit und Wohlfahrt ausgehenden Zwänge fokussiert und Existenzgründungen und Selbständigkeit im Spannungsfeld von Existenzsicherung, Erwerbsteilhabe und Selbstökonomisierung situiert, ist zwar richtig, greift m.E. jedoch zu kurz, denn sie neigt in der Tendenz dazu, die Handlungen der Subjekte auf bloße Anpassungsleistungen ans kapitalistische Marktgeschehen zu reduzieren, ohne den subjektiven Sinn als eigenlogisch verfasste Größe der Vermittlung von Individuellem und Gesellschaftlichem angemessen zu berücksichtigen. Existenzgründungen und Selbständigkeit gehen, und dies kennzeichnet diese Erwerbsform maßgeblich, gerade eben nicht im bloßen Nachvollzug fremdgesetzter Anforderungen auf, sondern sind ohne den notwendig subjektiven Einsatz der Beteiligten nicht zu denken (Hanemann & Schürmann, 2019). Situiert an der Schnittstelle zwischen Romantik (als Anspruch auf Authentizität, Selbstbestimmung und Individualität), Leistungsprinzip und (Markt-)Abhängigkeit, lassen sich Selbständigkeit und Existenzgründung daher nicht ohne eine Betrachtung der vielfältigen und komplexen Motiv- und Bedingungskonstellationen verstehen, die sowohl markt- wie subjektseitig die (selbständige) Lebensführung strukturieren.

1.1 Forschungsfrage und methodisches Vorgehen

Im Folgenden wird daher dafür plädiert, den in Existenzgründung und Selbständigkeit angelegten Doppelcharakter von Selbstbestimmung und Zwang und der damit verknüpften Frage nach den Möglichkeiten und Bedingungen autonomer bzw. heteronomer Lebensführung in kapitalistischen Marktgesellschaften nicht vorschnell aufzugeben, sondern als eine empirische Frage zu behandeln: Wie zeichnen sich diese beiden Pole in den biographischen Schilderungen vormals selbständig Erwerbstätiger ab? Angeknüpft wird damit an die Debatte über Lebensführung als analytischer Kategorie zur Vermessung von sozialen Ungleichheiten in sich vordergründig individualisierenden Gesellschaften (u.a. Keil, Röcke & Alleweidt, 2019). In der Weberschen Perspektive bezeichnet der Begriff der Lebensführung die subjektive Bearbeitung gesellschaftlicher Verhältnisse, die Vermittlungsleistungen zwischen normativen Ordnungen, strukturellen Bedingungen und individuellen Zielen oder Sinnsetzungen. Ausgehend von der Kernannahme, dass gesellschaftliche Ordnungen und Dynamiken maßgeblich die Möglichkeitsräume der Lebensführung strukturieren, ist mit dem Fokus auf die Lebensführung eine doppelte Analyseperspektive verknüpft. Einerseits geht es darum, „die aktiven Gestaltungs- und Entscheidungsräume der Individuen innerhalb ihrer Lebensführung“ (Keil et al., 2019, S. 9) nachzuzeichnen, also das Moment zu bestimmen, wo der gesellschaftlichen Strukturierung des Handelns und der Fremdführung der Subjekte Momente des Eigensinns (Lohr, 2019, 57ff.) entgegengesetzt werden. Auf der anderen Seite lassen sich die jeweiligen Formen oder Muster der von den Subjekten realisierten Lebensführung auf die ihnen unterliegenden Zwänge, Normen, Intentionen und Optionen hin befragen (Müller, 2017, S. 37). Die empirisch auffindbaren Muster geben also Auskunft darüber, auf welche gesellschaftlichen Anforderungsprofile und Erwartungsrahmen, vermittelt über die Sozialstruktur, d.h. über ungleiche Zugänge zu Ressourcen und Legitimationsrahmen, die Subjekte in ihrer Lebenspraxis antworten, ohne dass jedoch vorentschieden ist, ob diese Antworten subjektseitig als Anpassung oder Eigensinn angelegt worden sind.

Umgesetzt wird das Vorhaben, die mit dem selbständigen Erwerb zusammenhängenden Muster der Lebensführung zu untersuchen, über eine Biographieanalyse. Verbunden hiermit ist ein Verständnis von Biographie als sozialer Institution und gesellschaftlicher Konvention der Selbstthematisierung (Hahn, 1987; Giegel, 1995). Die im biographischen Interview angeregte individuelle Auseinandersetzung mit der symbolischen und bürokratischen Institution Biographie bietet einen Zugang zu den subjektseitig erfahrenen gesellschaftlichen Anforderungsprofilen und den sozial erwünschten Selbstdarstellungsweisen. Es kann so geklärt werden, welchen Anforderungen an die Lebensführung Subjekte unterliegen und wie diese Anforderungen sprachlich wie pragmatisch verhandelt werden.

Im Zentrum der folgenden Analyse steht ein biographisches Interview mit einem vormals selbständig erwerbstätigen Mann, dessen Biographie nicht mit dem Fokus auf die Erwerbsphase der Selbständigkeit erhoben wurde[47]. Zum Interviewzeitpunkt befand sich der Interviewpartner im Arbeitslosengeld II Bezug und war lediglich über eine Nebentätigkeit auf 165 Euro-Basis in den Arbeitsmarkt integriert. Dieses Interviewsetting ist folgenreich für die Narration und die im Interview entworfene Perspektive auf die Lebens- und Erwerbsphase der Selbständigkeit. So ist der durch das Interview angeregte Rückblick auf das vorangegangene Leben durch die gegenwärtig prekäre Erwerbssituation geprägt, was zu einer geglätteten und idealisierten Darstellung der vorangegangen Erwerbserfahrungen führen kann, welche Momente von Unsicherheit und Kontingenz früherer Lebensphasen aus der Narration tendenziell ausschließt.[48]

Im vorliegenden Fall erweist sich die bereits vergangene Erwerbsphase der Selbständigkeit als zentraler Bezugspunkt für die narrative Identitätskonstruktion. Und dies nicht nur, da die Selbständigkeit der Erwerbslosigkeit zeitlich direkt voranging, sondern ebenfalls, da hier gesellschaftliche Ansprüche, die mit der Vorstellung des autonomen Subjektes verknüpft sind und in der arbeitsmarktpolitischen Programmatik der Aktivierung im Terminus von Eigenaktivität, Selbstverantwortung und Marktbezug verhandelt werden, mit biographischen Motiven der Individuation und des Eigensinns verknüpft werden.

---

47 Das Interview wurde im Rahmen einer Forschungsarbeit zur Gebäudereinigungsbranche geführt (Schürmann, 2013).

48 Denkbar ist ebenfalls eine Selektion der präsentierten Erfahrungen im Deutungsmuster des Fatalismus (Sammet, 2014).

2. Das Leben selbst gestalten- Existenzgründung als Konsequenz einer nach Individuation strebenden Biographie

Herr Frank[49], Geburtsjahrgang 1956, wuchs als Kind der DDR-Funktionärselite in Ostdeutschland auf. Anders als seine Geschwister, die den Eltern folgend auf jenen DDR-spezifisch angelegten Karrierepfaden systemkonforme Karrieren absolvierten, kam Herr Frank schon früh innerhalb der ihm zugeteilten Handlungsräume in Konflikt. Das Spannungsverhältnis zwischen dem Wunsch auf Selbstbestimmung und dem faktischen Befolgen des ihm durch das Elternhaus nahegelegten Wegs (als Zugang zu elterlicher Anerkennung) durchzieht seine Biographie und stellt ein wiederkehrendes Motiv in seiner narrativen Selbstbeschreibung dar. Einerseits ist er in einem gewissen Maße durchaus zur Anpassung an die Vorgaben seiner Eltern bereit[50]. Nach der Schule absolvierte er gemäß den Wünschen des Vaters eine Ausbildung im Metallberuf („mein Vater hat gesagt, [Feinmechaniker ist…] König der Metallberufe, machst du. Na gut, mache ich" (INT 06 Fran, 865)). Zugleich durchzieht die Suche nach einem eigenen Ausdruck und nach Zugehörigkeit zu selbstgewählten Kollektiven seine Lebensgeschichte. Dieses Individuationsbegehren lässt sich u.a. an seinem beruflichen Werdegang ablesen. Nach Ausbildung und Anstellung im Berliner Großbetrieb wechselt er an die Ostseeküste, hier ist er an einem kleineren Forschungsinstitut für die technische Umsetzung der Vorhaben der Wissenschaftler zuständig und macht die Erfahrung, an etwas Besonderem mitzuwirken. Dann, bereits Mitte Zwanzig, wird er zum Militärdienst einberufen. Den Vorgaben seines Vaters folgend verpflichtet er sich für drei Jahre für eine Unteroffiziersausbildung, auch, um anschließend studieren zu können. In der Schilderung dieser Zeit ist es weniger das Moment der Anpassung und Unterordnung unter die militärischen Normen, als vielmehr die erfolgreiche Verteidigung seiner inneren Überzeugungen, die im Interview zur Sprache kommt. So zeichnet er in der Thematisierung eines Konflikts über den Einsatz an der Grenze und den möglichen Waffengebrauch das Bild von sich als einem Individuum, das sein Handeln an seinen inneren Werten ausrichtet und nicht an den äußeren Vorgaben. Herr F. nimmt an dieser Stelle eine folgenreiche Neupositionierung vor: vom systemnah erzogenen DDR-Bürger zum eigenständigen Individuum. Diesem für die biographische Narration typischen Ge-

---

49 Der Name wurde anonymisiert.

50 In Kindheit und Jugend versuchte er sich ebenfalls in verschiedenen Sportarten, wegen seiner körperlichen Ausstattung, wie er in Übernahme des Selektionsjargons des DDR Leistungssports im Interview begründet, musste er jedoch wiederholt die eingeschlagene Laufbahn zum Leistungssportler abbrechen.

burtsmoment des moralischen Subjekts folgt im weiteren Interviewverlauf eine Erzählung aus der Sprecherposition des authentischen und eigensinnigen Individuums, das darum ringt, die eigenen Ansprüche an die Lebensgestaltung mit den jeweiligen Zwängen der Erwerbsarbeit zu koordinieren und sich selbst zu entfalten.

Nach der Armeezeit kehrt er in seinen erlernten Beruf als Feinmechaniker zurück, nun in einem Ostberliner Konfektionsbetrieb. In der Mittagspause lernt er Herrn K. kennen. Über diesen kommt er in Kontakt mit Musikern, und nach und nach, so will es seine Erzählung, biegt er ab in den Mikrokosmos Rockmusik, eine Szene, die für den Ausbruch aus gesellschaftlichen Zwängen und Konventionen und für Individualität und Rebellion steht. Die Arbeit als Soundtechniker ist verknüpft mit einem Lebensstil, in dem sich Privates und Berufliches überlagern: Es sind nicht nur die variablen und untypischen Arbeitszeiten, wechselnden Arbeitsorte und lange Reisen, es ist auch der Zugang zu gesellschaftlicher Anerkennung, zu kulturellen und materiellen Gütern aus dem Westen, die denjenigen, die Teil der Rockmusikszene sind, als ganze Person sowohl fordern als auch wiederum auszeichnen. In dieser exklusiven, da gesellschaftlich integrierten und anerkannten Außenseiterposition[51] macht Herr F. die Erfahrung von sich als einer besonderen Person. Er lernt in dieser Zeit seine Frau kennen, kurz später wird das gemeinsame Kind geboren. Mit der Geburt der Tochter und seinem neuen Status als Vater verändern sich seine Ansprüche. Der mobile Lebensstil verliert den Nimbus des Besonderen, die Tochter in ihrem Heranwachsen zu begleiten und die Anwesenheit zu Hause wird ihm wichtiger. Herr F. sucht sich eine neue Stelle, wieder kommt ihm ein privater Kontakt dabei zu Gute.

> „Da ham wir als Nachbarn mal ein Bier getrunken. Und der sagte, jetzt so mit Job irgendwas? Na, und der kannte, von ihm ein Kumpel, der hat früher mal geboxt mein Nachbar, also auch aus dieser Klientel heraus erwuchsen Karrieren. Also was hier betrifft, die waren Einlasser an irgendwelchen Kneipen, Nachtbars etcetera. Also in Positionen wo kein normaler Mensch rangekommen ist. Und sein Kumpel war Schieber. Also Schieber heißt Brigadier, Teamchef, von einer Gebäudereinigertruppe von einer Fabrik. Riesengroßes Ding. Und da waren wir Hausputzer." (INT 06Fran, 183-190).

Interessant an dieser Stelle ist seine Verwendung des Begriffs „Karriere". Obwohl er selbst wiederholt mit den Institutionen des Leistungssports in Berührung kam, sind es nicht die innerhalb des organisierten Leistungssports

51 Herr F. berichtet vom exklusiven Zugang zu Instrumenten und Technik, was darauf hindeutet, dass die Bands, in denen er beschäftigt war, nicht als Systemopposition einzustufen sind.

realisierten Sportkarrieren[52], auf die er hier abhebt, sondern der Einsatz des Karrierebegriffs an dieser Stelle deutet auf eine *eigensinnige* Bewertung der über Erwerbstätigkeit erzielten Erträge hin. Auch die Erwerbstätigkeit in der Gebäudereinigung wird von ihm unkonventionell bewertet:

> „Da ist man nicht irgendwo hingegangen und hat gesagt, hallo ich möchte Putzi werden. Oder was. Das war Goldstaub. Das war wie Taxifahrer oder Kellner oder so was." (INT 06Fran, 92-94).

Mit dem Begriff des „Goldstaubs" weist er der Erwerbstätigkeit als Gebäudereiniger eine hohe Wertigkeit und Exklusivität zu. Diese resultiert, so lässt sich aus weiteren Schilderungen folgern, aus der Zeitautonomie und dem damit verknüpften Zugang zu besonderen Ressourcen, in diesem Fall der Möglichkeit eines inoffiziellen Zuverdiensts im Anschluss an die reguläre Schicht. Herr F. berichtet wie er gearbeitet hat.

> „Ich hab entsprechend auch halb fünf angefangen. Aber hab das meinetwegen zwei so ne Kinderkombinationen gemacht als Beispiel. Und dann war ich um achte neune um Zehne dann war ich im Cafe Josso um zehne. Mit Latzhosen. Ffft. Käffchen. [...]Dann war um zehne Feierabend. [...] Und wenn man um Zehne beim Kaffee war ist man ab Elfe privat irgendwo fuschen gegangen. Fensterputzen." (INT 06Fran, 232-236).

An der Art und Weise, wie er seine Berufserfahrungen schildert, wird erkennbar, dass er die auf Standardisierung und Angleichung der Lebensverhältnisse zielenden Bedingungen der DDR als Handlungsrahmen für seine Individuation nutzt. Dem Konformismus der DDR-Gesellschaft setzt er seine eigenen Ziele entgegen. Einerseits geht es ihm darum, sich Vorteile zu verschaffen und Chancen zu akkumulieren, zum anderen ist seine ökonomische Selbstbestimmung untrennbar mit dem Anspruch auf die eigensinnige Gestaltung des eigenen Lebens außerhalb der Erwerbssphäre verknüpft.

Wie rekonstruiert wurde, entwirft sich Herr F. im Interview als eine Person, die ihre Lebensführung an eigenen Werten und Zielen ausrichtet und nicht an den offiziellen Erwartungen, Konventionen und staatlich sanktionierten blue prints of life. Mit dem Zusammenbruch der DDR und ihrer Angliederung an die kapitalistische Marktgesellschaft entsteht ein neuer Möglichkeitsraum für die individuelle Lebensgestaltung, zugleich zeichnen sich neue Zwänge, eine der kapitalistischen Wirtschaftsordnung angemessene, d.h. marktzentriert Lebensführung zu etablieren, ab. Herr F. wagt in die-

52 Sportkarrieren fordern den Beteiligten den Nachvollzug engmaschiger Planungsvorgaben ab, was Selbstdisziplinierung und Selbstrationalisierung umfasst und vom Einzelnen die Unterordnung persönlicher Belange unter die gesetzten Leistungsziele zum Zwecke der Leistungssteigerung voraussetzt.

ser Situation den Schritt nach vorn und baut bereits im Frühjahr 1990 eine selbständige Existenz als Gebäudereiniger auf. Als Schlüsselsituation, die ihm einen rasanten Unternehmensaufbau ermöglichte, fungierte dabei sein persönlicher DDR-Abschied:

> „Im Juni war die Geldwende. [...] Und ich hatt` noch 70 Ostmark, hab ich zu meiner Frau gesagt, pass auf, ich geh zum Orankesee und versauf die. Und alles eingedeckt, Tische Aschenbecher, alles war da. Und an fünf einzelnen Tischen sitzen fünf einzelne Männer. Leise Musik dudelt da son bisschen. Ich denk das kann doch nicht wahr sein. Wenn fünf einzelne Männer jetzt die DDR äh vertrinken oder beerdigen und ihre letzte Ostmark versaufen. Ich bin zu dem hin, der mir vom Ansehen her sympathisch war. Hallo. Bist bestimmt aus dem gleichen Grund hier. DDR beerdigen, Ostmark versaufen. Klar sagt der, Mach ich. [...] Und der sagt ich bin der Verwaltungsleiter vom X-Zentrum gewesen. Verwaltungsdirektor. Und du? Beim dritten Bier waren wir beim Du. Na ich mach Gebäudereinigung. Hm hm. Da hat ich noch kein` einzigen Auftrag. [...] Und da sag ich, wer macht denn bei euch sauber? X-Firma. Ähm, ich sag was kriegen die bei dir da so für das ganze Ding? [...].Knack und am nächsten Tag war ich bei ihm. Bisschen was ausgemessen mit ein paar Leuten. [...] Und nachher waren es 42. 000 im Monat. [..]. Na, das war der richtige Einstieg. (INT 06Fran, 25-64).

Die Szene verhandelt unterschiedliche Aspekte: Seine Identität als Ostdeutscher ebenso wie seine unternehmerische Handlungsorientierung und sein Geschick, das Leben eigenmächtig zu gestalten. Deutlich präsentiert er sich als eine unternehmerische Persönlichkeit: In einer Situation ohne finanzielles Gründungskapital und in weitgehender Unkenntnis der Marktbedingungen und den formal- rechtlichen Anforderungen baut er sein Unternehmen allein auf seinem (Handlungs-)Vermögen, Kontakte zu knüpfen, Bündnisse zu schmieden und unternehmerische Chancen zu generieren, auf. Sichtbar wird an dieser Schilderung die starke Identifikation mit dem Unternehmer"innenstatus als Handlungsmodell und mit den an Unternehmer*innen zugeschriebenen Eigenschaften wie Individualität, Eigenaktivität, Risikoübernahme, Gestaltungsfähigkeit angesichts von Kontingenz.

3. Neue Chancen, neue Abhängigkeiten- Eigensinnig Leben als Unternehmer?

Doch wie geht es weiter? Das von ihm betriebene Geschäft mit der Sauberkeit läuft anfangs gut an. Herr F. nutzt die bestehende Offenheiten und Unklarheiten des Transformationsprozesses aus und verschafft sich über seine kommunikativen Strategien Reinigungsaufträge. Bald reinigt die Firma von

Herr F. mehrere große Gebäude im Ostteil der Stadt, er beschäftigt 20 Mitarbeiter*innen auf Vollzeitstellen. Herr F. stellt sich als statusbewusst, aber nicht als rational kalkulierend dar. Auch als Unternehmer verfolgt er das Ziel, nach eigener Facon zu leben. Aus mangelnder Kenntnis und Interesse an den rechtlichen und betriebswirtschaftlichen Anforderungen der Unternehmensführung wendet er sich an Berater (Steuerberater, Handwerksmeister, Unternehmensberater) und folgt ihren Ratschlägen. Gleichwohl genießt er den Erfolg, kauft sich ein größeres Auto und zieht in eine größere Wohnung. Nach außen und innen repräsentiert er den Betriebspatriarchen (Kotthoff & Reindl, 2019), dem der Zusammenhalt der Belegschaft wichtig ist, der aber im Gegenzug Loyalität und Einsatzbereitschaft erwartet.

Doch die Auftragslage bleibt nicht stabil, nach und nach verliert er Ausschreibungen und damit auch Reinigungsobjekte, mit der Konsequenz, dass er Mitarbeiter entlassen muss.

> „Es brach eins nach dem anderen weg und inzwischen etablierten sich aber schon andere Firmen, der Markt wurde immer immer breiter, immer mehr Firmen etablierten sich, die eben andere Preise genommen haben." (INT 06Fran, 648-650).

Doch nicht nur die Marktentwicklung als von ihm unbeeinflussbarer Faktor für den ökonomischen Erfolg, auch eigene Fehler in der Betriebsführung werden im Interview von ihm genannt. („Dann hab ich auch so Fehler gemacht die mir vorausgesagt worden sind und die ich voll mitgemacht hab", INT 06Fran, 81f). Die eigensinnige Unternehmensführung ist schwierig zu realisieren und erfordert in ihrer Konsequenz die Übernahme von Verantwortung für den ökonomischen Misserfolg. Mehr und mehr entpuppen sich die Beziehungen zu den Berater*innen als neue Abhängigkeiten, er bemerkt seine Unwissenheit und fühlt sich durch die Honorarforderungen ausgepresst. In Bezug auf die Mitarbeiterführung bezeichnet er sich als „Viel zu sozial viel zu blauäugig" (INT06 Fran, 458-459). Seinen Ansatz, eine Personalführung auf Augenhöhe zu etablieren und ehemalige Kollegen einzustellen, kann er sich aus Kostengründen nicht mehr lange leisten.

> „Also das war eigentlich ne Zeit die bloß noch mit Krämpfen und Ärger und Frust zu tun hatte. […]. Mit so einem Hals, man rennt mit so einem Hals rum. Man sieht keine Erfolge mehr und nichts passiert mehr. Die Leute verarschen einen also die eigenen Mitarbeiter. Und dann rennt man gegen solche Wände, Gesetzeswände die man nicht überspringen kann" (INT06 Fran, 542-545).

Die Schilderung seiner Gefühlslage verdeutlicht, dass Herr F. in der Rolle des Unternehmers Erfahrungen von Handlungslimitierungen und -zwängen machte. Anders als seine Erwartung, als Unternehmer autonom und individuell agieren zu können, wird ihm nach und nach bewusst, dass er sich in einem komplex regulierten und wettbewerblich strukturiertem Terrain bewegt und in seinem Handeln an diverse Regularien (Kündigungsschutz, Tarifrecht, Vergaberecht, Steuerrecht etc.) gebunden ist. Hinzu kommt, dass er in seiner In-Group Orientierung an Grenzen stößt als er bemerkt, dass seine Werte nicht in dem vom ihm erwarteten Maße geteilt werden und Mitarbeiter*innen, die er aus dem Kollegen- und Bekanntenkreis rekrutierte, nicht so arbeiteten wie er erwartete.

Selbst zum Zeitpunkt des Interviews, knapp zehn Jahre nach Beendigung der Selbständigkeit, ist ihm kein geordneter Bericht über die Vorgänge, die zur Insolvenz führten, möglich. In der Erzählung vermengen sich Ereignisse auf der privaten und der ökonomischen Ebene, was darauf hin deutet, dass diese als ineinander verwoben erfahren wurden und immer noch werden. Trotz der Verantwortungsübernahme („Fehler gemacht") lässt sich das Ausbleiben des reflexiv-distanzierten Sprechens anlehnend an Schütze (1983) dahingehend interpretieren, dass es hier um nicht-bewältigte Erfahrungen handelt und es ihm nicht möglich ist, aus der negativen Verlaufskurve, die mit dem unternehmerischen Scheitern eingeleitet wurde, herauszutreten. Denn die ökonomische Situation strahlt in den privaten Bereich hinein: Mit der Krise seines Unternehmens geraten auch die privaten Beziehungen in eine Krise, seine Frau verlässt ihn kurz nachdem er Insolvenz anmeldet.

> „Dann auch die ganze Entwicklung, hat mich von einem Traum ins andere gestürzt, dann der eigene Ruin, also der Firma, dann war das Geld weg, hat sich meine Frau scheiden lassen. War nicht mehr lustig, dann, wenn der Alte kein Geld mehr hat." (INT06 Fran, 678-681).

Den Vorwurf mangelnder Loyalität erhebt Herr F. nicht nur gegen seine Frau; auch die Belegschaft, sein Steuerberater, Geschäftspartner sowie die institutionellen Repräsentanten des neuen Staates sind in seinen Augen illoyal, da sie die von ihm geleisteten Anstrengungen nicht angemessen honorieren. Enttäuscht über die ausbleibende Wertschätzung für seine Bemühungen, eine marktbezogene Existenz als Unternehmer aufzubauen, konfrontiert mit der ihm zugewiesenen Verantwortlichkeit für sein ökonomisches Scheitern und nachhaltig in seinen finanziellen Mitteln beschränkt, kommt es zu einem Rückzug aus privaten und gesellschaftlichen Bezügen. Herr F., dem es bislang gelang, über Findigkeit und kommunikative Kompetenz Chancen zu generieren, erfährt nun den Verlust seines sozialen Kapitals. Dieses kann von ihm ohne die entsprechende ökonomische Basis, er lebt ihm Arbeitslosengeld II Bezug, und ohne den Zugang zu institutionalisierten Handlungsstrukturen nicht verwertet werden, es ist ihm nicht mehr zugänglich. Gefragt nach seinen Wünschen für die Zukunft antwortet er:

> „Ich will in Ruhe gelassen werden. (...) Also ich trau mich gar nicht mehr äh manchmal so mit den Augen macht man ja so aus Versehen und dann denk ich ach was. Lass es sein. Die fragt dich was machst du beruflich und was für ein Auto fährst du. Denn – diese Liebe ohne alles gibt's nichts. Äh das ist Träumerei, das gibt's nicht. (-) Nee. Das Leben also son Frust ist das. Man hat die Mittel erstens nicht und keine Traute mehr. (INT 06, Fra., 1087ff).

Die hier zum Ausdruck gebrachte Krise, verhandelt als mangelndes Selbstvertrauen, ist nicht allein auf den ökonomischen Status und auf die prekäre Erwerbsdimension seiner Existenz beschränkt. Die Textstelle zeigt vielmehr, dass er die Frage nach seiner gesellschaftlichen Teilhabe auch als eine Frage von Partnerschaft und Liebe auffasst und damit auf die spezifische Verknüpfung beider Bereiche in der männlichen Ernährer- Norm als Kernkonzept industriegesellschaftlicher Männlichkeit (Lengersdorf und Meuser, 2010) bezieht. Mit der Selbstbeschreibung als mittelloser Mann ist ihm in der Eigenwahrnehmung der Zugang zu einem akzeptierten Sozialstatus versperrt, da er aus den gesellschaftlichen Normalitätserwartungen, die immer auch geschlechtsbezogene Erwartungsrahmen formulieren, herausfällt.

4. Ausblick: Autonomie am Markt? Die Risiken der selbständigen Erwerbstätigkeit

Die wissenschaftliche Hinwendung zu Fragen der Lebensführung ist, so Karin Lohr, eng verwoben mit der Frage nach dem Geist des Kapitalismus. Es ginge darum, zu verstehen, „was Menschen motiviert, sich den Herausforderungen der Wirtschaftsweise zu stellen, auf welche außerökonomischen Legitimationsgrundlagen die kapitalistische Wirtschaft zurückgreifen kann und inwiefern eine entsprechende Lebensführung diese Wirtschaftsweise überhaupt erst ermöglicht und unterstützt" (Lohr, 2019, S. 44). Untersuchungen zu Selbständigkeit, Existenzgründungen und Unternehmertum haben bislang die Umschlagmomente von Selbstführung zu Fremdführung in Bezug auf das Spannungsfeld von Selbstverwirklichung und Selbstökonomisierung fokussiert (u. a. Manske, 2015; Ebringhoff, 2007; Hanemann, 2016).

Das hier besprochene Fallbeispiel stellte dagegen biographische Dynamiken des Erwerbs und des Verlusts von Individualität und Kontrolle ins Zentrum der Rekonstruktion, wobei sowohl die Errungenschaften als auch die Risiken der spätmodernen Gesellschaft und der marktzentrierten Lebensweise deutlich wurden. Unter den Bedingungen normativ begrenzter, aber sozial abgesicherter und auf Gleichheit gerichtete Verhältnisse entwickelt Herr F. Strategien der Individuation und des Ausbruchs aus den engen Vorgaben der an Konformität orientierten DDR-Gesellschaft. Über sein unangepasstes Verhalten und die eigensinnige Bewertung seiner Lebensumstände und -entscheidungen kann er sich als eine eigenständige Person begreifen, die das Leben an eigenen Zielen ausrichtet und im Rahmen der vorgegebenen Bedingungen *eigensinnig* agiert. Zum Zeitpunkt der sogenannten Wiedervereinigung der beiden deutschen Staaten, einem Moment der Kontinenz von Gesellschaftsentwürfen und sozialer Ordnung, handelt er im Vertrauen auf sich selbst und seine Fähigkeiten. Er wartet nicht die bürokratisch institutionelle Zusammenführung der beiden Gesellschaften ab, sondern nutzt die gegebenen Offenheiten und Unklarheiten aus, um sich Vorteile im Zugang zu Aufträgen zu verschaffen. In dieser Phase erfährt er sich als eine Person, die ihre eigenen Geschicke selbst in die Hand nimmt und eigenständig realisiert. Es ist eine Lebensführung, die sich abseits von Vorgaben entfaltet, die auf die Herausforderungen eines unklaren Marktes reagiert und die strukturellen Freiheiten und Unsicherheiten handelnd bewältigt. Herr F. gewinnt den Eindruck, die Kontrolle über sein Leben zu haben. Dieses Ideal der autonomen Selbstgestaltung erfährt in der Verknüpfung mit dem Unternehmerstatus eine Verstärkung. Nicht nur, dass die Sozialfigur des Unternehmers wie kaum eine andere Schablone der Lebensführung mit der Vorstellung von Authentizität, Handlungsmacht und Männlichkeit verknüpft ist (Bührmann, 2007; Gather, Schürmann & Zipprian 2016), an der starken Identifikation mit dem Unternehmerstatus im Moment des gesellschaftlichen Umbruchs wird ersichtlich, dass der Interviewpartner die Selbständigkeit nicht allein als Mittel des Selbstausdrucks (zur Steigerung seiner Individualität) begreift, sondern auch als Mittel der gesellschaftlichen Partizipation und Teilhabe. Nun kann er sich als aktiver Teil der neuen, kapitalistischen Gesellschaft erleben. Der Markt wird zum Ort seiner sozialen Integration und vermittelt ihm einen anerkannten Platz in der neuen Gesellschaft.

Wie riskant dieser marktzentrierte Lebensentwurf ist, verdeutlicht die Phase des ausbleibenden ökonomischen Erfolgs. Das ökonomische Scheitern wird gemäß der responsibilisierenden Sozialpolitik (Lessenich, 2008) als eigenes Versagen gedeutet und geht im hier betrachteten Fall mit Gefühlen des Kontrollverlust einher. Herr F. erleidet eine Krise, infolge derer ihm das von ihm ausgebildete Handlungsrepertoire nicht mehr verfügbar ist. Der im Interview thematisierte Verlust des Selbstvertrauens zeigt nicht nur die tiefe biographische Verunsicherung an sowie die Unfähigkeit, dem gesellschaftlich geforderten Maß an Eigenaktivität nachzukommen. Sichtbar wird auch, dass der über die Marktteilnahme realisierte Zugang zu sozialem Status und gesellschaftlicher Anerkennung sehr voraussetzungsvoll und höchst riskant ist. Die Insolvenz beendet nicht nur ein Erwerbsprojekt, sondern erfasst die gesamte Person in ihrer Lebensführung und ihrem Lebenszusammenhang. Hier kommt es zur Auflösung der ehelichen Gemeinschaft, zur Verarmung und einem Rückzug aus privaten und gesellschaftlichen Bezügen, begleitet von Gefühlen der Enttäuschung und des Misstrauens. Derart situiert in der prekären „Zwischenzone" der Erwerbsgesellschaft (Grimm et al., 2013), sind der Wiedereintritt in die stabile Beschäftigung und in die romantische Zweierbeziehung erschwert. Ein Aspekt, der in der Diskussion über Existenzgründung und Selbständigkeit, aber auch im neueren Diskurs über die vermehrten Wechsel zwischen abhängiger und selbständiger Erwerbstätigkeit (Bührmann, Fachinger & Welskop-Deffaa, 2018) bislang nur unzureichend thematisiert wird.

Literaturverzeichnis

Betzelt, S. (2006). Flexible Wissensarbeit. Alleindienstleiter zwischen Privileg und Prekarität. ZeS-Arbeitspapier 3, Bremen.

Bourdieu, P. (1998). Prekarität ist überall. In Ders. (Hrsg.), *Gegenfeuer. Wortmeldungen im Dienste des Widerstands gegen die neoliberale Invasion* (S. 69-102). Konstanz: Universitätsverlag.

Bührmann, A. (2007). Das Bild vom Normalunternehmer. Deutungsmuster in der Existenzgründungsberatung. In W. Ludwig-Mayerhofer, C. Berendt & A. Sondermann, (Hrsg.), *Fallverstehen und Deutungsmacht. Akteure in der Sozialverwaltung und ihre Klienten* (S. 119–142). Opladen/Farmington Hills: Barbara Budrich.

Bührmann, A. & Pongratz, H. (Hrsg.). (2010), *Prekäres Unternehmertum. Unsicherheiten von selbständiger Erwerbstätigkeit und Unternehmensgründung*. Wiesbaden: Springer VS.

Bührmann, A., Fachinger, U. & Welskop-Deffaa, Eva (Hrsg.). (2018). *Hybride Erwerbsformen. Digitalisierung, Diversität und sozialpolitische Gestaltungsoptionen*. Wiesbaden: Springer VS.

Castel, R. & Dörre, K. (Hrsg.). (2009). *Prekarität, Abstieg, Ausgrenzung.* Frankfurt a. Main/ New York: Campus.

Ebringhoff, J. (2007). *Ständig selbst. Eine Untersuchung der alltäglichen Lebensführung von Ein-Personen-Selbständigen*. München: Hampp.

Flecker, J., Schultheis, F. & Vogel, B. (Hrsg.). (2014). *Im Dienste öffentlicher Güter – Metamorphosen der Arbeit aus der Sicht der Beschäftigten.* Berlin: edition sigma.

Gather, C., Gerhard, U., Schürmann, L. & Schroth, H. (2005). *Vergeben und Vergessen? Gebäudereinigung im Spannungsfeld zwischen kommunalen Diensten und Privatisierung*. Hamburg: VSA.

Gather, C., Biermann, I., Schürmann, L., Ulbricht, S.& Zipprian, H. (Hrsg.). (2014). *Die Vielfalt der Selbständgkeit. Sozialwissenschaftliche Beiträge zu einer Erwerbsform im Wandel.* Berlin: edition sigma.

Gather, C., Schürmann, L. & Zipprian, H. (2016). Self-Employment of Men supported by female breadwinners. *International Journal for Gender and Entrepreneurship. 8* (4), 353-372.

Giegel, H. J. (1995). Strukturmerkmale einer Erfolgskarriere. In W. Fischer-Rosenthal & P. Alheit (Hrsg.), *Biographien in Deutschland. Soziologische Rekonstruktionen gelebter Gesellschaftsgeschichte* (S. 213- 231). Opladen: Westdeutscher Verlag.

Grimm, N., Hirseland, A. & Vogel, B. (2013). Die Ausweitung der Zwischenzone. Erwerbsarbeit im Zeichen der neuen Arbeitsmarktpolitik. *Soziale Welt* (64), 249- 268.

Hanemann, L. (2016). Zwischen Zeitsouveränität und Zeitpanik. Zum Lebensrhythmus der Soloselbständigen. Konstanz: Universitätsverlag.

Hanemann, L. & Schürmann, L. (2019). Zwischen Statuskrise und Autonomiebegehren: Soloselbständigkeit als generationstypische Bearbeitung des Wandels von Arbeit und Biographie? *Österreichische Zeitschrift für Soziologie* (4), 387- 406.

Hahn, A. (1987). Identität und Selbstthematisierung. In A. Hahn & V. Kapp (Hrsg.), *Selbstthematisierung und Selbstzeugnis. Bekenntnis und Geständnis* (S. 9-24). Frankfurt am Main: Suhrkamp.

Hark, S. & Völker, S. (2010). Feministische Perspektiven auf Prekarisierung: Ein „Aufstand auf der Ebene der Ontologie“ In A. Manske & K. Pühl (Hrsg.), *Prekarisierung zwischen Anomie und Normalisierung. Geschlechtertheoretische Bestimmungen* (S. 26-47). Münster: Westfälisches Dampfboot.

Keil, M., Röcke, A. & Alleweidt, E. (2019). Zur sozialen Ungleichheit der Lebensführung. Einführung und konzeptionelle Überlegungen. In A. Röcke, M.Keil & E. Alleweidt (Hrsg.), *Soziale Ungleichheit der Lebensführung* (S. 7-16). Weinheim, Basel: Beltz-Juventa.

Kotthoff, H. & Reindl, J. (2019). *Die soziale Welt kleiner Betriebe. Wirtschaften, Arbeiten und Leben im mittelständischen Industriebetrieb*. Wiesbaden: Springer VS.

Lengersdorf, D. & Meuser, M. (2010). Wandel von Arbeit – Wandel von Männlichkeiten. *Österreichische Zeitschrift für Soziologie*, Vol. 35 (2), 89-103.

Lessenich, S. (2008). *Die Neuerfindung des Sozialen. Der Sozialstaat im flexiblen Kapitalismus*. Bielefeld: transcript.

Lessenich, S. (2009). Mobilität und Kontrolle. Zur Dialektik der Aktivgesellschaft. In K. Dörre, S. Lessenich & H. Rosa (Hrsg.), *Soziologie, Kapitalismus, Kritik. Eine Debatte* (S. 126-177). Frankfurt am Main: Suhrkamp.

Lessenich, S. (2012). Der Sozialstaat als Erziehungsagentur. *Aus Politik und Zeitgeschichte, (49-50)*, 55-61.

Lohr, K. (2019). Eigensinnige Lebensführung zwischen Fremd- und Selbstführung. In A. Röcke, M. Keil & E. Alleweldt (Hrsg.), *Soziale Ungleichheit der Lebensführung* (S. 44-77). Weinheim, Basel: Beltz Juventa.

Maier, M. & Ivanov, B. (2018). Selbständige Erwerbstätigkeit in Deutschland. Forschungsbericht Bundesministerium Für Arbeit und Soziales, FB514. Mannheim, Berlin.

Manske, A. (2018). Selbständige Arbeit als Grenzgang. In A. Bührmann, U. Fachinger & E. Welskop-Deffaa (Hrsg.), *Hybride Erwerbsformen. Digitalisierung, Diversität und sozialpolitische Gestaltungsoptionen* (S. 213-237). Wiesbaden: Springer VS.

Manske, A. (2015). *Kapitalistische Geister in der Kultur- und Kreativwirtschaft. Kreative zwischen wirtschaftlichem Zwang und künstlerischem Drang*. Bielefeld: transcript.

Mayer-Ahuja, N. (2003). *Wieder dienen lernen? Vom westdeutschen Normalarbeitsverhältnis zu prekärer Beschäftigung*. Berlin: edition sigma.

Menz. W., Nies, S. & Sauer, D. (2019). Digitale Kontrolle und Vermarktlichung. Beschäftigtenautonomie im Kontext betrieblicher Strategien der Digitalisierung. *PROKLA (195)*,181-200.

Müller, H. P. (2017). Der Kapitalismus und seine Lebensführung. In P. Sachweh & M. Münnich (Hrsg.), *Kapitalismus als Lebensform? Deutungsmuster, Legitimation und Kritik in der Marktgesellschaft*. (S. 27-45). Wiesbaden: Springer VS.

Nickel, H.M. (2007). Tertiarisierung, (Markt)Individualisierung, soziale Polarisierung- neue Konfliktlagen im Geschlechterverhältnis? In B. Aulenbacher, M. Funder, H. Jacobsen & S.Völker (Hrsg), *Arbeit und Geschlecht im Umbruch der modernen Gesellschaft.* (S. 27-44). Wiesbaden: Springer VS.

Reckwitz, A. (2017). *Die Gesellschaft der Singularitäten. Zum Strukturwandel der Moderne*. Frankfurt a.M.: Suhrkamp.

Sammet, K. (2014). Anomie und Fatalismus. Rekonstruktive Analysen der Weltsichten von Arbeitslosengeld II Empfängern. *Zeitschrift für Soziologie*, 43, (1), 70-86.

Schmidt, D. (2014). Wiederkehr der Vergangenheit? Selbständige um 1900. In C.Gather, I. Biermann, L. Schürmann, S. Ulbricht & H. Zipprian (Hrsg.), *Die Vielfält der Selbständigkeit. Sozialwissenschaftliche Perspektiven auf eine Erwerbsform im Wandel*. (S. 21-36). Berlin: edition sigma.

Schürmann, L. (2013). *Schmutz als Beruf. Prekarisierung, Klasse und Geschlecht in der Reinigungsbranche*. Münster: Westfälisches Dampfboot.

Schütt, P. (2014). Security first. –eine Handlungsstrategie von Erwerbsfähigen Arbeitslosen. *Arbeit* (3), 179-192.

Schütze, F. (1983). Biographieforschung und narratives Interview. *Neue Praxis*, 3, 283-293.

Traue, B., Hirseland, A., Herma, H., Pfahl, L. & Schürmann, L. (2019). Die Formierung des neuen Sozialbürgers. Eine exemplarische Untersuchung von Subjektivierungswirkungen der Hartz IV- Reform. *Zeitschrift für Diskursforschung* (2), 163-189.

MACHT

Ulrike Marx und Albrecht Becker

Geschlechterverhältnisse steuern: Zahlen und Feminismus

Zusammenfassung
Feminismus wird zunehmend nicht mehr nur als Protestbewegung verstanden, sondern der so genannte *third wave feminism* zeichnet sich dadurch aus, dass feministische Ideen zunehmend in den Mainstream des politischen Diskurses sowie in staatliche Institutionen integriert werden. Am Beispiel der Umsetzung von Gender Budgeting in Österreich zeigen wir, dass diese Entwicklung ihren Preis hat. Mit seiner Institutionalisierung wurde Gender Budgeting mit der Idee der wirkungsorientierten Budgetierung verbunden und mit Kennzahlen gesteuert. Die damit notwendig einhergehende Quantifizierung der gleichstellungspolitischen Agenda de-politisiert diese scheinbar und nimmt ihr zumindest zum Teil ihren systemkritischen Impetus.

Controlling gender relations: Numbers and feminism
Abstract
Feminism today is increasingly understood as more than a protest movement. Specifically, third wave feminism implies that feminist ideas are increasingly integrated into mainstream political discourses and state institutions. We draw on the example of the implementation of gender budgeting in Austria to demonstrate unintended effects of this development. Institutionalizing gender budgeting led to its combination with results-based management monitored through indicators. With this, the feminist gender equality agenda was de-politicised, and it partly lost its radical impetus.

JEL-Klassifizierung: M41, M48

1 Einleitung

In der langen Geschichte des Feminismus haben sich seine Formen immer wieder gewandelt. Heute wird der so genannte *Third Wave* Feminismus nicht ausschließlich mehr als Protestbewegung verstanden, sondern viele feministische Werte und Praktiken sind in den Mainstream des politischen Diskurses integriert (Walby, 2011). Geschlechtergerechtigkeit und Emanzipation sind in staatlichen und nichtstaatlichen Organisationen und Institutionen als Ziele akzeptiert und teilweise auch in die Praxis umgesetzt. In westlichen Industriegesellschaften wird Gleichstellungspolitik in den öffentlichen Verwaltungen zumeist mit den Instrumenten des New Public Management gemanagt. Dieses beinhaltet die Übertragung privatwirtschaftlicher Managementprinzipien in die öffentliche Verwaltung und den Übergang von einer Input-orientierten zu einer Outcome-orientierten Steuerung, die im Wesentlichen auf Basis von Kennzahlen erfolgt (Lapsley, 1999). In diesem Beitrag analysieren wir am Beispiel der Einführung des Gender Budgeting in der österreichischen öffentlichen Verwaltung, welche Konsequenzen die Verbindung von Feminismus mit dieser Form der neoliberalen Verwaltungsreform und Kennzahlensteuerung hat.[53]

Gender Budgeting ist eine international anerkannte Strategie zur Umsetzung von Geschlechtergerechtigkeit insbesondere in staatlichen und öffentlichen Organisationen. Das Konzept basiert auf der Idee, dass Geschlechterverhältnisse die ökonomische und soziale Realität von Frauen und Männern beeinflussen. Diese Geschlechterverhältnisse werden als soziale Konstruktionen verstanden, die grundsätzlich veränderbar sind, aber Frauen und Männern unterschiedliche soziale und ökonomische Rollen zuweisen (Sharp, 2000). War Gender Budgeting ursprünglich ein Konzept der kritischen ökonomischen Analyse der Rolle staatlicher Budgets bei der Reproduktion ungleicher Geschlechterverhältnisse (BEIGEWUM, 2002; Çağlar, 2009), so hat es sich mittlerweile zu einem zentralen Instrument des Gender Mainstreaming in öffentlichen Institutionen entwickelt (Marx, 2019). Wir zeigen im Folgenden, dass durch die Verbindung des Gender Budgeting in Österreich mit dem „New Public Management“ und der Kennzahlen-gestützten wirkungsorientierten Budgetierung zwar einerseits gleichstellungspolitische Ziele operational in der Steuerung öffentlicher Organisationen verankert werden, die gleichstellungspolitische Agenda aber andererseits scheinbar de-politisiert wird und ihren systemkritischen Impetus zumindest teilweise verliert. In unserer Analyse beziehen wir uns auf Konzepte aus den *Governmentality Studies* (Foucault, 2009) und den *Social Studies of Accounting* (Becker, 2003; Chapman, Cooper & Miller, 2009), einer sozialwissenschaftlich-kritischen Analyse von Kennzahlen und Controlling. Wir nehmen damit die feministische Kritik am Third Wave Feminismus auf, die Gender Mainstreaming als Neoliberalisierung und die Verwandlung feministischer

53 Dieser Text greift in Teilen zurück auf Becker und Marx (2012), Marx und Becker (2012) sowie Marx (2019).

Agenden in ein top-down technokratisches Managementkonzept und damit eine Entdemokratisierung und Domestizierung des Feminismus betrachten (Budgeon, 2011; McRobbie, 2009; Squires, 2005, 2007).

Im folgenden Abschnitt geben wir einen Überblick über das Konzept des Third Wave Feminismus und erläutern, inwiefern Gender Budgeting als sein paradigmatischer Ausdruck verstanden werden kann. Anschließend entfalten wir unseren Analyserahmen, indem wir das Konzept der Gouvernementalität (*governmentality*) im Rahmen der *Social Studies of Accounting* einführen, und erläutern, inwiefern dieses hilft, New Public Management zu verstehen. Sodann verwenden wir dieses analytische Instrumentarium, um einen zweiten Blick auf die Einführung des Gender Budgeting in Österreich zu werfen und wir stellen ausgewählte ambivalente Effekte seiner Einführung dar. Wir schließen mit einer Bemerkung zum problematischen Verhältnis des *Third Wave* Feminismus zu Kennzahlen, New Public Management und Neoliberalismus.

2 Third Wave Feminismus und Gender Budgeting

Feministische Theoretiker*innen haben sich in ihren Analysen des gegenwärtigen Feminismus häufig auf eine Phaseneinteilung der Geschichte des Feminismus bezogen, die im Wesentlichen drei Phasen feministischer Theorie und Praxis in den westlichen Industrieländern unterscheidet (Kinser, 2004). Als *First Wave* Feminismus wird gemeinhin die Phase zwischen dem Beginn des 20. Jahrhunderts und dem zweiten Weltkrieg bezeichnet, die insbesondere vom Kampf um das Frauenwahlrecht geprägt waren. Unter *Second Wave* Feminismus wird die Phase bis ungefähr zum Ende der 1980er Jahre verstanden. Kinser (2004, S. 130) schreibt:

> „By the mid- to late-'80s, feminist gains had been won on the home front and in the workplace and some of the basic ideas of gender equality were woven into the fabric of women's lives, though admittedly often at the level of a shared stock of knowledge rather than shared convictions and practices."

Mitte der 1980er Jahre taucht zum ersten Mal der Begriff des *Third Wave* Feminismus auf (Kinder, 2004, S. 130). Er beschreibt eine Situation, in der feministische Werte und Praktiken Teil des Mainstreams in Institutionen geworden sind und Geschlechtergerechtigkeit und Emanzipation weitgehend in Theorie und Praxis akzeptiert sind. Gender Mainstreaming ist ein wesentlicher Ausdruck dieser Akzeptanz. Entsprechend ist Feminismus nicht auf Proteste reduziert, sondern ist zum Teil gut in Organisationen und Zivilgesellschaft eingebunden. Walby (2011, S. 24) unterstreicht, dass „Feminism can be less visible but no less significant when it forms coalitions with other social forces and joint projects, which are not explicitly labelled feminist." Sie argumentiert, dass durch diese Institutionalisierung der Feminismus tatsächlich an Bedeutung und Einfluss gewonnen habe.

Andere Autor*innen sind deutlich skeptischer. So argumentiert Squires (2007), dass Geschlechtergerechtigkeit zunehmend in Diskursen zur Modernisierung und im Dienste ökonomischer Effizienz mobilisiert wird. Gender Mainstreaming führe dazu, dass Geschlechtergerechtigkeit Bestandteil neoliberaler ökonomischer Governance-Strukturen werde und so zu einem technokratischen top-down Mechanismus werden kann, der Geschlechtergerechtigkeit lediglich in technische Prozesse wie Quoten und *impact assessments* übersetzt, ohne politische Partizipation und normative Widersprüche zu problematisieren (McRobbie, 2009). Frauen würden heute (Wahl-)Freiheit und Empowerment im Austausch für bzw. als Ersatz für feministische Politik und radikale Transformation der Geschlechterverhältnisse angeboten (Gill & Scharf, 2011).

Gender Budgeting ist ein zentrales Konzept des Gender Mainstreaming und passt entsprechend in den skizzierten Kontext des *Third Wave* Feminismus. Die generelle Idee des Gender Budgeting besteht darin, das staatliche Budget zunächst daraufhin zu analysieren, wie die Verteilung finanzieller Ressourcen die Geschlechterverhältnisse beeinflusst bzw. reproduziert, und Strategien zu entwickeln, die eine geschlechtergerechte Ressourcenverteilung sicherstellen sollen (Sharp, 2003).

In Österreich wird das Konzept des Gender Budgeting zuerst von einer Gruppe von Wirtschafts- und Sozialwissenschaftler*innen aufgegriffen (BEIGEWUM, 2002).[54] Sie kritisieren die staatliche Budgetpolitik und Budgetierungspraxis grundlegend dahingehend,

- dass Budgets Herrschaftsinstrumente sind, die patriarchale Strukturen verschleiern;
- dass diese Verschleierung durch die scheinbare technische Neutralität von Budgets begünstigt wird; und
- dass Budgetierungen eine Technologie der Exklusion sind, die Laien, d.h. die Bürger*innen, systematisch aus dem Budgetierungsprozess ausschließt (BEIGEWUM, 2002).

Anfang der 2000er Jahre standen mithin die sozialen und ökonomischen Auswirkungen des Staatsbudgets auf die Reproduktion von Geschlechterverhältnissen im Fokus des Begründungszusammenhangs des Gender Budge-

54 BEIGEWUM steht für Beirat für gesellschafts-, wirtschafts- und umweltpolitische Alternativen.

ting. Dieses wurde daher als eine Emanzipationsstrategie verstanden, die sich mit Verteilungsgerechtigkeit, Transparenz, Rechenschaftspflicht und Partizipation beschäftigt. Entsprechend werden spezifische Technologien zur Umsetzung der Gender Budgeting-Ideale vorgeschlagen, die einerseits auf die kritische datengestützte ökonomische Analyse der Auswirkungen von Politik auf die Geschlechterverhältnisse zielen, die andererseits Frauen (und Männer) aktivieren und ihnen Partizipation ermöglichen und Handlungsspielräume eröffnen sollen (BEIGEWUM, 2002).

Diese kritischen feministischen Konzepte des Gender Budgeting werden allerdings in Österreich nicht in dieser Form verwirklicht. Sie scheitern in geradezu paradoxer Weise am Erfolg feministischer Politik. 2009 erlangte nämlich die Gleichstellung von Frauen und Männern als ein zentrales Ziel des österreichischen Staatshaushalts Verfassungsrang (Art. 13, Abs. 3 B-VG). Sie ist damit verpflichtend für sämtliche Gebietskörperschaften und den Bund. Die gleichzeitig eingeleitete und 2013 vollständig in Kraft getretene Haushaltsrechtsreform (Art. 51, Abs. 8 BV-G) macht zudem die Gleichstellung zum integralen Bestandteil des Prinzips der Wirkungsorientierung bei der Haushaltsführung. Alle öffentlichen Institutionen in Österreich sind damit verpflichtet, Instrumente zu entwickeln und anzuwenden, die eine Analyse und Steuerung geschlechtsbezogener Effekte in der Budgetierung ermöglichen. In der Konsequenz bedeutet das, dass im österreichischen Bundeshaushalt der Budgetvoranschlag jedes Bundesministeriums gleichstellungspolitische Wirkungsziele, die mit Indikatoren zur Messung des Erfolgs verknüpft sind, enthalten muss (Bundesfinanzgesetz, 2019; Budgetdienst, 2019a). In den Bundesfinanzgesetzen 2018 und 2019 wurden so jeweils 36 gleichstellungspolitische Wirkungsziele mit Erfolgsindikatoren formuliert (Budgetdienst, 2019b). Der Budgetdienst des Österreichischen Nationalrats resümiert allerdings ernüchternd:

> „Die Wirkungsorientierung dient als Verbindungsglied zwischen Budget und Gleichstellung. Gender Budgeting, das die Mittelallokation mit der Gleichstellung in Bezug bringen soll, ist in den BFG-E 2018 und 2019 [Bundesfinanzgesetzentwürfe 2018 und 2019] aber nur in Einzelfällen umgesetzt. Dies betrifft nur wenige Wirkungsziele, die direkt den Bezug zum Budget herstellen“ (Budgetdienst, 2019a, S. 160).

Das Beispiel Gender Budgeting in Österreich scheint somit die eher kritischen Diagnosen zum Erfolg des *Third Wave* Feminismus, wie sie von Squires (2007), McRobbie (2009) sowie Gill und Scharf (2011) formuliert wurden, zu stützen. Jedenfalls scheint das Gender Budgeting in Österreich ein äußerst ambivalentes Phänomen zu sein. Einerseits ist es in der österreichischen Bundesverfassung verankert, andererseits scheint seine Praxis doch weit entfernt von den feministischen Ideen, die es inspiriert haben. Im folgenden Abschnitt werden wir einen Analyserahmen einführen, der uns hilft, diese Ambivalenz besser zu verstehen.

3 Analyserahmen: New Public Management und Gouvernementalität

Gender Budgeting als „das finanzpolitische Instrumentarium der gleichstellungspolitischen Strategie des Gender Mainstreaming“ (Bundesministerium für Frauen, Familien und Jugend, 2019) unterliegt dem Prinzip der Wirkungsorientierung des staatlichen Budgets. Wirkungsorientierung bedeutet Steuerung durch Zielvorgaben (*Management by Objectives*). Diese Zielvorgaben werden durch Indikatoren operationalisiert, d. h. dass sie in messbare erwartete Effekte übersetzt werden. An Hand der Indikatoren kann dann der Erfolg gemessen werden. Damit wird ein zentraler effizienzorientierter Kontrollmechanismus privatwirtschaftlicher Organisationen auf die staatliche Budgetsteuerung übertragen.

Die Übertragung privatwirtschaftlicher Managementprinzipien auf die öffentliche Verwaltung wird als *New Public Management* (NPM) bezeichnet (Lapsley, 1999). NPM meint allgemein einen Typus von Verwaltungsreformen, die einen Wechsel in der Verwaltungssteuerung von einer Input- zu einer Outcome-Orientierung implizieren. In kritischer Perspektive wird mit NPM die Zunahme von Managerialismus verbunden, d.h. die Einführung von privatwirtschaftlichen Managementinstrumenten, wie Performance Measurement und Human Ressource Management, wird als problematische Veränderung der grundlegenden Logik der öffentlichen Verwaltung von einer regelorientierten zu einer anreizorientierten und wettbewerblichen Form der Steuerung angesehen (Hood, 1995). Die Grundidee der Wirkungsorientierung im Rahmen des NPM ist, dass diese als ein prozedurales Instrument verstanden wird. Gesellschaftspolitische Ziele sollen von der Politik festgelegt und durch die Verwaltung erreicht werden, und zwar indem mittels Finanz- und Personalressourcen (Input) öffentliche Leistungen geschaffen werden (Output), um bestimmte Wirkungen (Outcomes) hinsichtlich des jeweiligen gesellschaftspolitischen Ziels zu erreichen. Indikatoren und Kennzahlen sollen diese Leistungen und Wirkungen sichtbar und messbar machen, sowie zur Optimierung der Effizienz und Effektivität beitragen.

Im Rahmen der *Social Studies of Accounting* werden genau diese Prozesse der Steuerung durch Indikatoren und Kennzahlen untersucht (Becker, 2003; Chapman et al., 2009). Der Begriff des Accounting wird in dieser Forschungstradition weit gefasst und bezeichnet sehr allgemein so genannte kalkulative Praktiken. Damit sind alle Verfahren und Instrumente gemeint, die soziale und organisationale Sachverhalte in quantitative Größen übersetzen. Beispiele sind die klassischen ökonomischen betriebswirtschaftlichen Indikatoren wie Kosten, Gewinn, Profitabilität, aber etwa auch Praktiken der Messung von Qualität oder Risiko. Im Rahmen der wirkungsorientierten Budgetierung wird beispielsweise im Bundesfinanzgesetz 2019 (S. 40) das Gleichstellungsziel des Verfassungsgerichtshofs „Verbesserung der Vereinbarkeit von Beruf und Familie bei Frauen und Männern" in das messbare Ziel „Steigerung der Anzahl der Telearbeitsplätze unter Berücksichtigung der Qualitätskriterien" und den messbaren Indikator „Anzahl der Mitarbeiterinnen und Mitarbeiter, die im Kalenderjahr mit Telearbeitsplätzen ausgestattet sind" übersetzt.

Entscheidend ist nun, dass es sich bei diesen Übersetzungen nicht einfach um eine neutrale Repräsentation eines Sachverhalts handelt, sondern dass sie performativ wirken. Das bedeutet, dass die Kennzahlen in dem Sinne konstitutiv wirken, dass sie die Realität nicht nur abbilden, sondern beeinflussen oder in spezifischer Art und Weise hervorbringen. Nicht nur repräsentiert die Anzahl von Telearbeitsplätzen den Grad der Vereinbarkeit von Beruf und Familie, sondern diese Vereinbarkeit *besteht geradezu darin*, dass insbesondere Frauen durch die Möglichkeit der Telearbeit für produktions- und Reproduktionsarbeit zugleich verfügbar sind.[55]

Im Rahmen der *Social Studies of Accounting* existieren zahlreiche unterschiedliche theoretische Konzeptualisierungen[56], wir beziehen uns hier auf die *Governmentality Studies* (Gouvernementalitätsanalyse) in Anlehnung an Foucault (2009; Miller & Power, 2013). Die Gouvernementalitätsanalyse ist eine Machtanalyse, die sich von einer juridischen Konzeption der Macht und der Vorstellung von Macht als Krieg unterscheidet (Lemke 1997), indem der Begriff der Regierung eingeführt wird, der ein diskursives Feld bezeichnet innerhalb dessen die Ausübung der Macht rationalisiert wird. Der Begriff der Rationalität meint hier die Logik des Zusammenhangs von Technologien des Regierens mit Diskursen (Denkformen), die in bestimmten historischen Situationen die Aufgabe oder das Problem des Regierens in bestimmter Art und Weise definieren. Foucault (2009) selbst analysiert die historischen Regierungsformen Westeuropas von der Antike bis in die 1970er Jahre; für die Accountingforschung von besonderer Relevanz ist allerdings

---

55 So sind die Zielformulierungen für diesen Indikator für 2019: insgesamt acht Telearbeitsplätze, davon sechs für Frauen und zwei für Männer, für 2020: insgesamt neun Telearbeitsplätze, davon sieben für Frauen und zwei für Männer (Bundesfinanzgesetz 2019, S. 40).

56 Überblicke geben z.B. Becker (2003), Chapman et al. (2009) oder die Bände 47 (2015) und 49 (2016) „Reflecting on 40 years of Accounting, Organizations and Society – Parts 1 & II" des gleichnamigen Journals.

die Herrschaftsform, die als Gouvernementalität (*governmentality*) bezeichnet wird und die sich in den liberalen demokratischen Staaten des *Global North* nach dem Zweiten Weltkrieg entwickelt. Diese Form der Herrschaft bzw. des Regierens wird als „conduct of conduct“ (Führung der Führung) bezeichnet (Dean, 2010) und meint eine indirekte Form des Führens durch die Definition von Handlungsrahmen und Denkmöglichkeiten, innerhalb derer dann „frei entschieden“ werden kann.

> „In advanced liberal democracies, political power has come to embrace many facets of economic, social and personal existence. Political power is exercised today through a multitude of agencies and techniques, some of which are only loosely associated with the executives and bureaucracies of the formal organs of state“ (Miller & Rose, 1990, S. 1).

Miller und Rose (1990) unterschieden drei Aspekte der Gouvernementalität:

- Politische Rationalitäten oder Diskurse bilden einen Denkrahmen, innerhalb dessen denkbare Probleme und denkbare Problemlösungen sowie für diese Verantwortliche definiert werden können. Im Rahmen des NPM und des Gender Budgeting wird Gleichstellung etwa als ein technisches Optimierungs- und Effizienzproblem konzeptualisiert, das im Rahmen der wirkungsorientierten Budgetierung bearbeitbar ist.
- Regierungstechnologien bezeichnen die eigentlichen Steuerungsinstrumente. Die Übersetzung von Wirkungszielen in quantitativ messbare Indikatoren ist ein konkretes Beispiel einer solchen Technologie. Diese Technologien stehen in einem wechselseitigen Konstitutionsverhältnis mit der politischen Rationalität; ihre Existenz ermöglicht und materialisiert die politische Rationalität und diese wiederum legitimiert und motiviert die Technologien.
- Expertise beinhaltet die mit den Technologien und der jeweiligen Rationalität der Regierung verbundenen Bestände an speziellem Wissen und die soziale Autorität, die denjenigen zugeschrieben wird, die über die Expertise verfügen. Sie gelten als autorisierte Problemlöser*innen. So sind es nun die Controller*innen und Spezialist*innen für Wirkungsorientierung in den Bundesministerien, die für die feministische Agenda der Gleichstellung zuständig sind. Auch dies verstärkt rekursiv die Konstruktion von Gleichstellung als technisches Problem.

Mit Hilfe des analytischen Instrumentariums der *Social Studies of Accounting* und der Gouvernementalitätsanalyse können wir nun einen zweiten Blick auf das Gender Budgeting in Österreich werfen.

4 Ein zweiter Blick auf Gender Budgeting

In der Perspektive der Gouvernementalitätsanalyse wird Gender Budgeting als ein Set von Instrumenten verstanden, durch welches das Staatsziel der Gleichstellung von Frauen und Männern artikuliert und operationalisiert werden soll. Dies ist allerdings alles andere als selbstverständlich, da gerade nicht davon ausgegangen werden kann, dass die zu steuernde (zu „regierende") Größe – die Geschlechterverhältnisse – unproblematisch gegeben wäre. Die Geschlechterverhältnisse als Objekt der Regierung i. S. der Führung von Führung mussten historisch vielmehr zunächst einmal durch den feministischen Diskurs und Studien der Geschlechterforschung „problematisiert" und damit sichtbar gemacht werden. Diese Problematisierung beinhaltet zugleich eine Kritik an staatlicher Budgetpolitik und den ihnen zu Grunde liegenden ökonomischen Modellen, die diese Geschlechterverhältnisse systematisch nicht „sehen" können (Çağatay, Elson & Grown, 1995).

Genau diese kritische Problematisierung liegt den Analysen und Konzepten der BEIGEWUM-Gruppe (2002) zu Grunde, die das Konzept des Gender Budgeting in Österreich bekannt macht. Wie in Abschnitt 2 dargestellt, kritisieren die Autor*innen aus gendertheoretischer Perspektive den ideologischen und den Herrschaftscharakter staatlicher Budgetpolitik sowie die Exklusion von Bürger*innen. Diese Problematisierung erfolgt vor dem Hintergrund einer emanzipatorischen und partizipativen politischen Rationalität. Es geht um die Umgestaltung von Geschlechterverhältnissen durch Analyse gegenwärtiger Verhältnisse und der gleichstellungspolitischen Wirkungen des Staatsbudgets sowie Empowerment und Partizipation bei der Budgetgestaltung. Entsprechend werden auf der Ebene der Technologien einerseits fundamentale ökonomische Analysen gefordert, andererseits etwa die Einrichtung von interministeriellen Arbeitsgruppen mit zivilgesellschaftlicher Beteiligung sowie Genderexpert*innen (BEIGEWUM, 2002).

Diese Problematisierung der Geschlechterverhältnisse und der staatlichen Gleichstellungspolitik kann sich in Österreich nicht durchsetzen, da sie an die herrschenden politischen Diskurse nicht anschlussfähig ist. Allerdings gelingt es später, ganz im Sinne des *Third Wave* Feminismus, Gender Mainstreaming und Gender Budgeting an den NPM-Diskurs in Österreich anzuschließen.[57] Damit bildet sich ein eher funktionalistischer Gleichstel-

57 So wird beispielsweise tatsächlich eine Interministerielle Arbeitsgruppe für Gender Mainstreaming/Budgeting (IMAG GMB, https://www.imag-gmb.at/) gegründet. Diese Arbeitsgruppe koordiniert und unterstützt Gender Mainstreaming- und Gender Budgeting-Aktivitäten der Ministerien. Sowohl auf der Website als auch in Schulungsmaterialien wird auf Publikationen von BEIGEWUM verwiesen. Die Gruppe hat somit durchaus Einfluss.

lungsdiskurs heraus, in dem die ökonomischen und Budgetierungs-Instrumente des NPM als geeignete Technologien betrachtet werden, um Geschlechterverhältnisse zu verändern. Gleichstellung wird damit zu einem technischen Optimierungs- und Effizienzproblem im Rahmen der wirkungsorientierten Budgetierung. Es wird damit aus der (gleichstellungs-)politischen Sphäre hinausdefiniert und die ursprüngliche radikalere feministische Kritik an Geschlechterverhältnissen wird in den Rahmen des NPM-Managerialismus übersetzt.

Im Rahmen von NPM kommt kalkulativen Praktiken eine zentrale Rolle zu. Die gesamte Logik der Wirkungsorientierung stützt sich auf die Messbarmachung der zu verfolgenden Ziele der staatlichen Politik und der öffentlichen Verwaltung. Das gilt genauso für das Gender Budgeting. Jedes österreichische Ministerium muss gleichstellungspolitische Ziele operational nach dem SMART-Prinzip formulieren (*s*pezifisch, *m*essbar, *a*kzeptiert, *r*ealistisch, *t*erminierbar). Das bedeutet aber, dass schwer zu quantifizierende Ziele bzw. Sachverhalte entweder keine Beachtung finden, oder aber in eine messbare Form übersetzt werden, die ihre Qualität verändern. Dies soll an einem Beispiel erläutert werden.

Im Bundesfinanzgesetz 2019, in dessen Anhang die wirkungsorientierte Budgetierung im Detail dargestellt wird, findet sich das folgende gleichstellungsbezogene Wirkungsziel 4 des Bundeskanzleramts (Bundesfinanzgesetz, 2019, S. 77ff.): „Verbesserung der umfassenden Gleichstellung einschließlich der ökonomischen Gleichstellung der Frauen, Weiterentwicklung der Antidiskriminierung und Eindämmung von Gewalt". Der Erfolg wird durch zwei Kennzahlen gemessen:

- Beratung und Betreuung von gewaltbetroffenen Frauen in den Gewaltschutzzentren Österreichs (Interventionsstellen gegen Gewalt in der Familie); gemessen als Prozentanteil der bei den Gewaltschutzzentren betreuten Frauen bezogen auf die Gesamtzahl der bei den Gewaltschutzzentren hilfesuchenden Frauen; und
- Anteil der politischen Bezirke, die über zumindest eine geförderte Frauenberatungseinrichtung verfügen; gemessen als Prozentanteil der politischen Bezirke, die über zumindest eine geförderte Frauenberatungseinrichtung verfügen bezogen auf die Gesamtzahl der politischen Bezirke Österreichs.

Unzweifelhaft messen diese Kennzahlen wichtige Sachverhalte. Interessant ist aber ebenso, was *nicht* durch diese Kennzahlen gemessen wird. Von den Inhalten des Wirkungsziels – umfassende, inklusive ökonomischer, Gleichstellung, Antidiskriminierung und Gewaltschutz[58] – wird nur ein Aspekt des Gewaltschutzes durch Kennzahlen gemessen, der der Messung relativ gut zugänglich ist. Die anderen Zielinhalte sind nicht so einfach in quantitativen Indikatoren repräsentierbar und werden dadurch faktisch bedeutungslos, da sie aus der wirkungsorientierten Logik herausfallen; sie werden quasi „unsichtbar". Zudem werden Frauen hier in einer Konsum-Logik als Klientinnen oder Kundinnen der Leistungsangebote öffentlicher Verwaltung konstruiert; das ist weit entfernt von der ursprünglichen emanzipatorischen Idee umfassender Partizipation an Budgetierungsprozessen.

Obwohl wir hier nur kurz und beispielhaft argumentieren konnten, halten wir fest, dass die Gouvernementalitätsanalyse erlaubt, die konkrete Form des Gender Budgeting in Österreich systematisch und kritisch zu analysieren und besser zu verstehen, wie es zu einer technokratischen Verkürzung der ursprünglich umfassenden Ideen gekommen ist. Das Ergebnis dieser Entwicklung ist ambivalent. Einerseits ist es ein unzweifelhafter Erfolg feministischer Politik, dass in einem generell politisch sehr konservativen Staat wie Österreich Gender Mainstreaming und Gender Budgeting ein verpflichtender Bestandteil staatlichen Handelns ist. Andererseits zeigt die Gouvernementalitätsanalyse aber auch, dass die mit der wirkungsorientierten Budgetierung einhergehende Logik der Quantifizierung die gleichstellungspolitische Agenda und Praxis deutlich verändert und ihres fundamental kritischen Impetus beraubt hat.

5 Schluss: Feminismus und Management by Numbers

Walby (2011) argumentiert, dass Feminismus zunehmend Teil des politischen Mainstreams geworden ist und entsprechend durch Beteiligung an statt Protest gegen staatliche Politik praktiziert wird. Dies ist von feministischen Theoretiker*innen als *Third Wave* Feminismus bezeichnet worden (z.B. Kinser, 2004; Budgeon, 2011; Gill & Scharf, 2011). In Zeiten des NPM und der immer weitergehenden Durchsetzung des Neoliberalismus (Brown, 2015) verbindet sich damit feministische Politik mit einer ökonomistisch-technokratischen Steuerungslogik staatlicher Organisationen, die nach dem Modell des Managements privatwirtschaftlicher Organisationen geformt ist

58 Hier ist ergänzend festzuhalten, dass zeitgleich die österreichische Regierungskoalition aus der konservativen ÖVP und der rechtsgerichteten FPÖ die Mittel für unabhängige Beratungseinrichtungen drastisch gekürzt hat und für alle öffentlichen Einrichtungen die gesetzliche Verpflichtung zur Anzeige von Gewalt gegen Frauen geschaffen hat; letzteres ist aus Gewaltschutzperspektive extrem kontraproduktiv.

(Marx, 2019). Es dominiert ein Steuerungsmodell, das Kontrolle durch Quantifizierung in Form von Leistungsindikatoren praktiziert. Diese Indikatoren sind allerdings nicht neutral in dem Sinne, dass sie ein unverzerrtes Abbild einer objektiven Realität darstellen. Vielmehr schaffen sie in performativer Weise durch ihre spezifische Messung in der Praxis die ihr entsprechende Realität. Hacking (1992) formuliert diesen Sachverhalt so, dass die Tatsache, dass unsere Beschreibungen der Welt diese scheinbar so genau abbilden, nicht der Tatsache geschuldet sei, dass wir endlich entdeckt haben, wie die Welt wirklich ist, sondern weil wir beide, Beschreibung und Welt, aneinander angepasst haben.

Die Verkürzung feministischer Politik auf Gender Mainstreaming und Gender Budgeting im Rahmen des NPM birgt mithin erstens die Gefahr, dass wesentliche emanzipatorische Ziele und Agenden marginalisiert werden, weil sie dem Instrumentarium wirkungsorientierter Steuerung nicht zugänglich sind. Zweitens werden gleichstellungspolitische Ziele im Sinne einer neoliberalen effizienzorientierten Steuerungslogik mobilisiert, die letztlich Gleichstellung nur als Instrument ökonomischer Effizienz konzeptualisieren kann. Wie Goethes Zauberlehrling läuft feministische Politik Gefahr, die Geister, die sie rief, nicht mehr kontrollieren zu können. Daher muss sich feministische Forschung und Praxis heute kritisch mit den kalkulativen Praktiken des New Public Managements auseinandersetzen.

Literaturverzeichnis

Becker, A. (2003). *Controlling als reflexive Steuerung von Organisationen*. Stuttgart: Schäffer-Poeschel.

Becker, A., & Marx, U. (2012). Gender Budgeting: Frauen und Männer zählen. In R. Ortlieb & B. Sieben (Hrsg.), *Geschenkt wird einer nichts – oder doch? Festschrift für Gertraude Krell* (S. 129-134). München: Hampp.

BEIGEWUM (Beirat für gesellschafts-, wirtschafts- und umweltpolitische Alternativen). (2002). *Frauen macht Bedgets: Staatsfinanzen aus Geschlechterperspektive*. Wien: Mandelbaum.

Brown, W. (2015). *Undoing the demos: Neoliberalism's stealth revolution*. New York: Zone Books.

Budgeon, S. (2011). The contradictions of successful femininity: Third-wave feminism, postfeminism and 'new' femininities. In R. Gill & C. Scharff (Hrsg.), *New femininities: Postfeminism, neoliberalism and subjectivity* (S. 279-292). Houndsmills: Palgrave Macmillan.

Budgetdienst (2019a). *Budgetanalyse 2018 und 2019*. o.O.

Budgetdienst (2019b). *Gleichstellungsziel-Landkarte BVA-E 2018 und 2019*. o.O.

Bundes-Verfassungsgesetz (B-VG)

Bundesgesetz über die Bewilligung des Budgetvoranschlags für das Jahr 2019 (Bundesfinanzgesetz 2019- BFG 2019).

Bundesministerium für Frauen, Familien und Jugend (2019). *Gender Mainstreaming & Budgeting.* https://www.frauen-familien-jugend.bka.gv.at/frauen/gender-mainstreaming-budgeting.html [22.12.2019].

Çağatay, N., Elson, D., & Grow, C. (1995). Introduction. *World Development, 23*(11), 1827-1836.

Çağlar, G. (2009). *Engendering der Makroökonomie und Handelspolitik: Potenziale transnationaler Wissensnetzwerke*. Wiesbaden: VS Verlag für Sozialwissenschaften.

Chapman, C. S., Cooper, D. J., & Miller, P. B. (2009). Linking accounting, organizations, and institutions. In C. S. Chapman, D. J. Cooper, & P. B. Miller (Hrsg.), *Accounting, organizations, and institutions: Essays in honour of Anthony Hopwood* (S. 1-29). Oxford: Oxford University Press.

Dean, M. (2010). *Governmentality: Power and rule in modern society* (2nd ed.). Los Angeles: Sage.

Foucault, M. (2009). *Security, territory, population: Lectures at the Collège de France 1977-1978*. Houndsmills: Palgrave Macmillan.

Gill, R., & Scharff, C. (2011). Introduction. In R. Gill & C. Scharff (Hrsg.), *New femininities: Postfeminism, neoliberalism and subjectivity.* (S. 1-17). Houndsmills: Palgrave Macmillan.

Hacking, I. (1992). The self-vindication of the laboratory sciences. In A. Pickering, A. (ed.), *Science as practice and culture* (S. 29-64). Chicago: University of Chicago Press.

Hood, C. (1995). The "new public management" in the 1980s: Variations on a theme. *Accounting, Organizations and Society, 20*(2), 93-109.

Interministerielle Arbeitsgruppe für Gender Mainstreaming/Budgeting. Retrieved from https://www.imag-gmb.at/

Kinser, A. E. (2004). Negotiating spaces for/through third-wave feminism. *NWSA Journal, 16*(3), 124-153.

Lapsley, I. (1999). Accounting and the new public management: Instruments of substantive efficiency or a rationalising modernity? *Financial Accountability & Management, 15*(3-4), 201-207.

Lemke, T. (1997). *Eine Kritik der politischen Vernunft: Foucaults Analyse der modernen Gouvernementalitä.* Berlin: Argument Verlag.

Marx, U. (2019). Accounting for equality: Gender budgeting and moderate feminism. Gender, Work & Organization, 26(8), 1176-1190

Marx, U., & Becker, A. (2012). Gender Budgeting: Quantifizierungen und Lippenbekenntnisse. In D. G. Eibl, M. Jarosch, U. A. Schnieder, & A. Steinsieck (Hrsg..), *Innsbrucker Gender Lectures I* (S. 179-200). Innsbruck: Innsbruck University Press.

McRobbie, A. (2009). *The aftermath of feminism: Gender, culture and social change*. Los Angeles: Sage.

Miller, P., & Power, M. (2013). Accounting, organizing, and economizing: Connecting accounting research and organization theory. *The Academy of Management Annals,* 7(1), 1-31.

Miller, P., & Rose, N. (1990). Governing economic life. *Economy and Society, 19*(1), 1-31.

Reflecting on 40 years of Accounting, Organizations and Society – Part I [Special issue]. (2015). *Accounting, Organizations and Society, 47,* 1-72.

Reflecting on 40 years of Accounting, Organizations and Society – Part II [Special issue]. (2015). *Accounting, Organizations and Society, 49,* 1-50.

Sharp, R. (2000). *The economics and politics of auditing government budgets for their gender impacts.* Hawke Institute, University of South Australia.

Sharp, R. (2003). *Budgeting for equity: Gender budget initiatives within a framework of performance oriented budgeting.* New York: United Nations.

Squires, J. (2005). Is mainstreaming transformative? Theorizing mainstreaming in the context of diversity and deliberation1. *Social Politics: International Studies in Gender, State & Society, 12*(3), 366-388.

Squires, J. (2007). *The new politics of gender equality.* Houndsmills: Palgrave Macmillan.

Walby, S. (2011). *The future of feminism*. Cambridge: Polity Press.

Bouchra Achoumrar

Gender im Kontext von Diversity. Eine Dimension pflegerischer Versorgung

Zusammenfassung
Die nachfolgend reflektierten Geschlechterverhältnisse und -strukturen am Beispiel des Feldes der Altenpflege sind Ausgangspunkt für die Thematisierung der Konstruktionsprozesse der sozialen Kategorie „Geschlecht“ im Zusammenhang mit dem Alter(n) im Setting stationärer Versorgung und haben das Ziel, eine verstärkte Auseinandersetzung mit diesen Themen anzuregen. Der Beitrag nimmt eine mehrdimensionale Betrachtung vor und widmet sich der Frage nach den Nutzenpotenzialen der Konzepte des Diversity bzw. Gender Managements als Organisationsstrategie in den Einrichtungen der Altenpflege. Instrumente aus dem Controlling werden zum Schluss exemplarisch reflektiert und hinsichtlich ihrer Eignung zur Verankerung und Steuerung diversitätsbezogener Maßnahmen in den Organisationen der Altenpflege betrachtet.

Gender and diversity: dimension health care organizations

Abstract
The gender relations and structures reflected below base on the field of health care und represent the starting point for discussing the construction processes of gender as a social category with age related aspects in the setting of stationary care. This paper aims to inspire thinking on fundamental gender aspects in health care organizations. The article takes a multi-dimensional perspective and provides an exemplary overview of concepts of diversity and gender management as an organizational strategy in health care. The final discussion attempts to give some exemplary recommendations for the implementation of controlling instruments as diversity-related measures in the health care organizations.

JEL-Klassifikation: M

1. Geschlecht als Determinante pflegerischer Versorgung

Das Konstrukt „Geschlecht" ist ein wichtiges Merkmal für eine differenzierte Betrachtung der Lebenslagen im Alter. Das Verständnis der Altersbilder wird in hohem Maß durch die zugrundeliegenden wissenschaftlichen Disziplinen geprägt (Tews 1991: 129). Aus der Perspektive der Gerontologie beeinflussen Altersbilder den Umgang mit körperlichen, seelisch-geistigen und sozialen Veränderungen im Alter sowie Lebenszielen und Bewältigungsstrategien in unterschiedlichen Lebensaltern (Kruse und Wahl 2010). Es gibt allerdings bislang wenig differenzierte Erkenntnisse über genderspezifische Altersbilder und Rollenzuschreibungen von Akteuren im Berufsfeld der Altenpflege (u.a. Bundesministerium für Familie, Senioren, Frauen und Jugend (BMFSFJ) 2010; Höpflinger 2000).

Das Konstrukt „Geschlecht" stellt im Zusammenhang mit „Pflege" und „Alter(n)" einen Forschungsbereich dar, der in den letzten Jahren viel Aufmerksamkeit in der Wissenschaft und Praxis erfährt. Im angloamerikanischen Raum wird zwischen (Sex) als biologisches Geschlecht und (Gender) als soziales Geschlecht unterschieden. Konstruktivistische Positionen betrachten das Geschlecht als eine sozial konstruierte Kategorie, die einen sozialen, kulturellen, politischen und biologischen Bedeutungsinhalt aufweist (Backes 2002; Becker-Schmidt und Knapp 2000; West und Zimmerman 1995). Aus der Perspektive der Geschlechterforschung bzw. Gender Studies wird Geschlechterdifferenz sozial und kulturell hergestellt. Ihre Vielfältigkeit ist nicht stetig und ändert sich kontinuierlich. Somit rücken Konstruktionsmechanismen sowie Prozesse der Um- und Neudeutung der Differenz ins Zentrum der Betrachtung (Schößler 2008: 10f.). Das Herstellen von Geschlecht (Doing Gender) wird in der konstruktivistisch orientierten Forschung als sozial gesteuerte Tätigkeiten auf der Ebene der Wahrnehmung, der Interaktion und der Alltagspolitik begriffen. Demnach geben erst diese Tätigkeiten bestimmten Handlungen die Bedeutung bzw. den „(...) Ausdruck weiblicher oder männlicher „Natur" zu sein" (West und Zimmerman 1995: 14; Wetterer 2002: 30). Somit ist das Geschlecht keine Eigenschaft von Individuen, sondern das Ergebnis von sozialen Situationen und Interaktionen.

Im institutionellen Kontext gelten Geschlechtervorstellungen als wesentlicher Einflussfaktor auf die Ausgestaltung der pflegerischen Versorgung älterer Personen (Heusinger und Kammerer 2013: 8–10; Reitinger und Beyer 2010: 11). Die kulturelle und soziale Konstruktion von Geschlecht wird mit Blick auf Alter(n) und Pflegebedürftigkeit problematisiert. Damit sind Vorannahmen und gesellschaftliche Hierarchisierungen verbunden, die im Zusammenhang mit Alter(n) und Pflegebedürftigkeit Potenziale für Auslese- und Ausschließungsprinzipien sowie soziale Ungleichheit bergen (Amrhein und Backes 2007; Butler 1991; Lenz et al. 1999). Im Hinblick auf die Lebenslagen im Alter gibt es unterschiedliche und teilweise kontroverse theoretische Positionen über deren Prägung durch geschlechtsspezifische Vergesellschaftungsweisen. Während einige Autor*innen von der Feminisierung des Alters (u.a. Tews, Kohli) und der männlichen Angleichung an weibliche Vergesellschaftungsformen nach dem Ausscheiden aus der Erwerbsarbeit ausgehen, stellen andere Autor*innen die These auf, dass die individuellen „männlichen" und „weiblichen" Geschlechterverhältnisse und biografische Verläufe ihre Fortsetzung bzw. sogar Verschärfung im Alter finden. Demnach setzt sich die hierarchische Komplementarität der gesellschaftsspezifischen Vergesellschaftungsformen bis ins Alter fort (Backes 2002: 111–148). Diese Geschlechterverhältnisse finden sich ebenfalls in der Altenpflege (Backes et al. 2008).

2. Zur Dimension Geschlecht im Feld der Altenpflege -Stand und Perspektiven in Deutschland

Der überwiegende Anteil der Gepflegten und Pflegenden in der stationären Altenpflege in Deutschland sind Frauen. Nähert man sich der Pflegebedürftigkeit unter dem Aspekt des Geschlechts, so sind Frauen stärker von dem altersspezifischen Risiko der Pflegebedürftigkeit betroffen als Männer. Aus den aktuellen Zahlen geht hervor, dass die Bevölkerungsgruppe hochaltriger Frauen eine deutlich höhere Pflegequote als Männer aufweist. So zeigen die Zahlen, dass im Jahr 2017 die Mehrheit (63%) aller Pflegebedürftigen (insgesamt 3,4 Millionen) im Sinne des Pflegeversicherungsgesetzes (SGB XI) in Deutschland Frauen waren (Statistisches Bundesamt (Destatis) 2018: 8). Besonders auffallend ist, dass mit zunehmendem Alter Frauen eine höhere altersbezogene Pflegequote aufweisen als Männer gleicher Altersgruppe. Laut jüngsten Daten beläuft sich die Pflegequote bei den 85- bis unter 90-jährigen Frauen auf 49%, während diese bei den Männern gleichen Alters „nur" 36% beträgt (Statistisches Bundesamt 2018: 9). Als Erklärungsfaktoren werden Unterschiede in der gesundheitlichen Entwicklung bei Frauen und Männern vermutet. Weiter wird angenommen, dass das differierende Antragsverhalten bei Männern und Frauen den Verlauf der Pflegequote beeinflusst. Da ältere Frauen häufiger allein leben, ist es schneller erforderlich bei Pflegebedarf einen Antrag auf Leistungen zu stellen. Pflegebedürftige Männer hingegen werden häufig zunächst von ihren Frauen versorgt und stellen somit nicht gleich einen Antrag auf Leistungen (Statistische Ämter des Bundes und der Länder 2010: 25).

Die Versorgung von Pflegebedürftigen erfolgt überwiegend im Rahmen der häuslichen und familiären Betreuung. Insgesamt wurden 76% bzw. 2,59 Millionen aller Pflegebedürftigen im Jahr 2017 zu Hause versorgt. Davon wurden 1,76 Millionen zu Hause allein durch Angehörige gepflegt. Bei weiteren 830.000 Pflegebedürftige erfolgte die Pflege zusammen mit oder vollständig durch ambulante Pflegedienste. Lediglich 24% (818.000 Pflegebedürftige) wurden in Pflegeheimen vollstationär betreut (Statistisches Bundesamt (Destatis) 2018: 8). Die bisher geschilderten statistischen Eckdaten verweisen auf die hohe Relevanz der familiären und informellen Pflege im Rahmen der häuslichen Pflege. Darüber hinaus kommen Studien zu dem Schluss, dass die pflegenden Angehörigen mit ca. 68% überwiegend weiblich sind (u.a. Schneekloth et al. 2017: 57). Somit kommen Aspekte der Geschlechterverhältnisse und genderspezifischen Rollenzuschreibungen bei der häuslichen Pflege eine große Bedeutung zu.

Die institutionelle pflegerische Versorgung wird ebenfalls durch Geschlechterverhältnisse geprägt. Die Mehrheit der ambulant bzw. stationär versorgten Pflegebedürftigen sind Frauen. Die Statistiken lassen erkennen, dass der Frauenanteil sowohl bei den vollstationär im Heim als auch ambulant versorgten älteren Personen deutlich zugenommen hat. Dieser betrug Ende 2017 bei den vollstationär im Heim Versorgten 70% und bei zu Hause Versorgten 60% (Statistisches Bundesamt (2018: 8,9). Darauf wirken sich demographische, ökonomische und soziale Faktoren aus. Im höheren Lebensalter zeigt sich ein Unterschied in der Geschlechterverteilung infolge der längeren durchschnittlichen Lebenserwartung von Frauen. Diese belief sich im Jahr 2017 für Frauen auf 83,4 Jahre und für Männer auf 78,4 Jahre (Statistisches Bundesamt, 2018: 20). Im Vergleich zu Männern verfügen die meisten Frauen über geringere finanzielle Mittel und waren in früheren Lebensabschnitten eher von schlechteren Bildungs- und Berufschancen betroffen. Hinzu kommt, dass Frauen häufig früher verwitwet sind und somit weniger Chancen haben durch Ehepartner gepflegt zu werden (Kruse und Schmitt 2015: 257; Kümpers und Rosenbrock 2010). Der Wandel der Arbeits- und Lebensbedingungen sowie die steigende Individualisierung und Pluralisierung weiblicher Arbeits- und Lebensweise in den letzten Jahren führt zu Veränderungen in den geschlechtsspezifischen Erscheinungsformen des Alter(n)s. Dieser soziale Wandel hat allerdings nicht zwangsläufig positive Effekte hinsichtlich der Altersarmut, sondern birgt gesundheitliche und soziale Risiken für Frauen. Als Gründe gelten u. a. die Arbeitsplatz- und Lohndiskriminierung sowie Unterbrechungen im Erwerbsleben. Gleichzeitig gelten Frauen als gesellschaftliches Hilfepotenzial zur Bewältigung eigener und familiärer Altersprobleme (u. a. Allmendinger 2000; Backes und Clemens 2002; Gather et al. 1991; Schmähl und Michaelis 2000).

Die Situation mit Blick auf die formelle Altenpflege weist ebenfalls geschlechtsspezifische Verhältnisse auf. Die professionelle Pflege wird im stationären Setting zum Großteil von weiblichen Erwerbspersonen geleistet. Der im Rahmen dieses Beitrages verwendete Begriff der Altenpflege verweist auf das professionelle Berufsfeld, das die Pflege von alten Menschen in institutionell geregelten und organisierten Formen in freigemeinnütziger, öffentlicher oder in privater Trägerschaft betrifft. So war der Frauenanteil an den insgesamt 765.000 Beschäftigten in den Pflegeheimen mit 84% besonders hoch (vgl. Statistisches Bundesamt 2018: 14). Im Hinblick auf die sich an der Medizin orientierenden institutionellen Altenpflege zeigen die Beschäftigtenstrukturen der Altenpflege eine traditionell männliche Prägung auf. Die köperbezogene direkte Pflege gilt als weiblich, während die Führungspositionen mehrheitlich männlich besetzt werden. Daraus können sich Einschränkungen der Handlungsspielräume des mehrheitlich weiblichen Personals sowie negative Auswirkungen auf die Anerkennung und Bezahlung der als Frauenarbeit geltenden Tätigkeiten ergeben (Backes et al. 2008: 4; Heusinger und Kammerer 2013: 4,10; Miers 1999: 29).

3. Zur Implementierung der Gender Managementkonzepte im Kontext von Diversity

Es gibt zahlreiche Ansätze in der Fachliteratur und Praxis zum Umgang mit Gender und anderen sozialen Kategorien in den Gesundheitsorganisationen. Betriebliche Ansätze wie beispielsweise „Gender Mainstreaming“ und in den letzten Jahren „Gender Management“, „Gender Diversity“, „Managing Gender und Diversity“ oder „Gender- und Diversitätsmanagement“ entstammen meist der Gleichstellungspolitik und bestimmen zunehmend die Gleichstellungsdiskurse in unterschiedlichen Sektoren. Während Diversity Ansätze vor allem in der Privatwirtschaft eingesetzt werden, ist Gender Mainstreaming (GM) hauptsächlich im öffentlichen Dienst zu finden. Nach dem Europarat (1998) betrifft Gender Mainstreaming „[...] die Re-Organisation, Verbesserung, Entwicklung und Evaluierung grundsätzlicher Prozesse, mit dem Ziel, eine geschlechterspezifische Sichtweise in alle politischen Konzepte auf allen Ebenen und in allen Phasen durch alle an politischen Entscheidungsprozessen beteiligte Akteure einzubringen“. Diese Auffassung wird allerdings aufgrund der damit verbundenen Reproduktion von Zweigeschlechtlichkeit und Vernachlässigung der Vielfalt der Geschlechter kritisiert (Frey 2003: 183). Auf EU-Ebene wird in letzter Zeit von der „Gleichberechtigung der Geschlechter“ bzw. „Geschlechtergerechtigkeit“ gesprochen (Europäisches Parlament 2016; Krell und Sieben 2018: 64). Das Gender

Mainstreaming fokussiert die Dimension Geschlecht aus der Sicht von Frauen und Männern, während Diversity Ansätze zusätzlich weitere Vielfaltsdimensionen berücksichtigen. Diversity bezogene Managementkonzepte stammen ursprünglich aus der Entwicklungspolitik im Zusammenhang mit Diskriminierung in den USA und zielen auf die Förderung der Chancengleichheit der Organisationsmitglieder ab (Aretz und Hansen 2002; Krell et al. 2011; Krell und Sieben 2018). Diese Ansätze werden mittlerweile mit unterschiedlichen Grundpositionen und Werthaltungen verbunden und mit ökonomischen Argumenten wie beispielsweise strategischen Wettbewerbs- und Effizienzvorteilen verknüpft. Allen Ansätzen ist gemeinsam, dass sie integrativ und präventiv konzipiert sind und einen Entwicklungsbedarf auf der Ebene der Gesamtorganisation sehen, damit keine diskriminierenden Regelungen und Praktiken entstehen (Aretz und Hansen 2002; Krell et al. 2011; Krell und Sieben 2018). Erkenntnisse aus Diversity Ansätzen sind relevant für genderbezogene Managementkonzepte in den Organisationen der Altenpflege und -hilfe. Ein Argument für das Anknüpfen an Diversity Konzepte kann aus den disziplinübergreifenden Intersektionalitätsdiskursen (u.a. Winker und Degele 2009) abgleitet werden. Diese erklären die Ungleichheitsverhältnisse nicht mit einer einzigen Kategorie, sondern gehen von der komplexen Verwobenheit mehrerer sozialer Kategorien aus. Beispielsweise können neben der Geschlechterperspektive andere soziale Kategorien wie die ethnische Herkunft, die Religion oder das Alter und deren Verschränkungen und wechselseitigen Wirkungen mit der Dimension Geschlecht berücksichtigt werden. Die Verbindung zwischen Gender und Diversity Konzepten wird jedoch kontrovers diskutiert. Einige Autoren sehen die Betrachtung von Gender unter den Dach Diversity als „Türöffner“ und als eine Möglichkeit die Chancengleichheit der Geschlechter voranzutreiben und Genderthemen in Diversity Debatten in Unternehmen zu integrieren und somit die Akzeptanz hierfür zu erhöhen (Krell und Sieben 2018: 67). Als Gegenargument wird insbesondere die erhöhte Komplexität in der Umsetzung angeführt (Wetterer 2002).

4. Gender Management Konzepte in den Pflegeeinrichtungen – ökonomische Nutzenaspekte

Aus der Perspektive der Betriebswirtschaftslehre definieren sich Organisationen u.a. als ein Instrument einer effektiven Aufgabenerfüllung (Weber 2001: 161). Organisationen der Altenpflege und -hilfe unterliegen als Erbringer von Gesundheitsleistungen im Pflegesektor einer Vielzahl gesetzlicher Regulierungen, Verordnungen und Rahmenverträgen, die es unabdingbar machen, neben sozialpolitischen Zielen, ebenfalls qualitative und wirtschaftliche Ziele zu beachten. Aus dem Grundverständnis von Diversity Management stellt die Vielfaltsdimension Gender eine Ressource dar, die es im Rahmen eines Diversity Managements gezielt wertzuschätzen und zu fördern gilt, um zur Steigerung des Unternehmenserfolgs beizutragen. Hierfür ist es erforderlich, ihre Nutzenpotenziale zu optimieren und ihre Kostenrisiken zu minimieren. Bezogen auf die Altenpflege kommen Wettbewerbsvorteile im Zusammenhang mit Diversity und Gender Konzepten eine wichtige ökonomische Bedeutung zu. Parameter, durch deren Einsatz Wettbewerbsvorteile entstehen und welche zu einer nachhaltigen und langfristigen Sicherung des Unternehmenserfolgs führen, stellen strategische Erfolgsfaktoren dar. Dazu zählen die Faktoren Kosten, Zeit und Qualität der Unternehmensleistung. Für die Leistungserbringung in den Pflegeeinrichtungen zählen die Faktoren Qualität, Personalsituation und Wirtschaftlichkeit zu den drei wesentlichen Eckpunkten (Klenter 1995: 17).

Für die Erstellung pflegerischer Leistungen als personenbezogene bzw. personale Dienstleitungen stellt das Personal einen entscheidenden Faktor dar, der sowohl die Qualität als auch die Wirtschaftlichkeit in hohem Maß beeinflusst. Insbesondere in den weiblich konnotierten Arbeitsbereichen wie der Pflegearbeit ist es wichtig, im Rahmen einer Gleichstellungspolitik Diskriminierungen in der Arbeitsgestaltung und der Entgeltpolitik abzubauen. Ziele im Handlungsfeld der Personalpolitik betreffen vor allem die Einhaltung der gesetzlichen Rahmenbedingungen in Bezug auf die Gleichstellung und Chancengleichheit und die Identifikation diskriminierender Handlungsweisen. Vor dem Hintergrund der Personalsituation und des Fachkräftemangels in der Altenpflege kann das Personal als wesentlicher strategischer Erfolgsfaktor in den Einrichtungen der Altenpflege betrachtet werden.

Eine diversitätsorientierte Steuerung setzt in der Regel Veränderungen und somit eine Personal- und Organisationsentwicklung voraus. Im Fokus der steuerungstheoretischen Positionen in der Gesundheits- bzw. Pflegeforschung steht derzeit eine Ziel- und Ergebnisorientierung. Somit gelten die so genannten „Outcome Größen" als zentrales Instrument einer Outcomeorientierten Steuerung (Görres und Reif 2014: 586). Mit Blick auf die Einrichtungen der Altenpflege kann auf der Input- bzw. Output-Ebene auf folgende ökonomische Konsequenzen infolge einer auf der Vielfaltsdimension Gender gerichteten Steuerung geschlossen werden:

- **Input Ebene:** bei genderorientierten Mitarbeiter*innenstrukturen und Personalentwicklung entstehen Kostenvorteile beispielsweise angesichts einer möglichen geringeren Personalfluktuation oder im Zusammenhang mit abnehmenden Klagen bzw. Fehlzeiten aufgrund von Geschlechterungleichheiten bzw. Diskriminierungen. Ebenfalls können aufgrund der nicht genutzten Genderkompetenzen Opportunitätskosten entstehen, angesichts der nicht genutzten Potenziale zur Steigerung der Leistungsqualität des pflegerischen und des gesamten Versorgungsprozesses.
- **Output Ebene:** genderorientierte Prozesse erfordern spezifische Kompetenz in Form von Wissen und Fähigkeiten zum Umgang mit genderspezifischen Einstellungen von Frauen und Männern im Pflegealltag. Wettbewerbsvorteile entstehen vor allem infolge der Ausrichtung der Einrichtungen der Altenpflege an den Bedürfnissen der überwiegend weiblichen pflegebedürftigen Personen.

5. Diversity und Gender Controlling in den Pflegeeinrichtungen

Konzeptionen des Controllings werden aus unterschiedlichen theoretischen Positionen betrachtet. Dem Grundverständnis von Controlling als ein Instrument einer zielorientierten Unternehmensführung folgend, umfasst Controlling Maßnahmen, die dazu beitragen, die Führungsbereiche Planung, Kontrolle, Organisation, Personalführung und Information so zu koordinieren, dass die Unternehmensziele optimal erreicht werden (Küpper et al. 2011; Wöhe und Döring 2010). Ein Ansatzpunkt die Gleichstellungspolitik mit Hilfe des Controllings zu unterstützen, stellt das Gleichstellungscontrolling dar. Das Konzept dient der nachhaltigen Planung und Steuerung gleichstellungspolitischer Zielsetzungen und Maßnahmen in Organisationen (Krell 2011:3–19). Es können folgende Eckpunkte einer Gleichstellungspolitik (ebd.) auf die Pflegeeinrichtungen übertragen werden:

- Realisierung von Chancengleichheit beim Zugang zu und in Führungspositionen und anderen männerdominierten Bereichen
- Abbau von Diskriminierungen in Arbeitsgestaltung und Entgeltpolitik bei herkömmlichen „Frauenarbeiten"
- Erleichterung der Vereinbarkeit von Beruf und Privatleben für Frauen und Männer ohne diskriminierende Folgen
- Erhöhung der Gleichstellungskompetenz und -motivation von Führungskräften.

Das Gleichstellungscontrolling (Krell 2011) wird als Regelkreis mit Rückkopplungsschleifen konzipiert und umfasst Planung, Zielvorgabe, Kontrolle und Informationsversorgung. Der Kontrollzyklus basiert auf vier Schritten: Setzen von Solls, Ist-Analyse, Prüfschritte und Maßnahmen sowie Erfolgskontrolle.

Mögliche strategische Ziele eines Gender-Managementkonzeptes stellen neben den Gleichstellungszielen, die Vermeidung einer organisationalen Ausrichtung an einer dominanten Ausprägung bestimmter Sozialkategorien nicht nur im Hinblick auf die Beschäftigten, sondern ebenfalls auf die Nutzer und Nutzerinnen pflegerischer Leistungen. Weitere Ansätze für das Diversity bzw. Gender Controlling in den Pflegeeinrichtungen lassen sich an das strategische Controlling anknüpfen. Als Teilgebiet des Controllings fokussiert das strategische Controlling nicht auf monetäre Zielgrößen, sondern auf bestehende und zukünftige Erfolgspotenziale und deren systematische sowie zielorientierte Schaffung bzw. Erhaltung (Reichmann et al. 2017: 586). Aus diesem Grundverständnis folgt, dass das Diversity bzw. Gender Controlling dazu dient die Unternehmensführung bei dem Planungsprozess von der Zielfindung bis zur Realisation und Kontrolle von diversity- bzw. genderorientierten Maßnahmen zu unterstützen. Voraussetzung ist, dass genderbezogene Ziele in den Strategieprozess von der Planung über die Umsetzung bis zur Kontrolle einbezogen werden. Kennzahlen lassen sich als Ziele für organisatorische Einheiten wie beispielsweise für Stellen oder Bereiche formulieren (Küpper et al. 2013: 472–476). Kennzahlen und Indikatoren eignen sich für Informations- und -analysezwecke genderbezogener Maßnahmen. Diese sind jedoch im Vorfeld daraufhin zu überprüfen, inwieweit sie sich dafür eignen, die Geschlechterverhältnisse in den Pflegeeinrichtungen abzubilden. Eine Diversity bzw. Gender Steuerung mittels Kennzahlen bzw. Kennzahlensystemen kann beispielsweise anhand der so genannten Balanced Scorecard (BSC) erfolgen. Die Balanced Scorecard wurde von Norton und Kaplan (1992, 1997) konzipiert und dient der Steuerung der strategisch relevanten Ziele einer Organisation. Diese werden von der Vision und Strategie des Unternehmens abgeleitet und aus vier Perspektiven betrachtet. Finanzielle Ziele und Kennzahlen werden durch Kundenperspektive, interne Prozessperspektive und Lern- und Entwicklungsperspektive ergänzt (Friedag und Schmidt 2004; Horvàrth 2011).

Diversity und Gender Management Maßnahmen lassen sich beispielsweise anhand einer Diversity Scorecard operationalisieren. Die Diversity Scorecard basiert auf dem Konzept der Balanced Scorecard und integriert Handlungsfelder und diversitätsbezogene Ziele in die allgemeinen Unternehmensziele unter der Annahme eines Kausalzusammenhanges zwischen Diversity Maßnahmen und finanziellem Nutzen und Kosten (Aretz und

Hansen 2002; Hermann und Kätker 2007; Hubbard 2004). Voraussetzung für das Anknüpfen an eine Diversity Scorecard ist die Ausarbeitung genderbezogener Ziele und eine klare Definition der Messgrößen sowie die Festlegung notwendiger Maßnahmen. Gender Management Maßnahmen betreffen in den Pflegeeinrichtungen als personenbezogene Dienstleister nicht nur die Gleichstellungspolitik, sondern ebenfalls die Prozesse der Interaktionen und Kommunikation, sowie den Umgang mit genderspezifischen Bedürfnissen der Pflegebedürftigen als Nutzerinnen und Nutzer pflegerischen Leistungen. Es empfiehlt sich daher, genderbezogene Ziele auf den Ebenen der Lern- und Entwicklungsperspektive, der Kundenperspektive und der internen Prozessperspektive zu betrachten und in die Gesamtunternehmensziele zu integrieren. Somit wird gewährleistet, dass die vorgegebenen Kennzahlen Orientierungsgrößen für gleichstellungspolitische und genderbezogene Entscheidungen und Handlungen aller Organisationseinheiten sind. An dieser Stelle ist darauf hinzuweisen, dass in den Einrichtungen der Altenpflege die Wirkungszusammenhänge zwischen Input- und Output-Größen im Zusammenhang mit der Wirkung diversitätsbezogener Maßnahmen schwer messbar sind. Eine weitere Schwierigkeit besteht darin, dass analog zu der amtlichen Bevölkerungsstatistik, die Daten der Pflegestatistik sowie der internen Berichterstattung in den Einrichtungen der Altenpflege bislang keine differenzierte Erfassung nach dem Geschlecht ermöglichen, da derzeit überwiegend eine Betrachtung nach dem biologischen Geschlecht vorgesehen ist. Die fehlende Differenzierung nach Gender im Sinne einer sozialen Konstruktion trägt der vielfältigen individuellen Lebensrealitäten nicht Rechnung und begrenzt die Aussagekraft der geschlechtsbezogenen Indikatoren.

6. Fazit

Die im Rahmen dieses Beitrages reflektierten Perspektiven der Dimension „Geschlecht" deuten auf die hohe Bedeutung geschlechterbezogener Aspekte für die pflegerische Versorgung im informellen und institutionellen Kontext. Die Nutzenpotentiale der Implementierung von Gender Managementkonzepten in den Pflegeeinrichtungen konnte im Rahmen dieses vorliegenden Beitrages hinreichend begründet werden. Dies liegt nicht nur an sozialnormativen, sondern auch an ökonomischen Gründen. In Verbindung mit Diversity Ansätzen leisten Gender Konzepte nicht nur einen Beitrag zur Gleichstellung, sondern auch zur Wettbewerbsfähigkeit durch Ausrichtung an den vielfältigen Bedürfnissen der Nutzerinnen und Nutzer pflegerischer Leistungen. Aus der hier entwickelten Perspektive lässt sich schlussfolgern, dass die hier vorgestellten Instrumente aus der Betriebswirtschaft bzw. dem

Controlling eine Grundlage zur Umsetzung und Steuerung von Diversity bzw. Gender Management Konzepten in den Organisationen der Altenpflege schaffen können. Die Aussagekraft der ausgewählten Instrumente und die Anforderungen an deren Erhebung und Entwicklung hängt jedoch in großem Maße von der Datenqualität in der Berichterstattung ab. Eine genderbezogene Erfassung und Auswertung von Daten und Informationen ist die Grundlage für die Formulierung von genderbezogenen Zielsetzungen auf allen Organisationsebenen. Daher ist es erforderlich, eine kritische Reflexion über die Altersbilder und die Rollenzuschreibungen bzw. Geschlechterzuordnungen im Hinblick auf die geschlechterspezifische Arbeitsteilung in den Organisationen der Altenpflege vorzunehmen. Hinzu kommt ebenfalls die Notwendigkeit eines kritischen Überdenkens der Prozesse der Geschlechterkonstruktion, und der Zuschreibungen von geschlechtsspezifischen Eigenschaften im Rahmen der sozialen und pflegerischen Interaktion im Pflegealltag.

Literaturverzeichnis

Allmendinger, J. (2000): Wandel von Erwerbs- und Lebensverläufen und die Ungleichheit zwischen den Geschlechtern im Alterseinkommen. In: Schmähl, W./Michaelis, K. (Hrsg.): Alterssicherung von Frauen: Leitbilder, gesellschaftlicher Wandel und Reformen. Wiesbaden: Westdeutscher Verlag, S. 61-80.

Aretz, H.J./Hansen, K. (2002): Diversity und Diversity-Management im Unternehmen: Eine Analyse aus systemtheoretischer Sicht. Münster, Hamburg: Lit.

Amrhein, L./Backes G.M. (2007): Alter(n)sbilder und Diskurse des Alter(n)s. Anmerkungen zum Stand der Forschung. Z Gerontol Geriatr 40(2), S. 104–111.

Backes, G./Clemens, W. (2002): Lebensphase Alter: Eine Einführung in die sozialwissenschaftliche Alternsforschung. 3. Aufl., Weinheim: Juventa.

Backes, G. M. (2002): „Geschlecht und Alter(n)" als künftiges Thema der Alter(n)ssoziologie. In: Backes, G. M./Clemens, W. (Hrsg.). Zukunft der Soziologie des Alter(n)s. Opladen: Leske und Budrich, S. 111–148.

Backes, G. M./Amrhein, L./Wolfinger, M. (2008): Gender in der Pflege. Herausforderungen für die Politik. Expertise im Auftrag der Friedrich-Ebert-Stiftung, Abt. Wirtschafts- und Sozialpolitik: Bonn.

Becker-Schmidt, R./Knapp, G.-A. (2000): Feministische Theorien zur Einführung, Hamburg: Junius, S. 14–62.

Bundesministerium für Familie, Senioren, Frauen und Jugend (BMFSFJ) (2010): Altersbilder in der Gesellschaft. Sechster Bericht zur Lage der älteren Generation in der Bundesrepublik Deutschland. Bericht der Sachverständigenkommission an das Bundesministerium für Familie, Senioren, Frauen und Jugend (BMFSFJ), Berlin.

Butler, J. (1991): das Unbehagen der Geschlechter., Frankfurt a.M.

Europäisches Parlament (2016) P8_TA(2016)0072: Gender Mainstreaming in der Arbeit des Europäischen Parlaments. Entschließung des Europäischen Parlaments vom 8. März 2016 zum Gender Mainstreaming in der Arbeit des Europäischen Parlaments (2015/2230(INI)). Straßburg, URL: http://www.europarl.europa.eu/doceo/document/TA-8-2016-0072_DE.pdf?redirect (Zugriff am 10.10.2019).

Europarat (1998): Gender Mainstreaming. Konzeptioneller Rahmen, Methodologie und Beschreibung bewährter Praktiken. Straßburg: Europarat.

Frey R (2003): Gender im Mainstreaming. Geschlechtertheorie und -praxis im internationalen Diskurs, Helmer: Königstein.

Friedag, H. R./Schmidt, W. (2004): Balanced Scorecard, 2. Aufl., Freiburg im Breisgau: Haufe.

Gather, C./Gerhard, U./Prinz, K./Veil, M. (Hrsg.) (1992): Frauen-Alterssicherung. Lebensläufe von Frauen und Ihre Benachteiligung im Alter, Berlin: Edition Sigma.

Görres, S./Reif, K. (2014): Neue Steuerungsaufgaben in der Pflege. In: Schaeffer, D/Wingenfeld, K. (Hrsg.), Handbuch Pflegewissenschaft, Weinheim, Basel: Belz Juventa, S. 581–598.

Hermann, E./Kätker, S. (2007): Diversity Management. Organisationale Vielfalt im Pflege- und Gesundheitsbereich erkennen und nutzen. Bern: Hans Huber.

Heusinger J./Kammerer K. (2013): Literaturstudie Pflege und Gender. Abschlussbericht zum ZQP Projekt. ZQP, Berlin.

Höpflinger, F. (2002): Alternssoziologie und Generationsfragen – Entwicklungen und Verknüpfungen. In: Backes G. M./Clemens, W. (Hrsg.): Zukunft der Soziologie des Alter(n)s. Opladen: Leske und Budrich.

Horváth, P. (2011): Controlling, 12. Aufl., München: Vahlens.

Hubbard, E.E. (2004): The Diversity Scorecard. Evaluating the Impact of Diversity on Organizational Performance. Oxford: Butterworth – Heinemann.

Kaplan, R. S./Norton, D. P. (1996): Using the Balanced Scorecard as a Strategic Management System, in: hbr, 71. Jg., H. 1, S. 75–85.

Klenter, G. (1995): Zeit–Strategischer Erfolgsfaktor von Industrieunter-nehmen, Hamburg: Erich Schmit Verlag.

Kohli, M (1992): Altern in soziologischer Perspektive. In: Baltes, P/Mittelstraß, J (Hrsg.): Zukunft des Alterns und gesellschaftliche Entwicklung, Berlin, S. 231–259.

Krell, G. (2011): Gleichstellungspolitische Grundlagen. In: Krell, G./ Ortlieb, R./ Sieben, B. (Hrsg.): Chancengleichheit durch Personalpolitik. Gleichstellung von Frauen und Männern in Unternehmen und Verwaltungen. Rechtliche Regelungen – Problemanalysen – Lösungen, 6 Aufl., Wiesbaden: Gabler.

Krell, G./Sieben, B. (2011): Diversity Management: Chancengleichheit für alle und auch als Wettbewerbsvorteil. In: Krell, G./Ortlieb, R./Sieben, B. (Hrsg.) (2011): Chancengleichheit durch Personalpolitik. Gleichstellung von Frauen und Männern in Unternehmen und Verwaltungen. Rechtliche Regelungen – Problemanalysen – Lösungen, 6 Aufl., Wiesbaden: Gabler, S. 155–174.

Kruse, A./Schmitt, E. (2015): Soziale Ungleichheit, Gesundheit und Pflege im höheren Lebensalter. Institut für Gerontologie, Universität Heidelberg, Deutschland, Bundesgesundheitsblatt – Gesundheitsforschung – Gesundheitsschutz 2 2016 2016, 59, Berlin: Springer Verlag, S. 252–258.

Kruse, A./Wahl, H.-W. (2010): Zukunft Altern. Individuelle und gesellschaftliche Weichenstellungen. Heidelberg: Spektrum Akademischer Verlag.

Kümpers S./Rosenbrock R. (2010): Gesundheitspolitik für ältere und alte Menschen. In: Naegele, G (Hrsg.): Soziale Lebenslaufpolitik, Opladen, Wiesbaden: Verlag für Sozialwissenschaften, S. 281–308.

Küpper, H.U./Friedl, G./Hofmann, Ch./Hofmann, Y./Pedell, B. (2013). Controlling. Konzeption, Aufgaben, Instrumente, 6. Aufl., Stuttgart: Schäffer-Poeschel Verlag.

Metz-Göckel, S./Roloff, B. (2002): Genderkompetenz als Schlüsselqualifikation. In: Journal für Hochschuldidaktik, 13. Jg., Heft 1, 7–10.

Miers, M. (1999): Sexus und Pflege. Geschlechterfragen und Pflegepraxis. Bern, Göttingen, Toronto, Seattle: Verlag Hans Huber.

Reichmann, T./Kißler, M./Baumöl, U. (2017): Controlling mit Kennzahlen. Die systemgestützte Controlling-Konzeption, 9. Aufl., München: Verlag Franz Vahlen.

Reitinger, E./Beyer, S. (Hrsg.) (2010): Geschlechtersensible Hospiz- und Palliativkultur in der Altenhilfe, Frankfurt a.M.: Mabuse.

Schmähl, W./Michaelis, K. (Hrsg.) (2000): Alterssicherung von Frauen. Leitbilder, gesellschaftlicher Wandel und Reformen, Opladen: Westdeutscher Verlag.

Schneekloth, U./Geiss, S./Pupeter, M. (2017): Studie zur Wirkung des Pflege-Neuausrichtungs-Gesetzes (PNG) und des ersten Pflegestärkungsgesetzes (PSG I). Abschlussbericht im Auftrag des Bundesministeriums für Gesundheit. München: TNS Infratest Sozialforschung.

Schößler, F. (2008): Einführung in die Gender Studies. Akademie Studienbücher. Literaturwissenschaft. Iwan-Michelangelo D'Aprile (Hrsg.), Berlin: Akademie Verlag, S. 10.

Statistische Ämter des Bundes und der Länder (2010): „Demografischer Wandel – Heft 2, Auswirkungen auf Krankenhausbehandlungen und Pflegebedürftige im Bund und in den Ländern", S. 25.

Statistisches Bundesamt (Destatis) (2019): Sterbetafel 2016/2018. Methoden- und Ergebnisbericht zur laufenden Berechnung von Periodensterbetafeln für Deutschland und die Bundesländer.

Statistisches Bundesamt (Desastis) (2018): Pflegestatistik. Pflege im Rahmen der Pflegeversicherung Deutschlandergebnisse 2017. Erschienen am 18. Dezember 2018, Grafik "Eckdaten der Pflegestatistik" korrigiert am 16.1.2019. Wiesbaden.

Tews, H. P. (1991): Altersbilder. Über Wandel und Beeinflussung von Vorstellungen vom und Einstellungen zum Alter. Köln: Kuratorium Deutsche Altershilfe.

Weber, W. (2001): Einführung in die Betriebswirtschaftslehre, 4 Aufl. Gabler: Wiesbaden.

West, C./Zimmerman, D. H. (1995): Doing Gender. In: Gender & Society, Heft 9, S. 8–37.

Wetterer, A. (2002): Strategien rhetorischer Modernisierung. Gender Mainstreaming, Managing Diversity und die Professionalisierung der Gender-Expertinnen, in: Zeitschrift für Frauenforschung & Geschlechterstudien, 20. Jg., Heft 3: 129–148.

Winker, G/Degele, N (2009): Intersektionalität. Zur Analyse sozialer Ungleichheit, Bielefeld: Transcript Verlag.

Wöhe, G./Döring, U. (2010): Einführung in die allgemeine Betriebswirtschaftslehre. 24. Aufl., München: Verlag Franz Vahlen.

Thomas Afflerbach und Katharina Gläsener

Eine intersektionale Perspektive auf Sprache und Macht in internationalen Finanzdienstleistungsunternehmen

Zusammenfassung
Dieser Beitrag beleuchtet in einer qualitativen empirischen Studie den Zusammenhang von Sprache und Macht aus einer intersektionalen Perspektive. Mit einer Intersektionalitätsperspektive werden die Wechselwirkungen zwischen verschiedenen Diversitätskategorien und deren Bedeutung für ungleichheitsgenerierende Prozesse untersucht. Dabei wird sich in diesem Beitrag auf das Zusammenwirken von Nationalität und Geschlecht bezüglich der Sprache und den entstehenden Machtdynamiken fokussiert. Die empirischen Ergebnisse aus dem Untersuchungskontext eines internationalen Finanzdienstleistungsunternehmen geben Hinweise darauf, dass die Diversitätskategorien Nationalität und Geschlecht nicht getrennt betrachtet werden sollten, da nicht nur eine gegenseitige Beeinflussung, sondern eine Verstärkung der Diversitätsmerkmale erkannt wurde.

An intersectional perspective on language and power in international financial service companies
Abstract
This article examines the relationship between language and power from an intersectional perspective in a qualitative empirical study. An intersectional perspective means examining the interactions between different diversity categories and their importance for inequality-generating processes. Thereby the focus in this article lays on the interaction of nationality and gender with regard to language and the emerging dynamics of power. The empirical results from the research context of an international financial service company provides hunches that the diversity categories of nationality and gender should not be considered separately, since not only a mutual influence, but an intensification of the diversity characteristics was discovered.

JEL-Klassifikation: F23; M50

1 Einleitung

In internationalen Unternehmen ist der moderne Arbeitsplatz multilingual (u. a. Mathieu et al., 2013). Die interne und externe Kommunikation zeichnet sich durch eine sprachliche Vielfalt aus (Fredriksson, Barner-Rasmussen & Piekkari 2006, S. 409). Gleichzeitig sind die meisten internationalen Unternehmen sowohl geschlechts- als auch nationalitätsgemischt zusammengesetzt. Unklar bleibt dabei, inwiefern die zwei Diversitätskategorien Geschlecht und Nationalität bezüglich des Themas Sprache zusammenwirken. Dieses ist besonders interessant vor dem Hintergrund, dass die Anwendung und der Umgang mit Sprache zu ungleichheitsgenerierenden Prozessen führen kann. Intersektionalität bietet dabei die Möglichkeit über Diversität – insbesondere Geschlecht und Nationalität/Rasse – und ihr Verhältnis zu Macht zu reflektieren (Crenshaw, 2019). Geschlecht und Nationalität sind in diesem Zusammenhang zwei Diversitätskategorien, die separat betrachtet bereits zu Machtungleichgewichten und Diskriminierung führen können – gehört jemand nicht der Normgruppe der Gesellschaft an (Hanappi-Egger, 2012, S. 185). Kommen beide Diversitätsdimensionen zusammen, besteht die Möglichkeit, dass diese sich zusätzlich verstärken hinsichtlich der Machtposition oder möglicher Diskriminierungen.

Dieser Beitrag untersucht aus einer intersektionalen Perspektive wie Macht und Sprache in geschlechts- und nationalitätsgemischten Teams zum Ausdruck kommen und wie die Diversitätskategorien Geschlecht und Nationalität zusammenwirken: verstärken sie sich gegenseitig, schwächen sie sich gegenseitig ab oder besteht keine Interdependenz?

Zunächst werden die theoretischen Grundlagen zu den Themen Macht und Sprache sowie Intersektionalität und Diversität gelegt. Im Anschluss wird das methodische Vorgehen in Form einer qualitativen empirischen Studie in einem internationalen Finanzdienstleistungsunternehmen erläutert. Darauf aufbauend werden die empirischen Ergebnisse hinsichtlich des intersektionalen Zusammenwirkens beschrieben und abschließend interpretiert und diskutiert, wobei nicht nur eine gegenseitige Beeinflussung, sondern eine Verstärkung der Diversitätsmerkmale erkannt wurde.

2 Theorie

Im Theorieteil dieses Beitrags werden zwei Themengebiete fokussiert: (1) Macht und Sprache, sowie (2) Intersektionalität und Diversität.

Macht und Sprache

Macht spielt im Berufsleben in vielen Bereichen eine Rolle. Auch in der Theorie gibt es zu dem Begriff Macht viele verschiedene Ansätze. Eine der bekanntesten Begriffsbestimmungen zu Macht liefert der deutsche Soziologe Max Weber: „Macht bedeutet jede Chance, innerhalb einer sozialen Beziehung den eigenen Willen auch gegen Widerstreben durchzusetzen, gleichviel, worauf die Chance beruht“ (Weber, 1972, S. 28). Deutlich wird, dass es sich bei Macht nicht um eine Eigenschaft einer Person, sondern um ein Merkmal sozialer Beziehungen zwischen Menschen handelt (u. a. König, 2016, S. 19).

Der Begriff Sprache beschreibt den alltäglichen mündlichen oder schriftlichen Austausch von Informationen und wird als Möglichkeit des Menschen verstanden, sich in einer bestimmten Sprachgemeinschaft und in einem bestimmten geographischen Raum auszudrücken (Busch & Stenschke, 2008, S. 6; Piekkari, Welch & Welch, 2014, S. 2). Eine gemeinsam gesprochene Sprache kann eine Gruppe von Menschen vereinen, da mit ihr ein Gefühl der Vertrautheit und des Zuhause-Seins assoziiert wird, ob geographisch, ethnisch oder sozial (Broszinsky-Schwabe, 2011, S. 61).

Die Studien, die die beiden Themen Macht und Sprache miteinander verknüpfen, deklarieren Sprache als bedeutende Ursache für Machtkämpfe (Barner-Rasmussen et al., 2014, S. 887) und als extrem relevant für Machtdynamiken in internationalen Unternehmen (Janssens & Brett, 2006, S 132). Durch eine sprachliche Diversität können Ausgrenzungen entstehen und sich Machtverhältnisse verändern (Kulkarni & Sommer, 2015). Sprachkenntnisse können dabei eine bedeutende Machtressource darstellen (Gläsener, 2019). Jedoch werden in der bisherigen Forschung die Erfahrungen von Mitarbeitenden bezüglich des Zusammenhangs von sprachlicher Vielfalt und Machtbeziehungen explizit vernachlässigt (Gaibrois, 2014). Ebenso wenig stand Macht in heterogenen Teams im Fokus der bisherigen Diversitätsforschung (Krell et al., 2007, S. 12).

Intersektionalität und Diversität

Für die Analyse der Daten im vorliegenden Beitrag wird eine Intersektionalitätsperspektive gewählt, um Diversität und ihr Verhältnis zu Macht zu analysieren (Crenshaw, 2019). Der Begriff Intersektionalität leitet sich von dem englischen Wort *intersection* ab und bedeutet übersetzt Schnittpunkt oder Schnittmenge. Mit einer Intersektionalitätsperspektive können demnach die Wechselwirkungen zwischen verschiedenen Diversitätskategorien und deren Bedeutung für ungleichheitsgenerierende Prozesse untersucht werden (Eberherr, 2012, S. 62).

Der Begriff Diversität beschreibt dabei die Vielfalt von Menschen und bezieht sich auf eine Bandbreite an Merkmalen und Charakteristika. Als relevante Diversitätsmerkmale werden in der deutschsprachigen Literatur zumeist Geschlecht, Nationalität, Alter, Behinderung, Religion und sexuelle Orientierung genannt (Krell et al., 2007; Lederle, 2007). Dieser Beitrag fokussiert auf zwei demographische Diversitätsmerkmale: Nationalität und Geschlecht (siehe nachfolgende Abbildung 1).

Abbildung 1: Intersektionalität zwischen Nationalität und Geschlecht

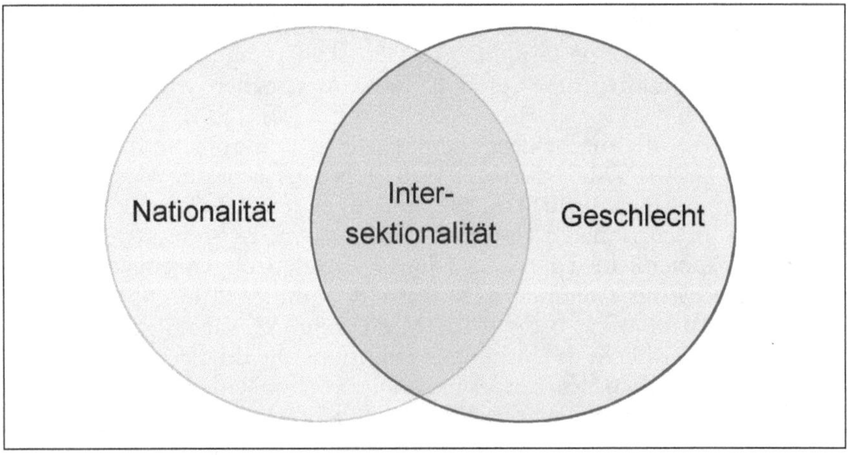

Quelle: Eigene Darstellung.

Insbesondere bei Unternehmen mit Kundenkontakt – wie es in internationalen Finanzdienstleistungsunternehmen, dem vorliegenden Untersuchungskontext, der Fall ist – gelten Nationalität und Geschlecht als Diversitätskategorien mit hoher Sichtbarkeit, welche gleichzeitig einen hohen Bezug zu den sozialen Beziehungen in einem Team haben (Wegge, 2003) und erscheinen daher besonders spannend für die Analyse der intersektionalen Zusammenhänge.

Gleichwohl es bereits in den 1930er Jahren erste Ansatzpunkte hinsichtlich intersektionaler Zusammenhänge von Geschlecht und Klasse gab (Zetkin, 1979, S. 148), ist die Berücksichtigung verschiedener Diversitätskategorien im Sinne einer intersektionalen Analyse heutzutage weder in der Praxis noch in der Forschung selbstverständlich. Vor allem die beiden Diversitätskategorien Nationalität und Geschlecht wurden in Bezug auf die Auswirkungen auf die Macht- und Sprachdynamiken innerhalb von Teams noch nicht intersektional betrachtet.

3 Methode

Es wurde eine qualitative Studie[59] durchgeführt mit dem Ziel, neue Erkenntnisse zum Zusammenwirken von Nationalität und Geschlecht hinsichtlich Sprache und Machtverhältnisse bei der Zusammenarbeit zu generieren. Ein qualitativer Forschungsansatz ist für die Beantwortung der explorativen Forschungsfrage zielführend. In einer Einzelfallstudie in einem internationalen Finanzdienstleistungsunternehmen mit Hauptsitz in Deutschland wurden 20 qualitative halb-strukturierte Interviews mit internen Expert*innen aus der Personal- und Strategieabteilung sowie Teammitgliedern und Führungskräften aus drei divers zusammengesetzten Teams durchgeführt. Hinsichtlich der Kontrastierung ist anzumerken, dass die Stichprobe aus neun Frauen und elf Männern besteht. Die Interviewpartner*innen sind zwischen 29 und 53 Jahre alt (durchschnittlich 43 Jahre) und haben eine Betriebszugehörigkeit von 0,5 bis 21 Jahren (durchschnittlich 6 Jahre) in dem Finanzdienstleistungsunternehmen. Abgeleitet aus dem Forschungsinteresse zu Sprache und um eine große Vielfalt hinsichtlich der Wahrnehmungen bezüglich der Relevanz von Sprache für die Zusammenarbeit zu erhalten, wurden in einer bewussten Stichprobenauswahl Personen aus 15 verschiedenen Nationen mit zehn verschiedenen Muttersprachen berücksichtigt: Chinesisch, Deutsch, Französisch, Italienisch, Kroatisch, Niederländisch, Polnisch, Portugiesisch, Russisch und Spanisch. Fragen innerhalb der Interviews waren beispielsweise: Wie arbeiten Sie mit Ihren Kolleg*innen zusam-

59 Die dargestellten empirischen Daten wurden im Zuge des Forschungsprojektes für die Dissertation von Gläsener (2019) erhoben.

men? Wie versuchen Sie Ihre Ziele im Team zu erreichen? Welche Arbeitssprache/n sprechen Sie in Ihrem Team und warum?

Des Weiteren wurden zehn Experteninterviews mit Coaches und Berater*innen durchgeführt, welche hauptsächlich für internationale Unternehmen tätig sind und dadurch ein entsprechendes Expertenwissen über den Forschungskontext besitzen. Um auch hier eine große Vielfalt hinsichtlich der Wahrnehmungen bezüglich der Relevanz von Sprache für die Zusammenarbeit zu erlangen, wurden Expert*innen aus fünf verschiedenen Nationen mit fünf verschiedenen Muttersprachen in die Stichprobe einbezogen: Bengalisch, Deutsch, Englisch, Französisch, Türkisch. Fragen innerhalb der Experteninterviews waren beispielsweise: In welchen Situationen entstehen Ihrer Erfahrung nach Konflikte in heterogenen Teams in internationalen Unternehmen? Welche Erfahrungen haben Sie hinsichtlich des Themas Macht in internationalen Unternehmen gemacht?

Alle 30 Interviews wurden mit einem digitalen Diktiergerät aufgezeichnet und haben zwischen 30 Minuten und 2,5 Stunden gedauert. Die Audioaufnahmen wurden vollständig verschriftlicht. Die Interviewtranskripte wurden mit einem hybriden Ansatz aus deduktiven und induktiven Elementen der qualitativen Inhaltsanalyse nach Mayring (2010) und Schreier (2012) analysiert. Dafür wurde zunächst auf Basis der Forschungsfrage und des theoretischen Vorwissens ein deduktiver Kodierleitfaden entwickelt. Anschließend wurde dieser für das Material angewendet und induktiv ergänzt. Die Datenauswertung erfolgte mit Hilfe von MAXQDA 11.

4 Empirische Ergebnisse

Für das vorliegende Forschungsthema erscheint das Zusammenwirken der Diversitätskategorien Nationalität und Geschlecht bezüglich der Sprache und Macht bei der Zusammenarbeit aus einer intersektionalen Perspektive besonders interessant. Zunächst wird nachfolgend die Bedeutung der Themen Sprache und Macht am Beispiel vom Untersuchungskontext der geschlechts- und nationalitätsgemischten Teams in internationalen Finanzdienstleistungsunternehmen empirisch angereichert, bevor die intersektionale Betrachtung von Nationalität und Geschlecht bezüglich der Sprache und Macht folgt.

4.1 Die Bedeutung von Sprache und Macht

Grundsätzlich wird Macht als wichtiger Faktor in internationalen Unternehmen deklariert. Eine Expertin schildert beispielhaft die Bedeutung und erklärt das mit Macht im Unternehmensumfeld unter anderem das sich Durchsetzen beim Kämpfen um bestimmte Positionen innerhalb einer hierarchischen Organisationsstruktur gemeint ist:

> *„dass ich einfach in einem großen Konzern mich anders positionieren muss. Es gibt mehr Leute, die sich um weniger Stellen und Positionen, also die darum kämpfen. Also Politik und Macht spielt in internationalen Konzernen nochmal eine größere Rolle" (Expertin_06)*

In einem internationalen Unternehmensumfeld, welches sich meist auch durch eine Diversität in der Nationalität seiner Belegschaft auszeichnet, wird es anspruchsvoller die ‚richtigen Mittel und Wege' zu wählen, wenn es darum geht seine eigenen Ziele durchzusetzen und Macht unter hierarchisch gleichgestellten Personen anzuwenden, wie eine weitere Expertin erläutert:

> *"ich denke, je multikultureller das Team, wie es in internationalen Unternehmen der Fall ist, desto mehr muss man eine Idee zu haben, welches Register man gerade ziehen muss, um beim Gegenüber nach vorne zu kommen und sich durchzusetzen" (Expertin_09)*

Gleichzeitig wird Sprache im Kontext von nationalitäts- und damit meist sprachgemischten Teams als wichtig erachtet. Als ein Grund wird genannt, dass in der Unternehmensrealität häufig Probleme bei der Zusammenarbeit auftreten, wenn die Beteiligten nicht dieselbe Sprache beherrschen:

> *"Und Kommunikation, viele Sachen, Zusammenarbeit gibt es auch einige Probleme, weil die Leute, die nicht dieselbe Sprache sprechen. Würde da jemand sitzen, ein Latino, würde die Zusammenarbeit völlig anders aussehen" (Interner Experte_05)*

Dabei wird insbesondere die Bedeutung von Sprache für Macht in internationalen Unternehmen als ein wichtiger und oft unterschätzter Aspekt genannt (siehe hierzu ausführlich Gläsener, 2019). Sprache wird von verschiedenen Interviewpartner*innen als bedeutender Einflussfaktor auf die Machtdynamiken bei der Zusammenarbeit geschildert:

> *"das ist ja ein wesentlicher Faktor dieser Machtdynamiken, dass alle, ja, dass einfach, wer am besten schwätzt, gewinnt" (Expertin_09)*

> *"Wenn wir zum Thema Macht zurückkommen, hat der die Macht, der mehr der Sprache mächtig ist, automatisch" (Expertin_05)*

4.2 Eine intersektionale Perspektive auf Nationalität und Geschlecht

Im empirischen Material gibt es einige Hinweise bezüglich des intersektionalen Zusammenwirkens von Nationalität und Geschlecht bezüglich Sprache und Macht.

Eine der internen Expert*innen aus dem internationalen Finanzunternehmen erwähnt beispielhaft, dass die Diversitätskategorien Nationalität und Geschlecht sich gegenseitig beeinflussen, insbesondere wenn es um das Thema Sprache geht, d.h. wie drücken die unterschiedlichen Personen sich aus und worüber sprechen sie:

> *"Wobei das ja dann auch, ich sage jetzt mal, oftmals eine Matrix ist, also dass die Kultur ist das Eine, dann gibt es noch Frauen- und Männerkommunikation. Ist auch noch ein bisschen anders. (...) Je nach Land und Geschlecht sprechen die ja dann auch unterschiedliche Sachen an und dann hat man da so eine komplexe Matrix." (Interne Expertin_02)*

Konkret bezogen auf das Thema Macht erwähnt eine weitere Expertin, dass die Intersektionalität aus Nationalität und Geschlecht einen Einfluss darauf hat, wie sich Personen verhalten und insbesondere wie sie versuchen, mehr Macht zu erlangen:

> *"Es spielt auch die Genderebene auch eine Rolle, nicht nur ob Mann oder Frau, sondern auch wie gemischt die Teams sind. Weil in den meisten Kulturen die beiden Geschlechter unterschiedliche Verhaltensregeln gelernt haben, um sich positiv darzustellen, um dadurch mehr Anerkennung und dadurch mehr Macht zu erlangen. Und das spielt eine Rolle." (Expertin_03)*

Bezüglich des Einflusses auf Sprache und Macht erwähnt eine weitere Expertin, dass sich die Diversitätsmerkmale Nationalität und Geschlecht verstärken können. Sie erläutert beispielhaft, dass sich Nationalitäten voneinander unterscheiden können – wie die Deutsche und die Japanische. Betrachtet man gleichzeitig die verschiedenen Geschlechter wird deutlich, dass eine zusätzliche Verstärkung stattfindet, wie beispielsweise bei "japanische Frau" in Abgrenzung zu "deutscher Mann":

> *„dieses paraverbale Verhalten, dieses wie laut spreche ich, wie, naja Asiaten machen ja oft so versteckte Gesten, Deutsche sind da klarer. Wie staccatomäßig spricht man, wie selbstsicher tritt man auf, ja. Ein japanischer Mann tritt viel selbstsicherer auf als eine japanische Frau, die sprechen immer mit so einer ganz leisen Stimme und so, die ist dann das klare Gegenteil von einem deutschen Mann. Das ist auch viel schwerer für die irgendwas zu erreichen, was zu werden" (Expertin_04)*

5 Diskussion und Fazit

Unter Berücksichtigung der Forderung von Gertraude Krell und ihren Mitautorinnen, den Aspekt Macht in heterogenen Teams zu betrachten (Krell et al., 2017, S. 12) hat die vorliegende empirische Studie Macht und Sprache in nationalitäts- und geschlechtsgemischten Teams in einem internationalen Finanzunternehmen analysiert. Dabei wurde zum einen die Bedeutung von Sprache und Macht für die Zusammenarbeit in derartigen Teams deutlich. Zum anderen hat die Intersektionalitätsperspektive es ermöglicht Wechselwirkungen zwischen den Diversitätskategorien Nationalität und Geschlecht sichtbar zu machen. Im vorliegenden Fallbeispiel wird eine Verstärkung der Kategorien männliches Geschlecht und deutsche Nationalität bezüglich der Mächtigkeit wahrgenommen – im Kontrast zu weibliches Geschlecht und japanische Nationalität. Die empirischen Ergebnisse geben demnach Hinweise darauf, dass die Diversitätskategorien Nationalität und Geschlecht intersektional betrachtet werden sollten, da nicht nur eine gegenseitige Beeinflussung, sondern eine Verstärkung der Diversitätsmerkmale erkannt wurde. Vor allem bei der Interpretation von Verhaltensmustern oder sprachlichen Ausdrücken hinsichtlich Macht ist es notwendig nicht nur die Interaktion zwischen den Geschlechtern, sondern auch die Tatsache der verschiedenen nationalen Herkünfte mit kulturellen Unterschieden im Verhalten zu betrachten. Dieses geht einher mit der Beschreibung von Eberherr (2012, S. 62), gemäß welcher eine Intersektionalitätsperspektive das Zusammenwirken zwischen verschiedenen Diversitätskategorien und deren Bedeutung für ungleichheitsgenerierende Prozesse untersucht.

Neben dem Plädoyer für mehr intersektionale Forschung im Bereich Diversität bleibt abschließend festzuhalten, dass es sich bei der Zusammenarbeit in heterogenen Teams und dem Fokus auf Sprache und Macht in internationalen Unternehmen um ein komplexes Themengebiet handelt. Gleichzeitig ist es ein Themengebiet, welches in der heutigen globalisierten Zeit kontinuierlich an Relevanz gewinnt, jedoch in allen seinen Konsequenzen immer noch nicht vollständig überblickt wird.

Literaturverzeichnis

Barner-Rasmussen, W., Ehrnrooth, M., Koveshnikov, A., & Mäkelä, K. (2014). Cultural and language skills as resources for boundary spanning within the MNC. *Journal of International Business Studies*, 45(7), 886-905.

Broszinsky-Schwabe, E. (2011). *Interkulturelle Kommunikation*. Wiesbaden: VS Verlag für Sozialwissenschaften / Springer Fachmedien.

Busch, A., & Stenschke, O. (2008). *Germanistische Linguistik – Eine Einführung*. 2., durchgesehene und korrigierte Auflage. Tübingen: Gunter Narr Verlag.

Crenshaw, K. (2019). Warum Intersektionalität nicht warten kann. Heinricht Böll Stiftung, Gunda Werner Institut. Verfügbar unter https://www.gwi-boell.de/de/2019/05/20/warum-intersektionalitaet-nicht-warten-kann [20.12.2019].

Eberherr, H. (2012). Intersektionalität und Stereotypisierung: Grundlegende Theorien und Konzepte in der Organisationsforschung. In R. Bendl, E. Hanappi-Egger, & R. Hofmann (Hrsg.), *Diversität und Diversitätsmanagement* (S. 61-78). Wien: Facultas Verlag.

Fredriksson, R., Barner-Rasmussen, W., & Piekkari, R. (2006). The multinational corporation as a multilingual organization: The notion of a common corporate language. *Corporate Communications: An International Journal*, 11(4), 406-423.

Gaibrois, C. (2014). *Power at Work. The Discursive Constructing of Power Relations in Multilingual Organizations.* Bamberg: Difo-Druck GmbH.

Gläsener, K. (2019). *Macht und Mikropolitik in multilingualen Teams. Sprachkompetenz als Machtquelle in multilingualen Unternehmen*. Wiesbaden: Springer Gabler Verlag.

Hanappi-Egger, E. (2012). Die Rolle von Gender und Diversität in Organisationen: Eine organisationstheoretische Einführung. In R. Bendl, E. Hanappi-Egger, & R. Hofmann (Hrsg.), *Diversität und Diversitätsmanagement* (S. 175-201). Wien: Facultas Verlag.

Janssens, M., & Brett, J. M. (2006). Cultural intelligence in global teams. A fusion model of collaboration. *Group & Organization Management*, 31(1), 124-153.

König, O. (2016). *Macht in Gruppen. Gruppendynamische Prozesse und Interventionen*. 5. Auflage. Stuttgart: Klett-Cotta Verlag.

Krell, G., Riedmüller, B., Sieben, B., & Vinz, D. (2007). Einleitung – Diversity Studies als integrierende Forschungsrichtung. IN G. Krell, B. Riedmüller, B. Sieben, & D. Vinz (Hrsg.), *Diversity Studies: Grundlagen und disziplinäre Ansätze* (S. 7-16). Frankfurt am Main: Campus Verlag.

Kulkarni, M., & Sommer, K. (2015). Language-Based Exclusion and Prosocial Behaviors in Organizations. *Human Resource Management*, 54(4), 637-652.

Lederle, S. (2007). Die Einführung von Diversity Management in deutschen Organisationen – Eine neoinstitutionalistische Perspektive. *Zeitschrift für Personalforschung*, 21(1), 22-41.

Mathieu, J. E., Tannenbaum, S. I., Donsbach, J. S., & Alliger, G. M. (2013). Achieving optimal team composition for success. In E. Salas, S. Tannenbaum, D. Cohen, & G. Latham (Hrsg.), *Developing and enhancing teamwork in organizations: Evidence-based best practices and guidelines.* (S. 520-551) San Francisco: Jossey-Bass.

Mayring, P. (2010). *Qualitative Inhaltsanalyse. Grundlagen und Techniken.* 11., aktualisierte und überarbeitete Auflage. Weinheim und Basel: Beltz Verlag.

Piekkari, R., Welch, D. E., & Welch, L. S. (2014). *Language in International Business. The Multilingual Reality of Global Business Expansion.* Cheltenham, UK: Edward Elgar Publishing.

Schreier, M. (2012). *Qualitative Content Analysis in Practice.* London: Sage.

Weber, M. (1972). *Wirtschaft und Gesellschaft. Grundriss der verstehenden Soziologie*. Tübingen: J. C. B. Mohr (Paul Siebeck).

Wegge, J. (2003). Heterogenität und Homogenität in Gruppen als Chance und Risiko für die Gruppeneffektivität. In S. Stumpf & A. Thomas (Hrsg.), *Teamarbeit und Teamentwicklung* (S. 119-141). Göttingen: Hogrefe-Verlag.

Zetkin, C. (1979). *Zur Geschichte der proletarischen Frauenbewegung Deutschlands*. Frankfurt a.M.: Tredition.

Anna Kasten und Kerstin Raule

Maßnahmen zur Umsetzung der Geschlechtergerechtigkeit am Beispiel der Caritas als lernende Organisation

Zusammenfassung

Der Problematik der Normierung und Normalisierung von Geschlecht und der sich daraus ergebenden Asymmetrien, Ungleichheiten und Diskriminierungen in Organisationen widmet sich die Frauen- und Geschlechterforschung bereits seit den 1980er Jahren. Auch der Deutsche Caritasverband, einer der größten Wohlfahrtsverbände Deutschlands, setzt sich mit der Geschlechterfrage im Kontext der eigenen Organisation auseinander. In unserem Beitrag befassen wir uns mit der Frage, welche Maßnahmen die Caritas als lernende Organisation ergreift, um Geschlechtergerechtigkeit innerhalb der eigenen Organisation umzusetzen. Drei dieser Maßnahmen – Einrichtung der Funktion der Gender-Beauftragten, Weiterbildungsangebote und Tagungen zum Themenbereich „Geschlechtergerechtigkeit in der Caritas" sowie Einrichtung der Kommission für Geschlechtergerechtigkeit und Vielfalt – stellen wir dar.

Measures to implement gender equality exemplified by Caritas as a learning organisation

Abstract

Women's and gender studies have been addressing the problems of standardisation and normalisation gender and the resulting asymmetries, inequalities and discrimination in organisations since the 1980s. One of the largest charities in Germany, the German Caritas Association, also deals with the gender issue in the context of its organisation. In our article, we are concerned with the question of what measures Caritas as a learning organisation is taking to implement gender equality. We present three of these measures: (1) the establishment of Gender Equality Officer (2) further training offers and conferences on the topic "Gender equality in Caritas" and (3) the implementation of a commission for gender equality and diversity.

JEL-Klassifizierung: –

1. Einleitung

Der Problematik der Normierung und Normalisierung von Geschlecht und der sich daraus ergebenden Asymmetrien, Ungleichheiten und Diskriminierungen in Organisationen widmet sich die Frauen- und Geschlechterforschung bereits seit den 1980er Jahren. Joan Ackers (1990) Konzept *gendered organizations* zeigt die Vergeschlechtlichungsprozesse im Rahmen einer Organisation.

> »To say that an organization, or any other analytical unit, is gendered means that advantage and disadvantage, exploitation and control, action and emotion, meaning and identity, are patterned through and in terms of a distinction between male and female, masculine and feminine.« (Acker, 1991, S. 167)

Begriffe wie *Leaky Pipeline* (Husu, 2001), *gläserne Decke* (Morrison et al., 1987), *sticky floor* (Berheide, 1992) oder der *Drehtüreffekt* (Jacobs, 1989) beschreiben die damit einhergehenden Phänomene der Ungleichheit im Geschlechterverhältnis. Strategien wie Gender Mainstreaming und Gender Diversity werden eingesetzt, um Prozesse und Strukturen in Organisationen zugunsten der Gleichbehandlung der Geschlechter zu verändern.

Auch der Deutsche Caritasverband[60], der ein Wohlfahrtsverband der römisch-katholischen Kirche in Deutschland und ein Dachverband von 6.450 rechtlich eigenständigen Trägern ist, (DCV, 2019i) setzt sich mit der Geschlechterfrage im Kontext der eigenen Organisation auseinander. Im Jahr 2010 waren ca. 80 Prozent der Mitarbeiter*innen weiblich, aber der Frauenanteil bei den hauptamtlichen Vorstands- und Geschäftsführungspositionen lag bei ca. 20 Prozent (Panjas, 2012, S. 168 ff.; DCV, 2013). Die Studie „Frauen in Führungspositionen der verbandlichen Caritas – Erfolgsfaktoren und Herausforderungen" von Cornelia Kricheldorff (2013) untersuchte fördernde und hemmende Faktoren, die bei der Besetzung von Führungspositionen durch Frauen in der Caritas bedeutsam sind. Barbara Schramkowski (2015, S. 262 ff) fasste diese Faktoren wie folgt zusammen:

- die Reflexion von stereotypen Vorstellungen von Führung und die Sichtbarmachung von Rollenvorbildern,
- die Anerkennung von familiären und ehrenamtlichen Tätigkeiten,
- die Förderung der Aufstiegskompetenzen bei Frauen, die Flexibilisierung von Arbeits(zeit)modellen und die Erleichterung der Vereinbarkeit von Privat- und Arbeitsleben,
- die Förderung der Übernahme von Familienaufgaben durch Männer,

60 Im Weiteren verwenden wir für den Deutschen Caritasverband die Abkürzung *DCV*.

- die Reflexion von Geschlechterstereotypen und hiermit verbundenen Rollenmustern und der Effekt von Geschlechtermischung auf Führungs- und Teamkultur.[61]

Was die Vergütung betrifft, lassen sich ebenfalls erhebliche Unterschiede zwischen hauptamtlichen männlichen und weiblichen Geschäftsführer*innen und Vorständen in der Caritas feststellen. In der Geschäftsführung verdienen Männer jährlich 10.000 Euro mehr als Frauen und im Vorstand sogar 19.000 Euro (DCV, 2018b).

Die zentrale Frage unseres Beitrags lautet, welche Maßnahmen die Caritas ergreift, um Geschlechtergerechtigkeit innerhalb der eigenen Organisation umzusetzen. Geschlechtergerechtigkeit taucht bei der Caritas im Zusammenhang mit z. B. folgenden Themen auf: die Erhöhung des Frauenanteils in Führungspositionen, die Führungskultur und -struktur, die Unternehmenskultur, die Personalpolitik sowie die prekären Erwerbssituationen von Frauen (Schramkowski, 2015; Gomer, 2017). Darüber hinaus wird die Geschlechtergerechtigkeit – neben anderen Themen wie „Balance Beruf und Freizeit“ und „Flexibilität und Selbstbestimmung“ – als die oberste Priorität der Personalarbeit im Kontext der Caritas als zukünftiger Arbeitgeber genannt (DCV, o.J.).

Bei der Geschlechtergerechtigkeit „rückt […] eine weniger indvidualisierende als ‚systematisierende‘ strukturelle Perspektive von Gleichstellung in den Fokus“ (Rudolph, 2009, S. 129). Die Thematisierung von Geschlecht, Vielfalt und Differenz im Kontext der Gerechtigkeit ermöglicht, die Ungleichheitslagen zu erfassen (Riegraf, 2008, S. 401).

Im ersten Schritt erläutern wir den Begriff von Geschlecht. Im Anschluss daran stellen wir drei Maßnahmen zur Förderung der Geschlechtergerechtigkeit innerhalb der Caritas dar: Einrichtung der Funktion der Gender-Beauftragten, Weiterbildungsangebote und Tagungen zum Themenbereich „Geschlechtergerechtigkeit in der Caritas“ sowie Einrichtung der Kommission für Geschlechtergerechtigkeit und Vielfalt. Diese Maßnahmen verstehen wir als Meilensteine in der Etablierung der Geschlechtergerechtigkeit innerhalb der Caritas. Die Reihenfolge, in der wir die Maßnahmen vorstellen, spiegelt die zeitliche Abfolge der Etablierung dieser Maßnahmen. Im Fazit gehen wir auf die Caritas als eine lernende Organisation ein.

---

61 Barbara Schramkowski verantwortete die Studie seitens des Deutschen Caritasverbandes (Schramkowski, 2015, S. 259).

2. Geschlecht als »eine regulative Norm«[62]

Geschlecht ist eine Machtdimension, mit deren Analyse Prozesse der Hierarchisierung, Segmentierung und Marginalisierung erklärt werden können. Geschlecht ist „nicht einfach etwas, was man hat, oder eine statische Beschreibung dessen, was man ist: Es wird eine derjenigen Normen sein, durch die ‚man' überhaupt erst lebensfähig wird, dasjenige, was einen Körper für ein Leben im Bereich kultureller Intelligibilität qualifiziert" (Butler, 1997, S. 22). Geschlecht verstehen wir nach Judith Butler als den Effekt einer spezifischen Machtformation (1991, S. 9), die in der Wechselwirkung mit kulturellen oder klassenspezifischen Zuschreibungen, psychischen oder körperlichen Fähigkeiten, sexueller Orientierung, Alter und Religion und Weltanschauung auftaucht und zu Dominanz- und Ungleichheitsverhältnissen führt (Rommelspacher, 2009, S. 81).

Geschlecht in der Wechselwirkung mit den anderen Dimensionen stellt „eine regulative Norm" (Becker-Schmidt und Knapp, 2007, S. 95) dar, die das Leben der Organisationen ordnet und strukturiert. Deswegen ist es erforderlich, die Vorstellungen des Normalen und die Mechanismen der Normalisierung zu reflektieren und in Frage zu stellen: „[…] Welche Funktionen haben diese Normen? Wen schränken sie ein? Wie werden durch Normen Ausschlüsse produziert und legitimiert?" (Plößer, 2013, S. 209). Das Verständnis von Geschlecht als Norm ermöglicht,

> „die Infragestellung der Fragestellungen, die grundsätzliche Skepsis gegenüber einer so und nicht anders ‚vorhandenen' Kategorie ‚Frau'. Die längst überfällige Abschiednahme von der obligatorischen Zwangseinheit ‚Wir Frauen'. Endlich wird auch der Konflikt zwischen den – ganz und gar unterschiedlichen – Frauen geführt. […] So gesehen bedeutet also eine feministisch-dekonstruktive Perspektive eher eine Bereicherung […] [für die Analyse von Organisationen], denn der bisherige feministische Diskurs war eben nur der hegemoniale Diskurs einer bestimmten Gruppe von Frauen" (Haas, 1995, S. 10).

Normen schaffen Realitäten (Butler, 2009, S. 90). Das Leben „wird von *Normen* beherrscht. Wenn wir uns diesen widersetzen, kann es sein, dass wir herausfallen oder herausgestoßen werden" (Butler, 2002, S. 6; Hervorh. i.O.). Die Vermittlung organisationaler Strukturen geschieht auf dem Weg von Normalitätsvorstellungen (Wilz, 2006, S. 3219). Mit dieser Perspektive können Realitäten bezüglich der Arbeitsorganisation, den Aufgabenbereichen, der Personalentwicklung, der Karrieremöglichkeiten, den Arbeitsbedingun-

62 Becker-Schmidt und Knapp, 2007, S. 95.

gen, den organisatorischen Entscheidungen, den Kommunikationsprozessen oder den Gehaltspraktiken aufgezeigt werden (Wilz, 2010, S. 514).

3. Maßnahmen zur Umsetzung der Geschlechtergerechtigkeit in der Caritas

Im Oktober 2011 hat die 11. Delegiertenversammlung des Deutschen Caritasverbandes (DCV) in Würzburg beschlossen, dass die Unternehmen der Caritas Vorhaben zur Erhöhung des Frauenanteils in ihren Vorständen, Geschäftsführungen und Aufsichtsgremien in die Wege leiten (DCV, 2013). Die Delegiertenversammlung empfahl neben einer*eines Gender-Beauftragten, eine Selbstverpflichtung und Quotenregelung einzuführen. Im Folgenden werden wir die daraus resultierenden Maßnahmen vorstellen und zeigen, wie eine der größten Organisationen der Freien Wohlfahrtspflege auf verschiedenen Ebenen die Geschlechtergerechtigkeit in ihre Organisationskultur etabliert.

3.1 Einrichtung der Funktion der Gender-Beauftragten

Die*der Gender-Beauftragte soll die Entwicklungen der Einführung der Quotenregelung oder der Selbstverpflichtung flankierend begleiten.

> „Die Verständigung auf eine Quote ist ein wichtiger formaler Akt. Sie könnte ein Qualitätsmerkmal und Wettbewerbsvorteil werden. Notwendig ist die Quote, weil wir zwar formal weitgehend gleiche Zugangsmöglichkeiten für Frauen und Männer haben. Aber je höher der Grad der Eigenmächtigkeit im Arbeitsfeld oder die Hierarchieebene ist, desto deutlicher ist die Exklusion von Frauen faktisch" (Stetter-Karp, 2013, o. S.).

Hiermit wurde das verbandspolitische Ziel, bei allen Entscheidungsprozessen die unterschiedlichen Lebenssituationen von Frauen und Männern einzubeziehen, manifestiert. Im Juli 2012 hat Irme Stetter-Karp die Funktion als Gender-Beauftragte übernommen. Einer der ersten Aufträge an die Gender-Beauftragte war die Verbesserung der Datenlage zur Variable *Gender* in der Caritas (DCV, 2013, S. 11). Ein weiteres wichtiges Instrument stellt der regelmäßige Genderbericht dar. Der erste Genderbericht erschien im August 2013. Im Oktober 2019 erschien bereits der siebte Genderbericht. Online gestellt werden die Berichte seit dem fünften Genderbericht (DCV, 2019e).

Parallel zur Einrichtung der Gender-Beauftragten wurde der Vorstand des DCV damit beauftragt, eine wissenschaftliche Untersuchung durchzuführen. Es handelt sich dabei um die bereits erwähnte empirische Studie von Cornelia Kricheldorff (2013). Zielsetzung war die genaue Erforschung der Ursachen für den geringen Anteil von Frauen in Vorständen, Geschäftsführungen und Aufsichtsgremien der Caritas und eine daraus resultierende Empfehlung für die Praxis. Für die Umsetzung des oben erwähnten Beschlusses der Delegiertenversammlung wurde das erste vom Europäischen Sozialfonds (ESF) Programm *rückenwind*+[63] geförderte Projekt „Gleichgestellt in Führung gehen" (2012 – 2014) zu diesem Thema vom Vorstand des DCV eingesetzt (DCV, 2012a). Die Gender-Beauftragte hat den Vorsitz für den Fachbeirat[64] zu dem auf zwei Jahre angelegten Projekt „Gleichgestellt in Führung gehen" (2012-2014) übernommen. Wesentlicher Bestandteil des Projektes war die Durchführung der wissenschaftlichen Untersuchung (Kricheldorff, 2013), die als Grundlage für Qualifizierungs- und Organisationsentwicklungsmaßnahmen dienen sollte. Des Weiteren wurden an fünf Pilotstandorten unterschiedlicher verbandlicher Ebenen einerseits für qualifizierte weibliche Nachwuchsführungskräfte spezifische Führungskräftefortbildungen sowie ein Mentoring Programm angeboten. Andererseits wurden vor Ort Strukturen geschaffen, die Entscheidungsträger*innen darin unterstützten, Frauen den beruflichen Aufstieg zu ermöglichen.

Im Rahmen des Verantwortungsbereichs der Gender-Beauftragten und des Projekts „Gleichgestellt in Führung gehen" haben sich folgende drei Aufgabenfelder für die Schaffung von mehr Geschlechtergerechtigkeit in der Caritas, ihren Verbänden und Unternehmen als zentral erwiesen:

- eine gendersensible Personalpolitik,
- die Implementierung von Anlaufstellen für gleichstellungsrechtliche Anfragen,
- die Messbarkeit der Entwicklung (z.B. geschlechterparitätische Besetzung von Organen, Zentralstatistik) (DCV, 2014, S. 7f.).

In einem nächsten Schritt reichte die Gender-Beauftragte zusammen mit weiteren Delegierten bei der 15. Delegiertenversammlung (2015) einen Beschlussantrag ein: Es sollte eine verbindliche Regelung zur Geschlechterparität in den drei DCV-Organen (Präsident*in, Vorstand, Caritasrat und Dele-

---

63 Das Programm *rückenwind+* hat zum Ziel, „die Beschäftigungsfähigkeit von Beschäftigten in der Sozialwirtschaft in Verbindung mit einer integrierten und nachhaltigen Personal- und Organisationsentwicklung in den Einrichtungen und Verbänden zu fördern und zu erhalten" (Europäischer Sozialfonds für Deutschland, o. J.).

64 Um das Vorhaben im Verband zu verankern, werden sowohl Vertreter*innen der relevanten Mitglieder und Gliederungen im Verband als auch fachwissenschaftliche Expert*innen von der Projektleitung eingebunden.

giertenversammlung) erarbeitet werden (DCV, 2016). Zuerst sollte eine Selbstverpflichtung den Anstoß geben und in der Folge eine entsprechende Satzungsänderung angestrebt werden. Des Weiteren sollten regionale Gender- und Gleichstellungsbeauftragte eingeführt werden und das Anliegen durch verbandliche Veranstaltungen (z.B. Unternehmenstagung[65] und Angebote der Fortbildungs-Akademie[66]) stärker repräsentiert werden (DCV, 2016). Im Jahr 2018 kam der Dialogprozess zu geschlechterparitätischen Besetzungsregelungen für die drei verbandlichen Organe (Präsident*in, Vorstand, Caritasrat und Delegiertenversammlung) zu einem erfolgreichen Abschluss. Während für den Vorstand und den Caritasrat eine Soll-Bestimmung[67] gilt, wurden für die Delegiertenversammlung feste Quoten für die einzelnen Gruppierungen definiert (DCV, 2019h).

3.2 Weiterbildungsangebote und Tagungen

Mit dem Titel „Geschlecht. Gerecht gewinnt. Förderung einer geschlechtergerechten Organisationskultur in der Caritas" startete ein weiteres aus dem ESF-Programm *rückenwind*+ gefördertes Projekt im Januar 2016.[68] Die Erkenntnisse aus der Praxis des vorangegangenen Projekts sowie die Handlungsempfehlungen aus der Studie „Frauen in Führungspositionen der ver-

65 „Die Caritas-Unternehmenstagung (ehemals Rechtsträgertagung) bieten ein Forum, auf dem strategische Fragen der unternehmerischen Belange der Caritas diskutiert werden. Eingeladen sind die Verantwortlichen für die strategische Führung von Diensten und Einrichtungen der Caritas. Dazu gehören unter anderem Geschäftsführer(innen), Vorstände, Mitglieder von Aufsichtsgremien oder Einrichtungsleiter(innen)" (DCV, 2019g).

66 Weitere Informationen zur Fortbildungs-Akademie siehe die Internetpräsenz www.caritas-akademie.de/ [21.12.2019].

67 § 9 Absatz 2, 3 und 4 der Satzung des DCV: „(2) In den Organen Delegiertenversammlung, Caritasrat und Vorstand sollen Frauen und Männer in einem ausgewogenen Verhältnis vertreten sein.; (3) Als ausgewogen im Sinne der Satzung gilt eine Zusammensetzung, die bei der Delegiertenversammlung um weniger als 5% und im Caritasrat um weniger als 10% von der Parität abweicht. Im Vorstand sollen Männer und Frauen paritätisch vertreten sein. (4) Als paritätisch im Sinne der Satzung gilt eine gleichmäßige Besetzung von Frauen und Männern. Bezieht sich die Anforderung auf eine ungerade Zahl, darf ein Geschlecht mit maximal einer Person überrepräsentiert sein. Wurde in der vergangenen Amtsperiode (Stichtag: Ende der Amtsperiode) des Organs das ausgewogene Verhältnis nicht erreicht, so kann in der darauf folgenden Amtsperiode das zuvor unterrepräsentierte Geschlecht in den Gruppierungen dieses Organs überrepräsentiert sein" (DCV, 2019f).

68 Erarbeitete Inhalte wurden aufbereitet und stehen in einer Toolbox online zur Verfügung: https://www.caritas.de/fuerprofis/fachthemen/caritas/geschlechtergerechtigkeit/toolbox [8.1.2019].

bandlichen Caritas – Erfolgsfaktoren und Herausforderungen" (Kricheldorff, 2013) dienten als Grundlage für die weiteren Schritte (DCV, 2016)

Auf der lokalen Ebene der Caritasorganisationen wurden vier Handlungsfelder identifiziert:

> „**Gendersensibler Führungsstil:** Entwicklung eines Führungsverständnisses, das die individuellen Unterschiede von Mitarbeitenden als Männer und Frauen in verschiedenen Lebensphasen berücksichtigt
> **Geschlechtergerechte Personalentwicklung:** Evaluation und Veränderung von Prozessen der Personalauswahl und -entwicklung im Hinblick auf Geschlechtergerechtigkeit und Lebensphasen
> **Vereinbarkeitsorientierte Arbeitsmodelle:** Gestaltung von vereinbarkeitsförderlichen Arbeitsbedingungen durch Umsetzung von innovativen Arbeits(zeit)modellen
> **Geschlechtergerechte Gremienbesetzung:** Entwicklung und Umsetzung von Strategien zur Verbesserung des Geschlechtermixes in Gremien und Organen der Caritas" (Gomer-Simpfendörfer, 2016, S. 5; Hervorh. i. O.).

Auch in diesem Projekt wurde mit Pilotstandorten zusammengearbeitet. In einem Fortbildungsangebot analysierten die Beteiligten ihre Organisationskultur unter dem Gesichtspunkt der Geschlechtergerechtigkeit und leiteten daraus individuelle Maßnahmen innerhalb der oben genannten Handlungsfelder ab.

Auf der verbandlichen Ebene wurden bundesweit Tagungen für verschiedene Zielgruppen veranstaltet, um das Anliegen einer geschlechtergerechten Organisationskultur zu fördern. So gab es z. B. das Forum „Personalentwicklung in der Caritas" in Erfurt (2018) mit dem Fokus auf Geschlechtergerechtigkeit oder auch die Caritas-Unternehmenstagung „Diversity als Innovationstreiber" in Fulda in Zusammenarbeit mit dem hausinternen Referat Sozialwirtschaft (2018). Die Gender-Beauftragte Irme Stetter-Karp pointiert in ihrem Eröffnungsstatement zu dieser Tagung:

> „Am Beispiel Geschlecht lässt sich der innovative Charakter von vielfaltsorientiertem Handeln besonders gut deutlich machen: Innovation ist per se ein Bruch mit der Routine, eine Abweichung vom Eingespielten und Bewährten. Gesamtgesellschaftlich hat sich mit Blick auf das Zusammenwirken der Geschlechter über mehrere Jahrhunderte eine Routine eingespielt, die Produktionsarbeit – wie den gesamten Bereich öffentlichen Handelns – Männern, die Sorgearbeit und das Kümmern um andere hingegen Frauen zuschreibt. Die Welt ist komplexer geworden, und gerade wir in der Sozialwirtschaft wissen, wie wenig plausibel eine solche gedankliche Trennung zwischen Erwerbs- und Sorgearbeit noch ist" (Stetter-Karp, 2018, S. 2).

Damit Geschlechtergerechtigkeit nachhaltig und langfristig sichergestellt ist, soll nach Stetter-Karp und Gomer-Simpfendörfer „eine dauerhafte Verankerung des Themas in einem Vorstandsbereich“ (2018, S. 9) erfolgen.

3.3 Einrichtung der Kommission für Geschlechtergerechtigkeit und Vielfalt

Einen weiteren Schritt zur strukturellen Verankerung ist ein Beschluss der Delegiertenversammlung 2019. Sie empfiehlt dem Caritasrat eine Kommission für Geschlechtergerechtigkeit und Vielfalt anstelle einer einzelnen Gender-Beauftragten einzusetzen (Rogg, 2019, S. 23). Gleichzeitig ist ein drittes aus dem ESF-Programm *rückenwind*+ gefördertes Projekt mit dem Titel „Führung neu denken – agil, vielfaltsorientiert und geschlechtergerecht“ gestartet. In diesem Projekt soll weiterhin der Ansatz der Gleichstellung von Frauen und Männern in Führungspositionen verfolgt und mit dem übergeordneten Ziel, weitere Dimensionen von Ungleichheit in den Blick zu nehmen, erweitert werden. Auch hier wird zuerst wieder eine wissenschaftliche Studie mit dem Arbeitstitel „Führung in der Caritas neu denken – Führungskompetenzen im Wandel“ (DCV, 2019d) Aufschluss darüber geben, welche Führungskompetenzen die Sozialwirtschaft in der Arbeitswelt 4.0 benötigt, um einerseits in der sogenannten VUCA-Welt (volatil, unsicher, komplex, ambig) bestehen und andererseits die Veränderungen in der Arbeitswelt für mehr Chancengerechtigkeit nutzen zu können (DCV, 2019e). Die daraus resultierenden Handlungsempfehlungen sollen in Qualifizierungsreihen übersetzt werden.

4. Fazit

Auf dem Weg zu mehr Geschlechtergerechtigkeit steht die Caritas vor einigen Herausforderungen. Neben den gesellschaftlichen sind auch solche wie der Fachkräftemangel sicherlich von Bedeutung. Hinzu kommt die Rolle der Frauen in der katholischen Kirche bei der Aufgabenverteilung (Krichel-dorff, 2013; Qualbrink, 2019). Eine weitere Herausforderung besteht in der Organisationsstruktur. Der Deutsche Caritasverband ist ein Zusammenschluss von 6.450 rechtlich eigenständigen Trägern mit 25.000 Einrichtungen und Diensten in denen 659.875 berufliche Mitarbeiter*innen[69] tätig sind (DCV, 2019b).

---

69 Davon sind laut Zentralstatistik zum Stichtag am 31.12.2016 82,1% Frauen.

Deswegen funktioniert die klassische top down Strategie Gender Mainstreaming nur bedingt und erfordert die Entwicklung innerverbandlicher Strategien.

Die im Artikel dargestellten Maßnahmen – Einrichtung der Funktion der Gender-Beauftragten, Weiterbildungsangebote und Tagungen zum Themenbereich »Geschlechtergerechtigkeit in der Caritas« sowie Einrichtung der Kommission für Geschlechtergerechtigkeit und Vielfalt – bringen das Thema der Geschlechtergerechtigkeit in das Leben der Organisation. Im Verlauf der Jahre hat sich der Frauenanteil in den Organen (Präsident*in, Vorstand, Caritasrat und Delegiertenversammlung) zuletzt signifikant erhöht. Waren in der Delegiertenversammlung bis 2016 27 Prozent Frauen so sind es 2018 37 Prozent (DCV, 2018b). Im Caritasrat konnte der Frauenanteil von 16 Prozent (2016) auf 30 Prozent gesteigert werden (DCV, 2018b). Gleichwohl sollte der Erfolg der Maßnahmen nicht nur an einem prozentual gestiegenen Frauenanteil auf den Führungsebenen gemessen werden, sondern ebenfalls daran, ob z. B. auch Männer Teilzeitstellen in Anspruch nehmen (Kricheldorff und Schramkowski, 2015, S. 9). Im aktuellen siebten Genderbericht der Caritas wird die Eigenleistung zu Geschlechtergerechtigkeit wie folgt bewertet:

> „Auch wenn sich in den letzten Jahren einiges bewegt hat, sind wir nicht am Ziel. Geschlechtergerechtigkeit braucht nicht nur einzelne Policy-Entscheidungen, sondern eine Struktur, die kontinuierliches Arbeiten ermöglicht. Gleichstellungsmanagement als Erfolgsfaktor muss fest in die Organisation implementiert werden, auch um die zentrale Strukturkategorie Gender sichtbar und vor allem veränderbar zu machen“ (DCV, 2019h, S. 5f).

Das Konzept der „lernenden Organisation“ (Argyris und Schön, 1999) bietet eine Anregung, um den Wandel auf der strukturellen Ebene zu fördern (Rosenbichler und Schörghuber, 2007, S. 21). Eine lernende Organisation braucht die stabilisierende Funktion von Strukturen, damit sie die systematische Verbreitung der Wissensbasis, die Optimierung ihrer Problemlösungs- und Handlungsfähigkeit gewährleistet (Roski und Schacherl, 2014, S. 48).

Birgit Riegraf spricht über zwei Voraussetzungen, die grundsätzlich erfüllt sein müssen, damit ein Wandel in Organisationen eingeleitet werden kann:

> „Zum einen müssen Strategien auf eine längerfristige Perspektive ausgerichtet werden, damit sie erfolgreich sein können. Zum anderen müssen permanente und längerfristige Zweifel über bereits erreichte Fortschritte institutionalisiert werden. Das heißt: Auch Erfolge müssen daraufhin überprüft werden, ob sie wirklich frei von Widersprüchlichkeiten, Ambivalenzen und Mehrdeutigkeiten sind“ (2008, S. 404).

Eine Organisation wird zur lernenden Organisation mit der Reflexion der Regeln, die sich im Fall der Caritas in der Auseinandersetzung mit Gleichstellung und Gerechtigkeit in der Organisation ausbilden sowie mit dem Prozess der Erzeugung und Verwendung dieser Regeln (Schörghuber, 2007, S. 23).

> „Diese Reflexionssysteme sind in Organisationen zu verankern und Gleichstellung und Gerechtigkeit wird zu einem dynamischen und strukturell verankerten Anliegen und Ziel, das auch Auswirkungen auf Tiefenstrukturen der Organisation hat und die Identität von Organisationen beeinflusst" (Schörghuber, 2007, S. 23.).

Mit dem Beschluss der Delegiertenversammlung zur Einrichtung einer Kommission für Geschlechtergerechtigkeit und Vielfalt, deren konzeptionelle Ausarbeitung noch aussteht, wurde eine weitere Etappe der Umsetzung der Geschlechtergerechtigkeit in der Caritas eingeleitet. Der Schwerpunkt *Geschlechtergerechtigkeit* ist zum einen um das Thema der Vielfalt erweitert worden und zum anderen werden die Aufgaben durch die Einrichtung einer Kommission – und nicht einer weiteren Beauftragten – auf mehrere Personen verteilt. Es ist noch nicht absehbar, ob es der Kommission gelingen wird, ein Reflexionssystem, von dem Birgit Riegraf (2008) schreibt, in die Strukturen des Verbandes zu implementieren oder inwiefern die Kommission selbst Teil des Reflexionssystems sein wird.

Literaturverzeichnis

Acker, J. (1990). Hierarchies, Jobs, Bodies: A Theory of Gendered Organizations. *Gender & Society*, *4*(2), 139–158.

Argyris, C., & Schön, D.A. (2018 [1999]). *Die lernende Organisation: Grundlagen, Methode, Praxis* (W. Rhiel, Trans.) (Sonderausgabe Management-Klassiker). *Management-Klassiker*. Stuttgart: Schäffer-Poeschel Verlag.

Becker-Schmidt, R., & Knapp, G.-A. (2007). *Feministische Theorien zur Einführung* (2. Aufl.). Hamburg: Junius.

Berheide, C.W. (1992). Women Still 'Stuck' in Low-Level Jobs: Women in Public Service: A Bulletin of the Center for Women in Government. Albany (NY): Center for Women in Government, SUNY.

Butler, J. (1991). *Das Unbehagen der Geschlechter*. Frankfurt am Main: Suhrkamp.

Butler, J. (1997). *Körper von Gewicht: Die diskursiven Grenzen des Geschlechts* (K. Wördemann, Trans.). Frankfurt am Main: Suhrkamp.

Butler, J. (2002). Zwischen den Geschlechtern: Eine Kritik der Gendernormen. *Aus Politik und Zeitgeschichte*. (33-34), 6–8.

Butler, J. (Ed.). (2009). *Die Macht der Geschlechternormen und die Grenzen des Menschlichen* (1. Aufl.). Frankfurt am Main: Suhrkamp.

Deutscher Caritasverband e.V. (2012a). Gleichgestellt in Führung gehen: Schaffung eines gleichberechtigten Zugangs von Frauen und Männern zu Führungspositionen der Caritas. o.O. Verfügbar unter https://www.bagfw-esf.de/ueber-rueckenwind/rueckenwind-2009-2014/projekte/foerderbereich-6/gleichgestellt-in-fuehrung-gehen-schaffung-eines-gleichberechtigten-zugangs-von-frauen-und-maennern-zu-fuehrungspositionen-der-caritas [22.12.2019].

Deutscher Caritasverband e.V. (Ed.). (2012b). Jahrbuch des Deutschen Caritasverbandes 'Caritas 2013'. o.O.

Deutscher Caritasverband e.V. (2013). *Erster Genderbericht*. o.O.

Deutscher Caritasverband e.V. (2014). *Zweiter Genderbericht*. o.O.

Deutscher Caritasverband e.V. (2016). *Vierter Genderbericht*. o.O.

Deutscher Caritasverband e.V. (2018a). *Sechster Genderbericht*. o.O.

Deutscher Caritasverband e.V. (2018b). Vergütung von hauptamtlichen Geschäftsführer(inne)n und Vorständen in der Caritas. Eine Orientierungshilfe. Freiburg: Lambertus.

Deutscher Caritasverband e.V. (2019a). Anwalt einer solidarischen Welt. Verfügbar unter https://www.caritas.de/diecaritas/deutschercaritasverband/deutschercaritasverband.aspx [22.12.2019].

Deutscher Caritasverband e.V. (2019b). Cariwas? Caritas! Verfügbar unter https://www.caritas.de/diecaritas/wir-ueber-uns/wofuerwirstehen/cariwas [22.12.2019].

Deutscher Caritasverband e.V. (2019c). Die Organe des Deutschen Caritasverbandes. Verfügbar unter https://www.caritas.de/diecaritas/deutschercaritasverband/strukturundleitung/organedesdcv/organe-des-deutschen-caritasverbandes [22.12.2019].

Deutscher Caritasverband e.V. (2019d). Führung neu denken – agil, vielfaltsorientiert und geschlechtergerecht. Verfügbar unter https://www.bagfw-esf.de/ueber-rueckenwind/projekte-5-foerderrunde/fuehrung-neu-denken-agil-vielfaltsorientiert-und-geschlechtergerecht [22.12.2019].

Deutscher Caritasverband e.V. (2019e). Geschlechtergerechte Caritas. Verfügbar unter https://www.caritas.de/fuerprofis/fachthemen/caritas/geschlechtergerechtigkeit/geschlechtergerechtigkeit [22.12.2019].

Deutscher Caritasverband e.V. (2019f). Glossar: Satzung des Deutschen Caritasverbandes e.V. Verfügbar unter https://www.caritas.de/glossare/satzung-des-deutschen-caritasverbandes-e [22.12.2019].

Deutscher Caritasverband e.V. (2019g). Glossar: Unternehmenstagung. Verfügbar unter https://www.caritas.de/glossare/unternehmenstagung [22.12.2019].

Deutscher Caritasverband e.V. (2019h). *Siebter Genderbericht*.

Deutscher Caritasverband e.V. (2019i). Transparenz und Finanzen. Verfügbar unter https://www.caritas.de/diecaritas/wir-ueber-uns/transparenz/transparenz-finanzen [22.12.2019].

Deutscher Caritasverband e.V. (o.J.). Wegmarken: Zukunftsdialog 2020. Verfügbar unter https://www.caritas.de/hosting/caritas.de/zukunfts-dialog-2020/html5.html#/1 [22.12.2019].

Europäischer Sozialfonds für Deutschland (o.J.). rückenwind – Für die Beschäftigten und Unternehmen in der Sozialwirtschaft. Verfügbar unter https://www.esf.de/portal/DE/Foerderperiode-2014-2020/ESF-Programme/bmas/2014-10-08-rueckenwind-partnerrichtlinie.html [22.12.2019].

Gomer, A.-K. (2017). Strukturiert den Wandel wagen: Wege zu einer geschlechtergerechten Organisationskultur in der Caritas. In A. Fritz & G. Hofmeister (Hrsg.), *Attraktiver Arbeitsplatz Caritas: Eine Unternehmenskultur, die hält was sie verspricht* (S. 113–122). Freiburg im Breisgau: Lambertus.

Gomer-Simpfendörfer, A.-K. (2016). Geschlecht. Gerecht gewinnt: Förderung einer geschlechtergerechten Organisationskultur in der Caritas. Verfügbar unter https://www.caritas.de/cms/contents/caritas.de/medien/dokumente/fachthemen/caritas/geschlechtergerechti/praesentation-kick-o/praesentation_kickoff_web.pdf?d=a&f=pdf [22.12.2019].

Haas, E. (1995). Einleitung: Let´s talk about sex. In E. Haas (Ed.), *Reihe Wissenschaft. "Verwirrung der Geschlechter": Dekonstruktion und Feminismus* (S. 7–18). München: Profil.

Husu, L. (2001). On Metaphors on the Position of Women in Academia and Science. *Nora*, *9*(3), 172–181.

Jacobs, J.A. (1989). *Revolving doors: Sex segregation and women's careers*. Stanford, Calif.: Stanford University Press.

Kricheldorff, C. (o.J.). *Frauen in Führungspositionen der verbandlichen Caritas: Erfolgsfaktoren und Herausforderungen*. Abschlussbericht zur Studie im Auftrag des Deutschen Caritasverbandes. Verfügbar unter https://www.caritas.de/fuerprofis/fachthemen/caritas/geschlechtergerechtigkeit/stolpersteinen-auf-der-spur [22.12.2019].

Kricheldorff, C., & Schramkowski, B. (2015). Mehr Geschlechtergerechtigkeit bei der Besetzung von Führungspositionen. *Sozial Extra*. (1), 6–9.

Morrison, A.M., White, R.P., van Velsor, E., & The Center for Creative Leadership. (1987). *Breaking the glass ceiling: Can women reach the top of America's largest corporations?* Reading, Mass.: Addison-Wesley.

Panjas, J. (2012b). Vorstände sind nach wie vor eine Männerdomäne. In Deutscher Caritasverband e.V. (Ed.), *Jahrbuch des Deutschen Caritasverbandes 'Caritas 2013'* (S. 168 ff.). o.O.

Plößer, M. (2013). Die Macht der (Geschlechter-)Norm: Überlegungen zur Bedeutung von Judith Butlers dekonstruktiver Gendertheorie für die Soziale Arbeit. In K.-P. Sabla & M. Plößer (Hrsg.), *Gendertheorien und Theorien Sozialer Arbeit: Bezüge, Lücken und Herausforderungen* (S. 199–216). Opladen, Berlin, Toronto: Verlag Barbara Budrich.

Qualbrink, A. (Ed.). (2019). Praktische Theologie heute: Bd 156. Frauen in kirchlichen Leitungspositionen: Möglichkeiten, Bedingungen und Folgen der Gestaltungsmacht von Frauen in der katholischen Kirche. Stuttgart: Kohlhammer.

Riegraf, B. (2008). Geschlecht und Differenz in Organisationen: Von Gleichstellungspolitik und erfolgreichem Organisationslernen. *WSI Mitteilungen*. (7), 400–406.

Rogg, G. (2019). Fortschritt: mal im Schneckentempo und mal unter Hochdruck. *Neue Caritas*, *120*(19), 22–23.

Rommelspacher, B. (2009). Intersektionalität – über die Wechselwirkung von Machtverhältnissen. In I. Kurz-Scherf, J. Lepperhoff, & A. Scheele (Hrsg.), *Arbeit – Demokratie – Geschlecht: Vol. 11. Feminismus: Kritik und Intervention* (S. 81–96). Münster: Verl. Westfälisches Dampfboot.

Rosenbichler, U., & Schörghuber, K. (2007). Integratives Konzept zu: Gender Mainstreaming als Systementwicklung. In R. Bendl, A. Leitner, U. Rosenbichler, T. Schmid, K. Schörghuber, & C. Walenta (Hrsg.), *Qualitätsentwicklung Gender Mainstreaming: Band 2 – Grundlagen* (S. 11–32). Wien.

Roski, M., & Schacherl, I. (2014). Die Professionalisierung der Gleichstellungsarbeit im Reformprozess – Ausbau von Gleichstellungswissen und Genderkompetenz in Hochschulen. *Gender*. (1), 44–64.

Rudolph, C. (2009). Frauen- und Gleichstellungspolitik: Gesellschaftlicher Wandel durch Institutionen? In I. Kurz-Scherf, J. Lepperhoff, & A. Scheele (Hrsg.), *Arbeit – Demokratie – Geschlecht: Vol. 11. Feminismus: Kritik und Intervention* (S. 115–132). Münster: Verl. Westfälisches Dampfboot.

Schörghuber, K. (2007). Zum Mainstream von Systemen und Organisationen – Bausteine für gelingendes Mainstreaming. In R. Mangold, U. Rosenbichler, N. Schermann, & K. Schörghuber (Hrsg.), *Qualitätsentwicklung Gender Mainstreaming: Band 7 – Prozesse organisieren* (S. 13–28). Wien.

Schramkowski, B. (2015). Geschlechtergerechtigkeit auf Führungspositionen? Erfolgsfaktoren und Herausforderungen auf dem Weg zur Erhöhung des Frauenanteils am Beispiel der Caritas. In A. Hochenbleicher-Schwarz & S. Gögercin (Hrsg.), *40 Jahre Lehre und Forschen an der DHBW VS: Band II. 40 Jahre Duales Studium. Festschrift: Band 2: Beiträge aus der Fakultät Sozialwesen* (S. 259–276). Berlin, Boston: De Gruyter Oldenbourg.

Stetter-Karp, I. (2013). Baustelle Gleichstellung – packen wir's an! Ein Interivew geführt durch Liane Muth. Verfügbar unter https://www.caritas.de/neue-caritas/heftarchiv/jahrgang2012/artikel/baustelle-gleichstellung--packen-wirs-an [22.12.2019].

Stetter-Karp, I. (2018). Diversity als Innovationstreiber in der Caritas: Caritas-Unternehmenstagung am 1. und 2. März 2018 in Fulda. Verfügbar unter https://www.caritas.de/fuerprofis/fachthemen/caritas/diversity-als-innovationstreiber-in-der- [22.12.2019].

Thümmrich, M. (2017). Organe des Deutschen Caritasverbandes. Verfügbar unter https://www.caritas.de/diecaritas/deutschercaritasverband/strukturundleitung/organedesdcv/organe-des-deutschen-caritasverbandes [22.12.2019].

Wilz, S.M. (2006). Geschlechterdifferenzierung von und in Organisationen. In K.-S. Rehberg (Hrsg.), Soziale Ungleichheit, kulturelle Unterschiede: Verhandlungen des 32. Kongresses der Deutschen Gesellschaft für Soziologie in München 2004 (S. 3215–3224). Frankfurt am Main, New York: Campus.

Wilz,S.M. (2010). Organisation: Die Debatte um 'Gendered Organizsations'. In R. Becker & B. Kortendiek (Hrsg.), Geschlecht und Gesellschaft. Handbuch Frauen- und Geschlechterforschung: Theorie, Methoden, Empirie. 3., erweiterte und durchgesehene Auflage (S. 513–519). Wiesbaden: Springer Fachmedien.

NACHHALTIGKEIT

Katharina Gapp-Schmeling und Anneli Heinrich

Konsumieren Frauen nachhaltiger? – Der Zusammenhang von Nachhaltigkeitsbewusstsein und Gender

Zusammenfassung
Die nachhaltige Konsumforschung untersucht den Einfluss verschiedener Faktoren auf das nachhaltigkeitsrelevante Konsumverhalten. Eine wichtige Rolle spielt dabei die Untersuchung von Einstellungen und Bewusstsein. Sowohl im Verhalten als auch im Nachhaltigkeitsbewusstsein zeigen sich Unterschiede hinsichtlich der Geschlechter, die aus Sicht der Nachhaltigkeitswissenschaften erklärungsbedürftig sind. Hier ergeben sich Anknüpfungspunkte mit der Genderforschung, die in einer gendersensiblen Nachhaltigkeitsforschung ihren Raum finden.
Der Artikel konzentriert sich auf die ökologische Dimension nachhaltigen Konsums und gibt zunächst einen Überblick wichtiger Erklärungsansätze aus der Literatur hinsichtlich des Zusammenhangs von Umweltbewusstsein, Umweltverhalten und Geschlecht. Anschließend wird anhand der Daten der Umweltbewusstseinsstudie 2018 geprüft, welche Unterschiede im Umweltbewusstsein sich empirisch aktuell belegen lassen.

Do women consume more sustainably? – The link between sustainability and gender awareness
Abstract

Sustainable consumer research examines the influence of various factors on sustainability-relevant consumer behavior. An important role is played by the study of attitudes and consciousness. Both, in behavior and in the awareness of sustainability, there are gender differences, which from sustainability perspective should be investigated. This leads to links with gender research, i.e. a gender-sensitive sustainability research.
The article first gives an overview of important explanatory approaches with regard to the relationship between environmental awareness, environmental behavior and gender. Subsequently, based on the data from the Environmental Awareness Study 2018 (Umweltbewusstseinsstudie) of the Federal

Environment Agency of Germany (Umweltbundesamt), it is examined which differences in environmental awareness can currently be verified empirically.

JEL-Klassifikation: D12; D91; J16; Q01; Q56

1 Einleitung

Nicht erst seit der #FridaysForFuture-Bewegung wird eine Änderung des Konsumverhaltens in Richtung Nachhaltigkeit gefordert. Um Konsumverhalten aber beeinflussen zu können, müssen die Einflussfaktoren auf den Konsum zunächst verstanden werden. Das Modell der Nachhaltigen Ökonomie unterscheidet hierbei ökonomisch-rationale, umweltbedingte und sozial-kulturelle Faktoren sowie psychologische Faktoren wie zum Beispiel die Einstellung. Zu den umweltbedingten und sozial-kulturellen Faktoren zählt u.a. die Geschlechterverteilung. Hier zeigt die Forschung von Katharina Gapp-Schmeling zu den Einflussfaktoren auf den durchschnittlichen Stromverbrauch der europäischen Haushalte einen interessanten Zusammenhang: Je höher der Anteil an Männern in einer europäischen Volkswirtschaft, desto höher der durchschnittliche Stromkonsum pro Haushalt und Kopf. Dies gilt selbst dann, wenn Unterschiede im Einkommen als Kontrollvariable berücksichtigt werden. Um dieses Phänomen zu erklären, sieht Gapp-Schmeling weiteren Forschungsbedarf (Gapp-Schmeling, 2019, Kapitel 3 und 8).

Dieser Beitrag nähert sich daher der offen gebliebenen Frage zum Zusammenwirken von Umweltbewusstsein (respektive -verhalten) und Geschlecht.

Der Beitrag besteht aus zwei Hauptkapiteln. Das folgende Kapitel 2 gibt einen Überblick zu verschiedenen Perspektiven auf das Zusammenspiel von Nachhaltigkeitswissenschaften und Geschlechterforschung. Es arbeitet mögliche Unterschiede im Umweltbewusstsein und Umweltverhalten der Geschlechter heraus. Im dritten Kapitel wird anhand der Daten der Umweltbewusstseinsstudie 2018 geprüft, ob sich ein Unterschied zwischen den Geschlechtern auch empirisch belegen lässt. Abschließend werden die Konsequenzen der Ergebnisse diskutiert.

2 Kontroversen zwischen Nachhaltigkeits- und Geschlechterforschung

2.1 Stand der nachhaltigen Entwicklung und der Geschlechtergleichheit

Die Ziele einer nachhaltigen Entwicklung werden nur schleppend bis gar nicht erreicht, die vom Menschen mit verursachte globale Erderwärmung sowie andere ökologische Probleme wie die Vernichtung der Artenvielfalt und Verknappung der natürlichen Ressourcen schreiten voran (Sachs et al., 2019). Ebenso verhält es sich mit sozialen Zielen der nachhaltigen Entwicklung, so wurde bisher das Ziel der Chancengleichheit der Geschlechter sowohl in Ländern der Dritten Welt als auch in industrialisierten Ländern nicht erreicht. Frauen weltweit haben weniger freie Zeit zur Verfügung als Männer, sie arbeiten mehr und tragen die Hauptlast unbezahlter Betreuungs- und Substitutionsarbeit. Dabei sind sie seltener in Führungspositionen vertreten und verfügen über ein deutlich kleineres Einkommen (DGVN, 2015, S. 15f., 129 f, 142-144).

Auf der anderen Seite scheint bei Frauen das größere Potenzial zu liegen, soziale und ökologische Ziele der nachhaltigen Entwicklung zu erreichen, wie im Weiteren dargelegt wird. Nachhaltigkeit und Gender weisen damit eine interessante Verbindung auf (Vinz, 2005, S. 4).

2.2 Nachhaltigkeit und Gender – ein kurzer historischer Überblick

Die Verknüpfung der Themen Gender und Umweltschutz bzw. Nachhaltigkeit ist bereits seit Jahrzehnten ein Gegenstand diverser Studien und wird auf verschiedenen Ebenen diskutiert. Ende der *1970er Jahre* bildeten sich die verschiedenen Bewegungen wie die *Umwelt-, Friedens- und Frauenbewegung* um auf Missstände und Krisen aufmerksam zu machen und Lösungsansätze zu diskutieren. Hier begannen auch die Debatten über die Bedeutung von Geschlechterverhältnissen für die Umwelt- und Nachhaltigkeitsforschung, die vor allem in der Frauenbewegung im Zuge der Diskurse über Feminismus und Frauenemanzipation thematisiert wurden (Hofmeister & Katz, 2011, S. 367–370; Weller, 2004, S. 11f.). Dadurch angestoßen wurde auch auf den *UN-Konferenzen über nachhaltige Entwicklung* die entscheidende Rolle der Frau für die (nachhaltige) Entwicklung erkannt. Auch die *Frauen-, Männer- und Geschlechterforschung* nahm die Thematik Gender und Nachhaltigkeit mit auf (Michelsen, 2015, S. 84).

Ein Ansatz für den Zusammenhang zwischen Umweltbewusstsein und dem Geschlecht findet sich in der zentralen, in den 1980er Jahren kontrovers diskutierten und noch heute relevanten Position des *Öko-Feminismus.*

Dieser stützt sich auf die These der ideologischen Gleichsetzung von Frau und Natur auf der einen Seite und Mann und Kultur auf der anderen Seite. Diese These besagt, dass Frau und Natur die Basis der Entwicklung der westlichen Kultur und des Fortschritts sind, Frauen aber aus Naturwissenschaft und Technik ausgeschlossen worden sind, worauf die aktuellen Umweltprobleme aus dieser Perspektive unter anderem zurückzuführen sind. Aus dieser dargestellten Analogie der Frau und der Natur wurde von Ökofeministinnen im Folgenden abgeleitet, dass Frauen besondere Naturnähe zuzuschreiben ist und sie dementsprechend die Fähigkeit zum Schutz der Natur besitzen (Weller, 2004, S. 12f.). Insbesondere soll an dieser Stelle auf die These hingewiesen werden, Frauen hätten als Hausfrauen die Macht, den Konsum zu transformieren. Hier wurde und wird unter anderem von Subsistenzproduktion und Konsumverzicht gesprochen. So werden insbesondere zu den Problemfeldern Abfall, Konsum und Verkehr sowie Stadtplanung frauenspezifische Handlungsperspektiven diskutiert und seit Ende der 1980er Jahre der Aspekt Gender in die Umweltforschung und Umweltpolitik mit aufgenommen (Weller, 2004, S. 13–15). Bezogen auf das eingangs erwähnte Beispiel zum Stromkonsum wäre dieser Ansatz im Einklang mit den Ergebnissen einer Studie des Instituts für Energie- und Umweltforschung (IFEU), wonach Frauen eher an Energiespartipps, Umwelt- und Klimaschutz interessiert sind, während Männer nur durch eine Reduktion der Stromkosten motiviert werden (Dünnhoff et al., 2009, S. 14).

2.3 Die Geschlechterperspektive als Chance für die Nachhaltigkeitsforschung

Aus der Betrachtung der These, Frauen hätten im Besonderen die Fähigkeit zu umweltbewusstem Verhalten (daraus abgeleitet These 1 unten), stellt sich die Frage, welche Rolle die Geschlechterperspektive aktuell bei der Betrachtung von Umweltverhalten und Umweltbewusstsein spielt? Seit den 1990er Jahren gewinnen bzw. Geschlechterverhältnisse in der Umweltforschung als Analysekategorie an Bedeutung. Bei der Entwicklung von Lösungsansätzen für ökonomische, ökologische und soziale Probleme sollte Gender ein wesentliches Kriterium sein und somit die scheinbare Geschlechtsneutralität vieler Problemfelder aufgedeckt und geschlechtsspezifische Zusammenhänge erkannt werden (Weller, 2004, S. 16f.). Nachhaltigkeits- und Geschlechterforschung sollten nachhaltige Entwicklung als ein gemeinsames Projekt betrachten und die Nachhaltigkeitswissenschaften Geschlecht als Basiskategorie mit aufnehmen (Hofmeister, 2011, pp. 166–167). So kann *gendersensible Nachhaltigkeitsforschung* Konzepte für nachhaltige Entwicklung entwerfen, welche die Genderperspektive umfassend integrieren. Dabei ist festzuhalten, dass Gender in allen Themenfeldern der Nachhaltigkeitsdebatte Relevanz hat und in diesen auch mitgedacht werden muss (Schön et al., 2002, S. 16, 2003, S. 454). Beispiele für Erkenntnisse zu Einstellungen und Verhalten in Bezug auf Umweltschutz mit Hilfe der Genderperspektive werden im Folgenden dargestellt.

2.4 Erkenntnisse zum Zusammenhang von Gender und nachhaltigem Konsum

Durch die gendersensible Nachhaltigkeitsforschung wurde deutlich gemacht, dass Geschlechterunterschiede nicht nur in der sozialen Dimension der Nachhaltigkeit zu finden sind, sondern in allen. Es wurden zum Beispiel umweltbezogene Geschlechterunterschiede und hierbei etwa in Umweltbewusstsein, Einstellung und Konsumverhalten untersucht (Schön et al., 2002, S. 16f.). Beobachtungen der Lebensstilforschungen für Deutschland kommen zu dem Schluss, dass Frauen und Männer sich bezüglich Umwelt in ihren Einstellungen (entsprechend These 1 unten), ihrem Verhalten sowie in ihrer Wahrnehmung und Bewertung von Umweltrisiken unterscheiden (entsprechend Thesen 2 und 3 unten). Blättel-Mink et al. (2011) verweisen hier unter anderem auf Preisendörfer (1999), Reichert & Zierhofer (1993), Empacher et al. (2002) und Kuckartz & Rheingans-Heintze (2006).

Die bisherigen Ergebnisse bezüglich des Umweltbewusstseins schreiben Frauen nicht nur ein höheres Umweltbewusstsein zu (vgl. Beginn von Abschnitt 2), sondern weisen auch darauf hin, dass sich ein höherer Bildungsabschluss bei Frauen stärker als bei Männern zusätzlich positiv auswirkt. Die Altersgruppe der 25-49jährigen Frauen zeigt laut Blättel-Mink das höchste Umweltbewusstsein in Deutschland. Dies bezieht sich vor allem auf die Bereiche Einkauf und Konsum, Mobilität sowie Müll und Recycling. Im Umweltverhalten stellen sich die Ergebnisse noch deutlicher dar, Frauen zeigen eine höhere Bereitschaft, umweltfreundlich zu handeln, beispielsweise im Bereich Müll und Recycling (Blättel-Mink et al., 2011, S. 15f., entsprechend These 4 unten). Das erfolgreiche Bemühen um umweltschonendes Verhalten kann eine Erklärung für die eingangs dargestellten Ergebnisse der Erhebung von Katharina Gapp-Schmeling, die einen erhöhten durchschnittlichen Stromverbrauch der Haushalte in europäischen Volkswirtschaften mit höherem Männeranteil aufzeigen, bieten (Gapp-Schmeling 2020, Kapitel 3 und 8).

Auch in anderen Konsumbereichen ist eine umweltschonendere Verhaltensdisposition von Frauen bereits bekannt: Beim Einkauf achten Frauen auf verpackungsarme Produkte und kaufen öfter gebrauchte und nachhaltige Bekleidung (Blättel-Mink et al., 2011, S. 15f.). Dabei ist zu beachten, dass Frauen den größeren Teil der Versorgungsarbeit übernehmen, und somit in der Regel mehr Zeit mit Einkauf, Hausarbeit und Kochen für sich und die

Familie verbringen. Im Bereich Kauf von Lebensmitteln und Ernährung sind es auch Frauen, die eher nachhaltige Produkte nachfragen und konsumieren. So sind im Naturkosthandel mehr Frauen anzutreffen, und sie fragen auch im Lebensmittelhandel öfter Bioprodukte nach. Frauen initiieren darüber hinaus eher eine Umstellung der Konsum- und Essensgewohnheiten in Richtung Nachhaltigkeit und Gesundheit, etwa Vegetarismus oder Veganismus (Kropp & Brunner, 2004, S. 30f.; Meier, 2016, S. 250). Die Deutsche Gesellschaft für Ernährung (DGE) fand anhand der Daten der Nationalen Verzehrstudie heraus, dass Männer doppelt so viel Fleisch essen wie Frauen und sich tendenziell insgesamt ungesünder ernähren (DGE, 2012, Kap. 1).

An den Erkenntnissen der genannten Studien zeigen sich Tendenzen bezüglich des Umweltbewusstseins und -verhaltens im Zusammenhang mit Gender. Es lassen sich daraus die folgenden vier Thesen kondensieren, auf die im oberen Text bereits verwiesen wurde.

1. Frauen haben ein höheres Umweltbewusstsein.
2. Frauen reagieren auf Umweltprobleme emotionaler.
3. Frauen schätzen Umweltrisiken höher ein.
4. Frauen bemühen sich im Alltag häufiger, umweltfreundlich zu handeln, zeigen eine hohe Bereitschaft, sich umweltbewusst zu verhalten.

Im Folgenden sollen diese Thesen anhand einer Sekundärdatenanalyse der Umweltbewusstseinsstudie 2018 des Umweltbundesamtes empirisch geprüft werden.

3 Erkenntnisse aus der aktuellen Umweltbewusstseinsstudie

Als anschlussfähig und vergleichbar bezüglich der verbindenden Betrachtung von Gender und Umweltverhalten und -bewusstsein wird die Umweltbewusstseinsstudie des Umweltbundesamtes bezeichnet, die seit 1996 alle zwei Jahre durchgeführt wird und u.a. systematisch die Frage nach Geschlechterunterschieden untersucht (Rubik et al., 2019, S. 83; Weller, 2004, S. 34). Den Kern der Studie bildet dabei eine quantitative Repräsentativerhebung der deutschsprachigen Bevölkerung ab 14 Jahren in zwei Befragungswellen mit jeweils ca. 2.000 Befragten. Die Studie verfolgt mit ihrem zweijährigen Rhythmus das Ziel, die Entwicklung von Umweltbewusstsein und -verhalten in Deutschland zu erfassen und eine sozialwissenschaftliche Grundlage der Umweltpolitik zu bieten. In der quantitativen Erhebung liegen für einige Fragen langjährige Zeitreihen im Sinne eines Monitorings vor. Diese werden durch qualitative Erhebungen ergänzt, auf die in diesem

Beitrag allerdings nicht näher eingegangen wird (Rubik et al., 2019, S. 83 ff.).

In diesem Kapitel soll betrachtet werden, inwiefern die Kategorie Gender in der aktuellen Umweltbewusstseinsstudie des Umweltbundesamtes angewendet wurde und ob sich die oben aufgestellten Thesen bestätigen lassen.

3.1 Methodik und allgemeine Ergebnisse der Umweltbewusstseinsstudie 2018

In der Umweltbewusstseinsstudie 2018 wurde für die Erfassung des Geschlechts als soziodemografisches Merkmal erstmals die Kategorie „inter*/trans*“ für das Geschlecht vorgesehen (Rubik et al., 2019, S. 84). Dies erlaubt in Zukunft ggf. eine differenziertere Betrachtung. In der Erhebung 2018 wurde diese Option allerdings noch nicht ausgewählt.

Darüber hinaus wurde für die Umweltbewusstseinsstudie 2018 ein neues Messinstrument entwickelt. Dieses soll künftig eine einheitliche Erhebung des Umweltbewusstseins und damit sowohl Zeitvergleiche als auch Vergleiche zwischen unterschiedlichen Gruppen nach Milieu oder Geschlecht ermöglichen (Rubik et al., 2019, S. 67). Durch die Änderung des Messinstrumentes sind Vergleiche mit früheren Erhebungen nur noch für einzelne Fragen möglich.

Das neue Messinstrument umfasst die drei Teilbereiche Umweltaffekt, Umweltkognition und Umweltverhalten, die jeweils in einer Skala von null bis zehn angegeben werden. Der Begriff Umweltaffekt umfasst die emotionalen Reaktionen auf Umweltthemen, während die Umweltkognition Einstellungen zu sachlichen Aussagen zu Umweltthemen erfragt. Zur Erfassung des Umweltverhaltens werden die Teilnehmer*innen nach ihren Verhaltensweisen in umweltrelevanten Lebensbereichen wie Ernährung, Mobilität, Einkauf und Engagement für Umweltschutz befragt.

Die affektive Einstellung zu Umweltthemen weist einen Mittelwert von 7,2 auf einer Skala von null bis zehn auf. Hier wird die Zustimmung zu sieben verschiedenen Aussagen erfragt, wie z.B. „Es macht mich wütend, wenn ich sehe, dass Deutschland seine Klimaschutzziele verfehlt“ (Rubik et al., 2019, S. 68–70).

Die Umweltkognition, also die Zustimmung zu sachbezogenen Umweltaussagen, weist einen Mittelwert von 7,9 auf. Umweltkognition und Umweltaffekt weisen dabei einen sehr starken statistischen Zusammenhang auf. Der Korrelationskoeffizient zwischen beiden Teilbereichen beträgt r=0,73. Zur Erfassung der Umweltkognition wird die Zustimmung zu acht Aussagen erfragt, wie z.B.: „Wir sollten nicht mehr Rohstoffe verbrauchen als nachwachsen“ (Rubik et al., 2019, S. 68–70).

Die Ergebnisse im Hinblick auf das selbst berichtete Umweltverhalten weisen deutlich auf die bekannte attitude behavior gap hin: Zur Erfassung dieses Teilbereiches wird erfragt wie häufig die Teilnehmer*innen bestimmte Verhaltensweisen praktizieren, z.B.: „Für meine alltäglichen Wege benutze ich das Fahrrad, öffentliche Verkehrsmittel oder gehe zu Fuß". Der Mittelwert für das Umweltverhalten ist mit 4,6 deutlich geringer und auch die statistischen Korrelationen mit dem Umweltaffekt (r= 0,51) und der Umweltkognition (r=0,48) sind deutlich schwächer ausgeprägt, wenngleich sie von den Autoren der Studie als „immer noch substanziell" angesehen werden (Rubik et al., 2019, S. 68).

3.2 Unterschiede im Umweltbewusstsein der Geschlechter

In diesem Abschnitt werden mit Hilfe der Datentabellen der Umweltbewusstseinsstudie Unterschiede in den drei Teilbereichen des Umweltbewusstseins zwischen den Geschlechtern analysiert und diskutiert. Die Auswertung beschränkt sich dabei auf die in den Datentabellen vorliegenden Querschnittsdaten, da die Einzeldatensätze für eine Sekundärdatenanalyse leider noch nicht zur Verfügung stehen.

Abbildung 1: Unterschiede zwischen den Geschlechtern bei den Kenngrößen des Umweltbewusstseins, Eigene Darstellung in Anl. an Rubik et al., 2019, S. 71

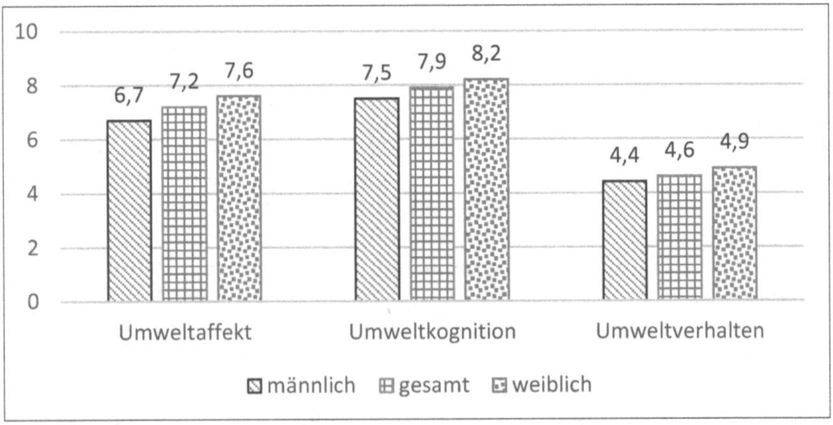

Abbildung 1 zeigt die Unterschiede zwischen den Geschlechtern bei den Kenngrößen des Umweltbewusstseins. Hinsichtlich der oben genannten Thesen lässt sich also die These 1 „Frauen haben ein höheres Umweltbewusstsein.", anhand der Daten bestätigen.[70]

Abbildung 2: Aussagen zum Umweltaffekt, Datentabelle der zweiten Befragungswelle

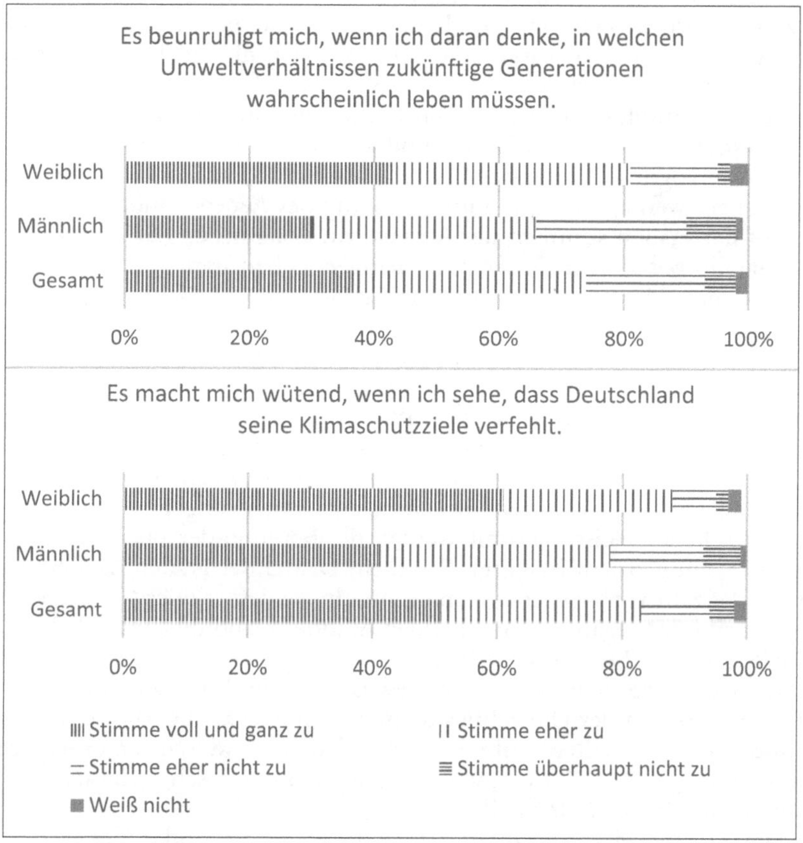

70 In diesem Beitrag kann aufgrund der Kürze nur untersucht werden, welche Unterschiede im Umweltbewusstsein und seinen einzelnen Komponenten empirisch belegbar sind. Zu den Ursachen wären weitere – umfangreichere – Analysen notwendig.

Die These 2 „Frauen reagieren auf Umweltprobleme emotionaler.", betrifft die Aussagen zum Umweltaffekt. Bereits Abbildung 1 zeigt hier einen deutlichen Unterschied zwischen der emotionalen Umwelteinstellung von Männern und Frauen. Innerhalb der sieben Fragen zum Umweltaffekt zeigen die Aussagen zum Verfehlen der Klimaschutzziele und die Sorge um künftige Generationen die größten Differenzen zwischen Männern und Frauen. Während Frauen diesen beiden Aussagen jeweils zu über 80 Prozent zustimmen, liegt die Zustimmungsrate bei den Männern jeweils mindestens zehn Prozent niedriger. Die Frage nach der Sorge um die Umweltverhältnisse künftiger Generationen kann außerdem als Beleg für die These 3 „Frauen schätzen Umweltrisiken höher ein.", angesehen werden.

Bereits Abbildung 1 zeigte einen Unterschied in den Skalenwerten zur Umweltkognition zwischen Frauen und Männern. In den acht Einzelfragen zur Umweltkognition zeigt sich der größte Unterschied zwischen Männern und Frauen, wenn es um die Einschränkung des Lebensstandards geht; 85 Prozent der Frauen stimmen der Aussage zu: „Zugunsten der Umwelt sollten wir alle bereit sein, unseren derzeitigen Lebensstandard einzuschränken." Bei den Männern sind dies nur 71 Prozent (Tabellenband, 2. Befragungswelle).

Im Hinblick auf das selbst berichtete Umweltverhalten bestätigt sich die These 4 „Frauen bemühen sich im Alltag häufiger, umweltfreundlich zu handeln, zeigen eine hohe Bereitschaft, sich umweltbewusst zu verhalten." Der Mittelwert für die acht Elemente des Umweltverhaltens liegt bei Frauen mit 4,9 deutlich höher als bei Männern mit 4,4. Besonders groß ist der Unterschied im Umweltverhalten hinsichtlich der Ernährung: Frauen essen tendenziell seltener Fleisch. Damit werden die Befunde der oben genannten DGE Erhebung erneut bestätigt. Rund ein Drittel der Frauen hat zeitweise auf den Verzehr von tierischen Lebensmitteln verzichtet oder sich dauerhaft vegetarisch oder vegan ernährt. Bei den Männern sind dies nur 23 Prozent (Tabellenband, 1. Befragungswelle).

Zusätzlich wurde in der Umweltbewusstseinsstudie der Zusammenhang der Komponenten des Umweltbewusstseins (Umweltaffekt, Umweltkognition und Umweltverhalten) mit dem vorhandenen Umweltwissen untersucht. Rubik et al. (2019, S. 71) können hier lediglich einen sehr schwachen Zusammenhang (r = 0,08) feststellen.

Um das Umweltwissen zu erfassen, wurden für die Studie Wissensfragen mit jeweils vier Antwortmöglichkeiten gestellt, von denen eine richtig war.[71] Im Durchschnitt haben die Befragten 5,4 der zehn Fragen korrekt be-

71 Beispiele für die Fragen sind: „Was ist das Pariser Übereinkommen?" (Antwort: Das erste rechtsverbindliche, weltweite Klimaabkommen); „Ein durchschnittlicher Haushalt in

antwortet (Rubik et al., 2019, S. 71). Männer haben im Durchschnitt 5,8 Fragen korrekt beantwortet, bei Frauen waren es lediglich 5,0 Fragen (Tabellenband, 2. Befragungswelle). Allerdings müsste anhand der Einzeldaten näher geprüft werden, ob dieser Effekt fortbesteht, wenn Bildungsstand und Alter berücksichtigt werden.

4 Fazit

In diesem Beitrag wurden zunächst Verbindungen zwischen Nachhaltigkeits- und Geschlechterforschung beleuchtet. Aus den bisherigen Erkenntnissen der Literatur wurden schließlich vier Thesen bezüglich des Unterschiedes zwischen Männern und Frauen in selbst berichtetem Umweltverhalten und Umwelteinstellung abgeleitet, die im dritten Kapitel anhand der Daten der aktuellen Umweltbewusstseinsstudie von 2018 empirisch geprüft wurden.

Die Analyse zeigt, dass es bei den Kenngrößen Umweltaffekt, Umweltkognition und Umweltverhalten Unterschiede zwischen den Geschlechtern gibt. Alle drei Teilbereiche des Umweltbewusstseins sind bei Frauen etwas ausgeprägter.

Die Auswertungen zeigen mit Blick auf das Umweltbewusstsein, dass eine gendersensible Nachhaltigkeitsforschung wichtige Erkenntnisse zum Verständnis des Konsumverhaltens, wie dem Stromkonsum der Haushalte liefern kann. Für Nachhaltigkeitswissenschaftler*innen und Geschlechterforscher*innen weisen die Ergebnisse auf die Notwendigkeit zu noch stärkerer disziplinübergreifender Zusammenarbeit hin.

Aus Sicht der nachhaltigen Ökonomie zeigen die Ergebnisse erneut die Grenzen von indirekten politisch-rechtlichen Instrumenten, die primär auf Information setzen (Rogall, 2012, Kap. 7): Trotz durchschnittlich höherem Umweltwissens, haben Männer im Durchschnitt zugleich ein geringeres Umweltbewusstsein und verhalten sich weniger umweltorientiert als Frauen. Daher sind neben weichen Instrumenten direkte Instrumente, wie Verbote umweltschädlicher Produkte und ökonomische Instrumente, wie Steuern auf den Ressourcenverbrauch notwendig.

Deutschland verbraucht am meisten Energie für...?" (Antwort: Heizung); „Was ist das ursprüngliche Grundprinzip der Nachhaltigkeit?" (Antwort: Ressourcen dürfen nicht schneller verbraucht werden, als sie nachwachsen können).

Literaturverzeichnis

Blättel-Mink, B., Bender, S.-F., Dalichau, D., & Erdmann, L. (2011). Nachhaltiger Konsum in der Internetökonomie: Entwicklung einer integrativen Forschungsperspektive. In S. Behrendt (Ed.), *Wiederverkaufskultur im Internet: Chancen für nachhaltigen Konsum am Beispiel von eBay* (pp. 7–41). Berlin: Springer.

DGVN – Deutsche Gesellschaft für die Vereinten Nationen (2015). *Bericht über die menschliche Entwicklung 2015*. Berlin.

DGE – Deutsche Gesellschaft für Ernährung. (2012). *12. Ernährungsbericht 2012*. Bonn: Dt. Gesellschaft für Ernährung.

Dünnhoff, E., Stieß, I., Gigli, M., & Birzle-Harder, B. (Juni 2009). *Evaluation des Cariteam – Energiesparservice in Frankfurt a.M.* Heidelberg, Frankfurt am Main. Retrieved from IFEU – Institut für Energie- und Umweltforschung Heidelberg GmbH; ISOE – Institut für sozial-ökologische Forschung website: https://www.stromspar-check.de/fileadmin/user_upload/Dokumente/Hintergrund/Evaluation_Energiesparservice_Ffm_2009.pdf

Empacher, C., Hayn, D., Schubert, S., & Schultz, I. (2002). *Analyse der Folgen des Geschlechterrollenwandels für Umweltbewusstsein und Umweltverhalten.* Frankfurt am Main.

Gapp-Schmeling, K. (2020): Faktoren nachhaltigen Stromkonsums in Europa und seine Förderung durch politisch rechtliche Instrumente – Eine Analyse aus Sicht der Nachhaltigen Ökonomie, Baden-Baden: Nomos.

Hofmeister, S. (2011). Die Kategorie Geschlecht in der Nachhaltigkeitsforschung: Eine andere Perspektive auf nachhaltige Entwicklung. In B. Jansen-Schulz & K. van Riesen (Eds.), *Vielfalt und Geschlecht: Relevante Kategorien in der Wissenschaft* (pp. 151–167). Leverkusen-Opladen: Budrich UniPress.

Hofmeister, S., & Katz, C. (Eds.). (2011). *Naturverhältnisse, Geschlechterverhältnisse, Nachhaltigkeit* (Vol. 15): Springer Fachmedien Wiesbaden GmbH; VS Verlag für Sozialwissenschaften. https://doi.org/10.1007/978-3-531-93097-8_18

Kropp, C., & Brunner, K.-M. (2004). *Ökologisierungspotenziale der privaten Konsum- und Ernährungsmuster* (BMBF-Forschungsprojekt „Von der Agrarwende zur Konsumwende?“ No. Diskussionspapier Nr. 1).

Kuckartz, U., & Rheingans-Heintze, A. (2006). *Trend im Umweltbewusstsein. Umweltgerechtigkeit, Lebensqualität und persönliches Engagement.: Herausgegeben vom Umweltbundesamt.* Wiesbaden: VS Verlag für Sozialwissenschaften.

Meier, T. (2016). Der Einfluss des Geschlechts auf ernährungsrelevante Umwelteffekte. In L. Voget-Kleschin, L. Bossert, & K. Ott (Eds.), *Beiträge zur Theorie und Praxis starker Nachhaltigkeit: Band 7. Nachhaltige Lebensstile: Welchen Beitrag kann ein bewusster Fleischkonsum zu mehr Naturschutz, Klimaschutz und Gesundheit leisten?* (2nd ed., pp. 239–253). Marburg: Metropolis-Verlag.

Michelsen, G. (2015). *Grundlagen einer nachhaltigen Entwicklung* (Studienbrief). Leuphana-Universität, Lüneburg.

Preisendörfer, P. (1999). *Umwelteinstellungen und Umweltverhalten in Deutschland.: Empirische Befunde und Analysen auf der Grundlage der Bevölkerungsumfragen „Umweltbewußtsein in Deutschland 1991-1998“.* Im Auftrag des Umwelt Bundesamtes. Opladen: Leske und Budrich.

Reichert, D., & Zierhofer, W. (1993). *Umwelt zur Sprache bringen. Über umweltverantwortliches Handeln, die Wahrnehmung der Waldsterbensdiskussion und den Umgang mit Unsicherheiten.* Opladen: Westdeutscher Verlag.

Rogall, H. (2012). *Nachhaltige Ökonomie: Ökonomische Theorie und Praxis einer Nachhaltigen Entwicklung; [Grenzen der natürlichen Tragfähigkeit: Ökonomie, Ökologie, Soziales* (2., überarbeitete und erweiterte Auflage). *Grundlagen der Wirtschaftswissenschaft: Vol. 15*. Marburg: Metropolis-Verlag.

Rubik, F., Müller, R., Harnisch, R., Holzhauer, B., Schipperges, M., & Geiger, S. (2019). *Umweltbewusstsein in Deutschland 2018: Ergebnisse einer repräsentativen Bevölkerungsumfrage. Umweltbewusstsein in Deutschland: Vol. 12*. Retrieved from https://www.umweltbundesamt.de/sites/default/files/medien/1410/publikationen/ubs2018_-_m_3.3_basisdatenbroschuere_barrierefrei-02_cps_bf.pdf

Sachs, J., Schmidt-Traub, G., Kroll, C., Lafortune, G., & Fuller, G. (2019). *Sustainable Development Report 2019*. New York.

Schön, S., Keppler, D., & Geißel, B. (2002). *Gender und Nachhaltigkeit. Sondierung eines unübersichtlichen Forschungsfeldes* (ZTG-Themenschwerpunkt: Nachhaltigkeit von sozio-ökologischen Systemen No. Discussion Paper Nr. ½). Berlin.

Vinz, D. (2005). Nachhaltigkeit und Gender: Umweltpolitik aus Perspektive der Geschlechterforschung.

Weller, I. (2004). *Nachhaltigkeit und Gender: Neue Perspektiven für die Gestaltung und Nutzung von Produkten*. Teilw. zugl.: Berlin, Techn. Univ., Habil.-Schr., 2003. *Hochschulschriften zur Nachhaltigkeit: Vol. 14*. München: Ökom-Verl.

Anna Brüning-Pfeiffer

Die Bedeutung von Gender-Achtsamkeit für eine nachhaltige Energiewirtschaft

Zusammenfassung
Dieser Beitrag beleuchtet die Frage, welche Rolle Frauen in der Energiewirtschaft spielen und umreißt den aktuellen Forschungsstand zum Thema „Frauen und Energie". Dabei wird der Schwerpunkt auf den globalen Norden, insbesondere Deutschland, gelegt. Bislang existiert nur eine kleine Zahl von empirischen Studien zu diesem Thema für diese Weltregion. Die zentralen Befunde dieser Studien werden herausgearbeitet und anschließend mit dem Ansatz der gender-achtsamen Energiepolitik verknüpft, der bislang vor allem in Forschungsarbeiten zum globalen Süden Anwendung gefunden hat. Der Beitrag untersucht, ob sich hieraus auch Ableitungen für eine nachhaltige Energiewirtschaft im globalen Norden finden.

The importance of gender-attentiveness for a sustainable energy sector

Abstract
This article illustrates the research question, what role women do play in energy economics and outlines the recent state of research to the topic "Women and Energy". The focus is here on the global North, especially Germany. Until now only a small number of empirical studies exist to this topic with focus on this world region. The central outcomes of these studies are elaborated and subsequently connected to the approach of gender-aware energy policy, which has been applied so far only in research towards the global South. This article examines if there are derivations from this approach that can be applied also for sustainable energy sector the global North.

JEL classification: Q56

1. Einleitung

Energie, das ist was mit Technik und deshalb interessiert es Frauen nicht – so ein gängiges Vorurteil. Die meisten Arbeitnehmenden in energietechnischen Berufen sind in großen Teilen männlich, während Frauen sich deutlich öfter für soziale Berufe entscheiden – so immer noch tägliche Praxis in Deutschland. Woran liegt es, dass die deutsche Energiewirtschaft immer noch den niedrigsten Frauenanteil aller Branchen aufweist (Euractiv 2019), während der größte Anteil der jungen Teilnehmenden an den Klimademos unter dem Motto „Fridays for Future“ in Deutschland wie auch in Schweden, dem Vereinigten Königreich, Belgien, den Niederlanden, Polen, Österreich, der Schweiz und Italien weiblich ist?(Wahlström, Kocyba, De Vydtand & de Moor, 2019, S. 18) Zeigt sich hier nicht, dass die Energiefrage, also mit welcher Art Energie wir uns versorgen, für Frauen sehr wohl von Bedeutung ist? Wie steht es also derzeit um das Thema „Frauen in der Energiewirtschaft“? Und inwiefern hat diese Frage auch eine Bedeutung für das Ziel einer möglichst CO_2-neutralen Energieversorgung? Dieser Beitrag gibt hierzu einen Überblick mit dem Schwerpunkt auf den globalen Norden, insbesondere Deutschland.

Zum Zusammenhang von Geschlecht und Nachhaltigkeit in der Energiewirtschaft (bzw. Transformation der Energiewirtschaft und des Energiesystems hin zur CO_2-Neutralität) im globalen Norden gibt es noch erheblichen Forschungsbedarf. Vor allem empirische Forschungen sind hier eine Seltenheit (Weller, 2017, S. 6). Die Gründe sind, dass genderspezifische Auswirkungen indirekter/subtiler sind als im Süden, weil Frauen im globalen Süden stärker die Rolle der Energiebeschaffung und Energienutzung (zum Beispiel Holz sammeln oder Kohlen kaufen und zum Kochen nutzen) innehaben und somit direkter von Energieproblematiken (Gesundheitsaspekte, Ressourcenknappheiten etc.) betroffen sind als im globalen Norden. Auch spielen die Themen Vulnerabilität und Anpassung eine deutlich größere Rolle (Röhr, 2001, S. 15). Doch auch in Deutschland ist die Frage nach der Rolle von Geschlecht in Energiefragen essenziell, zum Beispiel bei Fragen der Energiearmut, von der Frauen, insbesondere Alleinerziehende aufgrund ihres geringeren Einkommens besonders stark betroffen sind. Hier besteht ein hochsignifikanter Zusammenhang zum Geschlecht (Hans-Böckler-Stiftung, 2016, S. 125). Zudem wird mit Blick auf den Arbeitsmarkt deutlich, dass Frauen im Energiebereich – also in der Energiewirtschaft, -politik und -planung sowie in den Energieorganisationen – immer noch deutlich unterrepräsentiert sind (Statista, 2018). Zwar gibt es seit einigen Jahren eine steigende Anzahl von Forschungsarbeiten, die verschiedene Aspekte des Klimawandels und der Klimapolitik in Industrieländern aus der Genderperspektive beleuchten (Pearse, 2016, S. 76), aber diese beziehen sich auch eher auf die Themen Anpassung und Vulnerabilität (siehe für eine ausführliche Literaturreview zu Gender und Klima in UBA, 2018, S. 6-83) und weniger auf Partizipations- und Entscheidungsmöglichkeiten. Fragestellungen, wie Nachweise für die Verbindung zwischen Ungleichheit und Verantwortung für den Klimawandel stehen somit erst am Anfang. Auch der Zusammenhang zwischen Partizipationsmöglichkeiten von Frauen im Energiesektor und einem Fehlen von genderachtsamer Energiepolitik ist bislang noch nicht untersucht worden.

In diesem Beitrag werden zunächst die wenigen existierenden empirischen Studien zum Frauenanteil in der deutschen Energiewirtschaft zusammengefasst und erläutert. Dann wird der Ansatz der gender-achtsamen Energiepolitik vorgestellt, der aus Studien zur Situation im globalen Süden entwickelt wurde, und gefragt, ob er auch im globalen Norden Anwendung finden kann. Verknüpft wird dieses Leitbild mit den Forderungen des spanisch-europäischen politischen Manifestes „En energía no sin mujeres“ (*dtsch.* Energie nicht ohne Frauen) (Energianosinmujeres 2018). Im Fazit wird die Frage beantwortet, ob der Ansatz der Gender-Achtsamkeit in der deutschen Energiewirtschaft implementiert werden sollte.

2. Frauen in der deutschen Energiewirtschaft

2.1 Frauenanteil in der Branche allgemein

Die Energiewirtschaft ist in Deutschland eine der Branchen mit dem niedrigsten Frauenanteil. Laut Statista (2018) liegt der Frauenanteil in den „Mechatronik-, Energie- und Elektroberufen“ bei knapp elf Prozent. Nur bei den Maschinen- und Fahrzeugtechnikberufen (10,2%), der Metallerzeugung, -bearbeitung und Metallbau (8,9%), den Gebäude- und Versorgungstechnischen Berufen (4,3%) sowie den Hoch- und Tiefbauberufen (1,5%) ist der Anteil noch geringer. Bereits 2001 untersuchte Röhr (2001, S. 2) den niedrigen Frauenanteil in der Energiewirtschaft. Laut ihren Ergebnissen sei „Energie“ traditionell und in hohem Maße ein „Männerthema“. Frauen sind hier marginal vertreten auch aufgrund der tradierten geschlechtsspezifischen Arbeitsteilung. Der Zugang zu diesem technikorientierten Berufsfeld verläuft in der Regel über naturwissenschaftlich-technische Ausbildungs- und Studiengänge. Hier sind Frauen nach wie vor unterrepräsentiert, was sich in den späteren Stellenbesetzungen niederschlägt. Auch die für den Energiebereich relevanten handwerklichen Sparten (Bauhandwerk, Elektro-, Gas-Wasser-Installation, Heizungsbau usw.) sind Männerdomänen. Damit haben Frauen sowohl politisch als auch konzeptionell und planerisch weniger Einflussmöglichkeiten. Sogar im Privathaushalt gibt es bei der Energieausstattung und (umweltschonenden) Energienutzung meistens eine klare Geschlechtertrennung: Während Männer oftmals für die technische (und investive) Seite zuständig sind (Wärmedämmung, Heizkessel, Warmwasserbereitung), sind Frauen stärker für die verhaltensabhängigen Einsparungen und deren Kommunikation an alle Familienmitglieder zuständig (Röhr, 2001, S. 2).

2.2 Frauen in Führungspositionen

Auch der Anteil von Frauen in Führungspositionen in der deutschen Energiewirtschaft ist nach wie vor gering. Laut einer von PwC (2018) durchgeführten Untersuchung zu „Frauen in der Energiewirtschaft" liegt ihr Anteil im Jahr 2018 bei rund 12 Prozent, ein Anstieg von zwei Prozentpunkten gegenüber 2014. Überprüft wurden in dieser Studie 2.440 Unternehmen aus der Energiewirtschaft sowie 350 Firmen mit Fokus erneuerbare Energien im April 2018. Zusätzlich wurden nach Angaben von PwC (2018) 200 Ministerien und Behörden, 90 Verbände und 25 wissenschaftliche Institute betrachtet. Laut dieser Untersuchung sind Frauen besonders auf Vorstands- und Geschäftsleitungsebene immer noch die Ausnahme.

Mit Frauen besetzt waren in Deutschland demnach im Jahr 2018:

- 5% aller Vorstände in der Energiewirtschaft,
- 7% in der Geschäftsleitung,
- 13% in Verwaltungs- und Aufsichtsräten,
- 13% in der Prokura und
- 12% insgesamt.

Somit sind die Führungsetagen in Unternehmen der Energiewirtschaft überwiegend männlich dominiert. Eine größere Rolle spielen Frauen in der Energiepolitik und Wissenschaft. Mit 27 Prozent ist der Frauenanteil in leitenden Positionen in Politik und Behörden (z.B. in Energie- und Umweltministerien) am höchsten (PwC, 2018). Auch eine Studie vom Deutschen Insitut für Wirtschaftsforschung (DIIW) aus dem Jahr 2017 bescheinigt einen sehr geringen Frauenanteil in Führungspositionen in der Energiebranche. In 50 untersuchten Unternehmen der Energiebranche sind von insgesamt 153 Vorstandspositionen lediglich acht mit Frauen besetzt (145 mit Männern), also fünf Prozent. Von diesen acht Frauen besetzt nur eine Frau einen Vorstandsvorsitz, nämlich Dr. Susanna Zapreva im Unternehmen Stadtwerke Hannover AG (Kemfert & Egerer, 2017, S. 1071). Um zeigen zu können, wie hoch die Differenz zwischen dem Frauenanteil an allen Erwerbstätigen und dem Anteil von Frauen in Führungspositionen ist, hat das DIW daher den

Gender Leadership Gap entwickelt (GLG). Ist der GLG nahe oder gleich Null, bedeutet dies, dass Frauen proportional in Führungspositionen zu ihrem Anteil an allen Erwerbstätigen repräsentiert sind. Fällt der GLG positiv aus, bedeutet dies in der Regel, dass Frauen unterrepräsentiert sind und einen erschwerten Zugang zu Führungspositionen gegenüber ihren männlichen Kolleg*innen haben (zur Berechnung des GLG siehe auch Kemfert & Egerer, 2017, S. 1074). Die Energiebranche in Deutschland ist noch weit entfernt von der gleichberechtigten Teilhabe von Männern und Frauen in Führungspositionen. Das DIW sieht daher einen erheblichen politischen und unternehmerischen Handlungsbedarf. Es fordert, dass politische Rahmenbedingungen geschaffen werden, die dabei helfen, Stereotype zu überwinden sowie Beruf und Familie besser zu vereinbaren. Auf Unternehmensseite sollten zudem gezielte Förderprogramme für weibliche Führungskräfte, mehr Transparenz und eine veränderte Unternehmenskultur eingeführt werden (Kemfert & Egerer, 2017, S. 1074).

2.3 Korrelationen und Erklärungsversuche

Das Phänomen der sogenannten „Gläserne Decke" – also der Umstand, dass selbst hochqualifizierte Frauen selten in die Top-Positionen in Unternehmen oder Organisationen gelangen – ist nach Ansicht der PwC-Studie (2018) nicht der einzige Grund für die niedrige Zahl von Frauen in der Energiewirtschaft. Weitere Gründe, die die Aufstiegschancen von Frauen beeinflussen, sind laut PwC (2018):

- Das Fachgebiet: Auffällig ist, dass in den Tätigkeitsfeldern Human Resources und Kommunikation/Öffentlichkeitsarbeit der Anteil von Frauen in leitender Funktion überdurchschnittlich hoch ist. Technische Fachbereiche und die Datenverarbeitung hingegen sind klassische Männerdomänen.
- Der Sektor: Im Sektor „Erneuerbare Energien" kann im Gegensatz zu den konventionellen Geschäftsbereichen der Energiewirtschaft (Kohle, Öl, Gas) eine wachsende Zahl weiblicher Führungskräfte beobachtet werden. Es hat somit den Anschein, dass Frauen sich entweder stärker mit einer nachhaltigen als mit einer konventionellen Energieversorgung identifizieren oder dass in diesem Produktionsbereich eine frauenfreundlichere Unternehmenskultur vorherrscht.
- Die Unternehmensgröße: Es zeigt sich, dass große Unternehmen und Unternehmen, die als AG eingetragen sind, mehr Frauen in leitenden Positionen beschäftigen als kleinere Unternehmen oder andere Rechts-

formen. Mit zunehmender Größe steigt auch der Anteil von Frauen in der Unternehmensführung.

- Die Rechtsform des Unternehmens: In AGs liegt der Frauenanteil beispielsweise deutlich höher als in Kommanditgesellschaften und Genossenschaften. Überdurchschnittlich stark vertreten sind Frauen im Fachbereich Energie mit 27 Prozent an der Spitze von Behörden und in der Politik, darunter in Energie- und Umweltministerien (PwC, 2018).

Die PwC-Studie von 2018 sieht in erster Linie die Unternehmen in der Pflicht: Diese sollten kontinuierlich die eigene Attraktivität als Arbeitgeber für beide Geschlechter aktiv und selbstkritisch hinterfragen, stärker in die gezielte Förderung von weiblichen Führungskräften investieren und ihre Arbeitgeberattraktivität in dieser Hinsicht prüfen (PwC, 2018).

2.4 Politische Implikationen und Gegenbewegungen

Doch dass so wenige Frauen Führungspositionen in der Energiebranche innehaben, ist nicht nur ein ökonomisches Problem, sondern auch ein politisches. Die Energiewirtschaft ist seit jeher einer der machtvollsten Wirtschaftsbereiche und hat großem Einfluss auf gesellschaftliche Entwicklungen der Zukunft. Ob es eine weltweit gerechte Energieversorgung gibt, ob dem drohenden Klimawandel Einhalt geboten wird und ob der schonende Umgang mit Ressourcen und Umwelt in den Mittelpunkt gestellt wird, wird hier entschieden. Wenn Frauen nicht an diesen Entscheidungen beteiligt sind, werden die unterschiedlichen Sichtweisen von Frauen und Männern auf diese Zukunftsentwicklungen außer Acht gelassen und damit das innovative Potenzial der Vielfalt vergeben. Zudem setzen geschlechtergemischte Management-Teams mehr Kreativität, Innovationskraft und Potenzial frei und steigern die Leistungsfähigkeit des Unternehmens wettbewerbsentscheidend (Röhr & Ruggieri, 2008, S. 14). Auch in den entsprechenden Konferenzen auf nationaler und internationaler Ebene schlägt sich der niedrige Frauenanteil nieder. Wenn wenige Frauen in der Energiebranche in Führungspositionen sitzen, können auch nur wenige Frauen politische Entscheidungsträger und Entscheidungsträgerinnen zu Energiethemen beraten. Dadurch besteht die Gefahr, dass auch genderspezifische Forderungen in den entsprechenden Dokumenten kaum aufgenommen werden können.

Um das Problem strukturelle anzugehen, gibt es seit einigen Jahren verschiedene „Frauenenergieprojekte“ auf europäischer, deutscher und internationaler Ebene und seit kurzem auch einzelne von der Europäischen Union finanzierte Projekte zur Frauenförderung in der Energiewirtschaft. Auch einige Unternehmen setzen sich bereits aktiv für die Stärkung von Frauen in

Führungspositionen ein, zum Beispiel über spezielle Frauen-Fördernetzwerke. In der Energiewirtschaft fördern inzwischen 16 Netzwerke nicht nur den gegenseitigen Austausch und den Ausbau von Geschäftsbeziehungen untereinander, sondern haben sich zum Ziel gesetzt, die Karrieremöglichkeiten für Frauen insgesamt zu verbessern (PwC, 2018). In Deutschland wurde zum Beispiel das Netzwerk „women&energy“ gegründet. Es wird erkannt, dass nicht nur Frauen profitieren, wenn sie im beruflichen Umfeld größeren fachlichen Einfluss ausüben können, sondern auch die Energiebranche, die sich durch die Energiewende zurzeit stark im Wandel befindet, profitiert von einer weiblichen Sicht und einem weiblichen Management (PwC, 2017). In Spanien haben 200 Expert*innen und Aktivist*innen aus dem Energiesektor im Jahre 2018 das Manifest „En Energía No Sin Mujeres“ (*deutsch:* Energie nicht ohne Frauen) unterschrieben. Zentraler Inhalt dieses Manifestes war die Auffassung, dass ein Energiesystem nur nachhaltiger werden kann, wenn es auch gerechter ist. Wenn jedoch die Hälfte der Bevölkerung nicht repräsentiert wird, kann nicht von Gerechtigkeit gesprochen werden. So befindet sich unter den 14 Expert*innen der spanischen Kommission zur Energiewende nicht eine einzige Frau. Auch in anderen Debatten und Foren zur Gestaltung des Energiesystems kommen Frauen so gut wie nicht vor. Dies läge jedoch nicht nur daran, dass es keine weiblichen Expert*innen gäbe, sondern dass sie schlicht nicht bzw. seltener eingeladen werden. Nach Auffassung des Manifestes sollten unter anderem Frauen in und hin zu technischen und mathematischen Studiengängen verstärkt gefördert werden (El Pais, 2018). Eine Forderung des Manifestes ist, dass in allen Konferenzen und Debatten zur Energiewende stets mindestens eine Expertin zu Wort kommen sollte (EnEnergianosinmujeres, 2018).

Empirische Studien können den Ist-Zustand beschreiben und sind ein Weg, daraus direkte Handlungsempfehlungen und Forderungen abzuleiten. Eine weitere Möglichkeit ist, Forschungen aus benachbarten Gebieten zu analysieren, um zu sehen, ob diese ebenfalls zu Ergebnissen kommen, die in diesem Feld anwendbar sind. So ist das Konzept einer Gender-achtsamen Energiepolitik ein Ansatz, der in Forschungen zu Geschlecht und Energie im Rahmen feministischer Umweltforschung im globalen Süden entwickelt wurde. Dieser wird im folgenden Abschnitt umrissen, um aufzuzeigen, ob er auch für Deutschland Lösungsansätze bietet.

3. Gender-Achtsamkeit für eine nachhaltige Energiewirtschaft

3.1 Nachhaltigkeitsforschung aus feministischer Perspektive

Die Verbindung von Energie und Gender ist sowohl in der Forschung als auch in der politischen Praxis relativ jung. Wahrgenommen wird sie auf der Ebene der internationalen Verhandlungen zur Klimarahmenkonvention der Vereinten Nationen (UNFCCC) sowie der Sustainable Development Goals (SDG)[72], allerdings insbesondere mit Bezug zur Situation im globalen Süden und damit mit Bezug zu den Themen Anpassung und Vulnerabilität. Seit der UNFCCC Vertragsstaatenkonferenz (COP13) auf Bali im Jahre 2007 werden im Zusammenhang mit Energiethemen zahlreiche Projekte im entwicklungspolitischen Zusammenhang durchgeführt, die die besondere Betroffenheit von Frauen oder sogar Frauen als „Agents of Change" für Anpassungen an den Klimawandel hervorheben (Pearse, 2016, S. 85). In den letzten Jahren hat die Forschung zu Geschlecht und Energiethemen im Rahmen der Umwelt- und Nachhaltigkeitsforschung immer mehr an Bedeutung gewonnen und sich weiter ausdifferenziert. Oft geht es dabei um die Konzeptualisierung von Geschlecht und Energie sowie deren Interaktion (Weller, 2017, S. 6). Dabei basieren die Debatten auf der Annahme, dass Energie- wie auch Umwelt- und Klimaprobleme und ihre Lösungsansätze nicht geschlechtsneutral sind und dass die ökologische und die soziale Krise den gleichen Ursprung haben (Weller, 2017, S. 1). Auch die EU hat die Wichtigkeit von Frauen im Rahmen der europäischen Energietransition erkannt (Europäisches Parlament, 2019). Geführt wird dieses Forschungsfeld seit den 1990er Jahren unter verschiedenen Begriffen wie „Gender & Environment" (Schultz & Weller, 1995), „Feministische Umweltforschung", „Feminist Political Ecology" (Rocheleau, Thomas-Slayter & Wangari, 1996) oder „Geschlechterverhältnisse und Nachhaltigkeit" (Buchen et al., 1994). Gemeint ist dabei stets der gleiche Ansatz, nämlich Nachhaltigkeitsforschung aus feministischer Perspektive bzw. eine Forschung, bei der nach Zusammenhängen zwischen Geschlechterverhältnissen und der Umweltforschung gesucht wird (Ufoplan, 2002, S. 23). Dieser Ansatz wurde seit Mitte der 1990er Jahre entwickelt und grenzt sich von den öko-feministischen Ansätzen ab, die aus der Frauenbewegung entstanden sind, später weiter ausdiffernziert wurden und von einer strukturellen Ähnlichkeit der Beherrschung der Natur und der Frauen ausgehen (Ufoplan 2002: S. 21). Der Begriff „Gender & Environment" wird zum Beispiel in Publikationen und politischen Programmen der

72 Ziel 5: Gendergerechtigkeit und Ziel 7: Bezahlbare und saubere Energie.

Vereinten Nationen (UN) bzw. dem Umweltprogramm der Vereinten Nationen (UNEP) verwendet (siehe u.a. UNEP, 2016; 2019). Bei diesem Forschungsansatz wird nach den Zusammenhängen zwischen Geschlechterverhältnissen und Umweltforschung bzw -politik gefragt, aber auch das Ziel verfolgt, die Gestaltungsmacht von Frauen im Sinne von Empowerment zu stärken und dabei die sozialwissenschaftliche Geschlechterforschung mit der feministischen Naturwissenschafts- und Technikkritik verbindet (Ufoplan, 2002, S. 23). Dabei wird die Kategorie Geschlecht als ein „Augenöffner" gesehen, um geschlechtsspezifische und weitere soziale Differenzierungen zu berücksichtigen (Schultz, Hummel & Hayn, 2006, S. 224) und es wird davon ausgegangen, dass Männer und Frauen in unterschiedlicher Beziehung zur Umwelt stehen und auch in unterschiedlicher Weise von Umwelt- und Klimaveränderungen betroffen sind. Darum fordert der Ansatz des „Gender & Environment" (bzw. der feministischen Umweltforschung / Feminist Polical Ecology / Geschlechterverhältnisse und Nachhaltigkeit), dass die Kategorie Geschlecht interdisziplinär sowohl in natur- als auch in sozialwissenschaftlichen Fragestellungen sowie transdisziplinär analysiert wird, also dass Genderfragen nicht nur in sozialwissenschaftlichen Studien, sondern auch zum Beispiel in (energie-)technischen Untersuchungen berücksichtigt werden. Das wissenschaftliche Wissen soll mit dem Alltagswissen der Menschen verknüpft werden, sodass Lösungsansätze für Umweltprobleme konkret in Politik und Praxis angewendet werden können (Schultz, Hummel & Hayn, 2006, S. 232). Außerdem wird nach der Gestaltungsmacht und dem Empowerment von marginalisierten Akteuren und Akteurinnen gefragt und nach Möglichkeiten gesucht, diese zu stärken (Schultz & Weller 1995; Weller, 2017, S. 3). Die Verbindung der feministischen Perspektive mit der Nachhaltigkeitsforschung bietet die Chance für eine kritische Forschung und liefert auch normative Orientierung, zum Beispiel wenn sich politische und ökonomische Forschung auf das Menschenbild des Homo Oeconomicus beziehen, das den Menschen als autonomen Nutzenmaximierer ausweist. Hier kann feministische Forschung intervenieren und darauf verweisen, dass Konzepte benötigt werden, die vom Menschen als zutiefst relationalem Wesen ausgehen (Gottschlich & Katz, 2016, S. 14). Doch obwohl sich die feministische Forschung und die Nachhaltigkeitsforschung beide mit der Transformation der vorherrschenden Verhältnisse befassen, sind diese Forschungszweige in der Hochschullandschaft oft getrennt institutionalisiert und ihre Verflechtung miteinander hat bislang recht unsystematisch stattgefunden (Gottschlich & Katz, 2016, S. 4).

3.2 Genderneutralität vs. Gender-Achtsamkeit im Energiebereich

Das Forschungsnetzwerk Energia hat in einer breit angelegten Studie von 2014 bis 2019 die Frage von Geschlecht und Energie(-transition) in Nepal, Kenia und Indien untersucht (Energia 2019). Zentrale Ergebnisse dieser Studie waren, dass Männer und Frauen sowohl unterschiedliche Energie-Bedürfnisse als auch unterschiedliche Zugangs- und Kontrollebenen über Energieressourcen und -technologien haben. Daher ist es essenziell, dass Entscheidungen in der Energiewirtschaft oder -politik, von denen Männern und Frauen profitieren sollen, sich dieser Differenzierung bewusst sind. In der Realität sind Energiepolitiken allerdings in der Regel geschlechter-unachtsam; es wird also davon ausgegangen, dass sie Frauen und Männern gleichermaßen zugutekommen. Auch die Art, wie Energieentscheidungen und -regelungen von Organisationen designt, implementiert und überwacht werden, ist in der Regel geschlechter-unachtsam. Laut Energia (2019) resultieren jedoch Energiepolitiken, -programme und -projekte, die nicht explizit Frauen ansprechen, automatisch in einen ungleichen Zugang zu Energiedienstleistungen zwischen Männern und Frauen (Clancy, Mohlakoana, Diagne Gueye, Muchiri & Shakya, 2016). So konnte zum Beispiel in ländlichen Gebieten Nepals, Kenias und Indiens beobachtet werden, dass im Rahmen der Elektrifizierung von ländlichen Gebieten in allen drei Ländern über 80 Prozent der Elektrizitätshaushaltsverträge von Männern abgeschlossen wurden und nur wenige von Frauen. Der Grund ist, dass in diesen ländlichen Gebieten Frauen selten die Häuser besitzen, in denen sie wohnen, und somit auch keine Elektrizitätsverträge unterschreiben können. In Kenia zeigte sich zudem, dass verwitwete und geschiedene Frauen, die ihr Haus besitzen, viel öfter davon betroffen waren, keinen Zugang zu Elektrizität zu haben (74%), weil sie in der Regel ärmer sind als verheiratete Paare oder alleinstehende Männer. Die spezifischen Bedürfnisse von Frauen und Männern werden allerdings in energiepolitischen oder -wirtschaftlichen Entscheidungen nicht fokussiert und auch nicht ihre unterschiedlichen Möglichkeiten, Zugang zu Energiedienstleistungen zu erhalten. Und das obwohl die Energiebedürfnisse von Frauen, sowohl in Bezug auf Haushaltverantwortlichkeiten als auch ihre produktiven Aktivitäten, sich von denen von Männern stark unterscheiden. Zum einen durch die Unterschiede der Arten von Arbeit, die sie verrichten, der Unternehmen, die sie führen, aber auch der Geräte, die sie benutzen (Energia, 2019, S. 29). Die Studie schlägt daher eine genderachtsame Energiepolitik als Lösungsansatz vor. Diese zeichnet sich dadurch aus, dass sie die sozialen Beziehungen von Frauen und Männern und auch die Unterschiede ihrer Bedürfnisse mit einbezieht. Dies steht im Gegensatz zu geschlechter-unachtsamen Politiken, die implizit annehmen, dass Frauen und Männer dieselben Energiebedürfnisse haben. Eine genderachtsame Energiepolitik muss aber auch entwickelt werden durch gender-achtsame Formulierungsprozesse, in denen Männern und Frauen die gleichen Partizipationsmöglichkeiten ermöglicht werden. Ein solcher Ansatz würde Frauen nicht länger als rein passive Energieempfänger*innen sehen, sondern auch als aktive Teilnehmerinnen und Teilnehmer an der gesamten Versorgungskette (Energia, 2019, S. 30).

Viele der internationalen Entwicklungsorganisationen verfolgen bereits gender-bewusste Ansätze in ihren Energieprojekten und es gibt bereits zahlreiche nationale Programme, insbesondere in asiatischen und afrikanischen Ländern, die versuchen, Frauen in der Energienutzung zu unterstützen (Energia, 2019, S. 31). Doch in den Energieunternehmen sieht dies meist anders aus; diese sind zumeist noch von Männern dominiert, die Entscheidungen treffen und technische Funktionen einnehmen – hierin unterschieden sich der globale Norden und Süden kaum. Hier könnte laut Energia (2019) Veränderung durch das Einschlagen unterschiedlicher Wege herbeigeführt werden: Zum Beispiel durch eine gezielte Förderung von Frauen in diesen Berufen und/oder eine Förderung der Art der Arbeit hin zu mehr Gender-Sensibilität und -Bewusstsein (Energia, 2019, S. 32). Hier fehlt es allerdings bislang nicht unbedingt an den politischen Zielsetzungen, sondern eher an der Umsetzung. Denn die Organisationen, die diese Ansätze umsetzen sollen, müssen ebenfalls erst lernen, gender- und kulturelle Unterschiede zu beachten und ihre Prozesse dementsprechend zu verändern (Energia, 2019, S. 34). Betont werden muss, dass diese Überlegungen eine besonders große Rolle in Schwellenländern spielen, wo die traditionellen Geschlechterrollen oft noch stärker ausgeprägt sind als im globalen Norden. Dennoch lassen sich hier Schlussfolgerungen ableiten, die auch im globalen Norden, wie in Deutschland und in Europa Anwendung finden können.

3.3 Europäisches Manifest zur Gender-Achtsamkeit im Energiebereich

In einem Interview, das die Florence School of Regulation 2019 geführt und veröffentlicht hat, erläutert Florent Marcellesi, der Vizepräsident des „Europäischen parlamentarischem Netzwerkes für die Förderung von erneuerbaren Energien" (EUROFES) und Mitinitiator des Manifests „En Energía No Sin Mujeres“ (*deutsch:* Energie nicht ohne Frauen), dass die unterschiedlichen Energiebedürfnisse nicht nur im globalen Süden, sondern auch im globalen Norden eine Rolle spielen (FSR Energy & Climate, 2019). Laut Marcellesi unterscheide sich die Art, wie Energie genutzt werde, zwischen Männern und Frauen (FSR Energy & Climate, 2019). Die Verhaltensmuster von Frauen seien demnach oftmals nachhaltiger und stärker von ihrer traditionellen gesellschaftlichen Rolle als Betreuende bzw. Versorgende beeinflusst. Der Energieverbrauch von Frauen sei also häufig nicht nur geringer, sondern auch mit den Aufgaben verbunden, die mit der Aufrechterhaltung des Lebens anfallen, während Männer im Vergleich ein stärkeres Verschmutzungs-Verhalten zeigten. Zudem seien auch in Europa Frauen stärker von Energiearmut betroffen. Sie haben niedrigere Einkommen und leben in ineffizienteren Wohnungen. In Bulgarien könnten sich 80 Prozent der weiblichen Single-Haushalte nicht die Energie leisten, die sie bräuchten, um ihre Wohnung angemessen zu heizen, verglichen zu 65 Prozent der männlichen Single-Haushalte. In Deutschland seien Haushalte mit weiblichem Haushaltsoberhaupt zweimal so stark von Energiearmut betroffen wie Haushalte mit männlichem Oberhaupt. Deshalb sollten laut Marcellesi Politiken, die zum Beispiel zu höheren Energiepreisen führen auch im globalen Norden diese genderspezifischen Fakten berücksichtigen. Auch in der Energiebranche muss die Genderperspektive stets berücksichtigt werden, also bei der tagtäglichen Arbeit, bei Entscheidungsprozessen von Firmen, Think-Tanks, Institutionen, Organisationen und politischen Parteien (FSR Energy & Climate, 2019). Zentral sei dabei, dass Frauen nicht nur auf allen Ebenen der politischen Repräsentation gewählt werden können sollten, sondern auch die Ausbildung von Frauen in Energiefeldern gefördert wird (FSR Energy & Climate, 2019). Zudem sollten sie laut Marcellesi von den Regierungen bewusst in internationalen Verhandlungsrunden eingesetzt werden (FSR Energy & Climate, 2019). Weil der Energiesektor sehr maskulin ist, tragen vor allem Männer eine Verantwortung und sollten sich stets daran erinnern, dass Gendergerechtigkeit nicht nur ein Frauenthema ist. Sie müssen aktive Agenten im transformativen Prozess werden, männliches Verhalten hinterfragen und dieses ggf. verändern. Und sie sollten, so Florent Marcellesi (FSR Energy & Climate, 2019), aktiv gegen Unterdrückung vorgehen, zum Beispiel indem sie sich weigern, bei rein männlichen Panels teilzunehmen, wie das Manifest „Energy Not without women“ fordert. Der zweite Weg führt über eine kontinuierliche Weiterbildung in Bezug auf Geschlechterfragen, um in der Lage zu sein, die erlernten Genderrollen zu hinterfragen. Zuletzt sollten Männer, die im Energiesektor tätig sind, die Genderimplikationen ihrer Entscheidungen verstehen und eine Genderperspektive in ihre täglichen Arbeit- und Entscheidungsprozess integrieren (FSR Energy & Climate, 2019). Während der Verhandlung zum „Saubere Energie für alle Europäer-Paket“, das 2019 beschlossen wurde, habe Florent Marcellesi versucht, mehrmals durch Änderungsanträge eine Genderperspektive in das Energiepaket zu bringen. Doch diese wurden alle abgelehnt. Dir Gründe waren, so Marcellesi, kultureller Natur. So verstanden viele Mitglieder des Europäischen Parlaments (MEPs), die meisten davon Männer, die Beziehung zwischen Geschlecht und Energiepolitik nicht. Die meisten Politiker*innen waren aber auch aus politischer Motivation dagegen, eine Referenz zur Genderperspektive oder zur Partizipation von Frauen einzufügen. Laut den ablehnenden Politiker*innen habe das eine nichts mit dem anderen zu tun und man solle die Debatten nicht „miteinander vermischen“ (FSR Energy&Climate, 2019).

Röhr und Gotelind (2018, S. 118) zufolge gibt es bislang allerdings keinen schlüssigen Ansatz zur Berechnung und zum Vergleich des CO_2-Fußabdrucks zwischen Männern und Frauen. Doch eine Erklärung für den unterschiedlichen Energiekonsum von Männern und Frauen können die Einkommensunterschiede sein – wer mehr Einkommen hat, kann in der Regel mehr Energie verbrauchen (Röhr & Gotelind, 2018, S. 115). Gleichzeitig haben Frauen allerdings aus physiognomischen Gründen statistisch gesehen einen höheren Wärmebedarf und nutzen daher mehr Wärmeenergie im Winter; Männer hingegen benötigen mehr Energie zum Kühlen im Sommer (Schellen, Loomans, de Wit, Olesen & van Marken Lichtenbelt, 2012). Ein höherer CO_2-Fußabdruck von Männern resultiert insbesondere aus dem Mobilitätsverhalten, weil sie nachweislich häufiger große Autos besitzen und fahren sowie öfter und längere Strecken mit dem Auto zurücklegen. Allerdings hat sich in den letzten Jahren das Fahrverhalten von Frauen und Männern langsam angeglichen (Röhr & Gotelind, 2018, S. 117). Röhr und Gotelind (2018) betonen ebenfalls, dass die Geschlechter- und Machtverhältnisse in zukünftigen Forschungsarbeiten stärker in den Blick genommen werden müssen (Röhr & Gotelind 2018, S. 118).

4. Fazit

Dieser Beitrag hat gezeigt, dass Frauen in der deutschen Energiewirtschaft nach wie vor stark unterrepräsentiert sind und Führungspositionen vorwiegend männlich dominiert sind. Ein höherer Anteil von Frauen findet sich eher in politischen Administrationen im Energiebereich oder in Unternehmen mit erneuerbaren Energien wieder. Auch in der konventionellen Energieversorgung sowie im technischen Bereich sind sie stark unterrepräsentiert, sodass abgeleitet werden kann, dass die Art, wie wir uns mit Energie versorgen, stark von Männern bestimmt wird. Es wurde gezeigt, wie bedeutsam es ist, die unterschiedlichen Energiebedürfnisse der Geschlechter in energiepolitische oder -wirtschaftliche Entscheidungen miteinzubeziehen. Der Ansatz der gender-achtsamen Energiepolitik, der in Studien zu Ländern des globalen Südens entwickelt wurde, kann und sollte auch im globalen Norden, also auch in Deutschland und in Europa, Anwendung finden. Zwar sind die Auswirkungen des Klimawandels und auch die ökonomischen und kulturellen Ungleichheiten zwischen Männern und Frauen weniger direkt und subtiler als im globalen Süden. Dennoch gibt es auch große Ähnlichkeiten, denn auch im globalen Norden können gender-neutrale Energiepolitiken und -programme automatisch zu Diskriminierungen führen. Der Ansatz der gender-achtsamen Energiepolitik kann dabei helfen, ein Bewusstsein dafür zu schaffen, dass das Thema Energie nicht nur ein technisches, sondern eben auch ein soziales Thema ist und es unterschiedliche Gruppen der Gesellschaft in unterschiedlicher Weise beeinflusst. Gerade für die Umstellung des Energiesystems hin zur CO_2-Neutralität ist es von Bedeutung, auch die feministische Perspektive in der Nachhaltigkeitsforschung zu berücksichtigen. Essenziell für eine Stärkung der Einflussmöglichkeiten von Frauen in der Energiewirtschaft können unter anderem Frauenförderprogramme im Energiebereich sein, die das Problem strukturell angehen sowie die Schaffung eines Bewusstseins für die spezifische Betroffenheit von Frauen und anderen Gruppen in Energiefragen. Der Ansatz der Gender-Achtsamkeit bietet die Chance, dass Frauen bei wichtigen Entscheidungen über Zukunftsfragen zur Energieversorgung und Kampf gegen den Klimawandel stärker repräsentiert werden.

Literaturverzeichnis

Anfinsen, M; Heidenreich, S. (2017): *Energy & Gender – a social sciences and humanities cross-cutting theme report*, Cambridge: SHAPE ENERGY https://www.researchgate.net/profile/Sara_Heidenreich/publication/318969513_Energy_gender_-_a_social_sciences_and_humanities_cross-_cutting_theme_report/links/5b09e648aca2725783e853aa/Energy-gender-a-social-sciences-and-humanities-cross-cutting-theme-report.pdf, zuletzt aufgerufen im Januar 2020.

Buchen, J.; Buchholz, K.; Hoffmann, E.; Hofmeister, S.; Kutzner, R.; Olbrich, R.; van Rüth, P. (Hrsg.). (1994). *Das Umweltproblem ist nicht geschlechtsneutral. Feministische Perspektiven.* Bielefeld: Kleine.

Clancy, J.; Mohlakoana, N.; Diagne Gueye, Y.; Muchiri, L.; Shakya, I. (2016): *Mainstreaming gender in energy sector practice and policy. Lessons from the ENERGIA International Network.* Den Haag: ENERGIA Gender and Energy Research Programme.

El Pais (2018): *La energia tambien quire mujeres*, https://elpais.com/elpais/2018/09/12/mujeres/1536765580_293478.html, zuletzt aufgerufen im Januar 2020.

ENERGIA (2019): *Gender in the transition to energy for all: from evidence to inclusive policies*; ENERGIA the International Network on Gender and Sustainable EnergyGender and Energy Research Programme, 31. März 2019, https://www.energia.org/cm2/wp-content/uploads/2019/04/Gender-in-the-transition-to-sustainable-energy-for-all_-From-evidence-to-inclusive-policies_FINAL.pdf, zuletzt aufgerufen im Januar 2020.

Energianosinmujeres (2018): *En energía, no sin mujeres*, https://sites.google.com/view/enenergianosinmujeres/manifiesto, zuletzt aufgerufen im Januar 2020.

Euractiv (2019): *Frauenanteil: „Die Energiewirtschaft sollte sich ein Beispiel an anderen Branchen nehmen“*, https://www.euractiv.de/section/energie-und-umwelt/news/frauenanteil-die-ener giewirtschaft-sollte-sich-ein-beispiel-an-anderen-branchen-nehmen/, zuletzt aufgerufen im Januar 2020.

Europäisches Parlament (2017): *Gender perspective on access to energy in the EU*, Study for the FEMM Committee, Brüssel, http://www.europarl.europa.eu/RegData/etudes/STUD/2017/596816/IPOL_STU%282017%29596816_EN.pdf, zuletzt aufgerufen im Januar 2020.

Europäisches Parliament (2019): *Women, Gender Equality and the Energy Transition in the EU*; Policy Department for Citizens' Rights and Constitutional Affairs, May 2019, Brüssel, https://www.europarl.europa.eu/RegData/etudes/STUD/2019/608867/IPOL_STU(2019)608867_EN.pdf, zuletzt aufgerufen im Januar 2020.

FSR Energy & Climate (2019): *Advocating for a just energy transition: Interview with Florent Marcellesi (EP)*, Florence School of Regulation, https://medium.com/lights-on-women/spot-light-on-florent-marcellesi-ep-6155fab19136; zuletzt aufgerufen im Januar 2020.

Gottschlich, D.; Katz, C. (2016): *Sozial-ökologische Transformation braucht Kritik an den gesellschaftlichen Naturverhältnissen. Zur notwendigen Verankerung von Nachhaltigkeitsforschung in feministischer Theorie und Praxis. Soziologie und Nachhaltigkeit, Beiträge zur sozial-ökologischen Transformationsforschung*, (3/2016), S. 1-18,

file:///C:/Users/BRUENI~1/AppData/Local/Temp/1750-Artikeltext-3506-1-10-20160531.pdf, zuletzt aufgerufen im Januar 2020.

Hans-Böckler-Stiftung (2016): *Energiearmut als neues soziales Risiko? Eine empirische Analyse als Basis für existenzsichernde Sozialpolitik*, Siegen 2016, https://www.boeckler.de/pdf_fof/9760 6.pdf, zuletzt aufgerufen im Januar 2020.

Kemfert, C.; Egerer, O. (2017): *Frauen sind in Top-Positionen der größten Energie- und Verkehrsunternehmen in Deutschland deutlich unterrepräsentiert*. DIW Wochenbericht, (47/2017), 1070-1080, https://www.diw.de/documents/publikationen/73/diw_01.c.570200.de/17-47-4. pdf, zuletzt aufgerufen im Januar 2020.

Pearse, Rebecca (2016): *Gender and climate change*, Wiley Online Library, https://onlinelibrary.w iley.com/doi/abs/10.1002/wcc.451, zuletzt aufgerufen im Januar 2020.

PwC (2017): *women&energy: Fünf Gründe, warum ein energiegeladenes Netzwerk Frauennetzwerk wichtig ist*, https://www.pwc.de/de/energiewirtschaft/women-and-energy-fuenf-gruende-no vember-2017.pdf, zuletzt aufgerufen im Januar 2020.

PwC (2018): *#energyfacts: Frauen in der Energiewirtschaft*, https://www.pwc.de/de/energiewirtscha ft/pwc-infografik-frauen-in-fuehrungspositionen-energiewirtschaft.pdf, zuletzt aufgerufen im Januar 2020.

Rocheleau, D.; Thomas-Slayter, B.; Wangari, E. (1996). *Feminist Political Ecology.*

Global Issues and Local Experience. London: Routledge.

Röhr, U. (2001): *Gender & Energie. Aus der Sicht des Nordens*, Background Paper für den Workshop "Gender Perspectives for Earth Summit 2002: Energy, Transport, Information for Decision-Making", Berlin, Germany, 10. – 12. Januar 2001, Durchgeführt vom Ministerium für Umwelt, Naturschutz und Reaktorsicherheit der Bundesrepublik Deutschland und der Heinrich Böll Stiftung, https://www.genanet.de/fileadmin/user_upload/dokumente/Them en/Energie/gender_energy_de.PDF, zuletzt aufgerufen im Januar 2020.

Röhr, U.; Ruggieri, D. (2008): *Erneuerbare Energien. Ein Arbeitsmarkt für Frauen!* LIFE e.V., Berlin, https://www.life-online.de/download/publication/erneuerbare_brosch_web.pdf, zuletzt aufgerufen im Januar 2020.

Röhr, U.; Gotelind, A. (2018): *Geschlechterverhältnisse und Klima im Wandel. Erste Schritte in Richtung einer transformativen Klimapolitik, GENDER*, (2/2018), 112-127.

Schellen, L.; Loomans, M; de Wit, G.L.C.; Olesen, M.H.; Wilkens, B. & van Marken Lichtenbelt (2012): *The influence of local effects on thermal sensation under non-uniform environmental conditions. Gender differences in thermophysiology, thermal comfort and productivity during convective and radiant cooling. Physiology & Behavior*, (07/02), 252–261.

Schultz, I.; Weller, I. (Hrsg.). (1995). *Gender & Environment. Ökologie und die Gestaltungsmacht von Frauen.* Frankfurt a. M.: IKO-Verlag für interkulturelle Kommunikation.

Schultz, I.; Hummel, D.; Hayn, D. (2006): *Geschlechterverhältnisse.* In E. Becker & T. Jahn (Hrsg), *Soziale Ökologie. Grundzüge einer Wissenschaft von den gesellschaftlichen Naturverhältnissen, S.* 224–236. Frankfurt a. M.: Campus.

Statista (2018): *Frauenanteil in verschiedenen Berufsgruppen* in Deutschland am 30. Juni 2018*, https://de.statista.com/statistik/daten/studie/167555/umfrage/frauenanteil-in-verschiedenen-berufsgruppen-in-deutschland/, zuletzt aufgerufen im Januar 2020.

UBA (2017): *Geschlechterverhältnisse und Nachhaltigkeit*, Dessau-Roßlau, https://www.umweltbundesamt.de/sites/default/files/medien/1410/publikationen/2017-09-25_gender_nachhaltigkeit_0.pdf, zuletzt aufgerufen im Januar 2020.

UBA (2018): *Gendergerechtigkeit als Beitrag zu einer erfolgreichen Klimapolitik: Forschungsreview, Analyse internationaler Vereinbarungen*, Portfolioanalyse, https://www.umweltbundesamt.de/sites/default/files/medien/1410/publikationen/2018-03-15_texte_23-2018_gender-klima.pdf, zuletzt aufgerufen im Januar 2020.

Ufoplan (2002): *Dokumentation zum aktuellen Stand von Forschung und Diskussion zum Thema ‚Geschlechterverhältnisse und Nachhaltigkeit'*, Umweltforschungsplan des Bundesministeriums für Umwelt, Naturschutz und Reaktorsicherheit, August 2002, https://www.umweltbundesamt.de/sites/default/files/medien/publikation/long/2324.pdf, zuletzt aufgerufen im Januar 2020.

UNEP (2016): *Global Gender and Environmental Outlook – The Critical Issues*; United Nations Environmental Programme (UNEP), 2016, Nairobi, Kenia, https://repository.ubn.ru.nl/bitstream/handle/2066/176246/176246.pdf, zuletzt aufgerufen im Januar 2020.

UNEP (2019): About gender, https://www.unenvironment.org/explore-topics/gender/about-gender, zuletzt aufgerufen im Januar 2020.

Wahlström, M.; Kocyba, R.; De Vydtand, M.; de Moor, J. (2019): *Protest for a future. Composition, mobilization and motives of the participants in Fridays For Future climate protests on 15 March 2019*, in 13 Europäischen Städten; https://www.tu-chemnitz.de/phil/iesg/professuren/klome/forschung/ZAIP/Dokumente/Protest_for_a_future_GCS_Descriptive_Report.pdf, zuletzt aufgerufen im Januar 2020.

Weller, I. (2017): Gender & Environment. Geschlechterforschung im Kontext Ökologie, Umwelt, Nachhaltigkeit. In B. Kortendiek, B. Riegraf, & K. Sabisch (Hrsg.), *Handbuch Interdisziplinäre Geschlechterforschung, Geschlecht und Gesellschaft, Vol. 64*, (S. 873-880, Wiesbaden: Springer VS.

WÜRDIGUNG

Sabine Hark und Friederike Maier

Forschende Netzwerkerin – netzwerkende Forscherin

Zusammenfassung
Dieser Aufsatz stellt einen Überblick und eine Würdigung der Tätigkeiten Claudia Gathers dar. Es werden die Schwerpunkte der wissenschaftlichen Arbeit Claudia Gathers dargestellt und ihr Beitrag zur Weiterentwicklung der Forschung in den jeweiligen Feldern diskutiert. Zudem wird der erfolgreiche Transfer ihrer wissenschaftlichen Erkenntnisse in die politische und ökonomische Praxis (u.a. Gründungszentrum Weiberwirtschaft Berlin) und umgekehrt – der Einfluss der Praxiserfahrungen auf die Tätigkeit als Forschende und Lehrende – dargestellt und gewürdigt.

Researcher and networker – networker and researcher
Abstract
In this chapter, we give an overview and acknowledge of Claudia Gathers work. We present the topics of her research and discuss her contribution to the development of research in the different fields. Additionally, we present the very successful transfer of her scientific work into political and economic activities as for example the setting of the business foundation "Weiber-Wirtschaft" Berlin. At the same time the influence of her practical activities on her research agendas and teaching activities are reflected.

JEL Classification: B54, B55, J16, L30, O 35, Z 13

Schlüsselwörter: Feministische Ökonomie, sozioökonomische Theorie und Praxis, Genossenschaften, Social Entrepreneurship, soziale Innovation

1. Die Netzwerkerin

Mit dieser Festschrift würdigen wir Claudia Gather als eine Person, die in vielfacher und engagierter Weise die feministische Wissenschaft in Forschung, Lehre und im persönlichen Vorleben vorangebracht hat. Die Mehrzahl der Beiträge dieses Sammelbandes wurde von Teilnehmer*innen ihres Doktorandinnen-Seminars an der HWR Berlin (zu Beginn des Doktorandinnen-Programms hieß die Hochschule noch Fachhochschule für Wirtschaft, FHW Berlin) verfasst – ein Seminar, in dem Claudia Gather die durch das Berliner Programm zur Förderung der Chancengleichheit von Frauen (BCP) geförderten jungen Wissenschaftlerinnen intensiv betreute. Es ist ihrem Engagement zu verdanken, dass so viele Dissertationen von jungen Frauen mit FH-Abschlüssen entstanden sind. Durch ihre tatkräftige Unterstützung und hilfreichen Rat wurde das Doktorandinnen-Programm an der Hochschule zu einem großen Erfolg.

Während die Beiträge der jungen, von Claudia Gather geförderten und unterstützten Wissenschaftlerinnen zu dieser Festschrift ihr wissenschaftliches und betreuendes Engagement dokumentieren, wollen wir in unserem Beitrag die Wissenschaftlerin, Kollegin und Freundin Claudia Gather würdigen.

2. Arbeit Macht Geld – Forschungsschwerpunkte

Claudia Gather hat in ihrem langen Forscherinnenleben im Wesentlichen zu drei Schwerpunkten gearbeitet: Die soziale und ökonomische Lage von Älteren, die Förderung der ökonomischen Selbstständigkeit von Frauen und die Entwicklung in verschiedenen Bereichen der Dienstleistungsökonomie, insbesondere in den prekären Berufsfeldern, in denen mehrheitlich Frauen beschäftigt sind. Diese Schwerpunkte hat sie nacheinander, aber auch aufeinander bezogen bearbeitet. So konnte sie etwa in ihren aktuellen Studien zur Altenpflege (Schürmann & Gather, 2018) sowohl auf ihre früheren Arbeiten zur sozialen und ökonomischen Lage älterer Menschen zurückgreifen, die sie in den 1990er Jahren als Dissertation erarbeitet hat (Gather, 1996), als auch auf ihre Arbeiten zu anderen Bereichen der prekären Beschäftigung von Frauen, insbesondere im Reinigungsgewerbe (Gather et al., 2005). Letzteres, also die prekäre, nicht-selbstständige Beschäftigung von Frauen, aber auch die oft ebenso prekäre finanzielle und soziale Lage von Gründerinnen zieht sich wie ein roter Faden durch fast alle Forschungsprojekte und Publikationen von Claudia Gather.

2.1 *Selbständigkeit von Frauen*

Claudia Gathers Arbeiten zur Unternehmensgründung bzw. zur Selbständigkeit von Frauen sind Dokumente angewandter feministischer Forschung. Als eine der ersten Wissenschaftlerinnen untersuchte sie bereits Mitte der 1980er Jahre die Situation von Unternehmensgründerinnen und analysierte, welche Rahmenbedingungen verändert werden müssen, damit Frauen als Gründerinnen und unternehmerisch Selbständige erfolgreich sein und ein Einkommen erzielen können, das oberhalb des Existenzminimums liegt. Die Gründungsforschung steckte damals noch in den Anfängen und frauenspezifische Analysen gab es noch gar nicht. Die Studie mit dem Titel *„Voraussetzungen, Schwierigkeiten und Barrieren bei Existenzgründungen von Frauen. Untersuchungsbericht für den Senator für Wirtschaft und Arbeit Berlin“*, 1985 verfasst von Dorothea Assig, Claudia Gather und Sabine Hübner war ein Meilenstein für die feministische Forschung auf diesem Gebiet. Denn in der Studie wird nicht davon ausgegangen, dass Frauen spezifische Sozialisationsdefizite oder andere individuelle Merkmale aufweisen, die sie darin hindern, sich selbstständig machen zu wollen oder zu können oder ihre Unternehmensgründungen weniger erfolgreich gestalten als Männer (während andere Gründungsforscher auch noch Jahre später Frauen ein fehlendes „Gründungsgen“ diagnostizieren). Sehr genau arbeiten die Autorinnen dagegen heraus, dass es die sozialen, ökonomischen und rechtlichen Rahmenbedingungen sind, die Frauen in der Gründungsszene benachteiligen und die damals an vielen Orten entstehenden Gründerzentren diese geschlechtsspezifischen Hindernisse nicht nur nicht beseitigen, sondern sogar perpetuieren werden. Die Schlussfolgerung der Autorinnen war klar: es bedarf einer speziellen Förderung von Frauen bei der Unternehmensgründung, und es bedarf anderer Rechtsformen, z. B. die Form der genossenschaftlichen Gründung, um erfolgreich zu sein. Die Ergebnisse der Studie, die dem Westberliner Senat als Entscheidungshilfe dienen sollte, wurden in den folgenden Jahren zunächst weitgehend ignoriert, sie führten aber in der Folge zur Gründung der Genossenschaft „Weiberwirtschaft“ in Berlin. Und die Wissenschaftlerinnen, die die Studie verfasst hatten, waren Gründungsmitglieder der Genossenschaft (siehe Abschnitt Weiberwirtschaft).

Die empirische Gründungsforschung blieb ein zentraler Bereich der wissenschaftlichen Arbeiten von Claudia Gather. Die Fragestellungen, die sie in weiteren Forschungsarbeiten aufnahm, knüpften alle an dieser ersten Studie an. Sie forschte im Auftrag des CEDEFOP – Europäisches Zentrum für die Förderung der Berufsbildung – zu *„Chancengleichheit und Berufsbildung. Unternehmensgründung und -leitung durch Frauen. Die Situation in der Bundesrepublik Deutschland“* (Gather et al., 1988). Im Forschungsprojekt

„Selbstständige Frauen in Berlin – Erste Ergebnisse aus verschiedenen Datenquellen im Vergleich“, gefördert von der Berliner Senatsverwaltung für Wirtschaft, Technologie und Frauen und vom Europäischen Sozialfond wurden 2007 die empirischen Datenbestände zur sozialen und ökonomischen Lage der selbständigen Frauen gesichtet, auf ihre Kohärenz und Aussagekraft geprüft und Datenlücken geschlossen. Die Frage danach, wie viele Frauen als Unternehmerinnen tätig sind und wie viele Betriebe von Frauen geführt oder gar in ihrem Besitz sind, ist nämlich empirisch nicht trivial – die vielen unterschiedlichen Datenquellen mit von unterschiedlichen Institutionen erhobenen Daten wurden in diesem Projekt erstmal systematisch erfasst und ausgewertet. Das Ganze ergab ein differenziertes Bild der Lage der Unternehmerinnen und Selbständigen in Berlin (Gather et al., 2008).

Die Veröffentlichung „Die *Vielfalt der Selbständigkeit – Sozialwissenschaftliche Beiträge zu einer Erwerbsform im Wandel*“ von 2014 bündelt zahlreiche Einzelbeiträge zum Thema Selbständigkeit und basiert auf einem Forschungsprojekt, das durch das Bundesministerium für Bildung und Forschung (BMBF) gefördert wurde (Gather et al., 2014). Es ist als zentraler Beitrag zur inzwischen etablierten Gründungsforschung und zur Förderung der Unternehmensgründungen als zentralem wirtschaftspolitischem Ansatz der neoliberalen Politik zu bewerten. In zahlreichen Beiträgen wird hier kritisch aufgearbeitet, welches ökonomische und soziale Potential die Gründungspolitik hat – und wo die Grenzen der Gründungseuphorie liegen. Denn weder die Programme der Arbeitsagenturen (die sogenannten ICH-AGs), noch die der regionalen und überregionalen Wirtschaftsförderung konnten den Gender Gap in der Gründungsszene und die oft prekäre finanzielle Situation vieler Gründerinnen selbst mindern. Ein erst in jüngster Zeit beachtetes Problem, die Tatsache, dass Frauen oft Unternehmen gründen, die sehr klein sind, wird von Claudia Gather (zusammen mit Lena Schürmann und Jeanette Trenkmann) dann aufgegriffen in einer Expertise für den 2. Gleichstellungsbericht der Bundesregierung: *„(Solo)-Selbständigkeit als gleichstellungspolitische Herausforderung“*. Auch hier geht es Claudia Gather nicht nur darum, die Frauen als Akteurinnen zu stärken, sondern sie hat immer im Blick, welche ökonomischen Restriktionen mit den geltenden sozialpolitischen Regelungen verbunden sind und wie prekär die Lage vieler selbstständiger Frauen aktuell ist und im Alter sein wird. Entsprechend enthält die Studie auch dezidierte Handlungsempfehlungen für die Umgestaltung u.a. der sozialpolitischen Regelungen, um Einkommensarmut und Altersarmut bei Selbständigen zu begegnen (Gather et al., 2017).

Den Stand der Forschung zum Thema selbstständig erwerbstätiger Frauen beschreiben die Autorinnen in der Einleitung zu ihrer Studie ebenso nüchtern wie präzise. Es lohnt sich daher, dies ausführlich zu zitieren:

„Im Vergleich zu abhängig beschäftigten Arbeitnehmerinnen ist die berufliche Situation selbständig erwerbstätiger Frauen in vielfacher Hinsicht eine besondere. Als Selbständige agieren sie als ‚die eigene Chefin' und können vor allem organisatorische Aspekte der Erwerbstätigkeit nach ihren Vorstellungen gestalten. Zugleich sind sie selbst für die marktförmige Verwertung ihrer Arbeitsleistung zuständig, sie arbeiten auf eigene Rechnung und tragen dementsprechend auch die Risiken ausbleibenden Markterfolgs. Dass auch in der Selbständigkeit geschlechtsspezifische Benachteiligungen wirksam sind, wird erst seit kurzem diskutiert. Die zumeist individualisierende Perspektive, die üblicherweise auf Unternehmer/innen und Selbständige als mehr oder weniger erfolgreiche Einzelpersonen gelegt wird, verstellt zudem den Blick auf die (strukturellen) Bedingungen und die gemeinsam geteilten Muster des selbständigen Erwerbs. Während die Zusammenhänge zwischen der Geschlechterdifferenz und einer ungleichen Verteilung von Erwerbschancen für den Bereich der abhängigen Beschäftigung innerhalb von Forschung und Politik problematisiert werden, steht die Forschungslage zur Geschlechterungleichheit in der Selbständigkeit erst am Anfang. Der Wandel der Selbständigkeit, wie er sich gegenwärtig abzeichnet, und die mit ihm in Beziehung stehende Dynamik der Vervielfältigung von Erwerbsmustern stellt gängige Vorstellungen von Selbständigkeit und Unternehmertum in Frage. Ablesbar ist diese Entwicklung beispielsweise an den Einkommen: Die Einkommen von Selbständigen sind stärker gespreizt als bei abhängig Erwerbstätigen. Ein großer Teil der Solo-Selbständigen hat niedrige Einkünfte, der Anteil der Geringverdienenden ist hier besonders hoch. Insbesondere selbständige Frauen erzielen Einkünfte, die denen von Beschäftigten im Niedriglohnsektor entsprechen (Mai/Marder-Puch 2013). Auch die geschlechtsspezifische Einkommensdifferenz (der sogenannte gender income gap) fällt bei Selbständigen mit 44 Prozent (Lechmann 2014) ungleich höher aus als bei abhängig erwerbstätigen Männern und Frauen" (Gather et al., 2017, S. 4).

2.2 *Konstruktionen von Geschlechterverhältnissen*

Die Analyse von Erwerbssituationen und deren Effekte für den Lebenszusammenhang von Frauen insgesamt charakterisiert auch den zweiten Strang der Forschungsarbeiten von Claudia Gather: die Analyse der Situation älterer Menschen – Männer und Frauen – und der Bewertung u. a. der Vorruhestandpolitik im Lebensverlauf von Erwerbstätigen. Mit diesen Fragestellungen hat sie sich vor allem in Forschungsprojekten an der FU Berlin beschäftigt; aus diesen Zusammenhängen heraus entstand auch ihre Dissertation zum Thema *„Konstruktionen von Geschlechterverhältnissen. Machtstrukturen und Arbeitsteilung bei Paaren im Übergang in den Ruhestand"*, publiziert 1996. Vorangegangen waren Analysen zur Alterssicherung von Frauen im Spannungsverhältnis unvollständiger Erwerbsbiographien und Rentenrecht, zur Rolle der Erwerbsarbeit als Machtfaktor in (ehelichen) heterosexuellen Beziehungen und zur traditionellen Frauenrolle in Rentner*innenhaushalten.

Ihre Kenntnisse der sozialpolitischen und rechtlichen Konstruktionen kann sie in späteren Arbeiten zu den Selbständigen wiederaufnehmen und zuspitzen, ihre Arbeiten zur Rolle des Geldes und der Erwerbstätigkeit fließen später ein in ihre Auseinandersetzung mit dem Werk Simone de Beauvoirs (Gather, 1999, 2010).

2.3 Care Arbeit

Prekäre Beschäftigung und Erwerbsarbeit im Umfeld von Care-Arbeiten, als Reinigungskräfte und in der Altenpflege bilden den dritten Schwerpunkt der wissenschaftlichen Arbeiten von Claudia Gather. In diesem Bereich verknüpft Claudia Gather ihre Forschung zu den selbständigen Frauen, ihre Analysen zur Entwicklung personenbezogener Dienstleistungen und ihr Interesse an den sozialen und institutionellen Regelungen der Frauen(erwerbs)arbeit. Exemplarisch seien Ergebnisse des Forschungsprojekts „*Der Erfolg selbständiger Frauen-Gründungsverläufe zwischen Familie und Ökonomie*" genannt (s. http://www.selbststaendige-frauen.de/ und Gather et al., 2014). Das Projekt, durchgeführt zusammen mit Lena Schürmann, wurde von BMBF (Bundesministerium für Bildung und Forschung) und ESF (Europäischer Sozialfond) von 2011 bis 2014 gefördert. Die Forscherinnen führten 60 leitfadengestützte Interviews mit Selbständigen in drei deutschen Großstädten, darunter 20 mit Gründerinnen im Pflegebereich. Anknüpfend an eine einzelfallbezogene Auswertungsstrategie nach interpretativ-sequenzanalytischen Verfahren rekonstruieren sie die subjektiven Erfolgsdeutungen selbständig Erwerbstätiger vor dem Hintergrund der objektiven Verlaufsmuster des jeweiligen Gründungsprozesses. Gather and Schürmann (2013) identifizieren im wesentlichen vier Typen von Selbstständigen in der Altenpflege: diejenigen, die sich selbstständig machen, um den eigenen berufsethischen Ansprüchen besser genügen zu können als abhängig Beschäftigte, diejenigen, die durch eine Spezialisierung ihrer Angebote erfolgreich in dem neuen Markt für Pflege agieren können, diejenigen, die ökonomische Gewinne erzielen wollen und schließlich diejenigen, die als Freiberufler*innen die Gruppe der neuen Soloselbstständigen in der Pflege bilden. Die Analyse von Motiven einerseits und ökonomischem Erfolg andererseits zeigt die große Heterogenität im Pflegesektor, die Chance auf berufsethisch erfolgreiche Gründungen genauso wie auf prekäre Selbständigkeit mit hohem Risiko. Die bis heute ungelösten Grundprobleme der Altenpflege in Deutschland spiegeln sich in den Erzählungen aller Gründerinnen wider: zu gering bemessene Zeit für Pflege, kein Anspruch auf vollumfängliche Pflegeleistungen durch die Pflegeversicherung, keine auskömmliche Entlohnung der abhängig Beschäftigten und der Unternehmerinnen in der Branche.

Die Frage, inwieweit ökonomische Interessen, berufsethische Ansprüche und die aktuelle Regulierung der Altenpflege sinnvoll miteinander zu vereinbaren sind, hat Claudia Gather in einem ihrer neueren Forschungsprojekte untersucht. „*Berliner Forum ambulanter privater Pflegedienste. Unternehmerische Akteure zwischen Wirtschaftlichkeit und guter Pflege*" hieß das jüngste Projekt, das sie von 2015 bis 2017 in Kooperation mit Kolleginnen der Alice Salomon Hochschule durchgeführt hat. Auch ihre Forschungsarbeiten im Projekt „*Gleichgeschlechtliche Lebensweisen und Selbstbestimmung im Alter*" (GLESA, 2013-2015), ein Forschungsprojekt zu milieusensiblem und selbstbestimmtem Wohnen im Alter als Beitrag innovativer Altenhilfe in Berlin oder erst unlängst im Projekt „*Gleichgeschlechtliche Lebensweisen und Pflege im Alter – Unterstützung von Vielfalt und Individualität in der Pflege*" (GLEPA, 2015-2017) reihen sich hier ein.

Wie diese Schlaglichter auf ihre Forschungen verdeutlichen, geht Claudia Gathers Engagement weit über das einer beobachtenden und analysierenden Forscherin hinaus: Nicht nur hat sie in ihrer Forschung immer die ermöglichenden und verhindernden Rahmenbedingungen von Handeln im Blick, sie mischt sich davon ausgehend auch immer wieder in aktuelle politische Diskussionen ein, formuliert Handlungsempfehlungen für Politik und Wirtschaft und setzt durch eigenes praktisches Handeln wie die Gründung der *Weiberwirtschaft* Maßstäbe. So gehörte sie im Zusammenhang mit den Debatten zu Pflegearbeit und den Bedingungen für diese Arbeit im Pflegesektor zu den Initiatorinnen des *Care Manifests* (2013; s. https://care-macht-mehr.com/), das basierend auf einer kritischen Analyse des gegenwärtigen Zustandes der bezahlten und unbezahlten Care-Arbeit eine grundsätzliche Neubewertung und Neuorganisation des Care-Sektors fordert.

Von der Care-Krise zur Care-Gerechtigkeit

Worum es uns geht

Wir wenden uns mit diesem Manifest an die Öffentlichkeit, weil wir den Zusammenhalt unserer Gesellschaft, der über wechselseitige Sorge (Care) gewährleistet wird, gefährdet sehen. Care in allen Facetten ist in einer umfassenden Krise. Hierzu gehören unverzichtbare Tätigkeiten wie Fürsorge, Erziehung, Pflege und Unterstützung, bezahlt und unbezahlt, in Einrichtungen und in privaten Lebenszusammenhängen, bezogen auf Gesundheit, Erziehung, Betreuung u.v.m. – kurz: die Sorge für andere, für das Gemeinwohl und als Basis die Sorge für sich selbst, Tag für Tag und in den Wechselfällen des Lebens. Care ist Zuwendung und Mitgefühl ebenso wie Mühe und Last. Gleichwohl ist Care keine Privatangelegenheit, sondern eine gesellschaftliche Aufgabe. Auch wenn derzeit einzelne Themen öffentlich verhandelt werden (Kita-Ausbau, Pflegenotstand, Burnout etc.), sind grundsätzliche Lösungen nicht in Sicht. Das Ausmaß der Krise zeigt sich erst, wenn alle Care-Bereiche zusammen gedacht werden.

Eckpunkte der Care-Krise

Seit den 1970er Jahren hat sich die Gesellschaft hin zur flexibilisierten und globalisierten Dienstleistungs- und Wissensgesellschaft grundlegend verändert. Die Organisation von Care-Aufgaben spiegelt jedoch noch ihre historische Entstehung im 19. Jahrhundert. Care wurde

- Frauen zugewiesen,
- abgewertet als ihre scheinbar natürliche Aufgabe,
- unsichtbar gemacht im privaten Raum der Familie oder
- unterfinanziert und semi-professionalisiert im sozialen Bereich organisiert.

Inzwischen haben zahlreiche Veränderungen stattgefunden, erkennbar z.B. an

- der Zunahme von Frauen- und Müttererwerbstätigkeit,
- gestiegenen Bildungsansprüchen,
- veränderten Ansprüchen an Beziehungsqualitäten,
- einer höheren Lebenserwartung,
- der steigenden Komplexität in der Gesundheitsversorgung,
- neuen Pflegeanforderungen und -bedarfen.

Weder die aktuelle Organisation noch die Qualität von Care passen zu veränderten gesellschaftlichen sowie individuellen Bedingungen und Ansprüchen. Die Sorge für andere wird für die Betroffenen oft zur Zerreißprobe und die hieraus entstehenden Folgen und Dilemmata sind individuell kaum mehr lösbar. *Wir befinden uns mitten in einer umfassenden Care-Krise*, die von der aktuellen neoliberalen Politik verschärft wird.
Schwierig ist, dass diese Care-Krise immer nur an einzelnen Stellen aufscheint, wenn Frauen und Männer versuchen, individuell und oft mit großer Anstrengung, strukturelle gesellschaftliche Probleme zu bewältigen. Selbst der in Deutschland ab August 2013 realisierte Rechtsanspruch auf die Betreuung von unter 3-jährigen Kindern ist nur ein Tropfen auf den heißen Stein. Qualitätsprobleme zeichnen sich ab, und die Organisation von Erwerbsarbeit, öffentlichen Dienstleistungen und Infrastrukturen ignorieren weiterhin Care-Bedarfe.
Die Care-Krise wird auch im professionellen Bereich sichtbar. Die Fachkräfte für Erziehung, Pflege und Betreuung sind überfordert, da sich ihre Arbeitsbedingungen verschlechtern (Arbeitsverdichtung, Zeitdruck, Personalnot, prekarisierte Beschäftigungsverhältnisse). Gleichzeitig steigen die Ansprüche an sie (Bildung in der Kita, Aktivierung in der Pflege). Neu entstanden ist zudem ein Schattenarbeitsmarkt globalisierter Arbeitsverhältnisse im Privaten: die Pflegehilfe aus Ungarn, das Kindermädchen aus Ecuador, die Putzfrau aus Kroatien. Die Globalisierung von Care zeigt sich auch in der Anwerbung ausländischer Arbeitskräfte sowie der Verlagerung von Pflege ins Ausland, z.B. nach Polen oder Thailand. Care ist nicht nur ein Problem geschlechtsbezogener, sondern auch internationaler Arbeitsteilung.

Auswege aus der Care-Krise

Wenn wir Care neu organisieren und zunehmend wertschätzen, gibt es weniger problematische, fragile und von niemandem gewollte schlechte „Lösungen". Noch werden Care-Aufgaben „irgendwie" übernommen, aber meist um einen hohen Preis, den vor allem überarbeitete Mütter, gestresste pflegende Angehörige, ausgebrannte Pflegekräfte und Erzieherinnen bezahlen. Doch es geht nicht mehr darum, weitere Notlösungen und unverbundene kleine Maßnahmen zu organisieren, sondern gute, neue, umfassende gesellschaftliche Lösungen zu finden, die den Zusammenhang von Care, Geschlechterverhältnissen, Ökonomie, Arbeitsorganisation, Zeitstrukturen und sozialer Gerechtigkeit im Blick haben. Denn *gute Care-Strukturen sind für uns alle die Grundlage eines guten Lebens*. Deshalb wird gegenwärtig vielerorts in Europa über Lösungen nachgedacht und über ein Menschenrecht auf gute Sorge diskutiert.

Wir wollen alternative Care-Modelle entwickeln und gesellschaftlich-politische Veränderungsprozesse anstoßen, orientiert an umfassenden Vorstellungen von Gerechtigkeit und einem guten Leben. Hierfür müssen Politik, Unternehmen und Verbände – auch in transnationaler Perspektive – anfangen, Care-Bedarfe als grundlegende gesellschaftliche Aufgabe im Zusammenhang wahrzunehmen, statt Einzellösungen zu entwickeln. Denn über Care wird zwar vielerorts geredet, aber die Diskussionen nehmen bislang weder disziplinär noch politisch oder normativ aufeinander Bezug. Wie beeinflusst die Organisation von Berufsausbildungen die Kinderbetreuung? Wie wirkt sich der Import von Fachkräften in der Pflege auf die Versorgung alter und kranker Menschen in deren Herkunftsländern aus? Wie hängt die Tarifpolitik mit dem Mangel an Erzieherinnen und Erziehern zusammen? Wie können Alleinlebende Care-Aufgaben in ihrem Wohnumfeld wahrnehmen oder bei Bedarf selbst versorgt werden?
Wir wollen Fürsorglichkeit und Beziehungsarbeit neu bewerten, unabhängig von traditionellen Geschlechterbildern. Im Zentrum einer fürsorglichen Praxis steht privat wie professionell die Beziehungsqualität. Menschen sind aufeinander angewiesen und brauchen persönliche Beziehungen. Care stiftet damit individuelle Identität und schafft gemeinschaftlichen Zusammenhalt. Wir brauchen eine neue gesellschaftliche Kultur, in der die Sorge für sich und andere einen eigenständigen Stellenwert bekommt, unabhängig davon, ob eigene Kinder oder Eltern zu versorgen sind. Wir brauchen neue Wege der Bereitstellung, Anerkennung, Aufwertung und Bezahlung wie auch der gesellschaftlichen Organisation von Care-Arbeit auf lokaler, nationaler und transnationaler Ebene.
Wir wollen von der Care-Krise zur Care-Gerechtigkeit:
Care.Macht.Mehr!

Quelle: https://care-macht-mehr.com/

3. „Unsere Luftschlösser haben U-Bahn-Anschluss" – Forschung und politisches Handeln

Die WeiberWirtschaft in Berlin, eine Genossenschaft von und für selbstständig arbeitende Frauen, ist ein hervorragendes Beispiel dafür, wie Claudia Gather Theorie und Forschung mit praktischem Handeln verknüpft.

Wir dokumentieren hier eine Analyse, die u. a. von Claudia Gather (Biermann et al., 2012; Gather, 2013) mitverfasst wurde:

> *'Unsere Luftschlösser haben U-Bahn-Anschluss' (so ein Werbespruch der Genossenschaft) ,Die Genossenschaft Weiberwirtschaft ist das wohl größte Ding der deutschen Frauenbewegung. Hier finden Frauen ideale Bedingungen, um ein Unternehmen zu gründen', so schreibt die TAZ am 030.3.2012. Im Norden von Berlins Mitte steht dieses größte Gründerinnenzentrum Europas. Eigentümerin des Modellprojektes in der Anklamer Straße38 ist die Frauengenossenschaft WeiberWirtschaft eG, die damit einen neuen Weg in der Selbsthilfe und Frauenförderung beschritt. Die Frauengenossenschaft hat sich laut Satzung die Verbesserung der Ausgangsbedingungen von Frauenbetrieben und -projekten durch Bereitstellen von Gewerberäumen in einem Gründerinnenzentrum, die Schaffung und Sicherung von Arbeitsplätzen für Frauen sowie die Stärkung von Frauen auf wirtschaftlichem, sozialem und kulturellem Gebiet zur Aufgabe gemacht. Aus einem kleinen Verein, der seine Arbeit Mitte der 1980er Jahre begann, ist nach Jahrzehnten hartnäckiger und kreativer, überwiegend unbezahlter Arbeit (hinzu kam das Engagement ungezählter Förderer, Unterstützer und von „know how"-Sponsoren, die an das Projekt geglaubt haben), eine stabile Institution, eine Genossenschaft mit heute 1700 Mitgliedern geworden. 1992 erwarb die Genossenschaft nach zähen Verhandlungen den Gewerbekomplex des ehemaligen VEB Berlin Kosmetik. Ein Finanzierungskonzept mit verschiedenen Standbeinen machte eine grundlegende Instandsetzung und Modernisierung der alten Fabrik möglich. Einmalige staatliche Subventionen (GA-Mittel) für Investoren in den neuen Bundesländern und Darlehen des Landes Berlin, Bankkredite und Eigenkapital der ständig wachsenden Genossenschaft flossen in die Finanzierung ein. Mit einem Gesamtinvestitionsvolumen von18,6 Mio.€ wurden bis 1996 rund 5.900 qm Büro- und Dienstleistungs- sowie in geringerem Maß Produktionsflächen saniert. Beim Umbau wurde die erste ökologische Gewerbehofsanierung in Berlin realisiert [73]. Die Gewerberäume wurden für die Bedürfnisse von Frauenunternehmen umgebaut. Es wurde darauf geachtet, möglichst viele kleine Gewerbeeinheiten herzustellen sowie Gewerbeeinheiten, die sich mehrere Gründerinnen teilen können. Die meisten Gründerinnenhaben am Anfang nur einen sehr geringen Platzbedarf, der sich manchmal nach einer erfolgreichen Startphase vergrößern kann.*

73 Das Konzept bündelt eine breite Palette ökologischer Technologie in der Heiztechnik, der Energiegewinnung aus Sonnenlicht, der Wärmedämmung und der Wiederverwendung von Regenwasser. Durch die Sanierung konnte der Verbrauch an Primärenergie um 50 Prozent reduziert werden – die Mieterinnen profitieren hiervon durch spürbare Kosteneinsparung. Die Heizkosten liegen deswegen bei etwa der Hälfte der Preise in konventionell sanierten Gebäuden.

Architektonisch kam WeiberWirtschaft diesem Aspekt durch eine flexible Raumaufteilung entgegen. Einzelne Räume einer größeren Einheit können an Kleinstunternehmen vermietet werden, jede Einheit verfügt über eine Teeküche und Sanitäreinrichtungen, die gemeinsam genutzt werden. Hinzu kommen drei Gewerbeeinheiten für Künstlerinnen.

Gemeinsamer Nutzen und Synergien

Die WeiberWirtschaft vermietet die entstandenen, voll modernisierten Gewerberäume zu fairen Mieten und auf Wunsch mit langfristigen Verträgen an Existenzgründerinnen, Unternehmerinnen und Frauenprojekte. Jede Mieterin muss in die Genossenschaft eintreten und mindestens einen Geschäftsanteil im Wert von 103 EUR zeichnen. Für Gründerinnen gibt es im ersten Mietjahr eine Starthilfe durch besonders günstige Mieten, die sogenannten Milchmädchen Tarife. 1994 zogen die ersten Mieterinnen im Vorderhaus ein. Heute sind über 60 Frauenunternehmen und -vereine aus Dienstleistung, Handel, Gastronomie, Kultur und Produktion in der WeiberWirtschaft ansässig. Es bestehen mehr als 160 Arbeitsplätze überwiegend im Dienstleistungssektor. Seit der Eröffnung1996 wurden insgesamt ca. 300 Unternehmen in der WeiberWirtschaft gegründet. Weit überdurchschnittliche 75 % dieser Gründungen haben die schwierigen drei Startjahre überstanden. Einige Unternehmen sind gewachsen und haben sich größere Gewerberäume außerhalb gesucht.

Entstanden sind Vorteile und Synergien, vor allem für die selbstständigen Frauen, die Mieterinnen in der WeiberWirtschaft. Stichwörter sind die sicheren und bei Bedarf langfristigen Mietkonditionen und der Know-how-Transfer zwischen den Gründerinnen. Die Konzentration vieler Betriebe an einem Ort führt zur wirtschaftlichen Stärkung der einzelnen Unternehmen, oft werden Dienstleistungen im Haus in Anspruch genommen, es gibt gemeinsame Projekte, durch Empfehlungen kommt es auch zur Erweiterung des Kundinnen- und Kundenkreises. Die Mischung aus wirtschaftlichen, kulturellen und sozialen Unternehmen, aus jungen und erfahrenen Unternehmerinnen, aus verschiedenen Branchen und Nationalitäten setzt Synergieeffekte in Gang und schafft ein fruchtbares Klima gegenseitiger Unterstützung und vielfältige Möglichkeiten des Erfahrungsaustauschs. Der gemeinsame Ort und die kurzen Wege sind dafür existentiell. Institutionell werden diese „freiwilligen" Möglichkeiten des Austauschs und der Kooperation durch viele Angebote rund um Existenzgründungen und Unternehmensführung, gemeinsame Werbe- und Marketingmöglichkeiten von der Genossenschaft unterstützt. Auch die Infrastruktur des Gründerinnenzentrums wurde besonders frauenfreundlich gestaltet. Neben einer Kantine (Restaurant) und einem genossenschaftseigenen Tagungsbereich, der gemietet werden kann, steht eine Kindertagesstätte mit 69 Betreuungsplätzen zur Verfügung. Anfang 2006 wurde die „Gründerinnenzentrale in der WeiberWirtschaft – Navigation in die Selbständigkeit" (www.gründerinnenzentrale.de) am Standort eröffnet. Ein weiterer Schwerpunkt sind Vernetzungsangebote vom Stammtisch bis hin zum Mentorinnenprogramm „Erfolgsteam". Der Gedanke der Förderung der unabhängigen wirtschaftlichen Existenz von Frauen und nicht der Profitmaximierung einzelner Frauen steht im Vordergrund der Genossenschaft Weiberwirtschaft. Frauen sollen durch eine besonders auf sie zugeschnittene Infrastruktur mit Kindertagesstätte, Kantine, Konferenzbereich, Beratung, Vernetzung und Austausch sowie langfristig verlässlichen Mietkonditionen gute Bedingungen für ihre Selbstständigkeit erhalten. Die GeldgeberInnen, d.h. die Mitglieder der Genossenschaft, unterstützen dieses Projekt solidarisch, indem sie in unterschiedlicher Höhe Kapital gegeben und bislang auf eine Verzinsung verzichtet haben. Es gibt verschiedene Formen der Beteiligung und Mitsprache, z.B. werden in einer Einrichtung mit dem Namen „Klärwerk", die paritätisch mit Mieterinnen und Aufsichtsrätinnen besetzt sind, Miet- und andere Probleme geschlichtet. Auch das Vermietungsgremium ist paritätisch (Vorstand und Mieterinnen) besetzt und entscheidet gemeinsam über neue Mieterinnen. WeiberWirtschaft gibt das Branchenbuch FrauenUNTERNEHMEN Berlin/ Umland heraus, beteiligt sich an der Sicherung von Mikrokrediten für selbstständige Frauen und betreibt Lobbyarbeit in Bezug auf die eigenständige ökonomische Existenzsicherung von Frauen. Fast alle diese hier aufgeführten Aspekte würden bei einem privatwirtschaftlichen Vermieter, der an einer möglichst hohen Kapitalrendite orientiert ist, wohl eher keine Rolle spielen.

Entstehungskontext der Weiberwirtschaft: Neue soziale Bewegungen und neue Utopien

Die Genossenschaft WeiberWirtschaft ist im Kontext der Frauenbewegung der 1970er Jahre entstanden. Diese ist wiederum hervorgegangen aus der westdeutschen Studentenbewegung. In der Studentenbewegung wie auch der Frauenbewegung wurde über alternative Ökonomie, über alternative Formen des Wirtschaftens und Arbeitens debattiert. Ging es, vereinfacht gesagt, in der Studentenbewegung um die Abschaffung der Herrschaft des Kapitals, war es bei der Frauenbewegung die Abschaffung der Herrschaft des Patriachats (Haider2008). In der ausgehenden Studentenbewegung entstanden daraus selbstverwaltete Projekte/Betriebe, aus der Frauenbewegung gingen Frauenprojekte, z.B. Frauenzentren, -häuser, Mädchenprojekte, Buchläden etc. hervor. In diese Frauenprojekte wurden meist stillschweigend wichtige Prinzipien der Frauenbewegung und zwar die Prinzipien der Frauenselbsterfahrungsgruppen, die zu Beginn der Frauenbewegung eine politisierende Rolle spielten, übernommen. Dieser Prozess der Selbsterfahrung und der Bewusstwerdung über gesellschaftliche Zusammenhänge war eine Organisationsform und eine Art kollektiver Lernprozess. Es gab vier zentrale Regeln für die Gruppen 1. Ausschluss von Männern, 2. Ausgehen von persönlichen Erfahrungen, 3. Anti-Expertentum und 4. strikte Gleichheit der Mitglieder (Kramer 1994, 76). Diese Prinzipien entsprachen aber auch den Prinzipien selbstverwalteter gemischtgeschlechtlicher Betriebe. Sie nahmen für sich Basisdemokratie, das Konsensprinzip, die Vermeidung innerbetrieblicher Hierarchien, die Gleichheit ihrer Mitglieder, gleiche Bezahlung, gleiche Entscheidungsbefugnisse, die Vermeidung von Arbeitsteilung und die Rotation der Aufgaben in Anspruch.

Die Utopie eines feministischen Geldkreislaufs

Die Weiberwirtschaft ist aus der „Frauenprojekteszene" und der Szene der Alternativökonomie bzw. der „selbstverwalteten Betriebe" der beginnenden 1980er Jahre heraus entstanden. Die Utopien, die dieses Projekt besonders beflügelt und zunächst vorangebracht haben, bezogen sich darauf, die Wirtschaftskraft von Frauen zu stärken und „fe-

ministische Geldkreisläufe und Umverteilungssysteme" zu initiieren. In einem Flyer der Weiber-Wirtschaft aus dem Jahr 1988 ist nachzulesen: „Die Genossenschaft wird modellhaft vorführen, wie Renditen aus Grundbesitz sinnvollen Zwecken zugeführt werden, und damit einen eigenständigen feministischen Geldkreislauf etablieren". Die Idee des feministischen Geld-kreislaufs gehört in die Debatte der 1980er Jahre, in der eine starke Frauenprojekte-bewegung ihr Verhältnis zum Staat und ihre Abhängigkeit von „Staatsknete" sehr kritisch diskutierte. Anstatt dass „Spekulanten" Gewinne aus Vermietung an Frauenbetriebe erzielen, sollte dieses Geld den Frauen zugutekommen. Soweit die schöne Idee, deren modellhafte Umsetzung probiert wurde. Heute, gut 15 Jahren nach Aufnahme des Betriebs, können diese Visionen in bescheidener Form punktuell realisiert werden. Zwar schreibt die Genossenschaft noch lange keine Gewinne, aber aus den Erträgen werden inzwischen weitere Tochterprojekte wie die Gründerinnenzentrale co-finanziert und WeiberWirtschaft stellt Sicherungskapital für einen Mikrofinanzfond für Frauen, den das Frauenprojekt Goldrausch austeilt. Die Angestellten der Genossenschaft stecken ihr Know-how in weitere Initiativen. So gibt WeiberWirtschaft z. B. das Branchenbuch FrauenUNTERNEHMEN mit heraus. Die Idee der solidarischen Umverteilung von Ressourcen wird also weiterhin verfolgt.

Selbstverwaltung und Genossenschaftsstrukturen

Gab es in den 1980er Jahre noch mehrere hundert alternativer oder selbstverwalteter Betriebe, reduzierte sich ihre Anzahl bis Mitte der 1990er Jahre auf ca. die Hälfte (Haider2008). Wobei zwar mehr als 80 Prozent der Betriebe überlebten, jedoch aus unterschiedlichen Gründen ihre interne Organisationsformänderten (Heider 2008). Als Rechtsform findet sich bei den selbstverwalteten Betrieben zu über 60% die Personen- oder Kapitelgesellschaft, am häufigsten die Rechtsform der GmbH (Heider 2008). Einige, wenige wie WeiberWirtschaft wurden zu Genossenschaften. Mit diesen Rechtsformen ging teilweise eine Veränderung der internen Strukturen einher. Unterschiede zwischen EigentümerInnen und MitarbeiterInnen entstanden. Hierarchien durch die Zuweisung unterschiedlicher Funktionen und Verantwortung (z.B. Aufsichtsrat, Vorstand, Geschäftsführung) bildeten sich heraus. Rotierende Arbeitsteilung wurde zugunsten von Spezialisierung aufgegeben. Selbstverwaltete oder alternative Betriebe haben ähnliche normative Grundsätze wie Genossenschaften. Beide müssen sich zwar auf dem Markt behaupten, bei beiden ist jedoch Profitmaximierung kein anzustrebendes Ziel. Es gibt Stimmen, die die Genossenschaften für die Vorläufer dieser selbstverwalteten Betriebe sehen. Normative Grundsätze auch von Genossenschaften sind: Selbsthilfe, Selbstverwaltung und Selbstverantwortung (Alscher 2011:2). Durch das Prinzip der genossenschaftlichen Selbsthilfe soll das erreicht werden, was für den Einzelnen nicht möglich ist. Typischerweise sind Träger und Nutzer, Inhaber und Kunde identisch (Vogt 2011:24). Das Förderprinzip der Mitglieder steht im Vordergrund, die Mitglieder sind typischerweise Kunden (außer bei der Produktivgenossenschaft, dort sind die Mitglieder zugleich Eigentümer und Beschäftigte) und damit steht nicht die Gewinnerzielung, sondern gemeinschaftliche Selbsthilfe und Solidarität im Vordergrund (Vogt 2011: 23).Kurz gefasst kann man sagen, dass das deutsche Genossenschaftsgesetz demokratische und solidarische Basisstrukturen vorsieht (Vorstand wie Aufsichtsrat werden von der Generalversammlung gewählt), jedes Mitglied hat eine Stimme etc., allerdings be-

trifft dies nicht zwangsläufig die innerbetriebliche Organisation. Hier kann durchaus Hierarchieherrschen. Das ist unter anderem der historischen Entstehung der Genossenschaften geschuldet. Sie sind historisch gesehen Notwehr- und Selbsthilfe-Organisationen gegen die kapitalistische Ausbeutung der Arbeiterklasse und zielten nicht auf eine Arbeiterselbstverwaltung ab (Mohrhof 2011). Eine interessante Frage in diesem Zusammenhang ist, wie –angeregt durch die Beispiele der selbstverwalteten Betriebe- das deutsche Genossenschaftsgesetz in Richtung interner betrieblicher Demokratie geöffnet werden könnte.

Demokratische Strukturen in der Genossenschaft Weiberwirtschaft
In der Anfangsphase, Ende der 1980er Jahre, herrschte intern bei den Gründerinnen von WeiberWirtschaft noch das basisdemokratische Prinzip der selbstverwalteten Betriebe. Es gab keine Hierarchie, alle bestimmten bei allen Entscheidungen mit, und es gab keine formale oder explizite Arbeitsteilung. Dies änderte sich spätestens als die Genossenschaft gegründet wurde. Das Genossenschaftsgesetz sieht Gremien und Organe vor: z.B. einen Vorstand, der Entscheidungen trifft und verantwortet, einen Aufsichtsrat, der kontrolliert und die Mitgliederversammlung, die die Organe wählt und über die Satzung entscheidet. Darüber hinaus hat die Genossenschaft auch MitarbeiterInnen, deren Interessen noch malanders gelagert sein können. Es ist zwar möglich auch eine Genossenschaft mit möglichst flachen Hierarchien und Mitbestimmung der Mitarbeiterinnen zu führen, jedoch steht das Gesetz mit seinen Organen, dem eher entgegen. In Bezug auf die Mitglieder der Genossenschaft hat jede Genossenschafterin eine Stimme im wichtigsten Gremium der Genossenschaft, der jährlichen Generalversammlung, unabhängig von der Höhe ihres Kapitaleinsatzes (ein Anteil kostet 103 Euro, viele halten jedoch mehrere Anteile). Jede Mieterin ist als Genossenschafterin zugleich Miteigentümerin der Immobilie und kann in der Generalversammlung an der Willensbildung in der Genossenschaft teilhaben. Auch die MitarbeiterInnen können Mitglieder sein. Die Mieterinnen und die Genossenschafterinnen haben prinzipiell eher unterschiedliche Interessen. Die aktuell 1700 Genossenschafterinnen haben das Kapital gegeben und sind, wenn auch nicht unbedingt an einer Rendite, so doch am Erhalt des Kapitals interessiert. Sie haben die Mehrheit in der Generalversammlung. Die Mieterinnen interessieren sich dagegen eher für ihre Mietkonditionen. Zur Klärung von Problemen, die aus diesem Interessengegensatz resultieren sind für die Mieterinnen zusätzliche Mitsprachemöglichkeiten eingerichtet worden: Im sogenannten „Klärwerk“, das mit Mieterinnen und Aufsichtsrätinnen besetzt ist, werden Probleme aus dem Mietbereich gelöst. Im Vermietungsgremium sitzen auch Mieterinnen und entscheiden über Neuvermietungen mit. WeiberWirtschaft versteht sich als ein Modell im Rahmen einer sozialen, nachhaltigen und demokratischen Ökonomie, das die Fähigkeiten und Kompetenzen von Frauen demonstrieren und stärken will, solidarisch über die konkret Beteiligten hinaus, in dem sie gute Voraussetzungen und Vernetzungsmöglichkeiten für die (wirtschaftliche) Aktivitäten von Frauenschafft. WeiberWirtschaft will auch ein Modell sein, das Frauen Mut und Selbstvertrauen vermittelt. Für die Vernetzung und gegenseitige Unterstützung zwischen den dort ansässigen Selbständigen bietet die Genossenschaft viele institutionalisierte Möglichkeiten und auch viele zufällige Gelegenheiten. Dafür ist der eigene Raum, in diesem Fall sogar die eigene Immobilie, von unschätzbarem

Wert. Die WeiberWirtschaft ist auch aufgrund ihrer genossenschaftlichen Struktur stark nachgefragt. Für interessierte Mieterinnen bestehen lange Wartelisten" (www.weiberwirtschaft.de/informieren/genossenschaft)" (Biermann et al., 2012, S. 20 ff).

4. Wir wollen die Welt verändern – Wissenschaftspolitisches Engagement

Doch Claudia Gather ist nicht nur eine überaus engagierte und kritische Wissenschaftlerin und Aktivistin, sie ist eine mindestens ebenso engagierte, anpackende, kluge und umsichtige Wissenschaftspolitikerin. An der HWR Berlin leitet sie seit 2012 das Harriet Taylor Mill-Institut für Ökonomie und Geschlechterforschung (HTMI) der HWR Berlin. In diesem interdisziplinären Institut der HWR Berlin arbeiten über 40 Professorinnen und wissenschaftliche Mitarbeiter*innen vor allem aus den Disziplinen Soziologie, Recht, Volkswirtschaft, Betriebswirtschaft und Informatik zusammen, bereiten Projektanträge vor, stellen Forschungsergebnisse zur Diskussion und schlagen Brücken zur wissenschaftlichen Ausbildung an der HWR Berlin und zur interessierten Öffentlichkeit. Das Renommee und die Bedeutung des Instituts zeigen sich nicht zuletzt in der Beteiligung vieler Wissenschaftlerinnen an den Gleichstellungsberichten der Bundesregierung; auch Claudia Gather selbst war hier als Gutachterin tätig.

Seit rund einer Dekade bildet sie gemeinsam mit Sabine Hark das Sprecherinnen-Duo des Berliner Netzwerkes der Geschlechterforschung, *Arbeitsgemeinschaft der Frauen- und Geschlechterforschungseinrichtungen Berliner Hochschulen* (afg). Auch hier war und ist Claudia eine unermüdliche Netzwerkerin, zupackende Organisatorin und inhaltliche Impulsgeberin. Ein besonderes Anliegen war es ihr in diesem Zusammenhang immer, die Perspektive und Belange der Fachhochschulen einzubringen und stark zu machen. Es ist so auch Claudia zu verdanken, dass es uns in Berlin im Feld der Geschlechterforschung gelungen ist, eine gleichermaßen vertrauensvolle und konstruktive wie kooperative und erfolgreiche Zusammenarbeit nicht nur zwischen den Berliner Hochschulen und Universitäten, sondern auch zwischen Wissenschaft, Politik und Verwaltung zu etablieren. Die zahlreichen akademischen und öffentlichen Veranstaltungen – nicht zuletzt im Berliner Abgeordnetenhaus –, die die afg in den vergangenen Jahren organisiert hat, die Positionspapiere, die wir geschrieben haben, die vielen Gespräche mit Politik und Verwaltung, die wir geführt haben, und vieles mehr zeugen davon. Die im September 2018 an der TU Berlin eingerichtete und mit Mitteln des Landes Berlin finanzierte Geschäftsstelle der afg ist eine Bestätigung unserer erfolgreichen Arbeit in der afg.

Und last not least war Claudia Gather unfassbar lange zwanzig Jahre, von 1999 bis 2018, Mit-Herausgeberin und Redakteurin der Zeitschrift *feministische studien.* Zwanzig Jahre, in denen Claudia die Zeitschrift wesentlich geprägt und zu ihrem bis heute im deutschsprachigen Raum einzigartigen Profil beigetragen hat. Als Claudia auf Empfehlung von Mechthild Veil und Ute Gerhard in die Redaktion der *studien* kam, eilte ihr bereits der Ruf voraus, dass sie tatkräftig und zupackend sei. Sie sei eine Macherin, so hieß es, die die Weiberwirtschaft, das größte Gründerinnenzentrum Europas, mitgegründet habe. Von diesen oft heilsam pragmatischen Macherinnen-Qualitäten konnte sich die Redaktion ein ums andere Mal überzeugen, Qualitäten, die auch zum Überleben der seit Gründung im Jahr 1983 ehrenamtlich herausgegebenen Zeitschrift beigetragen haben. Auch hier, in der Arbeit an den Manuskripten, der Einwerbung von Aufsätzen, der Suche nach Künstlerinnen, deren Arbeiten wir in der Zeitschrift vorstellen, und in ihren eigenen Beiträgen für die *studien* zeigte sich die besondere Mischung der netzwerkenden, die Projekte von anderen befördernden und eigene wissenschaftliche Fragen konsequent verfolgenden Wissenschaftlerin Claudia Gather. Auch hier war es ihr wichtig, Ökonomie und ökonomische Perspektiven zentral mit zu denken. *It's the economy, stupid!* ist ein Satz, den sie zwar nie verwendete, der aber hinter vielen ihrer Impulse und Initiativen stand und der sich auch in den Schwerpunktsetzungen der von ihr herausgegebenen Hefte – mal mehr, mal weniger deutlich – erkennen lässt, allen voran im Heft *„Geschlechterverhältnisse in der Ökonomie"* (feministische studien 2/2007, Gather et al., 2007) herausgegeben zusammen mit Friederike Maier und Mechthild Veil. Andere Themen, die Claudia Gather beförderte und als Schwerpunkte setzte, waren *„Geschlechterverhältnisse in Russland"* (feministische studien 1/1999, Gather & Othmer, 1999) das erste von ihr gemeinsam mit Martina Ritter und Regine Othmer herausgegebene Heft, auf das schon wenig später ein Heft zu *„Universität – Frauen – Universitäten"* (feministische studien 1/2002, Gather & Hausen, 2002) folgte, gemeinsam herausgegeben mit Karin Hausen. Doch auch Claudia Gathers weitere wissenschaftlichen Schwerpunkte – Care und Sorgearbeit – fanden einen Niederschlag in wichtigen Heften der *feministischen studien*. Gemeinsam mit Regine Othmer und Ulla Wischermann verantwortet sie 2010 das Heft *„Komplex Familie"* (feministische studien 2/2010, Gather et al., 2010) und 2013 mit Eva Senghaas-Knobloch und Regine Othmer das Heft *„Sorge-Verhältnisse"* (feminstische studien 2/2013, Gather et al., 2013). Alle Hefte sind Meilensteine in der deutschsprachigen Geschlechterforschung und bis heute für die jeweiligen Debatten von Belang. Sie zeugen ebenso wie die „Claudia Gather Gewerbeeinheit" in der Berliner Weiberwirtschaft und ein nach ihr benannter Seminarraum an der HAWK Hochschule für angewandte Wissenschaft und

Kunst Hildesheim, Holzminden und Göttingen am Standort Holzminden, wo sie von 2003 bis 2007 als Professorin für Soziologie tätig war, von den eindrücklichen Spuren, die Claudia Gather hinterlässt.

Literaturverzeichnis

Assig, D., Gather, C., & Hübner, S. (1985). *Voraussetzungen, Schwierigkeiten und Barrieren bei Existenzgründungen von Frauen: Untersuchungsbericht für d. Senator für Wirtschaft u. Arbeit, Berlin*. Senator für Wirtschaft u. Arbeit.

Biermann, I., Gather, C., & Taube, J. (2012). *Selbständigkeit und urbane Solidarität: Genossenschaften und Co-Working spaces als Beispiele.* Dokumente der Parlamentarischen Linken in der SPD-Bundestagsfraktion. http://www.parlamentarische-linke.de/fileadmin/Texte/2012/Reader_SelbstaendigePL2012.pdf.

Gather, C. (1996). *Konstruktionen von Geschlechterverhältnissen: Machtstrukturen und Arbeitsteilung bei Paaren im Übergang in den Ruhestand.* Ed. Sigma.

Gather, C. (1999). Simone de Beauvoir. Eine Klassikerin der feministischen Soziologie? *LABYRINTH. International Journal for Philosophy, Feminist Theory and Cultural Hermeneutics, 1* (1).

Gather, C. (2010). Frauen das zweite Geschlecht: Der Mythos bei Simone de Beauvoir. In M. Jansen & I. Nordmann (Hg.), *Man wird nicht als Frau geboren: Simone de Beauvoir zum 100. Geburtstag. Polis 52* (S. 21–38).

Gather, C. (2013). Unsere Luftschlösser haben U-Bahn-Anschluss.: Anders Wirtschaften in Frauenprojekten, was ist daraus geworden? *Feministische Studien, 31* (2), 51–57. https://doi.org/10.1515/fs-2013-0111

Gather, C., Biermann, I., Schürmann, L., Ulbricht, S., & Zipprian, H. (Hg.). (2014). *HWR Berlin Forschung: 58/59. Die Vielfalt der Selbständigkeit: Sozialwissenschaftliche Beiträge zu einer Erwerbsform im Wandel.* edition sigma.

Gather, C., Gerhard, U., Schroth, H., & Schürmann, L. (2005). *Vergeben und vergessen? Gebäudereinigung im Spannungsfeld zwischen kommunalen Diensten und Privatisierung.* VSA-Verl.

Gather, C., & Hausen, K. (Hg.). (2002). Universität- Frauen – Universitäten [Special issue]. *Feministische Studien, 20* (1). Berlin. DeGruyter.

Gather, C., Hübner, S., & May, A. (1988). *Chancengleichheit und Berufsbildung: Unternehmensgründung und -leitung durch Frauen: die Situation in der Bundesrepublik Deutschland (DE), national report Federal Republic of Germany (EN), rapport national Républic fédéral dÁllemagne (FR); synthesis report (EN)* (1. Auflage). *Document*. Amt für amtliche Veröffentlichungen der Europäischen Gemeinschaften; CEDEFOP.

Gather, C., Maier, F., & Veil, M. (Hg.). (2007). Geschlechterverhältnisse in der Ökonomie [Schwerpunktheft]. *Feministische Studien, 25* (2).

Gather, C., & Othmer, R. (1999). Woman PLUS – Ein russisches Frauenmagazin im Internet. *Feministische Studien, 17* (1), 103–106.

Gather, C., Othmer, R., & Senghaas-Knobloch (Hg.). (2013). Sorge-Verhältnisse [Schwerpunktheft]. *Feministische Studien, 31* (2).

Gather, C., Othmer, R., & Wischermann, U. (Hg.). (2010). Komplex Familie [Schwerpunktheft]. *Feministische Studien, 28* (2).

Gather, C., Schmidt, T., & Schulz, E. (2008). *Selbstständige Frauen in Berlin – Erste Ergebnisse aus verschiedenen Datenquellen im Vergleich: Studie gefördert v. d. Senatsverw. f. Wirtschaft, Technologie u. Frauen u. v. Europäischen Sozialfond. Discussion paper: Nr. 3*. Fachhochschule für Wirtschaft, Harriet Taylor Mill-Institut.

Gather, C., & Schürmann, L. (2013). „Jetzt reicht's. Dann machen wir eben unseren eigenen Pflegedienst auf.": Selbständige in der Pflegebranche – Unternehmertum zwischen Fürsorge und Markt. *Feministische Studien, 31* (2), 225–239.

Gather, C., Schürmann, L., & Trenkmann, J. (2017). *(Solo)-Selbstständigkeit als gleichstellungspolitische Herausforderung: Expertise für den Zweiten Gleichstellungsbericht der Bundesregierung*. http://www.gleichstellungsbericht.de/kontext/controllers/document.php/28.a/7/be3b34.

Rerrich, M. S. (Hg.). (2013). *Care.Macht.Mehr Manifest: Von der Care-Krise zur Care-Gerechtigkeit*. https://care-macht-mehr.com/

Schürmann, L., & Gather, C. (2018). Pflegearbeit im Wandel: Zur Diversität von (selbständigen) Erwerbsformen in der Pflege. In: A. D. Bührmann, U. Fachinger, & E. M. Welskop-Deffaa (Eds.), *Hybride Erwerbsformen: Digitalisierung, Diversität und sozialpolitische Gestaltungsoptionen*. Springer VS.

Claudia Gather: Werdegang und Schriftenverzeichnis

1.1 Werdegang

Claudia Gather wurde 1956 als eine von insgesamt vier Mädchen geboren und ist in Mönchengladbach aufgewachsen. Ihre Mutter war Hausfrau und die Hierarchie zu Hause fand sie bereits als Mädchen unerquicklich. Bei der damals noch zwangsläufigen Frage für Frauen ‚Beruf oder Kinder?' hat sie sich für den Beruf entschieden. In der Hoffnung, die Welt besser zu verstehen, entschied sie sich nach der Schule für ein Soziologie-Studium, welches sie in Trier begann. Mit einem sehr guten Vordiplom in der Tasche wechselte sie an die Freie Universität Berlin. Hier wurde ihr Interesse an feministischen Fragestellungen geweckt, welche sie bei ihrer Professorin Carol Hagemann-White kennen lernte. Mitte der 1980er Jahre beendete sie ihr Diplomstudium mit sehr gut. Sie begann an einer Krankenpflegeschule Soziologie zu unterrichten und arbeitete als wissenschaftliche Mitarbeiterin an der Technischen Universität Berlin und der Freie Universität Berlin. In dieser Zeit erarbeitete sie zusammen mit Dorothea Assig und Sabine Hübner eine Studie über die Schwierigkeiten für Frauen bei einer Existenzgründung in Berlin. Diese Studie sollte der Ausgangspunkt für viele Stationen in ihrem Lebensweg sein. Aus ihr heraus entwickelte sich generell das Interesse an ihren Forschungsschwerpunkten zu Ungleichheit von Geschlechtern und Selbständigkeit von Frauen und speziell ihr hohes Engagement für die WeiberWirtschaft in Berlin.

1987 gründete sie zusammen mit Mitstreiterinnen den Verein WeiberWirtschaft mit dem Ziel eines Gründerinnenzentrums. 1989 folgte die Gründungsversammlung zur ‚Frauengenossenschaft Weiberwirtschaft'. Die praktische Umsetzung des Gründerinnenzentrums gestaltete sich zunächst schwierig, gleichwohl ist es auch ihrem unbeugsamen Willen und unermüdlichen ehrenamtlichen Einsatz zu verdanken, dass 1992 mit der Treuhand ein Kaufvertrag für das Gebäude in der Anklamer Straße unterzeichnet werden konnte und nach nur vier Jahren die Gesamteröffnung des Gründerinnenzentrums erfolgte. Die Geschicke der WeiberWirtschaft gestaltete sie von 1990 – 1997 als ehrenamtliches Vorstandsmitglied und von 1997 – 2004 als Aufsichtsratsvorsitzende der Genossenschaft erfolgreich mit. In Anerkennung ihrer Verdienste um das Projekt wurde eine Gewerbeeinheit im 6. Stock des Vorderhauses auf ihren Namen getauft.

Parallel zu ihrer Arbeit für die WeiberWirtschaft entwickelte sich Claudia Gather auch beruflich weiter und promovierte Mitte der 1990er Jahre zu „Konstruktionen von Geschlechterverhältnissen. Machtstrukturen und Arbeitsteilung bei Paaren im Übergang in den Ruhestand“ (Gather, 1996). Im Anschluss an die Promotion erfolgte ein nicht unbedingt gewünschter Auslandsaufenthalt in den USA. Gleichwohl entpuppte sich ihr Aufenthalt als Visiting-Professor am ‚Center for Woman's Studies and Gender Research‘ an der University of Florida im Nachhinein als persönlicher Glücksfall. Die amerikanischen Kolleg*innen hätten sie auch gern behalten, aber Claudia Gather zog es zurück zu ihrer Wissenschaft nach Deutschland. Es folgten Lehrstuhlvertretungen u.a. an der Johann-Wolfgang-Goethe-Universität Frankfurt am Main und Gastprofessuren u.a. am Harriet Taylor Mill-Institut der Hochschule für Wirtschaft und Recht Berlin, bis sie 2003 auf den Lehrstuhl für Soziologie an der Fachhochschule Hildesheim/Holzminden/Göttingen berufen wurde und dort von 2005 bis 2007 auch Dekanin am Standort Holzminden war.

2007 ging es zurück nach Berlin als Professorin für Sozialwissenschaften mit dem Schwerpunkt Wirtschaft und Geschlechterverhältnisse an der Berliner Hochschule für Wirtschaft und Recht. Hier hat sie sich insbesondere um die Förderung von Nachwuchswissenschaftler*innen verdient gemacht, indem Claudia Gather unter anderem das Promotionsprogramm des Berliner Programms zur Förderung der Chancengleichheit für Frauen in der Forschung und Lehre (BCP) und ein Promotionskolloquium leitete. Der Kreis der Doktorand*innen in diesem Kolloquium ging über die im BCP-geförderten hinaus und profitierte vor allem von Claudia Gathers wertvoller Kritik, ihren Ratschlägen und ihrem persönlichen Zuspruch. Seit 2012 leitet Claudia Gather das 2001 an der HWR Berlin gegründete Harriet Taylor Mill-Institut für Ökonomie und Geschlechterforschung, an dem disziplinübergreifend zu Ökonomie, Recht und Verwaltung gearbeitet wird.[74]

74 Der hier abgedruckte Werdegang ist entnommen: *Brumberg, J. (2019). Beziehungsweise – weiterdenken: Die Gründerin Claudia Gather. http://www.bzw-weiterdenken.de/2019/04/die-gruenderin-claudia-gather/* Wir danken der Verfasserin für die freundliche Überlassung. Siehe außerdem: *Harriet Taylor Mill-Institut Berlin (23. Februar 2020). Gather, Claudia: Wissenschaftlicher und beruflicher Werdegang [Wir über uns | Mitglieder und Beschäftigte]. https://www.harriet-taylor-mill.de/index.php/de/homepage/mitglieder-und-beschaeftigte/179-prof-dr-claudia-gather?start=1..*

1.2 Schriftenverzeichnis

1.2.1 Herausgeberschaften (Sammelwerk)

Kohli, M., Gather, C., Künemund, H., Mücke, B., Wolf, J. & Voges, W. (Hg.). (1989). *Beiträge zur Sozialökonomik der Arbeit: Bd. 19. Je früher – desto besser? Die Verkürzung des Erwerbslebens am Beispiel des Vorruhestands in der chemischen Industrie*. Ed. Sigma.

Gather, C., Gerhard, U., Prinz, K. & Veil, M. (Hg.). (1991). *Frauen-Alterssicherung: Lebensläufe von Frauen und ihre Benachteiligung im Alter*. Ed. Sigma.

Gather, C., Othmer, R. & Ritter, M. (Hg.). (1999). Geschlechterverhältnisse in Rußland. *Feministische Studien*, *17* (1). Berlin. DeGruyter.

Gather, C., Geissler, B. & Rerrich, M. S. (Hg.). (2002). *Forum Frauenforschung: Bd. 15. Weltmarkt Privathaushalt: Bezahlte Haushaltsarbeit im globalen Wandel* (1. Aufl.). Westfälisches Dampfboot.

Gather, C. & Hausen, K. (Hg.). (2002). Universität- Frauen – Universitäten. *Feministische Studien*, *20* (1). Berlin. DeGruyter.

Gather, C., Maier, F. & Veil, M. (Hg.). (2007). Geschlechterverhältnisse in der Ökonomie. *Feministische Studien*, *25* (2). Berlin. DeGruyter.

Gather, C., Othmer, R. & Wischermann, U. (Hg.). (2010). Komplex Familie. *Feministische Studien*, *28* (2). Berlin. DeGruyter.

Gather, C., Othmer, R. & Senghaas-Knobloch (Hg.). (2013). Sorge-Verhältnisse. *Feministische Studien*, *31* (2). Berlin. DeGruyter.

Gather, C., Biermann, I., Schürmann, L., Ulbricht, S. & Zipprian, H. (Hg.). (2014). *HWR Berlin Forschung: 58/59. Die Vielfalt der Selbständigkeit: Sozialwissenschaftliche Beiträge zu einer Erwerbsform im Wandel*. Ed. Sigma.

1.2.2 Monographien

Assig, D., Gather, C. & Hübner, S. (1985). *Voraussetzungen, Schwierigkeiten und Barrieren bei Existenzgründungen von Frauen: Untersuchungsbericht für d. Senator für Wirtschaft u. Arbeit, Berlin*. Senator für Wirtschaft u. Arbeit.

Gather, C., Hübner, S. & May, A. (1988). *Chancengleichheit und Berufsbildung: Unternehmensgründung und -leitung durch Frauen: die Situation in der Bundesrepublik Deutschland (DE), national report Federal Republic of Germany (EN), rapport national Républic fédéral dÁllemagne (FR); synthesis report (EN)* (1. Aufl.). *Document*. Amt für amtliche Veröffentlichungen der Europäischen Gemeinschaften; CEDEFOP.

Gather, C. (1996). *Konstruktionen von Geschlechterverhältnissen: Machtstrukturen und Arbeitsteilung bei Paaren im Übergang in den Ruhestand*. Ed. Sigma.

Gather, C., Gerhard, U., Schroth, H. & Schürmann, L. (2005). *Vergeben und vergessen? Gebäudereinigung im Spannungsfeld zwischen kommunalen Diensten und Privatisierung*. VSA-Verl.

Gather, C., Schmidt, T. & Schulz, E. (2008). *Selbstständige Frauen in Berlin – Erste Ergebnisse aus verschiedenen Datenquellen im Vergleich: Studie gefördert v. d. Senatsverw.f. Wirtschaft, Technologie u. Frauen u. v. Europäischen Sozialfond. Discussion paper: Bd. 3*. Fachhochschule für Wirtschaft, Harriet Taylor Mill-Institut.

1.2.3 Zeitschriftenaufsätze

Davids, D., Faus, G., Gather, C. & Siebert, P. (1979). Soziale Integration der Trierer Studenten in die Trierer Bevölkerung: Anwendungsorientierung. *Trierer Beiträge zur Stadt & Regionalplanung SRP 2: Die Trierer Bevölkerung und ihre Studenten*, 182–221.

Assig, D., Gather, C. & Hübner, S. (1986). Bruch mit der traditionellen Frauenrolle: Bericht über Existenzgründerinnen in Berlin. *ifg* (3), 34–45.

Gather, C. & Hübner, S. (1986). Selbständig – Eigenständig. *BBJ-Consult Info*, *8*, 41–44.

Gather, C. & Hübner, S. (1989). Strategien der Einmischung: Kongreßbericht über das 1. Feministische Ökonomieforum. *Das Argument, Zeitschrift für Philosophie und Sozialwissenschaften* (3), 441f.

Gather, C. (1993). Rezension: Veil, Mechthild/ Prinz, Karin/ Gerhard/Ute (Hg.): Am modernen Frauenleben vorbei, Verliererinnen und Gewinnerinnen der Rentenreform. *Feministische Studien*, *11* (2), 170–171.

Gather, C. (1996). Geschlechterkonstruktionen bei Paaren im Übergang in den Ruhestand: Zum Problem des Zusammenhangs von Geschlecht, Macht und Erwerbsarbeit. *Soziale Welt: SozW: Zeitschrift für sozialwissenschaftliche Forschung*, *47* (2), 223–249.

Gather, C. (1997). The Social Construction of Gender Among Elderly Couples Entering Retirement: The Problem of Connection Between Gender, Power and Work. *News and Views, Celebrating 20 Years of Women's Studies at the University of Florida* (8), 8–9.

Gather, C. (1999). Rezension: Behning, Ute (Hg.): Das Private ist ökonomisch. Widersprüche der Ökonomisierung privater Familien- und Haushaltsdienstleistungen. *Feministische Studien*, *17* (1), 150–154.

Gather, C. & Othmer, R. (1999). Woman PLUS – Ein russisches Frauenmagazin im Internet. *Feministische Studien*, *17* (1), 103–106.

Gather, C. (2000). Rezension: Barbara J. Risman: GenderVertigo. American Families in Transition. New Haven: Yale University Press, 1998. *Feministische Studien*, *18* (1), 171–173.

Gather, C. (2000). Rezension: Myra Marx Ferree, Judith Lorber, Beth B. Hess (Ed.): Revisioning Gender. Thousand Oaks: Sage. *Querelles-Net. Rezensionszeitschrift für Frauen- und Geschlechterforschung herausgegeben von der Zentraleinrichtung zur Förderung von Frauen- und Geschlechterforschung der FU Berlin.* (1). http://www.querelles-net.de/

Gather, C. (2002). "Aus meiner Familie weiß niemand, dass ich putzen gehe". Informelle Erwerbsarbeit in Privathaushalten. *PROKLA. Zeitschrift für kritische Sozialwissenschaft*, *32* (129), 577–597. https://doi.org/10.32387/prokla.v32i129.688

Gather, C. (2004). Paid and unpaid housework and social inequality in Germany. *Atlantis: A Women's Studies Journal. Special Issue – Never Done: The Challenge of Unpaid Work*, *28* (2), 61–71.

Gather, C. (2006). Putzen für die Mittelschichten: Billige Dienstleistungen auf Kosten der "working poor"? *Neue Gesellschaft Frankfurter Hefte* (9), 25–29.

Gather, C. (2008). Frauen das zweite Geschlecht. Der Mythos bei Simone de Beauvoir. Anknüpfungspunkte für die feministische empirische Soziologie. *Feministische Studien* (2), 252–267.

Gather, C. (2008). Rezension: Carl, Andera-Hilla/ Maier, Friederike/ Schmidt, Dorothea (2008): Auf halbem Weg. Die Studien- und Arbeitsmarktsituation von Ökonominnen im Wandel. *Feministische Studien* (2), 313.

Gather, C. (2008). Wer schließt die Dienstleistungslücke im Privathaushalt? *spw 162 ("Im Fokus: Who cares about care?")*, 21–25.

Gather, C. & Ulbricht, S. (2009). Female self-employment as a means of avoiding or circumventing the glass ceiling. *Paper for the 9th European Sociological Association Conference, Research Network 33: Women's and Gender Studies. CD ROM abstract book.* www.esa9thconference.co

Gather, C. & Ulbricht, S. (2009). How can the gender gap in self-employment be explained? *Paper for the 9th European Sociological Association Conference, Research Network 33: Women's and Gender Studies. CD-ROM abstract book.* www.esa9thconference.co

Gather, C. (2011). Unternehmer und Unternehmerinnen – spielen sie in der gleichen Liga? *Land Brandenburg, Ministerium für Arbeit und Soziales, Frauen und Familie (Hg.): Unternehmerinnen- und Gründerinnentag des Landes Brandenburg. Mut und Kompetenz – Frauen in Brandenburg, Potsdam*, 16–21. http://www.ugt-brandenburg.de/fileadmin/pdf/UGT2011_Dokumentation.pdf

Gather, C. (2013). "Die Frau" an "der Hochschule" – nichts als Stereotype? *Kultursoziologie, 2* (13), 92–95.

Gather, C. (2013). Unsere Luftschlösser haben U-Bahn-Anschluss.: Anders Wirtschaften in Frauenprojekten, was ist daraus geworden? *Feministische Studien, 31* (2), 51–57. https://doi.org/10.1515/fs-2013-0111

Gather, C. & Schürmann, L. (2013). "Jetzt reicht's. Dann machen wir eben unseren eigenen Pflegedienst auf.": Selbständige in der Pflegebranche – Unternehmertum zwischen Fürsorge und Markt. *Feministische Studien, 31* (2), 225–239.

Biermann, I. & Gather, C. (2014). Die Mutterschutzregelung in der EU-Richtlinie 2010, 41: Problematik der Angleichung von sozialen Schutzrechten zwischen abhängiger und selbständiger Erwerbsarbeit. *Sozialer Fortschritt, 63* (7), 170–178.

Gather, C. & Holst, E. (2015). Gender Income Gap bei Führungskräften und Selbständigen. *spw* (209), 37–44.

Gather, C., Schürmann, L. & Zipprian, H. (2016). Self-employment of men supported by female breadwinners. *International Journal of Gender and Entrepreneurship, 8* (4), 353–372. https://doi.org/10.1108/IJGE-07-2015-0026

1.2.4 Beiträge in Sammelbänden

Gather, C. & Otmar, G. (1986). "Ich will mich jetzt nicht davon freisprechen, aber ich habe mich wirklich hauptsächlich sportlich betätigt". In G. Rosenthal (Hg.), *Die Hitlerjugend-Generation: Biographische Thematisierung als Vergangenheitsbewältigung* (S. 105–126). Blaue Eule.

Buch, R., Gather, C., Hübner, S., Lischke, G. & Nesemann, C. (1987). Frauen schaffen sich ihre Arbeitsplätze selbst – Gründungen von Betrieben und Projekten. In K. Schreinert, B. Leopold & E. Willig (Hg.), *Dokumentation zum 1. Berliner Frauenarbeitskongreß. Zu beziehen über den Arbeitskreis zur Förderung autonomer Frauenprojekte, Alternativprojekte und Bürgerinitiativen in Berlin 61* (S. 76–86).

Gather, C. & Schürkmann, M. (1987). Frauen im Übergang in den Ruhestand – ein problemloser Rückschritt in die Hausfrauenrolle? In G. Backes & W. Clemens (Hg.), *Ausrangiert!?: Lebens- und Arbeitsperspektiven bei beruflicher Frühausgliederung* (S. 124–149). AJZ.

Gather, C. & Schürkmann, M. (1988). Frauen im Übergang in den Ruhestand – ein problemloser Rückschritt in die Hausfrauenrolle? In H.-J. Hoffmann-Nowotny (Hg.), *Kultur und Gesellschaft: Beiträge der Forschungskomitees, Sektionen und Ad-hoc-Gruppen* (S. 86–89). Seismo.

Gather, C. (1989). Das Vorruhestandsgeld. In M. Kohli, C. Gather, H. Künemund, B. Mücke, J. Wolf & W. Voges (Hg.), *Beiträge zur Sozialökonomik der Arbeit: Bd. 19. Je früher – desto besser? Die Verkürzung des Erwerbslebens am Beispiel des Vorruhestands in der chemischen Industrie* (S. 149–157). Ed. Sigma.

Gather, C. (1989). Die Familiensituation. In M. Kohli, C. Gather, H. Künemund, B. Mücke, J. Wolf & W. Voges (Hg.), *Beiträge zur Sozialökonomik der Arbeit: Bd. 19. Je früher – desto besser? Die Verkürzung des Erwerbslebens am Beispiel des Vorruhestands in der chemischen Industrie* (S. 168–181). Ed. Sigma.

Gather, C. (1989). Exkurs: Die Alters-Teilzeit. In M. Kohli, C. Gather, H. Künemund, B. Mücke, J. Wolf & W. Voges (Hg.), *Beiträge zur Sozialökonomik der Arbeit: Bd. 19. Je früher – desto besser? Die Verkürzung des Erwerbslebens am Beispiel des Vorruhestands in der chemischen Industrie* (S. 207–215). Ed. Sigma.

Gather, C. (1991). Der Übergang in den Ruhestand bei erwerbstätigen Paaren: Theoretische Überlegungen zur Chance einer Veränderung der geschlechtsspezifischen Arbeitsteilung. In C. Gather, U. Gerhard, K. Prinz & M. Veil (Hg.), *Frauen-Alterssicherung: Lebensläufe von Frauen und ihre Benachteiligung im Alter* (S. 207–222). Ed. Sigma.

Gather, C. (1993). Strategien von Ehepartnern angesichts von Machtressourcen – Ein Fallbeispiel. In C. Born & H. Krüger (Hg.), *Statuspassagen und Lebensverlauf: Vol. 5. Erwerbsverläufe von Ehepartnern und die Modernisierung weiblicher Lebensläufe* (S. 113–130). Dt. Studien-Verl.

Gather, C. (1997). Geschlechterkonstruktionen bei Paaren: Zum Problem des Zusammenhangs von Geschlecht und Hierarchie. In K.-S. Rehberg (Hg.), *Kongress der deutschen Gesellschaft für Soziologie: Bd. 28. Differenz und Integration: 28. Kongreß der Deutschen Gesellschaft für Soziologie – Dresden 1996. Kongreßband II: Sektionen Arbeitsgruppen, Foren, Fedor-Stepun-Tagung.* Westdeutscher Verlag.

Gather, C. & Lohmann, A. (1997). Lexikonmethode. Übung zur Technik des wissenschaftlichen Arbeitens in den Sozial- und Geisteswissenschaften. In *Handbuch für Hochschullehre* (4. Aufl., S. 1–14). RAABE.

Gather, C. (1999). Simone de Beauvoir. Eine Klassikerin der feministischen Soziologie? *LABYRINTH. International Journal for Philosophy, Feminist Theory and Cultural Hermeneutics, 1* (1).

Gather, C. (2001). Paare am Übergang in den Ruhestand. Konflikte und Arbeitsteilung, *Nr. 21*, 62–79.

Gather, C. & Hausen, K. (2002). Einleitung. Universität – Frauen – Universitäten. *Feministische Studien, 20* (1), 3–7.

Gather, C. & Meißner, H. (2002). Haushaltsarbeit als Erwerbsarbeit. Arbeitssoziologische Aspekte. In C. Gather, B. Geissler & M. S. Rerrich (Hg.), *Forum Frauenforschung: Bd. 15. Weltmarkt Privathaushalt: Bezahlte Haushaltsarbeit im globalen Wandel* (1. Aufl.). Westfälisches Dampfboot.

Gather, C. & Meißner, H. (2002). "Rente krieg′ ich eigentlich keine." Frau Meyer und Frau Fischer, zwei Putzfrauen in der Schattenwirtschaft. In G. Burkart & J. Wolf (Hg.), *Lebenszeiten: Erkundungen zur Soziologie der Generationen; [Martin Kohli zum 60. Geburtstag]* (S. 317–334). Leske + Budrich.

Gather, C. (2005). Bezahlte und unbezahlte Haushaltsarbeit und soziale Ungleichheit in Deutschland. In W. Ernst (Hg.), *Leben und Wirtschaften – Geschlechterkonstruktionen durch Arbeit* (S. 94–109). LIT.

Gather, C. (2008). Simone de Beauvoir: Une classique de la sociologie féministe allemande? In T. Stauder (Hg.), *Les deux en occasion du centenaire de Simone de Beauvoir* (S. 405–420). Gunter Narr, edition lendemains.

Gather, C. (2010). Frauen das zweite Geschlecht: Der Mythos bei Simone de Beauvoir. In M. Jansen & I. Nordmann (Hg.), *Man wird nicht als Frau geboren: Simone de Beauvoir zum 100. Geburtstag. Polis 52* (S. 21–38).

Gather, C., Schmidt, T. & Ulbricht, S. (2010). Der Gender Income Gap bei den Selbstständigen: Empirische Befunde. In A. D. Bührmann & H. J. Pongratz (Hg.), *Prekäres Unternehmertum: Unsicherheiten von selbstständiger Erwerbstätigkeit und Unternehmensgründung* (S. 85–110). VS Verlag für Sozialwissenschaften / GWV Fachverlage, Wiesbaden.

Biermann, I., Gather, C., Schürmann, L., Ulbricht, S. & Zipprian, H. (2013). Prekäre männliche Selbständigkeit und Geschlechterverhältnisse. In I. Ebbers, D. Rastetter & B. Halbfas (Hg.), *Gender und ökonomischer Wandel* (S. 75–100). Metropolis.

Gather, C. (2014). "Es ist nicht zu schaffen, wir machen es trotzdem!": Bemerkungen zum Kauf und zur Finanzierung der Gewerbeimmobilie. In C. Neusüß & K. von der Bey (Hg.), *Unsere Luftschlösser haben U-Bahn-Anschluss* (S. 41–47).

Gather, C., Schmidt, T., Tchouvakhina, M. & Ulbricht, S. (2014). "Bloß keine Schulden!" – Geschlechterdifferenzen in der Gründungsfinanzierung. In C. Gather, I. Biermann, L. Schürmann, S. Ulbricht & H. Zipprian (Hg.), *HWR Berlin Forschung: 58/59. Die Vielfalt der Selbständigkeit: Sozialwissenschaftliche Beiträge zu einer Erwerbsform im Wandel* (S. 135–164). edition sigma.

Biermann, I. & Gather, C. (2016). Mutterschutz in der Selbständigkeit: Strukturelle merkmale des nicht abhängigen Erwerbs und erste Vorschläge für bessere Schutzrechte. In: J. Lange & U. Rust (Hg.), *Loccumer Protokoll: 14, 80 : Politik, Recht. Mutterschutz für Selbständige? Umsetzungsbedarfe und -perspektiven der EU-Richtlinie 2010/41/EU in Deutschland* (S. 69–93). Evangelische Akad. Loccum.

Gather, C. (2017). Women, the Second Sex: The myth according to Simone de Beauvoir : a feminist approach to empirical sociology in Germany 335-SFa. In: A. Duranti & M. Tuveri (Hg.), *Proceedings of the 18th Conference of the Simone de Beauvoir Society. Yesterday, Today and Tomorrow,* (S. 236-254). Cambridge Scholars Publishing.

Schürmann, L. & Gather, C. (2018). Pflegearbeit im Wandel: Zur Diversität von (selbständigen) Erwerbsformen in der Pflege. In: A.D. Bührmann, U. Fachinger & E. M. Welskop-Deffaa (Hg.), *Hybride Erwerbsformen: Digitalisierung, Diversität und sozialpolitische Gestaltungsoptionen.* Springer VS.

Gather, C. (2019). Zur Beharrlichkeit männlicher Geschlechternormen oder durch welche Hintertüre kommt Ungleichheit in die heterosexuelle Paarbeziehung? In: J. Böcker, A. Henkel & S. Möbius (Hg.), *Die Liebe der Soziologie. Festschrift für Günter Burkar,*. (S. 25-37). Berlin: Pro Business

1.2.5 Graue Literatur, Bericht, Report

Faust, G., Gather, C. & Rummler, M. *Das Verhältnis der Genossenschaft zu den Frauen.* (Berliner Geschichtswerkstatt (Hg.): Der Lindenhof. Mappe zur Ausstellung). Berlin.

Frauengruppe Charlottenburg: Bychowski, U., Ertl, A., Eckstein, R., Eickhoff-Vigelahn, K., Gather, C., Kühn, J., Mayrock, G., Müller, E. & Rix, A. *"Ich hab' mir nie was gefallen lassen" – Trude Hippe: Ein Frauenleben im Faschismus* (Projekt Spurensicherung. Alltag und Widerstand im Berlin der 30er Jahre).

Gather, C., Mücke, B., Schürkmann, M. & Voges, W. (1987). *Die Praxis des Vorruhestands.* Erste Ergebnisse aus dem Forschungsprojekt "Leben im Vorruhestand" und dem Betriebsräteseminar in Hamm vom 30.-31. 3. 1987 (Arbeitsberichte des Instituts für Soziologie). Berlin.

Biermann, I., Gather, C. & Taube, J. (2012). *Selbständigkeit und urbane Solidarität: Genossenschaften und Co-Working spaces als Beispiele.* Dokumente der Parlamentarischen Linken in der SPD-Bundestagsfraktion. http://www.parlamentarische-linke.de/fileadmin/Texte/2012/Reader_SelbstaendigePL2012.pdf.

Gather, C., Schürmann, L. & Trenkmann, J. (2017). *(Solo)-Selbstständigkeit als gleichstellungspolitische Herausforderung: Expertise für den Zweiten Gleichstellungsbericht der Bundesregierung.* http://www.gleichstellungsbericht.de/kontext/controllers/document.php/28.a/7/be3b34.

1.2.6 Zeitungsartikel

Assig, D., Gather, C. & Hübner, S. (1986). In Verhandlungen viel zu aggressiv? Unternehmerinnen müssen innere und äußere Barrieren überwinden. *Frankfurter Allgemeine Zeitung.*

Gather, C. & Schürkmann, M. (21. November 1987). Frauen im Übergang in den Ruhestand – ein problemloser Rückschritt in die Hausfrauenrolle? *Frankfurter Rundschau*, ZB 5.

Gather, C. (13. Januar 1991). Lebensläufe von Frauen: Auswirkungen auf Alterssicherung und Vorruhestand. *TU-intern*, S. 13.

Autorinnen- und Autorenverzeichnis*

Bouchra *Achoumrar* Diplom-Kauffrau (FH) studierte Wirtschaftswissenschaften mit den Schwerpunkten Controlling und Rechnungswesen an der Hochschule für Wirtschaft und Recht Berlin. Sie sammelte mehrere Jahre Erfahrungen im Controlling und Management Accounting in verschiedenen internationalen Konzernen und Branchen. Sie erhielt das Promotionsstipendium des Berliner Programms zur Förderung der Chancengleichheit für Frauen in der Forschung und Lehre (BCP) und arbeitete dort als Wissenschaftlerin. Sie promoviert bei Prof. Hartmut Remmers an der Universität Osnabrück im Fachbereich Humanwissenschaften und Prof. Winfried Zapp an der Hochschule Osnabrück im Fachbereich Pflegemanagement. Sie erhielt an der Universität Osnabrück das Abschlussstipendium für begabte und qualifizierte Nachwuchswissenschaftlerinnen an der Universität Osnabrück.

Prof. Dr. Thomas *Afflerbach* ist Gastprofessor für Allgemeine Betriebswirtschaftslehre, insbesondere Dienstleistungsmanagement an der Hochschule für Wirtschaft und Recht Berlin. Er hat einen Masterabschluss in Betriebswirtschaftslehre und einen Doktor der Sozialwissenschaften von der Universität Konstanz. Seit einigen Jahren führt er als selbstständiger Innovationsberater regelmäßig Workshops durch, z.B. als Design Thinking Coach an der Hasso-Plattner-Institut Academy der Universität Potsdam. Seine aktuellen Lehr- und Forschungsschwerpunkte sind nutzerzentriertes Innovationsmanagement (Design Thinking und Service Design), Personalmanagement und Organisationslehre, Marketing und Digitalisierung von Dienstleistungsunternehmen sowie moderne Arbeitswelten (z.B. virtuelle Teams und Vertrauen innerhalb von Organisationen).

Prof. Dr. Albrecht *Becker* studierte Sozialwissenschaften an der Universität Oldenburg. Er promovierte und habilitierte am Fachbereich Wirtschaftswissenschaft der Freien Universität Berlin. Seit 2002 ist er Professor für Management Accounting an der Universität Innsbruck. Außerdem ist er Visiting Professor an der Turku School of Economics, Finnland. Seine Forschungsinteressen liegen im Bereich der interdisziplinären und kritischen Accountingforschung. Hier forscht er insbesondere über die Verwendung von Performanceindikatoren und quantifizierenden Steuerungstechnologien im Be-

* alphabetisch sortiert

reich von Nonprofit-Organisationen wie z.B. in Entwicklungsorganisationen und in philanthropischen Organisationen sowie über Qualitätsmessung im Gesundheitswesen.

Dr. Mirko *Bendig* ist seit 2014 Gründer und Geschäftsführer der Firma PhantoMinds, einem führenden Anbieter für Innovationsmanagement und Open Innovation. Als Schwerpunkt seiner vorherigen Tätigkeit bei einer Unternehmensberatung zu den Themen Gründungs-, Wirtschaftsförderung und Mikrofinanzierung hat er sich auch mit dem Thema Existenzgründungen und Entrepreneurship vertieft beschäftigt. Er ist zweiter Vorsitzender des Vereins Futurepreneur e.V., welcher das Ziel verfolgt, Jugendlichen unternehmerische Befähigungen und Praxiserfahrungen zu vermitteln. Zusätzlich ist er Lehrbeauftragter mit Schwerpunkt Innovationsmanagement und Entrepreneurship an der University of Applied Science Europe in Hamburg. Im Jahre 2011 promovierte Mirko Bendig zum Thema Wirkung von Mikrofinanzierung und Versicherungen in Entwicklungsländern an der Georg-August-Universität Göttingen.

Anna *Brüning-Pfeiffer* hat Integrierte Europastudien an den Universitäten Bremen und Valencia sowie Political Economy of European Integration an der Hochschule für Wirtschaft und Recht Berlin studiert. Ihre Doktorarbeit hat sie an der Leuphana Universität Lüneburg im Fachbereich Nachhaltigkeitswissenschaften geschrieben und dabei die Frage untersucht, was „nachhaltige Regulierung“ am Beispiel der EU-Netzkodizes für Elektrizität für die grenzüberschreitende Stromübertragung in Europa ist beziehungsweise sein kann. Zurzeit arbeitet sie als Projektmanagerin bei der Berliner Energieagentur im Bereich Klimaschutz und Klimabildung.

Dr. Andrea-Hilla *Carl* ist Ökonomin und Geschäftsführerin des Harriet Taylor Mill-Instituts für Ökonomie und Geschlechterforschung der Hochschule für Wirtschaft und Recht Berlin. Sie hat Wirtschaftswissenschaften studiert und wurde an der Freien Universität Berlin in der Politikwissenschaft promoviert. Ihre Forschungsfelder liegen in den Bereichen Personal, Arbeit sowie Organisation mit einem besonderen Blick für Gender- und Diversityaspekte. Ihr spezieller Fokus ist hierbei die Entgeltpolitik.

Dr. Tanja *Fendel* hat Volkswirtschaftslehre studiert und schloss 2015 ihre Promotion an der Freien Universität Berlin ab. Während Ihrer Promotion war sie an der Hochschule für Wirtschaft und Recht Berlin als wissenschaftliche Mitarbeiterin und Dozentin tätig. Seit 2015 ist sie am Institut für Arbeitsmarkt und Berufsforschung im Bereich Migration, Integration und Internationale Arbeitsmarktforschung tätig. Ihre Forschungsinteressen liegen im Bereich der Arbeitsmarkt- und Migrationsforschung mit einem Fokus auf gender-, familien- und haushaltsökonomische Fragestellungen.

Dr. Katharina *Gapp-Schmeling* ist Gastdozentin an der Hochschule für Wirtschaft und Recht Berlin und hat zum Thema nachhaltiger Stromkonsum und seine Förderung durch den Einsatz politisch-rechtlicher Instrumente in einem kooperativen Verfahren an der Universität Lüneburg und der Hochschule für Wirtschaft und Recht Berlin promoviert. Katharina Gapp-Schmeling leitet u.a. seit Oktober 2018 das Institut für Nachhaltigkeit der Hochschule für Wirtschaft und Recht Berlin. Zudem ist sie stellvertretende Vorsitzende der Gesellschaft für Nachhaltigkeit sowie im Herausgeberteam des Jahrbuchs Nachhaltige Ökonomie. Neben ihrer akademischen Tätigkeit führt sie Organisations- und Nachhaltigkeitsberatungen für Unternehmen und NGO's durch und lehrt seit 2011 an verschiedenen Hochschulen.

Prof. Dr. Katharina *Gläsener* studierte Betriebswirtschaftslehre in Berlin und promovierte an der Universität Hamburg mit dem Thema Macht und Mikropolitik in multilingualen Teams. Seit 2019 ist sie Professorin für BWL/ Personalmanagement am Fachbereich Wirtschafts- und Gesellschaftswissenschaften der Beuth Hochschule für Technik Berlin. Im Mittelpunkt ihrer Forschung und Lehre stehen die Themen Personalmanagement, Teamarbeit, Digitalisierung, Diversity Management (insbesondere Sprache und Kultur), Innovationsmanagement, Empirische Forschungsmethoden sowie Macht und Mikropolitik. Zusätzlich bietet sie regelmäßig Workshops zu Design Thinking im hochschulischen und außerhochschulischen Bereich an.

Dr. Irem *Güney-Frahm* studierte Volkswirtschaftswissenschaften an der Marmara Universität in Istanbul sowie European Studies an der University of Bath und der Berlin Graduate School of Social Sciences. Sie promovierte in Gender Studies an der Humboldt Universität zu Berlin mit einer Arbeit, die den Zusammenhang von Mikrokrediten und Frauenempowerment in der Türkei aufzeigt. Im Anschluss war sie Gastwissenschaftlerin am Harriet Taylor Mill-Institut der Hochschule für Wirtschaft und Recht Berlin, an der University of Edinburgh sowie an der University of St Gallen und der Eidgenössische Technische Hochschule in Zürich. Zurzeit ist sie als Gastwissenschaftlerin am Harriet Taylor Mill-Institut der Hochschule für Wirtschaft und Recht Berlin tätig. Ihre Forschungsinteressen sind Gender und Globalisierung sowie die politische Ökonomie der gegenwärtigen Türkei.

Prof. Dr. Sabine *Hark* ist Professor*in für Geschlechterforschung und Direktor*in des Zentrum für Interdisziplinäre Frauen- und Geschlechterforschung (ZIFG) an der Technischen Universität Berlin. Sie ist Mitherausgeberin der Zeitschrift feministische studien. Zeitschrift für Interdisziplinäre Frauen- und Geschlechterforschung, Ko-Leiterin von GenderOpen, dem Open Access-Repositorium der deutschsprachigen Geschlechterforschung (genderopen.de). Aktuelle Publikation: Vermessene Räume, gespannte Beziehungen. Unternehmerische Universitäten und Geschlechterdynamiken, Berlin 2018 (Hrsg. zusammen mit Johanna Hofbauer).

Anneli *Heinrich* hat Wirtschaftsingenieurwesen Fachrichtung Umwelt an der Hochschule für Wirtschaft und Recht Berlin und der Beuth Hochschule Berlin studiert. Nach dem Studium war sie bei Ecologic – Institut für Internationale und Europäische Umweltpolitik, bei Schlange & Co., Consultants for Corporate Responsibility sowie bei SUSTAINUM e.V. Institut für zukunftsfähiges Wirtschaften in Berlin beschäftigt. Bei SUSTAINUM e.V. war sie wissenschaftliche Mitarbeiterin im Projekt BeNIN (Berliner Netzwerk für Innovation und Nachhaltigkeit). Anneli Heinrich ist Lehrbeauftragte für nachhaltiges Wirtschaften und Managementsysteme für Nachhaltigkeit sowie wissenschaftliche Mitarbeiterin und Doktorandin an der Hochschule für Wirtschaft und Recht Berlin. Sie promoviert an der Universität Bremen zu dem Thema Suffizienz-Orientierung in der Unternehmenskommunikation.

Dr. Anna *Kasten* ist Diplom-Sozialarbeiter*in/Sozialpädagog*in (FH) und Soziolog*in. Promoviert hat Anna Kasten am Zentrum für Interdisziplinäre Frauen- und Geschlechterforschung an der Technischen Universität Berlin. Ihre Dissertation über alleinerziehende Mutterschaft in Deutschland und Polen aus heteronormativitätskritischer Perspektive wurde im Rahmen des Promotionsstipendium des Berliner Programms zur Förderung der Chancengleichheit für Frauen in der Forschung und Lehre (BCP) an der Hochschule für Wirtschaft und Recht Berlin unter der Leitung von Prof. Dr. Claudia Gather finanziert. Aktuell vertritt Anna Kasten die Professur „Gender und Diversity in der Sozialen Arbeit“ an der Ernst-Abbe-Hochschule Jena.

Philipp *Kenel* hat Politikwissenschaft, Volkswirtschaftslehre, Social Entrepreneurship sowie Englisch und Erziehungswissenschaft in Mainz, Valencia, London und Berlin studiert. Seit 2016 ist er Lehrbeauftragter und wissenschaftlicher Mitarbeiter u.a. für Sozialwissenschaften und Social Business.

Derzeit promoviert er zum Social-Entrepreneurship-Diskurs in Deutschland an der Hochschule für Wirtschaft und Recht Berlin in Kooperation mit der Goldsmiths, University of London.

Prof. Dr. Stefanie *Kunze* ist Professorin für Allgemeine Betriebswirtschaftslehre mit Schwerpunkt Investition und Finanzierung an der Technischen Hochschule Wildau. Ihr Interesse am Thema Existenzgründung und Entrepreneurship entstand bereits im Jahr 2000 und geht zurück auf ihre damalige Tätigkeit in der Existenzgründungsabteilung der Berliner Sparkasse. Seitdem beschäftigt sie sich mit den vielfältigen Facetten dieses Themas. Im Anschluss an ihre Studiengänge der Betriebswirtschaft und internationalen Volkswirtschaft hat sie für Unternehmensberatungen und Banken in den USA, Spanien, Frankreich, Malaysia und Deutschland gearbeitet. 2014 promovierte Stefanie Kunze (geb. Lahn) zum Themenschwerpunkt Entrepreneurship und Businesspläne an der Freien Universität Berlin.

Prof. Dr. Friederike *Maier* studierte Volkswirtschaftslehre an der Freien Universität Berlin und promovierte 1986 ebenfalls an der Freien Universität zu einem Thema der Arbeitsmarktforschung. 1980 bis 1992 arbeitete sie als Wissenschaftlerin am Wissenschaftszentrum Berlin, ab 1992 war sie Professorin für Volkswirtschaftslehre mit dem Schwerpunkt Verteilung und Sozialpolitik an der FHW, jetzt Hochschule für Wirtschaft und Recht Berlin. Sie ist eine der Mitgründerinnen des Harriet Taylor Mill-Institut der Hochschule für Wirtschaft und Recht Berlin, und des Ökonominnennetzwerks efas, sie war langjährig wissenschaftliche Expertin für die EU Gleichstellungsabteilung. Ihre Schwerpunkte sind: Erwerbsarbeit, Hausarbeit, Entlohnung und viele andere ökonomische Fragen rund um Gender.

Dr. Ulrike *Marx* studierte Wirtschaftswissenschaften an der Hochschule für Wirtschaft und Recht Berlin und promovierte an der Universität Innsbruck im Bereich Wirtschafts- und Sozialwissenschaften mit dem Schwerpunkt betriebliches Rechnungswesen. Seit 2015 ist sie Lecturer in Accounting an der University of Leicester School of Business. Sie ist Mitglied der Forschungsplattform Research in Accounting, Society and Accountability und ihre Forschung ist interdisziplinär ausgerichtete und soziologisch orientierte Rechnungswesenforschung in den Bereichen Gleichstellungspolitik (Gender Budgeting), Nachhaltigkeitspolitik (soziale Nachhaltigkeit) und Gesundheitspolitik (Stress und Wellbeing Management).

Dr. Yasmin *Olteanu* ist wissenschaftliche Mitarbeiterin für Sustainable Entrepreneurship am Borderstep Institut für Innovation und Nachhaltigkeit gGmbH. Im Rahmen ihrer Projekte stimuliert sie eine stärkere Wahrnehmung der Bedeutung und Herausforderungen von wirkungsorientierten Gründungen und die Optimierung relevanter Förderinstrumente. Yasmin Olteanu hat einen wirtschaftswissenschaftlichen Masterabschluss und promovierte an der Freien Universität Berlin, unter anderem gefördert durch das Promotionsstipendium des Berliner Programms zur Förderung der Chancengleichheit für Frauen in der Forschung und Lehre (BCP). Ihre Forschungsschwerpunkte sind Sustainable Entrepreneurship, Business at the Base of the Pyramid (BoP), Finanzierung und internationales Management.

Kerstin *Raule* (M.A.) ist Erziehungswissenschaftlerin mit der Fachrichtung Sozialpädagogik und arbeitet seit 2019 für den Deutschen Caritasverband als Referentin für Geschlechtergerechtigkeit. Sie ist die Projektleitung des vom ESF rückenwind+ geförderten Projekts „Führung neu denken – agil, vielfaltsorientiert und geschlechtergerecht“ im Deutschen Caritasverband. Ziel des Projektes ist es, den Wandel in eine Arbeitswelt 4.0 zu gestalten und für mehr Chancengerechtigkeit zu nutzen. Davor arbeitete Kerstin Raule an der Pädagogischen Hochschule Freiburg im Fachbereich Allgemeine Erziehungswissenschaft als wissenschaftliche Mitarbeiterin und leitete parallel das Projekt „Social Media in der Jugendsozialarbeit“ bei IN VIA Deutschland.

Dr. Tanja *Schmidt* ist Diplom-Soziologin und Gründerin und Partnerin von INES-Berlin (www.ines-berlin.de). Sie forscht überwiegend quantitativ empirisch zu Lebens- und Erwerbsverläufen von Frauen und Männern in Deutschland und Europa, Teilhabe im Lebensverlauf, Gender- und Genderregimen, Selbständige Frauen, Frauen in Führungspositionen, Gender-Pay-Gap, Vereinbarkeit von Beruf und Familie, Arbeitszeiten im Lebensverlauf, Bildung im Lebensverlauf, Capability-Approach, Sozial- und Arbeitsmarktpolitik und regionaler Sozialberichterstattung.

Dr. Lena *Schürmann* arbeitet als wissenschaftliche Mitarbeiterin am Lehrbereich Soziologie der Arbeit und der Geschlechterverhältnisse an der Humboldt Universität Berlin. Im Sommersemester 2019 war sie Vertretungsprofessorin am Lehrstuhl Soziologie der Arbeit und der Geschlechterverhältnisse an der Humboldt Universität Berlin. Sie hat gemeinsam mit Prof. Dr. Claudia Gather zu zahlreichen Themen wie selbständig erwerbstätigen Frauen, prekärer Soloselbständigkeit, Selbständigkeit in Care-Berufen sowie zu

Tarifunterschreitung in der Reinigungsbranche geforscht. Promoviert hat Lena Schürmann an der Friedrich-Alexander Universität Erlangen- Nürnberg und war in dieser Zeit Stipendiatin der Hans Böckler Stiftung.

Dr. Özlem *Yıldız* studierte Wirtschaftswissenschaften im Diplomstudiengang und absolvierte ihren Master in Nachhaltigkeits- und Qualitätsmanagement an der Hochschule für Wirtschaft und Recht Berlin. Sie erhielt das Promotionsstipendium des Berliner Programms zur Förderung der Chancengleichheit für Frauen in der Forschung und Lehre (BCP) und promovierte bei Prof. Dr. Claudia Gather (Zweitgutachterin) zu migrantischen Frauen in der Selbständigkeit. Sie arbeitete als Wissenschaftlerin in verschiedenen Projekten an der Hochschule für Wirtschaft und Recht Berlin und dozierte auch dort. Aktuell arbeitet sie bei der Initiative Selbständiger Immigrantinnen – ISI e.V.Ihre Schwerpunkte: Migrations- und Arbeitsmarktforschung, Frauen in der Existenzgründung und Selbständigkeit.

Prof. Dr. Aysel *Yollu-Tok* studierte Wirtschaftswissenschaften, Politik und Soziologie an der Friedrich-Alexander-Universität Erlangen-Nürnberg und promovierte an der Universität Koblenz-Landau im Bereich der Arbeitsmarkt- und Sozialpolitik. Seit 2017 ist sie Professorin für Volkswirtschaftslehre mit dem Schwerpunkt Wirtschafts- und Sozialpolitik an der Hochschule für Wirtschaft und Recht Berlin. Frau Yollu-Tok ist Direktorin des Harriet Taylor Mill-Institut für Ökonomie und Geschlechterforschung der Hochschule für Wirtschaft und Recht Berlin. Ihre Forschungsschwerpunkte befinden sich im Bereich der Arbeitsmarkt- und Sozialpolitik sowie Gleichstellungspolitik. Sie ist Vorsitzende der Sachverständigenkommission für den Dritten Gleichstellungsbericht der Bundesregierung.

FSC
www.fsc.org
MIX
Papier | Fördert
gute Waldnutzung
FSC® C083411

Kolibri 360 GmbH
Ferdinand-Jühlke-Straße 7
99095 Erfurt, Deutschland
produktsicherheit@kolibri360.de